U0526282

《中华思想史研究集刊》编委会 ◎ 编

中华思想史研究集刊

【第 3 集】

中国社会科学出版社

图书在版编目（CIP）数据

中华思想史研究集刊. 第 3 集/《中华思想史研究集刊》编委会编. —北京：中国社会科学出版社，2019.4
ISBN 978 - 7 - 5203 - 4358 - 9

Ⅰ.①中… Ⅱ.①中… Ⅲ.①思想史—中国—丛刊
Ⅳ.①B2 - 55

中国版本图书馆 CIP 数据核字（2019）第 074581 号

出 版 人	赵剑英
责任编辑	王 茵　孙 萍
特约编辑	李凯凯
责任校对	赵雪姣
责任印制	王 超

出　　版	中国社会科学出版社
社　　址	北京鼓楼西大街甲 158 号
邮　　编	100720
网　　址	http://www.csspw.cn
发 行 部	010 - 84083685
门 市 部	010 - 84029450
经　　销	新华书店及其他书店

印刷装订	北京君升印刷有限公司
版　　次	2019 年 4 月第 1 版
印　　次	2019 年 4 月第 1 次印刷

开　　本	710×1000　1/16
印　　张	28.75
插　　页	2
字　　数	452 千字
定　　价	116.00 元

凡购买中国社会科学出版社图书，如有质量问题请与本社营销中心联系调换
电话：010 - 84083683
版权所有　侵权必究

《中华思想史研究集刊》编委会

主　任　王伟光

副主任　张　江　高　翔　张英伟

编　委　（按姓氏笔画排列）

　　卜宪群　王伟光　王建朗　王震中　方克立
　　邓纯东　刘庆柱　刘跃进　李红岩　李景源
　　李慎明　余新华　张　江　张英伟　张星星
　　张海鹏　武　力　卓新平　周溯源　耿云志
　　夏春涛　党圣元　高　翔　魏道儒

目　　录

王伟光　代序　以习近平新时代中国特色社会主义思想为指导
　　　　　　　追溯中华思想核心基因，坚定文化自信 ………………（1）

理论与方法

左玉河　唯物史观与中华思想史研究 ………………………………（15）
李红岩　中国史学四十年：样态、潜流、走向 ………………………（38）
周溯源　吴亦明　历史规律与历史选择 ………………………………（51）
徐建委　试论战国秦汉文学研究中的惯例方法及其相关问题 ………（60）

专题研究

卜宪群　中国古代"治理"探义 ………………………………………（73）
陈明辉　裴李岗时代中原地区的社会考古学观察 ……………………（84）
马银琴　《诗经》史诗与周民族的历史建构 …………………………（107）
王启发　历史记忆与形而上之道及早期儒家的政治伦理
　　　　　　——以郭店楚简儒家类文献为中心 ……………………（125）
曹　峰　对名家及名学的重新认识 ……………………………………（144）
魏道儒　智俨与华严宗哲学的核心内容 ………………………………（159）

夏德美	神通思想演变与佛教中国化历程	(171)
吴丽娱	从王通《续六经》到贞观、开元的改撰《礼记》——隋唐之际经典意识的变化	(182)
陈才智	从形影神到身心意——中华文艺思想史脉络中的陶、白、苏	(205)
张广保	《易》《老》会通与北宋易学哲学	(220)
尕藏加	萨迦班智达与蒙古阔端王相关文献探析	(243)
彭亚非	论明代俗文学思想中的权教观	(257)
汪学群	王阳明良知视野下的道德观	(268)
吕文利	试论俺答汗对意识形态的选择	(284)
林存阳 孔定芳	通经明道：清代学术的思想进路与乾嘉学者的价值追求	(299)
郑任钊	魏源"别开阃域"的公羊学	(323)
郑大华	中国近代"民族复兴"话语下"中华民族精神"的讨论	(339)
邹小站	民国初年共和派与帝制派的论争	(361)
俞祖华	民国时期中华民族共同体意识的成长	(383)
张太原	近代史上激进与保守的和同——以全盘西化派与中国本位文化派为例	(406)
于化民	革命文化的属性、内涵与价值	(422)
刘 仓	毛泽东与中华民族文化复兴	(437)

编后记 ……………………………………………………… (454)

代 序

以习近平新时代中国特色社会主义思想为指导追溯中华思想核心基因，坚定文化自信

王伟光

（全国政协民族和宗教委员会主任、《中华思想通史》编委会主任）

在党的十九大闭幕不久，在改革开放40周年开启之际，第三届中华思想史高峰论坛在美丽温润的中山隆重开幕了。岁末年初，公事繁忙，大家能够聚到一起非常难得。很多同志是远道而来，有的还专门为出席会议调整了日程，我首先代表中国社会科学院和《中华思想通史》编委会，向与会专家、学者表示热烈的欢迎；向为会议提供宝贵支持的中山市委、市政府，以及在会议筹办中付出辛勤努力的相关工作人员，表示衷心的感谢！

本届论坛的主题是"中华思想史的核心基因与发展脉络"，希望大家以习近平新时代中国特色社会主义思想为指导，砥砺思想，深入互动，为挖掘、追溯中华思想的核心基因、厘清中华思想的发展脉络凝神聚力，不断坚定文化自信。

下面，我就论坛主题谈三点意见，供大家参考。

一 继承发扬马克思主义史学理论传统，旗帜鲜明地坚持唯物史观在中华思想史研究中的指导地位

唯物史观是马克思一生的两大发现之一，也是人类思想史上全新的历史

观，它揭示了人类社会历史发展的客观规律，是关于社会发展一般规律的科学。历史唯物主义彻底地克服了旧历史观对人类社会认识的谬误观点和根本缺陷，创立了科学的历史观，唯物地、辩证地说明了社会意识与社会存在的关系，找到了揭示历史发展秘密的钥匙。马克思主义唯物史观的基本立场、观点和方法是指导中华思想史研究的锐利武器。只有在中华思想史研究、编撰中鲜明确立唯物史观的指导地位，将其作为指导思想、基本原则和主要遵循，始终坚持马克思主义唯物史观的立场、观点、方法，将思想史与社会史有机地结合起来，才能从根本上做好对中华思想的梳理、挖掘和提炼。

运用唯物史观研究中华思想史，首先要坚持唯物史观的立场。立场问题，说到底就是为什么人的问题。从根本上讲，一定要站在人民的立场上，而不是站在少数人的立场上研究思想史。站在人民的立场上，就会看到群众不仅是物质财富的创造者，也是精神财富的创造者，就能看清历史上的思想家是站在什么立场上说话、著述的，就能辨清中华思想史上的是非对错、先进与落后。还要坚持唯物史观的观点。生产的、群众的、阶级的观点是唯物史观的三大基本观点，坚持唯物史观的基本观点就是在研究中坚持"生产的、群众的、阶级的观点"，突出社会存在决定社会意识，社会意识反作用于社会存在的基本原理。用这个基本观点分析中华思想史，就会搞清楚中华思想史上的各个流派、各种观点是从哪来的，为什么人说话，说什么样的话，起什么样的作用。也要坚持唯物史观的方法。经济分析、利益分析和阶级分析是唯物史观的三大基本方法，坚持唯物史观的方法就要运用唯物史观的方法论分析思想史实史料，运用经济分析、利益分析和阶级分析来研究人类思想史中的先进与落后的思想，分析人类思想如何产生，怎样产生能动的反作用。用这个基本方法分析中华思想史，就能够分清不同思想的所属阵营，精华是什么，糟粕又是什么。

习近平总书记在党的十九大报告中指出："实现伟大梦想，必须进行伟大斗争。"坚持唯物史观，必须自觉抵制历史虚无主义。在我国历史研究领域，包括思想史研究中，一个时期以来，存在否定马克思主义唯物史观指导地位、否定唯物史观关于社会形态演变规律的观点，否定关于"五种社会形态"普遍规律的观点，否定关于阶级和阶级斗争的观点，否定关于阶级社会中人类思想具有意识形态性质的观点，等等。有些著述站在错误的历史观立场上，恣意剪裁历史，将历史切割成彼此孤立不能相连甚至相斥的碎片，用碎片化的结论否定唯物史观对整个历史规律的揭示。这实质上是一种逆历史规律而动的唯心主义历史观，其根本目的是为"告别革命"的错误思潮张目。历史虚无主义的反动恰恰表明唯物史观的真理性，表明坚持唯物史观真理是一场意识形态领域的伟大斗争，表明阶级社会的两大对立阵营始终贯穿着正确与错误、先进与落后、真理与谬误的思想斗争。历史虚无主义就是一种历史唯心主义。反对历史虚无主义，捍卫历史唯物主义是一场长期的政治斗争。我们所着力构建的中华思想史当代马克思主义学派，就是要始终坚持运用唯物史观指导中华思想史的研究，延续老一代马克思主义史学家的光荣传统，讲真理，讲事实，反对唯心主义历史观，从学理层面反击历史虚无主义，遵从思想史的本来面貌，将马克思主义史学理论的精神实质真正体现出来。

二 抓住历史关键节点，突出主流意识形态，探明中华思想的核心基因与发展脉络

优秀思想是历史与时代的精华。中华民族 5000 余年文明史孕育了丰富而深邃的中华思想，凝结成中华民族强韧不散的精神纽带。中华民族之所以每次面临历史艰难抉择时，都能坚定信念、化解危机，开创中华民族发展的新篇章，关键在于中华民族的优秀思想滋养的精神命脉延绵不衰、勇于自新。

第一，科学界定时代概念，明确中华思想发展的历史背景。

揭示中华民族一脉相承、一以贯之的核心思想的源与流，首先应问鼎于对时代概念的科学界定和对历史趋势的准确判定。习近平总书记在党的十九大报告中向世人宣告，中国特色社会主义进入新时代，并全面阐述了中国特色社会主义新时代的科学内涵，明确了新时代党和国家事业发展的新定位、新目标和新要求。

当然，时代概念具有广义和狭义之分。广义的时代概念是从历史观的角度对人类社会形态发展"大的历史时代"的判定。狭义的时代概念是从某个特定的角度对社会发展某个历史阶段的判定。马克思主义唯物史观关于时

代的概念，是从生产力所决定的生产关系出发，以社会经济形态为标准对大的历史时代的判定。要把历史观上从社会形态出发判断的时代与从其他角度出发判断的时代区别开来。

习近平总书记告诉我们，时代在变化，社会在发展，但马克思主义基本原理依然是科学真理。尽管我们所处的时代同马克思所处的时代相比发生了巨大而深刻的变化，但从世界社会主义500年的大视野来看，我们依然处在马克思主义所指明的历史时代。习近平总书记在这里对马克思主义所指明的历史时代的判断与《共产党宣言》的观点是一脉相承的，这就是马克思、恩格斯在《共产党宣言》中所判定的"我们的时代，资产阶级时代"，也就是列宁所说的"大的历史时代"，即资本主义生产方式在全世界占统治地位、资本主义社会形态在全世界成为主导社会形态的历史时代。从1640年英国资产阶级革命至今，资本主义社会时代有400多年的历史，资本主义历经革命兴盛阶段，已进入衰落下降阶段；尽管社会主义这一新的社会形态从1917年成为现实，到如今中国特色社会主义成功发展，但社会主义社会形态在世界上仍不占统治地位。从资本主义社会形态一确立，就充满了社会主义与资本主义两种社会制度、两条发展道路的斗争，且历史越前行，这种斗争越激化。资本主义基本矛盾没有改变，人类社会演进的历史趋势没有改变，社会主义这一新的社会形态必然代替资本主义的历史必然性没有改变。

人类社会演进的历史趋势和必然性是什么呢？邓小平同志说："封建社会代替奴隶社会，资本主义代替封建主义，社会主义经历一个长过程发展后必然代替资本主义。这是社会历史发展不可逆转的总趋势。"[①] 这是从马克思主义唯物史观角度，按照社会形态演变理论及其揭示的演变规律，对"大的历史时代"所作的唯物史观的判断，也就是说，人类由原始社会时代，到奴隶社会时代，到封建社会时代，到资本主义社会时代，再经过社会主义的长过程，到共产主义社会时代，这是一个不可逆转的历史趋势。马克思主义关于"大的历史时代"的判断是绝对不能否定的，如果否定了，就会否定马克思主义，否定社会主义代替资本主义的历史必然性，就会误认为资本主义的基本矛盾不存在了，误认为马克思主义过时了。正如邓小平同志所说：

[①] 《邓小平文选》第3卷，人民出版社1993年版，第382—383页。

"不要认为马克思主义就消失了,没用了,失败了。哪有这回事!"[①]

中国特色社会主义新时代所使用的时代概念不是唯物史观所讲的"大的历史时代"概念,是从我们党和国家事业发展的角度提出来的时代概念。这两种时代概念在唯物史观基础上既有区别,又是辩证统一的:从党和国家事业出发认定的时代服从于广义的"大的历史时代","大的历史时代"又是由狭义的具体的时代所组成。依据唯物史观所做出的"大的历史时代"的结论是正确的;新时代特指中国特色社会主义已经站在一个新的历史起点上,进入一个新的历史阶段,处在一个新的历史方位上,这个重大政治判断也是正确的。

习近平总书记指出:"中国特色社会主义进入新时代,在中华人民共和国发展史上、中华民族发展史上具有重大意义,在世界社会主义发展史上、人类社会发展史上也具有重大意义。"[②] 在全世界仍然处于资本主义时代背景下,中国已经迈入了社会主义初级阶段的社会形态,中国特色社会主义的发展已经进入了新时代。"大的历史时代"和"中国特色社会主义新时代"构成了中华思想发展的时代背景,为中华思想史的研究提供了基本的历史方位。只有站在马克思主义唯物史观关于"大的历史时代"的广阔视野中,站在中国特色社会主义进入新时代的特定角度上,将两种时代判断角度结合起来,才能真正理解中国特色社会主义进入新时代的伟大意义。也只有深刻理解新时代的伟大意义,才能深刻理解习近平新时代中国特色社会主义思想的伟大价值。

第二,抓住历史关键节点,提炼中国社会形态演进主要线索。

"欲知大道,必先为史。"只有把握中国社会形态演进的主线索,才能认清中国历史的发展逻辑,才能梳理清楚中华思想史发展的主脉络。要在产生思想变化的历史条件和时代背景的基础上,着重分析经济基础的根本性变化引发社会形态变化的内在关联,从而为从社会史看思想史提供历史根据。

刚刚过去的2017年,是毛泽东同志《实践论》《矛盾论》发表80周

[①] 《邓小平文选》第3卷,人民出版社1993年版,第383页。

[②] 习近平:《决胜全面建成小康社会 夺取新时代中国特色社会主义伟大胜利——在中国共产党第十九次全国代表大会上的报告》,人民出版社2017年版,第12页。

年。我们要读懂学好"两论",充分发挥思想指导作用。"两论"明确指出,人的正确思想只能从实践中来,人类的思想发展史,如同人类社会一样,是在对立统一中发展起来的,是在正确与错误、先进与落后的斗争中发展起来的。这就要求我们在研究中华思想史的过程中,不仅要探讨每个历史节点上生产工具变化引发的生产力、生产关系、社会生产方式乃至社会形态等一系列变化;还要分析当时的生产斗争实践、科学创新实践、阶级斗争实践所引发的社会生产生活的一系列变化;更要分析中国历史各个时期的特殊社会矛盾所引发的阶级、阶层等各种社会关系的一系列变化,努力发现思想发展的原因及其分野和对立,从而才能提炼出社会思想演进的主要线索。

史学理论与历史发展的脉搏紧密相连。必须科学地认识"一般"与"特殊"的辩证关系,要用唯物史观这个正确的"一般"认识来指导分析中国特色的社会形态演变规律,分析出中国社会形态发展和中国道路的基本规律、基本线索、基本特点,将各个时期社会形态演变的必然联系挖掘出来,只有这样才能挖掘出思想史的主要线索。

中国发展到今天,每一个历史节点的转变都是惊心动魄的,要把主要节点上为思想转变提供历史支撑的背景材料以"论"的形式提炼出来,要回答中华思想产生、转变背后的经济利益纷争、阶级阶层分野、主要矛盾转化和社会形态变化。譬如,从原始社会到奴隶社会,再到封建社会、半殖民地半封建社会的转型,从公有观念、集体观念转变到私有观念、家天下观念,从"礼"到"儒"的转变,等等,要将这些重大转折点的思想轨迹梳理得清楚明白。

第三,突出主流意识形态,探明中华思想的核心基因与发展脉络。

中华文明绵延至今,是历史的发展过程。中华文明的核心是文化,文化的核心是思想。一个国家或民族的发展道路决定该国家与民族的思想发展;反之思想发展又指导道路发展。中国独特的发展道路孕育着中国独特的思想发展。

中华思想的强大生命力源于中华思想的核心基因一脉相承。习近平总书记多次讲到中华优秀传统文化思想,比如,关于道法自然、天人合一的思想,关于天下为公、大同世界的思想,关于自强不息、厚德载物的思想,关于以民为本、安民富民乐民的思想,关于脚踏实地、实事求是的思想,关于经世致用、知行合一、躬行实践的思想，关于和而不同、和谐相处的思想，关于安不忘危、存不忘亡、治不忘乱、居安思危的思想，等等。他进一步指出："中华优秀传统文化是中华民族的精神命脉，是涵养社会主义核心价值观的重要源泉，也是我们在世界文化激荡中站稳脚跟的坚实根基。"[①]

中华思想的核心基因是中华优秀传统文化的灵魂所在，牢固积淀在中国人的思维模式和行为方式中，成为中华民族生命力、凝聚力、创造力的重要源泉。在党的十九大报告中，习近平总书记强调，要"深入挖掘中华优秀传统文化蕴含的思想观念、人文精神、道德规范，结合时代要求继承创新，让中华文化展现出永久魅力和时代风采"[②]。

习近平总书记的讲话为我们立足新时代研究中华思想史，探明中华思想史的核心基因与发展脉络指明了方向。在中华思想史的研究与写作中，一定要突出各个时期社会的主流意识形态，抓住主流意识形态转变的关节点。对于时代提出的问题，要注意观察思想层面是如何予以回应、解答的，要分析各个时期的思想形态、理论观点，剖析主流意识形态及其对立面，充分体现出中华思想的"通"与"贯"。

三 坚定文化自信，构建中华思想史学科体系，推进创建中华思想史当代马克思主义学派

文化自信是一个国家、一个民族发展中更基本、更深沉、更持久的力量。文化兴则国运兴，文化强则民族强。博大精深的中华优秀传统文化是我们在世界文化激荡中站稳脚跟的根基。深挖中华优秀传统文化中的思想内核，推出经得起历史与时代检验的过硬成果和传世之作，是《中华思想通史》项目的初衷所在。为此，必须将学术研究、学科建设、学派创建三者有机统一，协调推进。

第一，坚定文化自信，以精深过硬的思想史研究成果推动中华思想的当

[①] 习近平：《在文艺工作座谈会上的讲话》，人民出版社2015年版，第25页。
[②] 习近平：《决胜全面建成小康社会 夺取新时代中国特色社会主义伟大胜利——在中国共产党第十九次全国代表大会上的报告》，人民出版社2017年版，第42页。

代创新。

习近平总书记指出:"要讲清楚中华优秀传统文化的历史渊源、发展脉络、基本走向,讲清楚中华文化的独特创造、价值理念、鲜明特色,增强文化自信和价值观自信。"①

时代是思想之母,实践是理论之源。历史表明,社会大变革的时代,一定是哲学社会科学大发展的时代。当代中国正经历着我国历史上最为广泛而深刻的社会变革,也正在进行着人类历史上最为宏大而独特的实践创新。这种前无古人的伟大实践,必将给理论创造、学术繁荣提供强大动力和广阔空间。这是一个需要理论而且一定能够产生理论的时代,这是一个需要思想而且一定能够产生思想的时代。从事中华思想史研究的学者,更要以"为天地立心,为生民立命,为往圣继绝学,为万世开太平"的宏阔志向,奋力开拓思想史研究新局面,以精深的思想史研究成果推动中华思想的当代创新。

创新是哲学社会科学发展的永恒主题,文化自信的核心是思想自信。立足中国社会形态的历史发展道路研究中国思想,本身就是创新性的学术路径,更是文化自信的体现。马克思曾深刻指出:"主要的困难不是答案,而是问题。"② "问题就是时代的口号,是它表现自己精神状态的最实际的呼声。"③ 可以说,经典著作都是历史与时代相结合的产物,都是思考和研究当时当地社会突出矛盾和问题的结果。《中华思想通史》要成为深刻反映中国学术、中国精神和中国道路的标识性成果,为中华思想史的创新性研究树立学术范本,为当代中国马克思主义的发展提供思想支撑,为实现中华民族伟大复兴的中国梦奠定精神根基。

第二,精确把握中华思想史的学科定位和学术特色,构建中华思想史学科体系。

思想是人通过社会实践对社会存在的能动反映。不论人类历史如何发展,真正能够留存下来影响人们精神世界进而影响人们的社会生活的,不是

---

① 《习近平总书记系列重要讲话读本》,学习出版社、人民出版社2014年版,第100页。
② 《马克思恩格斯全集》第1卷,人民出版社1995年版,第203页。
③ 《马克思恩格斯全集》第40卷,人民出版社1995年版,第289页。

帝王将相，不是名利金钱，而是用文字记载下来并持续产生作用的思想。

中华思想史学科以思想为研究对象，主要研究历史学中形而上的部分，即意识形态上层建筑。中华思想史当代马克思主义学派，要站在辩证唯物论、历史唯物论的立场、观点、方法上来研究中华思想的发展、演变及作用。要从社会存在、社会实践出发研究思想的形成、本质、作用及其规律，要研究阶级社会中思想的阶级性、政治性和意识形态性。要仔细斟酌，从学科建设的角度对思维、思想、意识、意识形态等概念予以清晰界定，对思想史、中国思想史、中华思想史的定位予以准确定义，提炼出标识性的概念和语言。

正如毛泽东同志所说："我们的态度是批判地接受我们自己的历史遗产和外国的思想。我们既反对盲目接受任何思想也反对盲目抵制任何思想。我们中国人必须用我们自己的头脑进行思考，并决定什么东西能在我们自己的土壤里生长起来。"[①] 只有立足中国实际，提出具有主体性、原创性的理论观点，构建具有当代马克思主义特质的中华思想史学科体系，才能推动建设体现中国特色、中国风格、中国气派的思想史学术体系、话语体系。

我们要时刻注意，不要离开时代背景、经济基础、社会形态来研究思想史，不要把思想史碎片化、拼盘化、个别化，变成一个个毫无历史联系的、毫无逻辑关系的单独个人和事件的思维记录。要搞清楚每个历史节点上的思想史在整个思想史进程中处于什么样的地位，达到了什么程度，有什么好的地方，存在什么问题。可以先从思想史重要节点着手，从小到大，逐步整合，为构建完整的中华思想史学科体系打下坚实基础。

第三，厘清学术源流，推进创建中华思想史当代马克思主义学派。

创建中华思想史当代马克思主义学派，撰写一部无愧于人民与时代，经得起历史检验的精品力作，是《通史》项目和中华思想史学科的目标所在，是巩固马克思主义在意识形态领域指导地位的重要举措，也是一项光荣的学术创新工程。突出"马克思主义"，是指要用马克思主义的立场、观点、方法来研究分析中华思想史；突出"当代"，是与以往的马克思主义学派有所

---

① 《毛泽东文集》第3卷，人民出版社1996年版，第192页。

区别，意味着学术的创新。

在中华思想史的学术长河中，产生了一批重要学者，留存下一批经典著作，要仔细梳理思想史的学术脉络。特别要把中华思想史马克思主义学派的发展历程梳理清楚，把处于源头的、主要节点的代表性人物、代表作挖掘出来，确定关键节点，概括出思想史重要流派的主要观点及其演变规律，并将中华思想史最为精华的内容予以提升。通过这一系列去伪存真、去粗取精的整理过程，中华思想史马克思主义学派的发展脉络就清晰了。

概括来讲，李大钊等人处于中华思想史马克思主义学派的酝酿阶段。这一阶段的主要成就是提出必须要运用马克思主义唯物史观来分析研究中国思想史，提出了不同于其他学派的、具有鲜明马克思主义唯物史观特色的思想史研究基本立场。到了郭沫若等人的马克思主义学派的创建阶段，运用唯物史观对中国思想史的基本线索进行了梳理，形成了学派基础。到了侯外庐的马克思主义学派的形成阶段，对中国思想史尝试进行了系统的研究。尽管以往的中华思想史马克思主义学派受当时的历史条件和环境限制，尚具有一定的局限性，但中华思想史马克思主义学派的基本学科体系已经确立下来了。

在首届中华思想史高峰论坛上，我提出"构建思想史研究的中国学派"的倡议，得到了与会专家和学界的积极响应。在第二届中华思想史高峰论坛上，我们以"唯物史观视阈下的思想史研究"为主题，在"创建中华思想史当代马克思主义学派"这一定向上深化了共识。一年以来，《通史》项目成员不断推进"绪论"写作、资料长编编纂和《通史》正本提纲的拟定工作，部分编已开始正本写作。中国社会科学院大学为研究生开设了"中华思想史"课程。下一步，我们要进一步统一思想，提质增效，及早实现"绪论"、长编和提纲定稿，将主要精力转到《通史》正本的写作上来，将项目工作推向新的阶段。

总体来看，要实现《通史》项目的初衷，拿出经得起历史与时代检验的精品之作，还要经历恩格斯所说的痛苦的"脱毛"过程。"虑天下者，常图其所难。"推进中华思想史的研究，既是思想史研究者树论立言的重要机遇，更是学者主动回应时代关切，以自身所学贡献于中华文明不断繁盛的使命担当。我们要深刻把握新时代我国哲学社会科学的地位与任务，通古今之变化、发思想之先声,为深入贯彻落实党的十九大精神,坚定文化自信,更好地构筑中国精神、中国价值、中国力量做出中华思想史当代马克思主义学派应有的贡献。

(本文系作者2018年1月22日在第三届中华思想史高峰论坛开幕式上的讲话)

理论与方法

唯物史观与中华思想史研究

左玉河

（中国社会科学院历史理论研究所）

摘要：阶级分析方法是分析阶级社会思想史的基本方法。把阶级分析法、经济分析法和利益分析法有机地结合起来，具体运用到对思想现象的分析和说明中，才能深刻揭示思想形成和发展的根源问题。人民群众是社会历史的活动主体，是推动社会发展的决定性力量。思想史研究一旦离开了对人民群众实践的考察，不关注人民的愿望与诉求，不关注人民的思想泉源，必将脱离现实的土壤而陷入空虚，无法深入人类思想的深处。中国马克思主义学派要以唯物史观来指导思想史研究，科学地去认识人类真理。

关键词：唯物史观　思想史研究　人民思想史　马克思主义学派

唯物史观是马克思主义关于社会历史发展问题的总立场、总观点和总方法，深刻揭示了人类历史发展的根本动因、总体进程、一般规律和必然趋势，科学说明了社会历史发展的终极原因，找到了求解人类思想发端、形成、发展、作用及其规律的锁钥，是研究中华思想史必须坚持的思想方法和研究方法。社会进程决定思想进程，思想进程是社会进程的反映，然而思想进程又具有相对独立性，有自身发展的演变逻辑，可以反作用于社会进程。从社会史看思想史，又从思想史看社会史，社会史与思想史相结合的原则，是研究思想史的基本原则。思想进程相对独立并作用于社会进程的唯物主义历史观结论，纠正了唯心史观本末倒置的缺点，为科学探究人类思想的发展历史找到了最佳最可靠而又最科学的观察点。唯物史观既是科学的历史观，也是科学的方法论，对思想史研究既具有宏观的理论指导意义，也具有重要的方法论价值。如何运用唯物史观的基本观点（生产的观点、群众的观点和阶级的观点等）和基本方法（经济分析法、阶级分析法和利益分析法等）来指导思想史研究，如何将唯物史观的基本观点和基本方法运用到中华思想史研究过程之中，这是本文着力探究的重要问题。

一　坚持社会存在决定社会意识的基本观点，阐明思想变化的社会根源

社会存在决定社会意识、社会意识对社会存在具有反作用，是唯物史观的基本观点。经典作家指出："人们的观念、观点和概念，一句话，人们的意识，随着人们的生活条件、人们的社会关系、人们的社会存在的改变而改变，这难道需要经过深思才能了解吗？思想的历史除了证明精神生产随着物质生产的改造而改造，还证明了什么呢？"①

社会存在决定社会意识的基本原理，强调社会存在是第一位的，社会意识是社会存在的客观反映，先有社会存在，然后才有意识精神思想观念。社会存在的客观条件决定了社会思想的产生和发展，社会思想是为了解决社会存在问题而产生的。社会需求促进了社会思想产生和发展，刺激着社会思想观念的发达。社会存在制约着社会思想观念，决定着一个时代思想的高度和深度。个体的意识、观念和思想如此，一个时代群体思想观念和社会思潮同样如此。恩格斯指出："我们只能在我们时代的条件下去认识，而且这些条件达到什么程度，我们就认识到什么程度。"② 因此，人类思想是受时代条件限制的，时代条件决定着思想的高度和深度。既然社会思想是社会历史的客观反映，那么考察思想产生及发展演变时必须考察客观的社会发展情况，才能对思想产生及其发展的状况做出合理而深刻的解释，才能把握思想演进

---

① 马克思、恩格斯：《共产党宣言》，《马克思恩格斯文集》第 2 卷，人民出版社 2009 年版，第 50—51 页。
② 恩格斯：《自然辩证法》，《马克思恩格斯文集》第 9 卷，人民出版社 2009 年版，第 494 页。

背后的深层社会原因。

坚持社会存在决定社会意识的基本观点，就必须关注生产的观点并将其运用到思想史研究中去。所谓生产的观点（包括劳动观点、实践观点等），是唯物史观的根本观点。思想来源于生产实践但高于实践，是实践经验的总结、概括和提升。用生产的观点指导思想史研究，要求从生产力、生产工具等方面入手，考察生产方式及生产水平对社会思想观念的影响。经济条件归根结底制约着历史的发展，政治、法律、哲学、宗教、文学、艺术等既以经济发展为基础，又互相影响并对经济基础发生影响。因此，在思想史研究时要采用从社会存在到社会思想的"顺推法"，从社会存在、社会要求、社会需求方面考察特定时代的社会观念、意识、思想产生的情况。社会生产方式导致了新的社会需求，新的社会实践相应地产生了新的社会观念和新的社会思想；这些思想随着社会实践的丰富而不断得到完善。春秋战国时代诸子百家的兴起及各派思想产生发展的过程，典型地展现了这种特性。社会思想产生后，会形成相应的方针政策指导社会实践并变成新的社会实践，影响着社会发展。这其中有着复杂的程序和层次，有着轻重缓急之分，其作用亦有好坏、积极消极及进步落后之分。

当然，思想史研究中同样可以采用从思想到社会的"追溯法"，以思想本身为研究对象，追溯思想观念产生的原因、背景、因素和渊源，深入分析思想发展、完善和深入的原因，探究生产因素在社会思想产生、发展中所起的作用，考察生产方式及生产实践对社会思想变化所产生的影响。

坚持社会存在决定社会意识，必然要求将思想史与社会史结合起来进行考察，打通思想史与社会史的联系，将思想史研究建立在社会史的基础上，通过社会变化观察思想发展历程。社会思想来自社会生活，是对社会生活经验的提炼、概括和总结。特定的社会实践产生了特定的思想观念，而当社会环境发生变化后，这些思想观念难以满足新的社会需要就会衰落，便要求产生新的思想观念。社会的思想观念来自社会生活，是对社会生活经验的提炼、概括和总结。社会实践决定着社会思想，特定的社会环境必然产生特定的社会思想。社会实践变化后必然要求思想观念随之变化，新出现的社会思想必定是对新的社会环境的回应，以适应新的社会环境的需要，而旧的思想则会衰落。

正因社会发展与思想演变有着密切的关联，故思想史研究必须建立在社会史的基础上，研究思想史时必须考察社会状况。这是唯物史观的必然要求。注重思想史和社会史的结合，就是要通过社会史来观察思想史，坚持社会形态史的分期方法。思想史的发展阶段与社会历史的发展阶段有着密切关系，故研究思想史分期应当与社会发展阶段结合起来。思想观念演变与社会实践变化大体是同步的，故划分两者的历史阶段大体是相似的。

历史从哪里开始，思想就从哪里开始。人类在社会实践中形成了思想观念，这是思想史的发端。每个历史时代都会有一些重大的现实问题需要予以回答，这个回答就是思想的生长点和思想的起点。每个时代面临的重大实践问题被纳入思想的范围，就开始了思想的进程，形成了该时代的思想主题。研究和把握思想史的演进，必须关注它与社会发展的互动关联。要在梳理社会实践的基础上归纳出需要思想家回答的重大问题，把握该时代思想史的主题。思想史就是思想主题的把握及其展开的历程。这些思想主题在每个时代都有所变化，同时也有历史的连续性。这些变化中的历史连续性，就构成了思想史演进的内在逻辑，构成了思想史演变的历史链条。思想史研究就是要对这些历史主题进行衔接，从而构成思想史演进历程。

围绕着时代主题及其形成的思想主题，每个时代的民众、政治家、思想家从不同角度、不同层次着力予以解决，形成了不同层次的思想建构，构成了每个时代思想文化的总体性状况。对这个总体性的思想状况的把握和分析，是揭示该时代思想精华的基础。思想精华不是孤立地抽象地存在于重要思想家、重要政治家的思想中的，而是从整体的思想文化背景中产生出来的。围绕着对时代主题问题的回答，围绕着思想主题的探索，人们在特定的历史时期内提出了重大的突破性思想观点，这些重大的突破性思想观点是该时代思想发展的标杆。正是这些重大观点不断在继承前代人观点基础上实现了思想的突破，思想史才形成了一个个发展着的链条。发现并概括特定时代的新观点，分析这些新观点与旧观点的关系，以及这些新观点的发展趋势，正是思想史研究的价值所在。

一个时代思想的深度和高度，主要体现在这个时代重要思想家及其重要著作方面。对这些思想家及其著作要结合特定时代环境和条件进行分析。思想家是某个时代思想发展的杰出代表。他们固然不是思想史上思想者的全部,但是通过他们可以相对集中地展现那个时代的思想状况。因此,不论如何重写思想史,都不可能离开对思想家的分析。而对思想家的分析,就要从他留下的文献中来把握其思想,对其文献进行深入的文本分析。而这种文本分析,必然要置于思想产生和发展的特定社会环境中进行。而对其思想家及其思想文献的评述,同样难以离开特定时代。必须要结合特定时代来评述这个思想家在那个时代解决了哪些现实问题,取得怎样的思想进步,在人类思想史进程中有哪些推进之处,还有哪些问题没有解决,等等。

既然注重考察思想与社会的互动关系,那么在重视人们思想本身的同时,必然要关注思想在社会上的传播及其影响问题。思想学说的影响有两种方向及趋势:一方面,思想主张的向上影响,以上扬—提升—向上的方式,影响政治家、统治者。思想在社会上产生影响往往是通过"政治家"实现的,思想家往往通过政治家的实践产生社会作用;另一方面,思想的向下影响,以下移—渗透—教化方式,形成言行规范、风俗习惯等,影响到民众思想观念及生活生产方式。

唯物史观在坚持社会存在决定社会意识基本观点的同时,也重视社会意识的相对独立性及其对社会存在的反作用。唯物史观强调社会存在是第一性的,并不等于否定社会意识的能动性。恩格斯承认意识形态具有相对独立性,并对社会存在有反作用:"一种历史因素一旦被其他的、归根结底是经济的原因造成了,它也就起作用,就能够对它的环境,甚至对产生它的原因发生反作用。"[1] 因此,唯物史观坚持社会存在决定社会意识,同时也重视社会意识的相对独立性及其对社会存在的反作用。

社会意识对社会存在的反作用,具有积极作用和消极作用两个方面。正确的社会意识指导是社会发展的正能量,错误的社会意识指导是社会发展的负能量。社会意识的积极作用表现为先进的社会意识可以引领人们的社会实践,社会意识的消极作用表现为落后的社会意识可以误导人们的社会实践。社会意识的这种反作用效力是不容低估的。精神现象是不是也是一种客观存在?是否可称为一种特殊的社会存在?作为社会存在的精神现象、思想观

---

[1] 恩格斯:《恩格斯致弗兰茨·梅林》,《马克思恩格斯文集》第10卷,人民出版社2009年版,第659页。

念、宗教信仰、道德伦理、思维方式、生活习俗等，同样对人们的行为及其思想产生巨大影响，这在精神现象方面体现得格外突出。思想既是社会发展的精神文化成果，也会转化成社会发展的物质力量。决定一个时代走向的终极原因是社会经济形态，而人们的思想观念，特别是被广大群众所接受的正确理念和价值诉求，以及受这些思想观念支配的文化生活方式，反过来会直接引导时代的变迁和进步。社会意识在社会存在发生变革以后，还可以存在相当长一段时期而不退出历史舞台，仍然反作用于社会存在。马克思有一段名言："批判的武器当然不能代替武器的批判，物质力量只能用物质力量来摧毁；但是理论一经掌握群众，也会变成物质力量。"[①] 所以，社会思想对社会发展的能动作用是相当大的。

　　坚持社会存在决定社会意识、强调将思想史建立在社会史的基础之上，并不意味着否定社会意识的能动性，更不能把思想史简单地视为社会史的附属物。因为思想与社会实践并非亦步亦趋的同步关系，两者之间有着时间上的落差和时代的错位，存在着思想超前或滞后于实践的情况。马克思指出："关于艺术，大家知道，它的一定的繁盛时期决不是同社会的一般发展成比例的，因而也决不是同仿佛是社会组织的骨骼的物质基础的一般发展成比例的。例如，拿希腊人或莎士比亚同现代人相比。就某些艺术形式，例如史诗来说，甚至谁都承认：当艺术生产一旦作为艺术生产出现，它们就再不能以那种在世界史上划时代的、古典的形式创造出来；因此，在艺术本身的领域内，某些有重大意义的艺术形式只有在艺术发展的不发达阶段上才是可能的。"[②] 这就是说，文学艺术及人类创造的思想文化尽管都是建立在经济基础之上的上层建筑，受社会经济发展水平制约，但经济发展与文化思想的进步并非完全同步。这也能够解释为什么有时候实践的高峰恰恰是思想的低谷，当实践急遽推进时往往是思想无暇展开的时候；而有时候思想的高峰恰恰是实践的平庸，正是在实践的失落之时，人们开始静下心来思考问题。

---

　　① 马克思：《〈黑格尔法哲学批判〉导言》，《马克思恩格斯文集》第1卷，人民出版社2009年版，第11页。
　　② 马克思：《〈1857—1858年经济学手稿摘选〉导言》，《马克思恩格斯文集》第8卷，人民出版社2009年版，第34页。

二 坚持经济基础决定上层建筑的基本原理，运用经济分析法揭示思想背后的经济根源

生产力决定生产关系、经济基础决定上层建筑，上层建筑反作用于经济基础，这是唯物史观的基本原理。生产力决定生产关系、经济基础决定上层建筑，二者的对立统一构成了社会基本矛盾。人类社会就是在这个基本矛盾的运动中不断前进的、发展的。人类社会形态的发展就是社会生产方式的发展。生产力决定生产关系，从而决定着上层建筑。马克思精辟地阐述道："这些生产关系的总和构成社会的经济结构，即有法律的和政治的上层建筑竖立其上并有一定的社会意识形式与之相适应的现实基础。物质生活的生产方式制约着整个社会生活、政治生活和精神生活的过程。……随着经济基础的变更，全部庞大的上层建筑也或慢或快地发生变革。"①

将这个基本原理运用于思想史研究，首先就应该弄清思想是如何从生产力和生产关系的基础上产生发展的，揭示思想背后的经济原因。人类社会的历史就是人的有意识的创造活动的历史，是由有目的的"人"创造的。从表面上看，似乎是思想动机促使人们去参加社会活动，又好像是人的意愿、目的、情欲等思想动机在起决定作用。这样，很容易引出思想动机是人类历史发展的最后动力的结论。历史唯物论和历史唯心论的根本区别，不在于是否承认思想动机，即精神动力的作用，而在于是停留在精神动力的结论上，还是进而寻找精神动力背后的物质动力。探讨历史发展的终极原因，必须首先抓住使整个阶级、整个民族行动起来的思想动机，然后进一步探讨使整个阶级乃至整个民族行动起来的思想动机背后的物质动力，发掘思想动机背后物质的和经济的根本动力。思想动机是推动人们进行活动的内在动力，是激励人们去行动以达到一定目的的内在原因，但思想动机是受经济动机制约的。经济活动的动机是人类活动的基本动机，决定其他一切思想动机。人的衣食住行是最基本的生活要求，是直接推动人们行动起来进行社会实践的第

---

① 马克思：《〈政治经济学批判〉序言》，《马克思恩格斯文集》第 2 卷，人民出版社 2009 年版，第 591—592 页。

一位的动机。人的消费需要和利益诉求引发了思想形式的动机，引发了人们的全部社会活动。因此，物质经济因素是历史发展的最终决定性力量。从这个意义上来说，生产力和生产关系的矛盾运动是历史发展的根本动力，生产力是最终决定性的因素。生活需要和利益要求是隐藏在人们动机背后的内在动因。在研究思想生产发展进程时探寻其产生的经济因素和物质动因，才能真正揭示思想史发展的动因。

既然物质的经济因素是全部社会生活的基础和推动社会发展的决定性力量，既然一切社会问题都根植于最深厚的经济事实之中，既然一切社会现象最终都受一定的经济原因的制约和影响，那么社会思想问题就必须从经济入手进行分析。在人类社会生活中，社会的生产关系、经济关系是第一性的社会关系，决定着伦理的、家庭的、政治的和思想的社会关系。从一定生产力基础上的物质经济关系出发分析社会现象，是唯物史观的一个重要方法。坚持从物质的、经济的关系出发说明社会问题，就要把生产关系的性质和状况作为判断社会形态及其发展阶段的直接标志；把生产关系作为分析一切社会关系发展变化规律的基点；把人们对生产资料占有的形式和多寡，把人们在生产中的地位及其作用，把人们在产品分配上的形式，作为判断一个人、一个社会团体、一个政党的阶级属性、政治态度、社会行为当然也包括思想表现的重要标准。

人们的经济关系往往体现为利益关系，因此必须进一步探寻利益与思想之间的变化。利益问题贯穿人类社会始终，普遍存在于人类社会生产、生活之中，人类的全部社会活动都与利益密切相关。经典作家揭示了利益的本质、特点及其历史作用，科学地界定了利益范畴。他们认为，追求利益是人类一切社会活动的动因，"人们为之奋斗的一切，都同他们的利益有关"。利益是思想的基础，利益决定思想，利益推动生产和生活。"'思想'一旦离开'利益'，就一定会使自己出丑。"利益"成为生产的推动因素"。[①] 生产力是社会发展的根本动力，而追求物质利益是人类一切社会活动的最终动因，是推动人们进行社会历史活动的内在推动力量，是历史演变的伟大杠杆。因此，根据利益原则对复杂的经济、政治、思想、文化等社会生活及其

[①] 恩格斯：《自然辩证法》，《马克思恩格斯文集》第9卷，人民出版社2009年版，第560—562页。

关系进行利益分析,是洞察社会历史奥秘的重要方法。

一切社会问题,包括思想问题,其最根本的原因都发端于经济,经济原因是最根本的原因。故要从经济入手来分析思想为什么会产生,要分清思想家站在谁的经济需求上为谁说话、为谁发声。这就从经济分析进入阶级分析。阶级分析实际上是分析思想背后的阶级利益需要。思想史研究不仅描述社会思想现象,更要分析思想背后的经济利益,要分清形形色色的思想背后的经济需求和利益需求。任何阶级的思想背后都是利益,不存在离开利益的思想。利益关系的背后是经济关系,其中核心是谁占有生产资料。思想史研究必须着力揭示思想现象背后的阶级关系、经济关系和利益关系。运用利益分析方法分析社会历史现象,绝对不能排斥和否定经济分析和阶级分析的基本方法。因此,把阶级分析法、经济分析法和利益分析法有机地结合起来,具体运用到对思想现象的分析和说明中,才能深刻揭示思想形成和发展的根源问题。

上层建筑分为政治上层建筑和意识形态上层建筑两部分。政治上层建筑和意识形态上层建筑均会对经济基础产生反作用,并且这种反作用是相当大的,必须注意研究包括思想观念在内的上层建筑对历史发展的促进或阻滞作用。斯大林指出:"上层建筑是由基础产生的,但这决不是说,上层建筑只是反映基础,它是消极的、中立的,对自己基础的命运、对阶级的命运、对制度的性质是漠不关心的。相反地,上层建筑一出现,就成为极大的积极力量,积极促进自己基础的形成和巩固,采取一切办法帮助新制度去根除和消灭旧基础和旧阶级。"[①] 因此,不能机械地理解经济基础对上层建筑的决定作用。像哲学、宗教等意识形态固然是受物质经济基础决定的,但这种决定作用多数情况下是间接的作用而非直接的作用。经济基础对哲学、宗教等意识形态的影响,往往是需要有中间环节才能实现的。对此,恩格斯分析道:"更高的即更远离物质经济基础的意识形态,采取了哲学和宗教的形式。在这里,观念同自己的物质存在条件的联系,越来越错综复杂,越来越被一些中间环节弄模糊了。但是这一联系是存在着的。"[②] 因此,探讨经济基础对

---

① 斯大林:《马克思主义和语言学问题》,《斯大林文集》,人民出版社1985年版,第548页。
② 恩格斯:《路德维希·费尔巴哈和德国古典哲学的终结》,《马克思恩格斯文集》第4卷,人民出版社2009年版,第308页。

哲学宗教等意识形态的决定作用时，必须着力发现和分析干扰这种决定作用的中间环节。

三 坚持阶级的观点，用阶级分析方法揭示社会思想的阶级本质

群众是划分为阶级的，阶级社会中的人隶属于不同的阶级。阶级是客观存在着的一种社会现象，阶级与阶级斗争理论是马克思主义的基本理论。将阶级和阶级斗争的观点运用到对社会历史的观察和分析中，就是阶级分析方法。所谓阶级分析方法，就是运用阶级的观点观察、分析、认识阶级社会的社会现象，全面地分析各阶级在社会政治经济中所处的地位，主要是占有生产资料和支配劳动成果的情况，以及对于国家政权的影响力；分析各阶级的政治态度和思想观念；分析各阶级中不同阶层的区别和矛盾，以及由此而产生的不同政治倾向；分析各阶级之间的阶级关系，以及阶级力量对比的历史性和变动性；揭示政治事变中的阶级关系和各阶级的经济利益，看到围绕着经济利益进行的阶级斗争必然具有政治的形式，以维护或夺取政治权力为集中表现；严格区分有阶级性和不带阶级性的社会矛盾的差别。

阶级分析方法是分析阶级社会思想史的基本方法。经济分析、利益分析在阶级社会中归根结底是阶级分析。马克思在《路易波拿巴的雾月十八日》中对1848—1851年法国阶级状况及阶级斗争作了深刻分析，精辟阐述了法国政治发展与各阶级诉求之间的微妙关联，对法国扑朔迷离的政治现象作了深刻揭示，充分展示了阶级分析法的独特魅力。运用阶级分析方法可以清晰地揭示思想的阶级本质。通常说来，作为上层建筑的伦理思想往往具有普世性的面纱，但它同样具有阶级性特征。列宁强调："在我们看来，超人类社会的道德是没有的；那是一种欺骗。在我们看来，道德是服从于无产阶级阶级斗争的利益的。"[1]

阶级分析与利益分析是贯通的，因为阶级社会中一定的思想是由一定的

---

[1] 列宁：《青年团的任务》，《列宁专题文集：论无产阶级政党》，人民出版社2009年版，第286页。

阶级利益所决定的。除原始社会以外，夏商周以来的中国历史均为阶级社会，用阶级分析法对这段历史进行分析，可以揭示这个时期思想史发展的脉络和真相。

在运用阶级分析方法考察思想史时，必须坚持实事求是的原则。既要认识到阶级分析方法的普遍性，又不能把它绝对化。在阶级社会中，阶级是大量的、普遍存在的现象，但又不是唯一的、囊括一切的现象；阶级关系是人与人关系中的基本关系，但并不是一切社会关系都属于阶级关系；阶级斗争是重要的社会实践，但并不是唯一的社会实践形式。阶级社会的阶级斗争首先表现为经济斗争，同时又表现为政治斗争、思想斗争，不仅体现在经济领域，还体现在思想领域、政治领域、文化领域等社会生活的各个方面。因此，阶级分析方法就要求把握阶级和阶级斗争现实中的"多种多样的关系的全部总和"。既要分析经济领域的阶级斗争事实，又不能忽视政治、思想、文化等领域的阶级斗争现象；既要分析社会各集团的经济地位，同时又要观察其政治态度；既要分析该阶级的经济地位、政治态度和思想倾向，又要分析该阶级同其他阶级的关系，该阶级所处的社会环境的变化以及可能的发展趋势。

用阶级分析方法考察思想史时必须具体问题具体分析。阶级和阶级斗争会因时间、地点、条件的不同，而具有不同的表现形式和表现特点。在不同的社会形态，在同一社会形态不同的发展阶段，在同一发展阶段而处于不同的国度，甚至在同一国度的不同地区、不同民族，阶级结构、阶级阵线、阶级关系，以及阶级斗争的表现形式和特点都是不同的。这就需要根据时间、地点、条件的变化来具体把握阶级斗争的特殊表现。

阶级社会的思想具有明显的阶级性质，但又不能全部归入阶级范畴。如关于人与自然关系的思想，除有阶级烙印之外，还有人类与自然的共同关系问题；关于社会生活的认识也有一些超出了某个阶级的范围，如调和阶级关系的某些论述，便包含了不同阶级、不同阶层的共同要求；有些社会规范是人人需要遵守的，很难简单地划入某个阶级范畴之中。因此，思想史研究中坚持阶级分析方法，并不意味着要求人们简单地把每个人和每个思想命题都编排到阶级的行列中。就每个思想家而论，情况更为复杂，虽然每个人都无法游离于阶级生活之外，但在观念上并不妨碍某些人会提出超阶级的理论和主张。因此，在运用阶级分析方法时不能把每一种思想命题统统还原为阶级的命题，因为思想是复杂的，既有独特的阶级性，同时有普遍的共同性。

应该看到，中国古代社会同一阶级的不同阶层和不同集团，面对大致相同的社会环境和相同问题会有不同的思想认识，提出不同的思想主张，这些思想主张有时会分歧很大，进而形成不同的政治利益集团和党争。如北宋王安石变法主张与司马光的反对变法思想、晚清奕䜣洋务改革思想与倭仁的反对洋务主张、清末以孙中山为代表的革命派与以梁启超为代表的改良派之间的思想分歧及其论战等，都属于同一阶级内不同阶层和集团的思想分歧。因此，在运用阶级分析法时，必须注意考察同一阶级内部不同阶层、不同集团之间思想诉求的差异及其斗争，这种分歧和斗争有时是非常激烈的。

为了避免将阶级分析法简单化和绝对化，在运用阶级分析方法时要注意考察相同阶级中的不同阶层思想的纷繁性和复杂性。中国社会相同阶级中的各个阶层和利益集团，均有着不同的利益要求和政治期盼，表现为不同的价值取向和思想观念，因而需要进行具体分析。处于被统治阶级的社会普通民众存在着不同阶层，这些不同阶级存在不同的思想诉求，如农民阶层的利益要求和政治期盼，与城市小工商业者的政治心态是有差异的。古代中国的士人阶层通常是具有依附性的阶层，往往依附于不同的阶级。部分士阶层持有积极的参政态度，通过各种方式发表政见，影响政局，但部分士人抱有"天下有道则仕，无道则隐"的价值观念，回避现实政治，成为隐士，其思想观念与入仕者是有差别的。在士人阶层中，步入仕途的当权集团的政治观念和行为准则与在野集团的政治期盼也不同。同是士人阶层，其在野时与在朝时的言论及思想观念及政治诉求也有很大差异。其他阶层（如商人、宗教团体等）同样如此。同一阶级中的不同阶层、同一阶层中的不同集团、同一集团中的不同个人，同一个人中的不同处境和不同的人生阶段，其思想观点都是有差异的，必须予以具体分析。同时，在运用阶级分析法时，要注意中国社会各中间阶级及其中间阶层的复杂性与多变性。中国古代社会中的士阶层有为统治阶级服务的，有站在统治阶级立场说话的，有为民请命的，有为劳动人民说话的，也有主观上为统治阶级着想而客观上有利于劳动人民的。他们提出的某些思想，并不专为某一特定阶级或阶层所独有，而是反映了社会各阶层的共同利益，甚至反映了人类共性和需求，既有利于统治阶级，也有利于劳动人民。

马克思和恩格斯在《德意志意识形态》中指出:"统治阶级的思想在每一时代都是占统治地位的思想。这就是说,一个阶级是社会上占统治地位的物质力量,同时也是社会上占统治地位的精神力量。支配着物质生产资料的阶级,同时也支配着精神生产资料,因此,那些没有精神生产资料的人的思想,一般地是隶属于这个阶级的。占统治地位的思想不过是占统治地位的物质关系在观念上的表现,不过是以思想的形式表现出来的占统治地位的物质关系;因而,这就是那些使某一个阶级成为统治阶级的关系在观念上的表现,因而这也就是这个阶级的统治的思想。"[1] 任何一个时期占统治地位的统治阶级的思想意识,就必然是当时占主流地位的统治阶级的思想意识。每个时代的主流思想就是当时社会的主流意识形态,就是占统治地位的统治阶级的统治思想。既然"任何一个时代的统治思想始终都不过是统治阶级的思想",那么思想史研究就要以统治阶级的主流意识形态为主线,以政治思想为中心,以哲学思想为统领,而不能完全按照学派及其代表人物来考察思想史。如考察原始社会中华思想的萌发与起源时,要先弄清该阶段的社会形态及所有制形式,弄清当时需要回答的时代问题及从思想上所需要解决的主要问题,然后具体考察中国古人的原始观念,如时空观念、五行观念、阴阳观念等;随后考察朴素唯物主义和朴素辩证法的萌芽,以及图腾崇拜、原始宗教;接着考察原始社会到奴隶社会转型时期的思想,重点关注私有观念、家庭观念、国家意识及等级观念等,关注天命观念、王权思想及礼制思想的萌发。同样,考察奴隶社会中华思想的形成与发展时,重点考察"礼制"思想的形成与演变。奴隶社会的"礼制"思想是占统治地位并起主导作用的统治思想。奴隶社会到封建社会的转型时期,除了关注西周、春秋的"礼制"思想外,还要重点关注奴隶社会向封建社会转折时期诸子百家的思想主张。这个社会转型时期的思想主线,是儒法之争。儒家主要是维护奴隶社会"礼制"思想的,法家代表了新兴的地主阶级、工商业和农民、自由民的诉求,主张"法制"思想,具有一定的革命性。封建社会可以分为早期、中期和晚期。秦汉是封建大一统国家的形成及统治阶级主流意识形态确立时

---

[1] 马克思、恩格斯:《德意志意识形态》,《马克思恩格斯文集》第1卷,人民出版社2009年版,第550—551页。

期，隋唐两宋可以视为封建社会主流思想的发展时期，元明清可视作封建社会的晚期。明清时期很多政治家、思想家和文学家所反映出来的思想，与封建社会中前期的思想有明显的差异，并体现出新的社会因素及思想因素开始产生的特点。

要充分考虑社会变化引起思想变化、思想变化引导社会变化的时代特点。从主流思想来讲，奴隶社会是"礼制"思想，到了春秋战国就发生了转化和过渡，虽然是百家争鸣，但也有主流思潮，如孔墨并行、儒法之争等，然后逐渐过渡到秦汉时期的儒家思想，后来发展到宋元明清的理学思想。主流意识形态最集中的思想结晶，就是哲学思潮。春秋时期儒、道、法、墨各派的百家争鸣，开启了中国哲学鼎盛时期，为后来的中国哲学发展树立了基本的理论范式与标杆。先秦诸子、两汉经学、魏晋玄学、隋唐佛学、宋明理学、清代实学，大体反映了中华思想发展过程中各时代占统治地位的主流思想，但也不能简单化理解。经学是两汉时期的主流意识形态，但仍然有部分思想家（如桓谭、王充、王符、仲长统等）并不属于经学；隋唐佛教发达，但韩愈等人的思想是反佛的；宋元明清时期理学成为正统，但佛教并未衰歇，更有不少反对理学的思想家。

占统治地位的统治阶级的思想，并不等于或者不完全等于当时思想家的思想。如孔子的思想，在孔子所处的时代并不占主导地位。统治阶级的思想要上升为统治思想，是需要用政治手段和文化手段才能成功的。思想主导和文化霸权往往是靠政治强权实现的。在此不妨以秦始皇的"焚书坑儒"为例略作分析。焚书坑儒是对先秦文化的洗劫，但它集中体现了统治阶级为了维护政治"大一统"的需要而采取强制措施，是统一全国思想的时代需求，体现了秦始皇将法家思想尊为统治思想的努力。随着秦王朝这个空前大帝国的形成，统一思想势在必行。正如冯友兰所言："及汉之初叶，政治上既开以前所未有之大一统之局，而社会及经济各方面之变动，开始自春秋时代者，至此亦渐成立新秩序；故此后思想之渐归统一，乃自然之趋势。秦皇、李斯行统一思想之政策于前，汉武、董仲舒行统一思想之政策于后，盖皆代表一种自然之趋势，非只推行一二人之理想也。"[1] 秦始皇选择法家主张来

---

[1] 冯友兰：《中国哲学史》（上册），中华书局1961年版，第486页。

统一思想，采取焚书坑儒的极端方式，显然是粗暴的，但他为了巩固大一统的政治统治而用法家学说来统一思想的企图，则是明显的。这是用政治强权确立思想独尊和文化霸权的典型案例。

统治阶级掌握着政权、经济权和文化权，必然将自己的思想确定为整个社会的指导思想，向全体社会成员进行思想灌输，力图将其阶级意志和思想变成全社会的思想。占统治地位的统治阶级往往采取抽象的普遍性的形式来掩盖其维护统治者的本质。经典作家指出："占统治地位的将是越来越抽象的思想，即越来越具有普遍性形式的思想。因为每一个企图取代旧统治阶级的新阶级，为了达到自己的目的不得不把自己的利益说成是社会全体成员的共同利益，就是说，这在观念上的表达就是：赋予自己的思想以普遍性的形式，把它们描绘成唯一合乎理性的、有普遍意义的思想。"①

然而，统治阶级内部利益的纷争会产生思想的分歧，导致统治阶级的分裂，占统治地位的统治思想也会相应地有积极与消极、激进与保守之分。马克思主义经典作家分析道："一部分人是作为该阶级的思想家出现的，他们是这一阶级的积极的、有概括能力的意识形态家，他们把编造这一阶级关于自身的幻想当作主要的谋生之道，而另一些人对于这些思想和幻想则采取比较消极的态度，并且准备接受这些思想和幻想，因为在实际中他们是这个阶级的积极成员，并且很少有时间来编造关于自身的幻想和思想。在这一阶级内部，这种分裂甚至可以发展成为这两部分人之间的某种程度的对立和敌视，但是一旦发生任何实际冲突，即当这一阶级本身受到威胁的时候，当占统治地位的思想好像不是统治阶级的思想而且这种思想好像拥有与这一阶级的权力不同的权力这种假象也趋于消失的时候，这种对立和敌视便会自行消失。"②

当然，某些特殊时期和特殊条件下，统治者的主流思想并不强势。统治阶级的思想并不现实地必然地成为主流思想，他们的思想和文化领导权不是天生的，需要统治者不断努力来逐渐确立和巩固的。必须探究各时期统治阶

---

① 马克思、恩格斯：《德意志意识形态》，《马克思恩格斯文集》第 1 卷，人民出版社 2009 年版，第 552 页。

② 同上书，第 551—552 页。

级如何将统治者的阶级思想变成全社会的主流思想,如何将官方意识形态转化为社会全体成员的集体思想,这就需要考察统治阶级究竟采取了哪些措施、方针政策,并且评估其政策所取得的实效。

统治阶级的主流思想占据主导地位,但在各个时代和不同条件下存在着程度上的差异。其思想的控制和影响有强弱、大小、严密与疏漏之分,更有个别情况下并没有成为主导思想。这在软弱、短暂、分裂时期表现得比较明显。南北朝时代、五代十国时代、北洋军阀统治时期,都出现了这种情况。这些时代统治阶级的政治地位很不稳定,政治权力很有限,加强思想控制的努力及成效就非常有限,统治思想也相应地比较软弱。在社会动荡时代,统治者对主流意识形态掌控相对来说是无力、无能的,而居于非统治地位的边缘阶层、新兴阶层则思想比较活跃,加上时代需要解决的问题很多并异常迫切,故往往形成思想活跃、百家争鸣的局面。春秋战国时期、魏晋南北朝时期、辽宋夏金时期、明清鼎革之际、清末民初之际,都出现过这种情况。常言道:"乱世出思想,盛世产文化",就是这个道理。

四 坚持人民群众是历史创造者的基本观点,注重挖掘和体现人民的思想史

是否承认人民群众是历史的创造者,是历史唯物主义与历史唯心主义的根本分歧点。经典作家在阐述历史事变的个人动机与群众动机关系时,强调了人民群众在人类历史发展中的决定性作用。人民群众是社会历史的活动主体,是推动社会发展的决定性力量。社会历史发展的规律和趋势,就蕴藏和体现在人民群众的利益、意志、愿望和要求之中,蕴藏和体现在人民群众创造历史的活动之中,大势所趋与人心所向是一致的。经典作家强调:"工人阶级的解放应该由工人阶级自己去争取","在世界上,不论哪个地方哪个时候,群众要摆脱压迫和专横获得真正解放,无不是这些群众自己进行独立、英勇、自觉斗争的结果"。人民是历史的创造者,群众是真正的英雄。实践是认识的来源,而人民群众是实践的主体,因此,认识来源于人民群众的实践,一切真知灼见都源于人民群众的实践,人民群众同样是社会认识的主体。

思想史，向来指思想家的思想史。这是由思想的特性决定的。所谓思想，是指有体系的思想，简称思想体系。思想能够形成体系而集中体现者，向来只有少数杰出代表性人物，即只有杰出人物才能形成有体系的思想，才能构成博大精深的思想体系。这些有思想体系的精英人物，被称为思想家。思想家的思想具有三个基本特征：一是有体系的思想——完整性；二是有内涵的思想——深刻性；三是有预见性的思想——超前性。正因如此，思想家的思想构成了中国历代思想发展演变的主线。思想史研究的对象多为历史上思想家的思想体系。从这个意义上看，人民群众被排除于思想史的关注视野之外，是很正常的事情。因为人民尽管有思考，有诉求，有情感，有观念，有意识，但并没有形成有体系的思想，因而难以进入思想史家的法眼。一部思想史是思想家有体系思想的演变史，是思想家对时代问题所作的深刻思考及其思想结晶的演变历史，是思想家思考的思想问题不断被探究的思想历程。

人民的思考，人民的思维方式，人民的观念、信仰、知识和情感诉求，等等，并不构成思想本身，也难以写进思想史著作中，而充其量只能构成思想的碎片、思想的素材。这些思想碎片或思想素材充其量只是思想家进行深刻思考时所参考的材料和汲取的养分，是思想家思想体系构建的初级材料而已。人民的思想观念本身充其量只能成为一个社会或时代的隐性的观念意识，而不能成为显形的思想体系。这样，以往思想史著作上没有人民思想的地位，是再正常不过的事情。人民仅仅有一些观念意识，而没有成体系的思想；只有思想的碎片或思想材料，而非思想体系本身。人民的观念意识，充其量只是思想家建构思想体系的思想资源和源泉而已。

但如果放宽对"思想"的界定，或许是另一幅景象。如果将思想不仅仅界定为成体系的思想，而是泛指一套思想观念、知识信仰、一般性常识知识等，也就是通常所称的"大思想史"，那么可以肯定地说：人民是有"思想"的——尽管这些思想观念并不构成系统、不够完整、不够深刻、没有预见性，但他们是思想家的思想体系赖以形成而不可缺少的素材、基础、源泉和摇篮。从这个意义上讲，提出"人民的思想史"也是可以说通的。因为此处所谓思想史，是指人民的一般知识、观念、信仰和情感诉求等，简称人民观念史。所谓人民的思想史，就是反映人民这些观念的思想演变史。它们不仅仅是思想家的思想资料、思想片段、思想碎片或思想背景，而且这些观念本身就构成了"广义上"的思想。换言之，人民的思想观念本身，就构成了思想史的内容。人民的思想史实际上是指包括思想家思想体系及人民不成体系的思想观念两大部分。人民的思想观念史，自然成为思想史研究的对象，理应受到重视并加以发掘、整理，并加以呈现和书写。

既然将"思想"界定为一般知识、信仰、常识、观念、情感，那么人民的思想就是一定社会或时代人民的一般知识、信仰、常识、观念和情感诉求。人民的思想主要体现在人民的一般知识、人民的一般信仰，人民的普遍观念和一般思维方式中。人民的思想一般说来缺乏理论概括，在历史上也很少被保存下来，研究民众思想是不现实的。旧社会种地的、拉洋车的普通劳动人民多数不识字，确实没什么理论化的思想，但他们的一些诉求、想法，却通过民间语言、民间传说、各种学说、各种文艺作品反映出来。如从先秦的神话、传说，到明清时代的小说、戏剧、民谣、档案，再到近现代的影视作品，都体现出人民思想史料的浩瀚与丰富。

从这个意义上讲，人民群众是人类优秀思想文化的基础创造者。无论哪个时期的思想、哪个人的思想，总体上都是人民群众为思想的创造提供实践的、经验的源泉和材料，有的甚至就是人民在民间创造的思想原材料。人民群众的丰富实践是产生伟大思想家、理论家、学问家的摇篮，是一切伟大思想、伟大文化取之不尽的源泉。思想家的思想最终都离不开民众思想观念所提供的土壤、所营造的情境和所奠定的基础。如果说思想家的思想是激扬的浪花，社会思潮是汹涌的波浪，那么，民众的思想观念就是深沉的洋流，它变化缓慢却非常深刻、潜藏于深层却无法阻挡。思想史研究一旦离开了对人民群众实践的考察，不关注人民的愿望与诉求，不关注人民的思想泉源，必将脱离现实的土壤而陷入空虚，无法深入人类思想的深处。因此，积极挖掘和体现"人民的思想史"，有两方面的内涵。

首先，强调人民群众的实践才是思想产生的源泉。人民群众的丰富实践为思想家创造思想提供素材、原料，提供实践、经验和舞台；人民群众的丰富实践是产生伟大思想家的摇篮，是一切伟大思想、伟大文化取之不竭的源泉。人民群众是人类优秀思想文化的基础创造者。王充在《论衡》中讲道，"知屋漏者在宇下，知政失者在草野"。思想史研究一旦离开了对人民群众实践的考察，不关注人民的愿望与诉求，不关注人民的思想泉源，必将脱离现实的土壤而陷入空虚，无法深入人类思想的深处。写思想家的思想史要建立在人民实践史的基础上，要建立在人民创造的丰富的思想文化的基础上。要把人民思想史与著名思想家、政治家的个人思想史结合起来，既高度重视主流意识形态的变迁，高度重视杰出思想家们的精神成果，也重视普通人民群众的社会思潮、文化倾向、情感诉求和价值取向。

其次，只有反映历史进步，有利于生产力发展的、代表人民意愿、要求的思想才是人民的思想。思想家提出的思想，凡是反映了历史进步趋势的思想，就在某种程度上体现了人民群众的思想观念和思想诉求；思想家的思想，如果代表了历史进步的方向，就是部分地代表了人民群众的思想；统治阶级的思想如果反映了人民的利益和诉求，反映了历史进步的要求，它也就有了人民思想的成分。

总之，按照人民的思想史来写，就是要站在人民的立场，判断历史上思想争论的是非，体现人民的实践需要、利益诉求、价值观念，打上人民的痕迹，进而揭示中华文化变迁的思想轨迹和内在规律。正如马克思所言，社会意识是社会存在的反映，思想是时代的反映。思想是人民创造的，又是通过思想家的历史活动反映出来的，我们要把人民的思想史与著名思想家、政治家的思想史有机结合起来。

人民的社会实践是思想家思想的源泉。思想家的思想要照顾人民的思想并为人民所接受，才能转变成现实的社会变革力量。因此，人民群众丰富的实践不断为思想家供应构建思想体系的养料。人民群众的基础性思想观念资料，是思想家思想体系产生和发展的土壤、基础和材料。思想家所解决的问题，是人民群众提出的问题，关注的问题，所要求解决的问题。思想家的社会使命，在于系统、全面、深刻地思考并形成对时代主题和思想主题的理论思想体系。他所运用的材料、思路及方法，来自民间、来自人民，是人民思想观念的集成和再创造。他将人民群众这些片段的、不成体系的思想碎片拼接并提升起来，进而构成有系统的思想体系；他将人民群众直观的肤浅的思想观念加以深入思考、提升和再加工，形成系统的思想体系；他将人民不全面、不完整的思想，发扬光大而成为完整、全面的思想体系；他将人民群众初步的、感性的知识，加工成高级的、理性的知识体系；他把人民群众肤浅的知识观念，深化为高深的思想；他将人民群众低级、表面的观念，提升到理论的高度，形成有体系的思想。思想家在民众思想观念基础上的再加工和再创造，构成了各时代思想家的思想体系。

人民的这些思想观念，是隐性的思想。历史记载通常是历代正史，以帝王将相、英雄豪杰、才子佳人为历史主角，各种正史记载了他们的活动及言行，这些言行中体现了他们的思想观念、政治诉求、信仰意识、主张意向等。这些隐性的思想观念，是思想史要关注的内容。思想家的文集、文稿、诗词歌赋、日记等文献中包含有成体系的思想，也有不少关于民众言行的记载，反映了人民的思想观念。

无论哪个时期的思想从总体上都是人民群众为思想的创造提供实践的、经验的源泉和材料，甚至思想原材。中华各民族人民直接或间接创造了中华思想。考察各代思想家、理论家、政治家的思想时，都要将其建立在人民思想史的基础上。思想家的思想要有所发明、有所创造，要有影响，要传播开来，要流传下去，归根结底要反映人民群众的愿望，顺应民心及社会发展的主流。

在人类历史发展中，被压迫的民众及其思想观念往往不占主流地位。他们的思想因与占主流地位的统治阶级的思想往往处于对立地位，并且是以革命和批判的姿态出现的，故其思想往往表现为对占统治地位的统治思想的反叛，也因而往往被统治阶级视为思想异端而加以压制。欧洲中世纪反神学的思想被视为异端，明清时期的反儒学思想同样被视为儒学异端。正因如此，马克思主义作为资产阶级思想的对立面并代表无产阶级的思想出现时，显然是对占统治地位的资产阶级思想的根本否定，故采取了革命与批判的立场。也正因如此，马克思主义被视为"共产主义幽灵"受到资产阶级及其思想家的仇视和憎恨。对此，列宁精辟地指出："马克思认为他的理论的全部价值在于这个理论'按其本质来说，它是批判的和革命的'。后一性质的确完全地和无条件地是马克思主义所固有的，因为这个理论公开认为自己的任务就是揭露现代社会的一切对抗和剥削形式，考察它们的演变，证明它们的暂时性和转变为另一种形式的必然性，因而也就帮助无产阶级尽可能迅速地、尽可能容易地消灭任何剥削。"[①] 列宁还指出："马克思学说在整个文明世界

[①] 列宁：《什么是"人民之友"以及他们如何攻击社会民主主义者》，《列宁专题文集：论辩证唯物主义和历史唯物主义》，人民出版社 2009 年版，第 213 页。

中引起全部资产阶级科学（官方科学和自由派科学）极大的仇视和憎恨，这种科学把马克思主义看做某种'有害的宗派'。也不能期望有别的态度，因为建筑在阶级斗争上的社会是不可能有'公正的'社会科学的。全部官方的和自由派的科学都这样或那样地为雇佣奴隶制辩护，而马克思主义则对这种奴隶制宣布了无情的战争。"[①]

这种现象，不仅在马克思主义发展史上出现，而且在中外思想发展过程中也是普遍存在的。故研究中华思想史需要关注这些被统治阶级压制的所谓异端思想，因为其中蕴藏着丰富的民众思想观念。

需要强调的是，以唯物史观指导思想史研究过程中，会出现对思想史诸多问题认知上的分歧。这种分歧是学术发展的正常现象，不能武断地标榜自己是马克思主义正宗，而视对方为马克思主义的异端。马克思主义是认识和探寻真理的方法论和有力工具，运用这些方法和工具的历史研究者，因对马克思主义理解程度的深浅及运用熟练程度不同，再加上历史本身的复杂性和多样性，必然导致马克思主义史家对同样的历史现象有不一致的认识，对相同的历史问题有不同的解释，对社会历史发展的真理有不同的认识途径和结果，对历史发展规律的认识有分歧。这些都是正常的事情。关于中国历史分期问题，郭沫若、范文澜、吕振羽、侯外庐、翦伯赞等马克思主义史家就有明显的分歧，并进行过激烈的论争。他们都信仰马克思主义，都力图运用唯物史观的基本原理研究中国历史，运用马克思的社会形态理论划分中国历史阶段，并且划分历史阶段的标准也相似，但有很大分歧。无论范文澜的西周封建论、郭沫若的战国封建论还是尚钺的魏晋封建论，都是唯物史观指导下提出的创新性观点，都代表着那个时代中国马克思主义史家对中国社会形态问题认知的最高水平。

因此，在唯物史观的指导下进行思想史研究过程中，对相同的研究对象有不同的认识，有历史认识上的分歧，在具体观点上有分歧，是正常的学术现象。作为一个学术共同体，每个学派必然在学术研究的基本立场、方法、学术理念、研究趋向、研究方向及领域、主要观点等方面有共同之处，共同

---

① 列宁：《马克思主义的三个来源和三个组成部分》，《列宁专题文集·论马克思主义》，人民出版社2009年版，第66页。

处大于分歧，统一性大于矛盾性，否则就不能称其为学派。历史研究中能够形成一个公认的学派，必然有许多质的规定性和标志性特征：共同的指导思想、共同的学术取向、共同的研究方法、共同的研究领域和基本一致的学术观点。在这些共同方面之下有具体学术观点的差异甚至分歧，并不能动摇其作为学术共同体——学派的根基。法国年鉴学派代表人物之间有分歧，其第一代、第二代、第三代、第四代之间分歧更大，但学术界并没有因其差异而不称其为"年鉴学派"。其中的原因，就是因为这个学术共同体有着共同的学术理念和研究趋向。代际之间的分歧，正是学派本身创新发展的标志，是值得称道的学术现象。思想史研究的当代马克思主义学派成员内部不可避免地会有研究兴趣、研究重心及学术观点上的差异，甚至有较大的分歧，但必然在核心理念方面是一致的。

以唯物史观指导思想史研究，并不意味着根本排斥各种非马克思主义的学术研究。马克思主义是观察问题和解决问题的方法和指南，它开辟了探索真理的方向，但并没有穷尽真理。历史研究是一种发现历史规律、探索历史真理的艰苦过程。唯物史观为包括思想史在内的历史研究提供了科学的世界观和方法论，是探寻历史真理的科学方法，历史研究者理应自觉学习并运用它来指导思想史研究，马克思主义学派就有这种自觉意识。历史的真理或许是唯一的，但通往真理的途径并不是唯一的，而是多途的，正如西谚所云："条条大路通罗马。"唯物史观指导下的思想史研究是通往真理的捷径，但并不能由此要求所有的历史研究者都掌握和运用唯物史观。《周易》所云："天下同归而殊途，一致而百虑。"这是学术思想发展的基本规律。马克思主义学派与非马克思主义学派都是从事严肃的学术研究——探索真理，只是探寻真理的途径和方法是不同的——"殊途"和"百虑"。但两者在探寻真理的根本目标上是相同的——"同归"和"一致"。因此，必须明确强调：两者之间的关系不是政治上的领导与被领导关系，而是学术上的竞争关系。学术竞争不同于政治斗争，学术进步是在学术竞争中实现的。离开了学术思想的批评和学术观点争鸣，学术研究的生命将会窒息，难以出现创新性成果。

以马克思主义为指导研究思想史并形成马克思主义学派，并不是要禁锢其他学派，也不能搞思想统制。数千年中华思想发展史反复证明，思想的繁荣与政治环境的宽松、文化环境的宽容和思想的自由有着密切关系；学术自由、学术民主和学术的相对独立，是思想发展和繁荣的起码条件和必要保障。思想自由与思想繁荣大体上是成正比的。政治宽松、思想争鸣的时代，思想就会比较繁荣，如春秋战国时代出现了百家争鸣、思想创新的盛况。而在政治黑暗、思想禁锢的时期，思想就会因受到束缚而贫乏，如汉武帝独尊儒术、清代搞文字狱带来"万马齐喑"局面。北宋朝廷规定不准杀戮士大夫，故政治禁锢松弛，文网较宽，思想较为自由，创新性思想就容易产生。明清之际、清末民初两个时段处于王朝政治鼎革之际，政治统治相对松弛，容易产生有创新见解的卓越思想。因此，思想自由与思想创新有着密切的内在关联。

马克思的唯物史观是科学的历史观和方法论，科学的理论是不惧怕任何形式的学术批评和学术争鸣的。以唯物史观指导的思想史研究之中国马克思主义学派，要有坚定的理论自信和学术自信，要有开阔的学术视野和宽阔的学术胸怀，要有严肃的批判精神和强烈的创新意识，这样才能在"多元竞争"的格局中开辟出广阔的学术天空。

中国史学四十年：样态、潜流、走向

李红岩

（中国社会科学杂志社）

摘要： 改革开放四十年来的中国史学，可以划分为马克思主义史学与非马克思主义史学两个部分。就当代中国马克思主义史学而言，它在前三十年偏重于历史主流、主干的揭示以及历史逻辑的建构，本质特点在于提炼历史逻辑秩序，揭示中国历史发展的规律与人类历史发展普遍规律之间的关系，核心是聚焦于社会性质研究。改革开放四十年来，中国马克思主义史学呈现出支系发达、枝叶茂盛、血肉丰满的新样态，基本特征是史学内容空前丰富，取得了与中国特色社会主义相适应的巨大成就。与之相伴，非马克思主义的史学样态逐渐生成。非马克思主义史学的思想与学术背景，是海德格尔的此在哲学思想以及西方分析哲学分化、以诗学为核心的思潮转向、后现代主义的兴起、年鉴学派向第三代的过渡等，它导致中国史学出现碎片化的倾向。今后的史学研究，应结合改革开放前后两个时期的特长，以唯物史观为遵循，以"公共阐释"理论为学科平台，将"建构"与"阐诠"两个方面结合起来，建设马克思主义指导下的新史学样态。

关键词： 改革开放　史学理论　强制阐释　公共阐释

一　历史内容空前丰富的四十年

学术发展与社会发展一样，具有明显的时代性、阶段性，呈现出形态化、样态化的特点。

马克思、恩格斯多次说，随着每一次社会制度的巨大历史变动，人们的观点和观念也会发生变革。也就是说，人们的观念、观点和概念，一句话，人们的意识，随着人们的生活条件、人们的社会关系、人们的社会存在的改变而改变。

人们的意识如此，知识形态与意识形态也是如此。所以，恩格斯又明确说，"每一个时代的理论思维，包括我们这个时代的理论思维，都是一种历史的产物，它在不同的时代具有完全不同的形式，同时具有完全不同的内容。因此，关于思维的科学，也和其他各门科学一样，是一种历史的科学，是关于人的思维的历史发展的科学"[1]。

史家陈寅恪说："一时代之学术，必有其新材料与新问题。治学之士，得预此潮流者，谓之预流；其未得预者，谓之不入流。"[2]

如果雅斯贝斯所谓"轴心时代"可以视为始点[3]，那么，西方学术已然经历信仰的时代、冒险的时代、理性的时代、启蒙的时代、思想体系的时代、分析的时代[4]，而源远流长的中华学术，在荀子之后，则经历了经学时代、玄学时代、三教时代、理学时代、汉学时代、西学时代、马列时代。[5]这些时代表明，学术进程在历史长河中不仅表现为加速度发展的状态，而且不断地从相对独立发展走向全球融通，加速度地融通。

到20世纪，学术的加速度融通，发展到人类历史的极峰。

四十年来的中国学术、中国史学，负载着人类与中华文明的深厚积淀。但是，它直接从20世纪走来，以20世纪的世界大势、中国历史为背景，走在波澜壮阔的中国特色社会主义大道上。

---

[1] 恩格斯：《自然辩证法》，《马克思恩格斯文集》第9卷，人民出版社2009年版，第436页。
[2] 陈寅恪：《陈垣〈敦煌劫余录〉序》，《陈寅恪集·金明馆丛稿二编》，生活·读书·新知三联书店2009年版，第266页。
[3] ［德］卡尔·雅斯贝斯：《历史的起源与目标》，魏楚雄、俞新天译，华夏出版社1989年版，第7—29页。
[4] 这是美国"新美世界文库"出版社出版的《导师哲学家丛刊》中各本书的书名，其中M.怀特所著《分析的时代》，（北京）商务印书馆于1981年出版了杜任之主译的中文本。
[5] 这是笔者的划分，未必妥当，权且如此。

习近平同志指出，历史研究是一切社会科学的基础。① 四十年来中国史学的发展，它的基本走向与整体样貌，映现着、代表着整个当代中国学术的状态。

这种状态，需要在与改革开放前三十年的比较中得到清晰展示。通过比较，可以看出，我国史学研究的根本形态没有改变。换言之，唯物史观的指导地位没有改变，马克思主义史学的主导地位没有改变。但是，历史学的基本样态却发生了重大变化。

四十年来的中国史学，以加速度的状态繁荣发展，以加速度的状态与全球融通。其所形成的新样态，标志着中国马克思主义史学进入了第三时段（民国时期为第一时段，改革开放前三十年为第二时段）。

谈到历史与历史学，史学家们经常使用三个比喻：河流、人体、树木。以"河"为喻，孔子叹"逝者如斯"。以"人"为喻，章学诚指"事者其骨，文者其肤，义者其精神"。以"树"为喻，安克施密特拈出，如果说后现代主义的历史观还残留一丝本质主义，那么，本质不在树枝上，更不在树干上，只是在树叶上。② 这三个比喻，可以很直观地帮助我们理解四十年来中国史学的基本样态。

既然是河，则必然有主流，有支流；既然是人，则必然有骨骼，有血肉；既然是树，则必然有主干，有枝叶。所谓主流、骨骼、主干，就是历史的主脉与大势、本质与结构、规律与动力。所谓支流、血肉、枝叶，就是历史的要素与内容、形式与表现、机制与功能。不同历史时期，历史学家对历史对象的择取，侧重点是不同的。

改革开放前，中国史家的侧重点，是历史的主流、骨骼、主干。改革开放后，中国史家的侧重点，则转移到了支流、血肉、枝叶上面。当然，偏重不等于偏废，但大体之分，还是显而易见的。

因为侧重于关注历史的主流、骨骼、主干，所以中国史家在唯物史观指

---

① 习近平：《致第22届国际历史科学大会的贺信》，2015年8月23日，人民网。
② 钱基博也曾说："设以人体为喻，事譬则史之躯壳耳，必敷之以文而后史有神彩焉，树之以义而后史有灵魂焉。"参见《现代中国文学史》，上海古籍出版社2011年版，第6页。《论语·子罕》："子在川上曰：'逝者如斯夫，不舍昼夜。'"F. R. 安克施密特以树木比喻史学，参见《历史与转义：隐喻的兴衰》，文津出版社2006年版，第222页。章学诚：《文史通义·方志立三书议》。

导下，从社会发展史的宏大视角，对中国历史发展道路作了空前完整、系统、深刻的主导性揭示。所谓社会发展史，不是社会生活史，更不是社会文化史，而是社会形态与社会结构史，也就是生产方式的历史，政治史、文化史等均附着于其上。为突出主题主线，前三十年的中国学者着重于对历史规律、历史阶段与历史理论的开掘，尽量清晰地提炼出中国历史的逻辑秩序，将唯物史观的一般秩序与中国历史的特殊秩序相结合，将中国历史的秩序纳入唯物史观的秩序中去，以此说明人类历史发展的统一性、普遍性与规律性。改革开放前，中国学者对中国古代史分期、土地所有制实现形式、农民战争、资本主义萌芽、汉民族形成、历史发展动力、中国近代史主题主线等问题的热烈研讨，其出发点与落脚点，即在于鲜明地揭示中国历史发展的特殊规律与人类历史发展普遍规律之间的关系，从而清晰地呈现出中国历史的主流、骨骼、主干。

这样的研究路径与学术取向，从20世纪初梁启超提出"史界革命"便开始了。其后，以郭沫若、范文澜、吕振羽、翦伯赞、侯外庐为代表的马克思主义史家，由于掌握了唯物史观，很快超越梁启超、王国维等人建构的"新史学"体系，让古老的中国史学真正成为一门科学。这一形态的史学研究，从李大钊延续至今，一以贯之，是中国史学的主流。它最核心的特点，是以社会性质为话语之源。[①] 从20世纪20年代至70年代，诚可谓"得预此潮流者，谓之预流；其未得预者，谓之不入流"。改革开放后，它发生了新的变化。

中国马克思主义史家认为，史学研究不仅要凸显历史的主流，还应该展示大河的支系；不仅要"骨感"，还应该丰满；不仅应该主干强壮，还应该枝繁叶茂。以这样的思想为驱动力，他们喊出了"把历史的内容还给历史"的口号。

这是最能反映新时期史学整体样貌的一个口号。四十年来中国史学的整体样貌，此口号足以一言蔽之。它原本是经典作家的原话，用作了《历史研究》1987年第1期评论员文章的标题。提出这一口号的直接原因，是由于前三十年在侧重关注主流、骨骼、主干的过程中，出现了"内容狭窄、风格

---

① 参见李红岩《中国马克思主义史学思想概说》，《史学理论研究》2016年第1期。

单调的状况"①。之所以出现这一状况，与唯物史观无关，与老一辈马克思主义史家的研究路径无关。因为，不同的历史时期，史家的时代任务是不同的。从民国至中华人民共和国前三十年，历史研究的时代任务，本是揭示历史的主题与主线，不在于填充历史的血肉与支系。因此，提出"把历史的内容还给历史"，不是要否定以往的马克思主义史学，而是在新的历史条件下丰富它、发展它、完善它。至于通过怎样的途径来把历史的内容还给历史，他们提出，"复兴和加强社会生活史的研究，应是一条切实可行的重要途径"。文章说，这样做可以复原历史的本来面貌，使之血肉丰满，容光焕发。以该期《历史研究》为标志，"社会史"成为新时期发展最快、最引人注目的史学分支。

"把历史的内容还给历史"是一个完全正确的口号，适应了新时期史学发展前进的需要。唯物史观着重于揭示历史的主流、骨骼、主干，但从来不忽视、也不允许忽视研究历史的支系、血肉、枝叶。唯物史观最重视揭示历史的本质，但向来都是透过现象而不是抛弃现象看本质。由于历史的本质隐藏于社会生活的深处，所以，马克思主义史家对历史上的生产关系、阶级关系做了空前深刻的揭示。提出"把历史的内容还给历史"，可以让唯物史观的科学之光绽放得更加艳丽。

正是在这样的思想引领下，四十年来，中国史学的血肉空前丰满、支系空前发达、枝叶空前茂盛。史学界公认，这是史学全面繁荣发展的四十年，是繁花似锦的四十年。

这意味着，史家笔下的内容，从来没有像今天这样丰富；史家队伍的数量，从来没有像今天这样众多。史学柜子里面所装的东西越来越多，史学分支越来越杂、越细。大量风格多样的通史、断代史、专门史以及大型史料集成、丛书被出版。一批精通外语的世界史专家，与国际同行进行着同步性研究，诸多著作已经不逊色于国外的同类作品。考古发掘走出专业圈子，成为全社会关注的对象。研究领域日益拓展，手段日益先进，科研经费日益充盈。研究方法、研究样态、研究视角与理念、论文题材与触角日趋多样，与

---

① 《历史研究》1987年第1期发表评论员文章《把历史的内容还给历史》，该期同时刊登一组社会史文章，以之为标志，"社会史"成为新时期发展最快、最引人注目的史学分支。

海外同人的交流空前频繁,田野考察蔚然成风。四十年来的中国史学,呈现出从未有过的五花八门、无所不有的状况。它非常驳杂,甚至混乱,但绝不贫乏;它有可能已经产能过剩,但绝非产能不足;而且,它还在进一步扩展进步之中。

凡此种种,均可分类以说,逐个地和分别地加以考察。以社会史为例,不仅中国古代社会史得到细腻描绘,而且近代、当代的社会史,同样受到空前重视。社会史的理论方法、学科定位、内部再分支等,无不得到深入研讨。提到当今中国史学,许多人最容易脱口而出的,就是社会史。伴随社会史研究的勃兴,环境史、灾荒史、城市史,以及文化史、观念史、概念史、医学史,与区域史、风俗史等相互交叉,蔚为重镇,成为历史学发展新的学术增长点。可以这样说,凡人类以往的形迹,几乎全被纳入了中国史家的视野,出版了专著。史学分支与学科的缤纷出现,带来的是历史内容在文本领域的不断被添加、是学术理念的不断从中心转向边缘、研究对象的不断从整体转向区域、理论兴趣的不断从历史理论转向史学理论。

这是一种应当给予整体肯定的繁荣发展状态,是好现象,不是坏现象。只有在改革开放的大背景下,才能出现这种繁荣发展的局面。它与中国特色社会主义的总进程相适应,既得益于中国特色社会主义,也是建设中国特色社会主义的一支重要文化力量。

二 碎片化及其潜流背景

健康、繁荣是四十年中国史学的基调和主流。但是,在内容空前丰富的情况下,历史的骨骼、主流、主干是否受到了遮蔽?换言之,丰满的血肉是否拖累了骨骼?丰茂的枝叶是否掩盖了主干?细密的支流是否漫溢了主流?史学队伍是否具有分化的倾向?这样的追问,时常会浮现出来。

发展带来变化、产生分化、生发新的问题,这在人类历史上不是新鲜事。正如美好的生活导致胖人越来越多,史学界普遍感到,干瘦的骨感固然不妥,臃肿的肥胖同样是问题。

多年来,许多专业学者追问:在历史区域研究中怎样观照全体?在历史描述中怎样不忘本质?在微观考据中怎样不止于碎片?在史料梳理中怎样不忘思想？总之，具体研究怎样观照宏大叙事？这样的追问，在学术意义上关注的是历史学真善美的全体大用，在社会学意义上体现的是历史学家的一些新不安。

确实，伴随着繁荣发展，出现了一些令人担忧的新现象。突出表现是，在马克思主义史学之外，非马克思主义的史学研究倾向也在生成。它的主要特征是：研究内容碎片化、研究主题形式化、成果表述玄学化。"三化"的核心，是理论思维弱化。有识之士普遍认为，历史研究很大程度上失去了思想性。

何以会出现这种现象呢？它是繁荣必须付出的代价吗？有学者认为，这是过去僵化研究模式所必然造成的"报应"。笔者不赞同这种说法。因为，"报应"只能表明动力原因，无法说明转型机制的运作过程。还有学者提出，既然倡导把历史的内容还给历史，那就必然会造成树叶遮蔽树干。笔者同样不同意这种说法。因为，所谓把历史的内容还给历史，是指把原本不该缺少的东西还回去，而不是把原本不缺少或原本不该有的东西硬加上去。这是"还"字透露出的应有之义。显然，造成碎片化等的原因，要另外去寻。

笔者以为，造成碎片化等的原因，是由于在四十年中国史学的进程中，始终伴随着一股潜流。这股潜流虽然不是主流，却潜移默化地介入、影响了四十年来的中国学术，主要是在马克思主义史学之外圈占了场域。这股潜流的基本特征，就是碎片化，它来自20世纪70年代开始的西方学术转向，恰好与中国改革开放的时段大体相符。

所谓碎片化，其最外在的表现，是选题狭小，例如"杨贵妃入宫时是否处女""济慈喝什么稀饭""普希金抽不抽烟""洪秀全是否留胡须"之类。但是，再狭小的选题，也属于历史的要素与内容，可视为微观研究，未必属于碎片化。构成碎片化需有两个要件，一是选题缺乏与历史研究相匹配的意义，二是将对小题目的考据视为研究的全部和最终目的。碎片化的实质，就在于将缺乏重大意义的历史偶然性看作具有重要意义的历史要素，并把对这种要素的研究当作是历史研究的真正内容。换言之，借用安克施密特的说法，认为历史的本质在树叶上，不在树干上。

这样的价值取向与研究状态，最直观的表现是"以要素代替全体"。它不是力求使本不该缺位的历史内容在场，而是将研究的筛孔做小，去除大的，留下细的。当要素被夸大为某种特殊东西，即如同安克施密特所描述的那样，会引起人们领悟过去的尘埃化。在中国，这种研究取向可追溯至乾嘉考据学。但是，民国以后，从欧美"进口"的实证主义又固化和强化了这一传统。由此，以偏概全地将考据看作从事历史研究的终身事业，成为学术风尚。相应地，如钱锺书所说，普遍地轻视或瞧不起理论。①众所周知，这种研究取向曾遭受严肃批判，有所弱化。但20世纪70年代后，西方学术风尚再一次转向碎片化，并逐渐传入中国。这一次传入的碎片化风气，虽然在许多方面与旧形态的碎片化保持着一致，本质上却以对某种理论的"重视"而非"轻视"为出发点。换言之，它也有理论背景，但不是实证主义的背景，而是反实证主义的后现代主义的理论背景。

让我们从波普尔对碎片化的倡导开始讨论。波普尔是直接论述到碎片化问题的思想家。他提出，根本不存在什么"总体论意义上的"或"关于社会状态的"历史学；所存在的，只是所谓"零碎技术学""零碎修补学""零敲碎打的工艺学""零碎的试验"等。他表示，"不相信有可能对零碎方法提供任何一种相应的批判"②。这种论调，与后现代主义的学术取向是完全一致的。他对"历史决定论"的否定立场与批判逻辑，完全符合20世纪70年代后西方学术转向的理论预设及基本进路。

这种理论预设及基本进路，就是拒斥所谓系统的哲学，亦即拒斥所谓以认识论为中心，追求客观性与合理性，被罗蒂等人指称为基础主义认识论、逻各斯中心主义、实证主义、经验主义的那些同质类的思想理论。这种思潮覆盖了20世纪70年代后的西方学术界，为学术碎片化提供了理论支撑。

比如，在文艺理论领域，形式主义文论大泛滥，驱离社会历史背景，宣称"作者之死"，成为趋之若鹜的风尚。接下来，便只是对作品所谓内部要素（如隐喻、意象、象征）的解析，再进而向文学消费与接受效果的维度发展。这种抽离社会历史背景、抽离作者意图乃至驱离作者的文学研究，被

---

① 参见《钱锺书研究》第2辑，文化艺术出版社1990年版。
② [英]卡·波普尔：《历史主义的贫困》，何林、赵平译，社会科学文献出版社1987年版，第96—99页。

中国学者张江称为"强制阐释"。① "强制"的另外一层意思，在于强制作品仅仅以要素组合、工艺碎片组装的形式在场。这种样式的研究，对中国"知人论世"（孟子）的学术传统显然是一种颠覆。②

　　文艺理论领域的这种变化，与其他人文领域的变化是同步对应的、一致的。如福柯，就"排除了对起源、原因、出处、影响与目的等问题的关注"，"对历史过程的任何目的论或因果关系的观点持激烈的敌视态度"③，这与后现代主义文艺理论家的主张，没有区别。④ 排除起源、原因的探讨以及因果关系，排除所谓逻各斯中心主义，驱离所谓的历史决定论，只能造成历史研究的碎片化。

　　应该指出，碎片并非一无是处。豕苓桔梗、木屑竹头，亦可资用也。否定碎片化，不等于否定其中的合理因素，更不等于否定具体的微观研究。正如钱锺书所说，反对实证主义并非否定事实和证据，反对"考据癖"并非否定考据。但是，碎片化不应成为历史研究的主流，更不能成为主流价值。

　　不过，这样的立场和论述，在坚守碎片化立场的学者看来，是没有意义的。抛弃历史整体观念、集中放大历史构成要素，已然在马克思主义史学之外成为倾向。在这种倾向中，历史学既展现出内容的空前庞杂，又展现出空前的碎片化。碎片化锁定历史内容的某个或若干个要素，对其内部更加细化的要素进行愈加细化的逼视，不断地向具体情境靠近，进而用要素替换掉整体性的历史。"要素化"与"具体化"成为20世纪后全球史学的普遍特征。所谓"新清史"，所谓"中国中心观"，就是这种风尚的产物。

　　这里我想以思想史为例。据某位西方专业学者总结，也是从20世纪70年代开始，西方的思想史研究"经历一次意义深远的变化"。具体说，思想

---

　　① 张江：《强制阐释论》，《文学评论》2014年第6期；《"意图"在不在场》，《社会科学战线》2016年第9期；《理论中心论——从没有文学的"文学理论"说起》，《文学评论》2016年第5期。在中国，钱锺书发表于1933年10月的《中国文学小史序论》，大概是最早阐述文本中心论的论文。《谈艺录》开篇的《诗分唐宋》是这一立场和观点的系统阐述，也是全书的总纲。

　　② 中国作家钱锺书说，假如你吃了个鸡蛋觉得不错，何必认识那下蛋的母鸡呢？据说这是钱锺书在电话里对一位求见者说的话。参见杨绛《将饮茶》，生活·读书·新知三联书店1987年版，第102页。

　　③ ［美］马丁·杰伊：《思想史应该接受语言学转向吗？》，载［美］拉卡普拉、卡普兰主编《现代欧洲思想史——新评价和新视角》，王加丰等译，人民出版社2014年版，第71页。

　　④ 参见张江《作者能不能死》，《哲学研究》2016年第5期。

史家开始面对"一个独特的问题",即应该在什么程度上"接受当地人的风俗习惯"①。所谓"当地人"的"当地",就是"具体化",一是指与全体相对应的区域,二是指区域内的要素。当"当地"这样具体的因而必然特殊的要素占据本体或核心位置时,自然而然,那种整体性全局性的"假定或暗示",也就"具有虚假的或令人反感的性质"了。所以,所谓思想史研究所面临的"意义深远的变化",其实质无非与福柯的实践、波普尔的主张一样,在于抛弃历史整体论与历史决定论,走向历史要素论。以"要素分析"代替"整体分析",其极致化的表现,即是碎片化,或曰零碎工程学。将碎片当作历史整体,以碎片解释历史整体,属于史学领域的强制阐释。当然,我们不是说"当地"一类对象没有价值,但"当地"毕竟总是整体中的"当地"。不应当以"当地"去消解整体。脱离了整体的"当地",即使地域再广、范围再大,也只能是孤岛,因而在观念本质上属于碎片。

碎片化、具体化、要素化的哲学老巢,是海德格尔所谓"此在"(Dasein)。20世纪70年代后西方学术的主趋势,团词提挈,就是以"此在"代替"共在"(Mitsein)。这一主趋势不管冠以什么名称,不管变换什么花样,不论表现在哪个领域,本质都是一样的。因此,"此在"能够像七十二变的孙悟空,在思想史家那里,变成"当地人的风俗习惯";在勒华拉杜里笔下,变成"朗格多克"或"蒙塔尤"——所谓"微观历史学"的早期典范;②在"新清史"那里,变成"满洲";在所谓"中国中心观"那里,变成丝毫不受外来元素影响的纯中国元素,如此等等,理一分殊。安克施密特道出了天机:"在后现代主义的历史观范围内,目标不再是整合、综合性和总体性,而是那些历史片段成为注意的中心。"③

许多西方学者都将法国年鉴学派的史家勒华拉杜里归于后现代主义,而年鉴学派对四十年来的中国史学界发生了直接影响。在20世纪,第一代年

---

① [美]拉卡普拉、卡普兰主编:《现代欧洲思想史——新评价和新视角》,王加丰等译,人民出版社2014年版,"前言"。
② 《朗格多克的农民》(The Peasants of Languedoc)是勒华拉杜里的博士论文,《蒙塔尤》(Montaillou)是他最著名的著作。
③ [荷]F. R. 安克施密特:《历史与转义:隐喻的兴衰》,韩震译,文津出版社2006年版,第222页。

鉴学派立场的基本特点，就是使"每个个人都必须回归他的时代"。注意，是回归"他的""当地"的"时代"，亦即"此在"，即具体现场与要素，亦即所谓生态—人口学模式，由地质、气候、瘟疫、细菌之类要素构成。历史研究就是分析这些要素，如同强制阐释者分析作品内部的修辞、隐喻、机理、意向、句式、语汇等一样。至于说从这些分析中提炼出一个定义，提炼出社会转化的过程，费弗尔认为，那要么是先验的，要么是不可能的。①

年鉴派在 1968 年前后进入第三阶段。它最大的特征，就是碎片化，而福柯是年鉴派第三代的同路人。福柯所谓考古学或系谱学，与年鉴派所谓心态史"至少在亲缘上具有类同性"②。当第三代年鉴派史家崛起的时候，美国的海登·怀特于 1973 年出版了所谓后现代史学的代表作《元史学》，罗蒂则在 1979 年出版了《哲学和自然之镜》。1978 年，有中国学者开始组织翻译意大利人梅洛蒂的《马克思与第三世界》。这些同时发生于 20 世纪 70 年代的事件，可以列出许多，但只指出一点便够了，即它们以同样的性质从一开始便介入了四十年来的中国史学，分化并占据了很大一部分思想学术领地。特别是年鉴派第三代，几乎完全是与四十年来的中国史学同步发展的。

所以，讲到碎片化及其背后的理论预设、学术理念的变化，评估四十年来中国史学的潜流与影响，需要追踪西方 20 世纪 70 年代后的思潮转向，看一看二者之间发生了怎样的关联。这样，可以为科学规划中国历史学的未来提供借鉴。

三　走向历史学的公共阐释

四十年来中国学术的发展，促使中国学者的思考开始向新的理论建构方向演进，呈现出理论体系和话语体系的新趋向。这种新趋势，一言以蔽之，曰：离弃强制阐释（Imposed Interpretation），走向公共阐释（Public Interpre-

---

① ［美］拉卡普拉、卡普兰主编：《现代欧洲思想史——新评价和新视角》，王加丰等译，人民出版社 2014 年版，第 4、9 页。
② ［英］彼得·伯克：《法国史学革命：年鉴学派，1929—2014》，刘永华译，北京大学出版社 2016 年版，第 184 页。

tation）。①

碎片化必然导致对历史的强制阐释。在强制阐释话语下，过于丰满的血肉会拖累骨骼，过于丰茂的枝叶会遮蔽主干，过于细密的支流会漫溢主流。过于细碎的所谓史实重建，会让历史学者不再去思考宏观问题，因之对历史理论缺乏兴趣。在拒斥所谓逻各斯中心主义的名义下，淡化乃至反对理论思维似乎顺理成章了。强行场外征用，即简单搬用历史学理论以外的其他理论强加于历史研究，本来立意很好的跨学科研究，反而弱化了历史学的主体地位。用历史要素研究代替历史整体研究，一方面造成内容的丰满，一方面造成碎片的集群效应。这样一来，在具体研究中忽视全体，在历史描述中不顾及本质，微观考据成为碎片，对历史要素的重视成为对历史整体的排斥，由此而造成一种合力性的趋向，就是对历史的强制阐释。这种强制阐释的现象，发生于非马克思主义的史学领域，受到了马克思主义史家的抵制和批评。

而走向历史的公共阐释，意味着历史阐释应该是理性阐释，是人类共通性认知的逻辑呈现；应该是澄明性阐释，是置入公共意义领域，为公众所理解的阐释；应该是公度性阐释，即阐释与对象、对象与接受、接受与接受之间，是可共通的；应该是建构性阐释，即阐释者对公众理解及视域展开修正、统合与引申；应该是超越性阐释，即超越于个体阐释；应该是反思性阐释，即在与文本的对话交流中求证文本意义，达成理解与融合。

遵循公共阐释规则的历史研究，尊重微观研究但反对碎片化。它追求让历史的大树既主干粗壮，又枝繁叶茂；让历史学的"骨骼"与"血肉"相互协调、相互促进。

以公共阐释规则研究历史，意味着中国历史学由偏重史实重建，开始向注重历史阐释转移。由于偏重史实重建，所以唯恐遗失历史要素，历史内容因之空前丰富。但是，在具体化、要素化、此在化的西方学潮影响下，散钱不串，主干不彰，其极端化，即流于波普尔所说的零碎工程学。转向历史阐释，亦即转而以理性逻辑为主导，不以细微史实重建为主导；以历史逻辑之澄明性为目标，不以众多史实之芜杂叠加遮蔽澄明；以可公度性为规则，不

---

① 参见《历史研究》2008年第1期的"公共阐释与历史阐释"笔谈。

以探寻独特性、唯一性为旨归；以整体建构性为取向，不以要素功能性为决断；以超越学科壁垒为诉求，以反思学术史为契机门径。

史学四长，才学识德。四十年来，由于碎片化、要素化、具体化、此在化，学彰而识暗。以公共阐释为标识，将转而为识、学相长。此一趋向，意味着反叛法国年鉴学派第三代的范式。其继承性，在于坚守确定性；其民族性，在于全新阐释传统史学；其原创性，在于由中国学者提出；其时代性，在于不重复老话；其系统性，在于通贯全体；其专业性，在于抵制场外强制征用。基本趋向，在于"骨骼"与"血肉"并重。

"公共阐释"是中国学者张江在 2017 年提出的一个概念和理论。① 它认为，阐释本身是一种公共行为。阐释者应该以普遍的历史前提为基点，以公共理性生产有边界约束且可公度的有效阐释。然而碎片化却很容易流于对历史的私人个体阐释，远离公共性和阐释的有效性，最终被湮没和淘汰。

碎片化必须受到公共理性的约束。如果不受约束，则碎片化终会成为"毫无公共留存意义"的东西。绝对心理学意义上的希特勒，就是由于脱离了公共理性的约束，因此无法公共性地留存，其文本的制作者，也因此而无法"以其公共效果进入历史"。其实，"此在的共在基础，无论看起来如何遥远，归根结底决定着思想的创造和理解"。历史学家正是在公共性的约束中，充实创造性的活动。

四十年来，史学界绝非没有具备公共性的理论思考及成果。特别是具有中层理论价值的成果，非常令人称道。比如，关于中华文明起源，关于明清时期生产力发展水平与生产关系的新变化，南宋至明代过渡，等等，这些研究，如同高速路上的匝道，起到了打通历史堵点，使得道路连接畅通的作用。但是，公共阐释代表了更大更新的思考趋向。面向未来，公共阐释论体现了唯物史观统领下史学创新的努力方向，预示了中国史学守成出新的新变化。它是消解后现代主义历史观的一剂良药。

---

① 张江：《公共阐释论纲》，《学术研究》2017 年第 6 期；《公共阐释还是社会阐释——张江与约翰·汤普森的对话》，《学术研究》2017 年第 11 期；《"阐""诠"辨》，《哲学研究》2017 年第 12 期。

历史规律与历史选择

周溯源　吴亦明

（中国社会科学院香港中国学术研究院、南京师范大学社会发展学院）

摘要： 历史唯物主义科学地阐述了历史发展的客观性与历史创造者的社会实践活动之间的辩证关系。社会历史的发展过程，是一个历史选择的自发与自觉的辩证统一过程，是一个人们从自发地进行历史选择到自觉地发挥历史作用、承担历史责任的发展过程。在具体的历史事件中，各种人物、社会阶层与群体都要求历史按照自己的利益与愿望发展。但从历史发展的根本方向看，这其中最基本的力量则是广大劳动人民。人类的历史从根本上说，首先是一部生产的历史。劳动人民是社会物质财富和精神财富的创造者，在社会发展变革的重大历史关头，他们又总是推动社会革命性变革的最强大的群众基础。他们的历史地位决定了他们总是历史上的进步力量，他们为社会的进步与发展提供了最根本的原动力。

关键词： 历史选择　马克思主义　历史唯物主义

人类社会历史是"一个十分复杂，并充满矛盾但毕竟是有规律的统一过程"[①]。对于历史发展的客观规律，在相当长的历史进程中却没能为人们发现和认识。马克思主义的历史唯物论的诞生才最深入最科学地发现了伟大的历史运动规律，指出了："物质生活的生产方式制约着整个社会生活、政治生活和精神生活的过程。不是人们的意识决定人们的存在，相反，是人们的

[①]《列宁选集》第2卷，人民出版社1995年版，第425页。

社会存在决定人们的意识。"① 从此,人们对于社会历史的种种混乱和武断的唯心主义解释开始"为一种极其完整严密的科学理论所代替"。但马克思主义对历史发展客观规律的科学揭示却一直遭到各种偏见和反马克思主义历史理论的歪曲非难,他们把马克思主义关于历史发展具有客观规律的理论说成是"宿命论的机械历史观",是反自然主义的"历史决定论",等等。

然而,马克思主义者从来就不是宿命论的"历史决定论"者,马克思主义创始人所创立的历史唯物主义,承认社会历史发展是有规律的。但承认这种客观性并不是承认历史发展的规律是一种超乎于人们现实社会历史之上的、命定的支配力量,人们在历史规律面前是完全被动的。恰恰相反,历史唯物主义是一个完整的科学体系,这个理论一方面科学地揭示出了历史发展基本规律的客观性,指出,社会生产力是社会发展的根本动力,当每一代人来到这个世界之时,所面临的生产力都是既定的,而一定性质的生产力又决定着与之相适应的生产关系和上层建筑的存在。当人与自然的矛盾运动必然地使生产力向前发展时,社会的生产关系与上层建筑也必然要相应地向前发展。私有制文明取代原始共产主义的野蛮,而社会主义制度又终将取代私有制剥削制度,这都是社会生产力发展的客观结果,是不以任何人的意志为转移的历史总趋势。

另外,历史唯物主义在阐明这种历史客观性时,从来也没有否认过社会的人在社会历史活动中的能动性,而是科学地阐述了历史发展的客观性与历史创造者的社会实践活动之间的辩证关系。社会历史的发展与纯粹自然界的发展是根本不同的,自然界的规律是盲目的自然力相互作用的结果,而"在社会历史领域内进行活动的,是具有意识的,经过思虑或凭激情行动的、追求某种目的的人;任何事情的发生都不是没有自觉的意图,没有预期的目的的"②。所以,恩格斯说,是"人们自己创造自己的历史"③。社会是人的社会,社会历史是人所创造的历史,离开了人就无所谓社会,无所谓社会史,也无所谓历史的规律。当马克思主义指出社会发展的根本动力是生产力

---

① 《马克思恩格斯选集》第 2 卷,人民出版社 1995 年版,第 32 页。
② 《马克思恩格斯选集》第 4 卷,人民出版社 1995 年版,第 247 页。
③ 同上书,第 732 页。

时，并没有把生产力作为一种纯粹的物的力量看待，而是十分明确地指出生产力就是人的征服自然的能力及其物化标志。正如列宁说的，"首要的生产力就是工人、劳动者"①。而由生产力的发展引起的生产关系和上层建筑的变革发展也不是一个自发的自然过程。没有一个重大的历史事件的出现，没有一次社会关系的大变动，没有一种社会思潮的问世不是人们历史创造活动的结果。恩格斯说："人们总是通过每一个人追求他自己的，自觉预期的目的来创造他们的历史。而这许多按不同方向活动的愿望及其对外部世界的各种各样作用的合力，就是历史。"② 因此，在一定的意义上可以说，正是人们在解决人与自然、人与人两大矛盾关系的历史活动的平均数中产生了历史发展规律的客观性。而客观的规律性又反过来规定制约着人们的历史活动。

这种历史发展的客观规律与人的历史创造活动的辩证关系，决定了不论哪个国家、民族的人们是怎样不同地在进行着自己历史的创造活动，而整个世界都必然地要按照社会发展的总趋势有规律地向前发展。同时，世界各国、各民族的历史又不可能一模一样。各国人民具体的历史创造活动千差万别，必然使世界之林中的每一个成员都经历着各自不同的历史道路，形成各不相同的历史面貌。不同的历史发展道路又造成了各个国家、民族社会进步先后快慢的差异。

因此就一个国家或民族而言，在总的历史发展趋势的框架内，究竟采取什么具体的道路与方式来解决人与自然、人与人的两大基本矛盾关系，尤其在重大的历史关头，客观上是存在着一种历史的选择的。在近代亚洲的发展史上，社会发展程度大体相当的印度、中国、日本等国家，同样在面临西方殖民主义侵略时，由于各国占统治地位的社会力量采取了不同的内外政策，结果使各国经历了不同的历史命运。印度沦为英帝国的殖民地；中国保持了半独立的状态，成为半殖民地半封建社会；而日本则通过明治维新走上了资本主义的发展道路，在摆脱西方殖民侵略的同时，成了亚洲一个新的殖民侵略的战争策源地。第二次世界大战后，一大批亚、非国家获得了民族独立，在这样的重大历史关头，新独立的亚、非国家都面临着一个选择什么道路，

---

① 《列宁选集》第3卷，人民出版社1995年版，第821页。
② 《马克思恩格斯选集》第4卷，人民出版社1995年版，第248页。

以什么方式来发展自己国家的问题。当时中国在抗日战争胜利以后，就面临着两种命运、两个前途的抉择。中国共产党为代表的人民进步力量要把中国引向光明。国民党反动派则竭力要把中国引向黑暗。在这个历史的十字路口，党领导中国人民浴血奋战，打垮了国民党反动势力，取得了新民主主义革命的胜利；接着又在中国这块古老的土地上，跨越了资本主义的发展阶段，建立起了社会主义制度，在半殖民地半封建社会的基础上经过民主革命，走社会主义救中国的道路，这就是中国人民作出的伟大的历史选择。历史存在选择，历史需要选择，这也是历史发展客观规律的内涵之一。

历史的选择是历史创造者的历史主动性的一个重要表现。但当一个国家或民族在作出某一个重大的历史选择时，并不完全是某种主观愿望的结果。不同的个人与社会集团存在着不同的利益，他们的主观愿望各不相同，甚至是互相冲突的。在具体的历史进程中任何一个人的愿望都会受到任何另一个人的妨碍，而最终的结果，则是这些彼此交错冲突的力量融合为一个总的平均数和总的合力。恩格斯说："历史是这样创造的：最终的结果总是从许多单个的意志的相互冲突中产生出来的，而其中每一个意志，又是由于许多特殊的生活条件，才成为它所成为的那样，这样就有无数互相交错的力量，有无数个力的平行四边形，由此就产生出一个合力，即历史结果，而这个结果又可以看作一个作为整体的、不自觉地和不自主地起着作用的力量的产物。……然而从这一事实中决不应作出结论说，这些意志等于零。相反地，每个意志都对合力有所贡献，因而是包括在这个合力里面的。"[①] 所以历史的选择不仅是历史创造者主动的历史创造活动的结果，而且是一种类似自然历史进程的客观结果。

历史的选择作为一个国家或民族对自己的历史发展道路与方式的具体选择，这种选择的主体，是整个国家或民族的各种社会力量。在具体的历史事变中，各种人物、社会阶层与势力都要求历史按照自己的利益与愿望发展。但从历史发展的根本方向看，这其中最基本的力量则是广大劳动人民。人类的历史从根本上说，首先是一部生产的历史，劳动人民是社会物质财富和精神财富的创造者，在社会发展变革的重大历史关头，他们又总是推动社会革

---

① 《马克思恩格斯选集》第 4 卷，人民出版社 1995 年版，第 697 页。

命性变革的最强大的群众基础。他们的历史地位决定了他们总是历史上的进步力量，他们为社会的进步与发展提供了最根本的原动力。这就从根本上规定了历史选择的基本方向。因此不论历史呈现出怎样的复杂性与曲折性，一些国家与民族的社会发展会出现一时的倒退与衰落，但历史进步的潮流最终是不可抗拒的。

另一方面还要看到，由于在私有剥削制度下，劳动人民在经济上受剥削，政治上受压迫，处于分散、无权的地位和思想上不觉醒的状态。因此，他们虽是历史选择的基本力量，但在多数情况下却不是做出具体的历史选择的主导力量，而在社会生产中，在社会政治、文化关系中占统治地位的力量往往是历史选择的主导力量，在具体历史事件的勾勒中发挥着主导作用。当那些符合生产力发展要求的社会力量，在历史事变中发挥出主导作用时，他们做出的历史选择通常能够与广大劳动者选择的方向相一致，从而融合为强大的进步的历史合力，促使历史向前发展。当资产阶级领导进行反封建斗争时，他们做出的历史选择就代表了社会生产力发展的要求，也符合劳动人民的历史要求与利益。英、法的资产阶级大革命都极大地推动了英、法以至整个欧洲和世界历史的进步。马克思对此评价说："当时资产阶级的胜利意味着新社会制度的胜利……这两次革命不仅反映了它们发生的地区即英法两国的要求，而且在更大的程度上反映了当时整个世界的要求。"① 相反，当那些束缚生产力发展要求的腐朽力量占据统治地位时，他们就会做出阻碍历史进步的选择，并将这种选择强加于国家或民族，从而造成历史的悲剧。这样的历史实例也同样是屡见不鲜的。1840年英国殖民强盗发动罪恶的鸦片战争时，以一支几千人的孤军，万里涉海远征，无论从战争的性质，人心的向背，还是兵力的对比，后勤补给的保障，都对中国有利。战争初期粤闽军民在正确方针的指导下，就给了来犯之敌以沉重的打击，使英军无法得逞。但由于当时中国以道光皇帝为首占统治地位的封建统治集团的昏庸、腐败，"防民胜于防寇"，最终使战争归于失败，订立了屈辱的《南京条约》，中华民族从此陷入了半封建半殖民地的深渊。因此，在一个国家或民族以一种历史合力的形式在历史发展的重大关头，做出某种具体的选择时，选择正确就

---

① 《马克思恩格斯选集》第1卷，人民出版社1995年版，第318页。

会加速社会历史的进步，选择错误就会延缓社会历史的进步，甚至是历史的倒退。在这里，历史主体的主动性有着巨大的历史作用和不可推卸的历史责任。

社会历史的发展过程，是一个历史选择的自发与自觉的辩证统一过程，是一个人们从自发地进行历史选择到自觉地发挥历史作用、承担历史责任的发展过程。

人们从事某种历史活动时，总是有意识有目的的，从这个角度说是自觉的，但产生这种意识与动机的根源，人们往往并不明白，而受着某种自发力量的支配，但这种力量又如前所说来源于人与人、人与自然的相互作用之中，是人们自觉的活动中产生的自发力量。因此人们的历史活动过程总是一个自觉与自发的辩证统一过程，是不断地从自发地进行历史创造活动做出历史的选择，向自觉地创造历史、做出历史选择的方向发展的过程。马克思主义唯物史观的创立把社会发展的规律第一次科学地揭示在人们的面前，为人们自觉地、正确地进行历史的选择提供了科学的思想武器。而无产阶级革命的胜利更为人们自觉地创造历史、进行历史的选择开辟了现实的道路，恩格斯说："一旦社会占有了生产资料……人们自身的社会结合一直是作为自然界和历史强加于他们的东西而同他们相对立的，现在则变成他们自己的自由行动了。至今一直统治着历史的客观的异己力量，现在处于人们自己的控制之下了，只是从这时起，人们才完全自觉地自己创造自己的历史。"[①] 社会主义制度的建立，使人们第一次具有自觉主动地运用社会发展规律，创造历史，进行历史选择的社会条件。

但是，马克思主义的创立，社会主义革命的成功只是为人们自觉创造历史提供了前提，奠定了基础。这一切并不意味着人们从此必然会依据马克思主义揭示的规律，自觉正确地进行历史的选择与创造。由于各个国家、民族的具体社会矛盾和国际环境的复杂、多变，历史的自发力量依然在发生作用等原因，社会历史仍然可能显现曲折的发展状况，历史的选择仍将是一个自发与自觉，前进与反复的辩证统一过程。因此在现实的历史生活中要能更自觉更好地发挥历史创造者的作用，做出正确的历史选择，就必须把马克思主

---

① 《马克思恩格斯选集》第 3 卷，人民出版社 1995 年版，第 633—634 页。

义的真理与现实的历史实践结合起来，提高历史创造的自觉性，推动历史向前发展。

为此，人们在做出历史的选择时，第一，要以是否符合绝大多数劳动人民的利益作为选择的根本标准。

劳动人民是世界文明的创造者，他们从事的脑、体力劳动是社会最基本的实践活动，因此，他们的利益，他们的解放，便从本质上规定了人类历史发展的方向。只有始终不渝地坚持为绝大多数劳动者谋利益，坚持为劳动人民群众的解放事业而奋斗，不论是建设还是改革都以人民为本位，才能从根本上把握历史创造活动与选择的正确方向。评价一切历史活动的根本标准就是看其是否符合劳动人民的根本利益。在当今的历史条件下，劳动人民的利益是与社会主义事业紧密相连的。只有社会主义才能使劳动者真正成为社会的主人，在经济、政治、思想上获得解放。社会主义事业就是劳动人民的解放事业，坚定地为这个事业而奋斗，这是今天的历史条件下，唯一正确的历史选择。

第二，在历史的创造与选择中，处于社会经济、政治生活主导地位的社会力量，有着举足轻重的作用。他们的历史活动往往能在历史的选择中起到支配性的影响。现代社会中在经济、政治生活中能成为这种主导力量的，一般是代表着一定社会阶级、集团利益的有纲领、有组织的政治力量——政党。因此，有没有一个始终坚持为绝大多数人谋利益的、有科学世界观武装的无产阶级政党的领导，对一个国家或民族的历史命运有着至关重要的意义。有一个以马克思主义武装的、为人民的解放和社会主义事业不懈斗争的革命政党，并始终保持着在社会生活中的主导地位，那么它就能带领人民群众做出正确的历史选择。那么这个国家的劳动人民的解放事业就能胜利，历史就能沿着正确的轨道顺利地前进。

相反，如果没有一个马克思主义的，全心全意为人民服务的革命政党；或由于党内外各种敌对、腐朽势力的侵蚀、夹击，党丧失了领导地位，或自身发生了腐化蜕变，让那些违背历史发展方向的社会力量成了社会生活中的主导力量，那么，他们就可能把自己阶级、集团的利益和愿望强加于社会，使那些国家的历史发展出现曲折或倒退。因而建立一个以马克思主义世界观武装的，理论联系实际的，能真正代表人民利益的，不图任何私利的，能自觉防腐反变，有健全的党内民主、监督机制的无产阶级革命政党，并成为能始终团结带领广大劳动群众为劳动人民的解放事业而奋斗的社会主导核心力量，这是做出正确的历史选择的根本保证。

第三，任何的历史活动，尤其是重大历史关头的重要抉择，都是人们有意识的活动，要从自发地进行历史选择进入自觉的状态，就必须靠先进正确的思想理论作指导。只有以科学的理论武装起来，把握了历史发展的规律，才能成为历史自觉的创造者。在当今的历史条件下，马克思主义无疑仍是人们创造历史的科学指导思想。坚持马克思主义的理论阵地，普遍地进行马克思主义的宣传教育，使千百万脑力、体力劳动者从切身的利益与实践经验出发接受马克思主义，并自觉地以它为指导思想，这是当今社会的重大历史课题，是人们做出正确的历史选择的思想前提。当然，马克思主义是活生生的科学，不是僵化的教条，它的科学的辩证的本性不容歪曲；也正是这种科学的本性又决定了马克思主义必须随着历史的发展而发展，在人们新的历史实践中不断总结发现历史发展新的规律与理论。马克思主义是科学的世界观，以它为指导思想并不等于要将人类思想宝库中的其他财富拒之门外。所以要能把握好历史的规律，做出正确的历史选择，还必须吸收人类一切优秀的思想文化财富，为劳动人民的解放事业所用，为推动历史前进所用。

第四，历史的选择决不是一个简单的自然过程。选择必然是各种利益的冲突，各种力量的较量。选择就是斗争。重大的历史抉择，通常总是一场涉及社会生活各个领域，动员社会各个阶层、阶级的力量进行的斗争。片面、绝对地强调斗争与片面、绝对地否定斗争都是错误的。历史就是在斗争与联合、斗争与妥协、破坏与建设的辩证统一中前进的。要自觉地做出正确的历史选择，作为代表社会历史发展方向的社会力量，在这种斗争中就要保持清醒的头脑，有能进行复杂的、艰苦的、长期的斗争的勇气与力量。要有能团结组织广大群众夺取斗争胜利的正确策略与高超艺术。

第五，世界是个整体，任何一个国家或民族的存在与发展都是处于一定的国际环境中的。国际环境对一个国家或民族历史的发展往往有着重大的影响。在古代如此，到近现代更是如此，西方殖民主义的入侵曾使得许多亚非国家的正常历史进程被打断，使它们经历了殖民地、半殖民地的痛苦历程。因此，国际环境对一个国家或民族进行的历史选择是一个十分重要的条件。

当今世界各个国家和民族无论在政治、经济，还是文化上，都更紧密地联系在一起了。国际环境对各个国家的历史进程就有着更为重要的影响。由于世界局势的复杂多变，充分重视国际环境的影响，已是现今进行历史性选择的基本要素。只有正确认识本国、本民族在世界格局中的历史地位，坚决地维护本国人民的根本利益，积极地利用一切可以利用的有利的国际条件，努力加强同世界各国人民的团结与合作，壮大世界人民的力量，反对国际的反动势力，才能在复杂的国际斗争中立于不败之地，保持历史发展的正确方向。

正确地认识历史的规律与历史的选择的辩证关系，这是继承和发展马克思主义历史科学的一个重要课题。把握好这个历史的辩证法，就能使我们的人民更自觉地按照历史发展的规律来做出正确的历史选择，更好地来完成自己崇高的历史职责。

试论战国秦汉文学研究中的惯例方法及其相关问题

徐建委

（中国人民大学文学院）

摘要：战国文学研究中存在一些习惯性的做法，我们可以称为"惯例方法"。这些习惯做法渗透在很多研究之中，而不为研究者所自觉，对其适用性和有效性更是罕有清醒的反思。特别是在战国秦汉文学研究领域，这些"惯例方法"极易造成许多整体性问题，甚至让整个研究领域陷入底层垮塌的泥潭。这些"惯例方法"主要有清晰年代的预设、进化和线性思维、文本内在统一性的假设、文本是作者自我表达的载体和作者全知的假定。这些方法最终使得许多战国秦汉文学的研究变成一种虚幻的镜像学术。

关键词：战国秦汉　惯例方法　文本　作者　成书年代

如何想象或描述战国秦汉文学，或者如何以"可理解"的形式在当代语境中"再现"战国秦汉文学？这样的问题并不好回答，但是无论如何，我们首先要借助某种类型的叙事架构。因为只有确定了描述或想象的逻辑，建立了一种事物的秩序，才会有"故事"的讲述。而史学的架构几乎是目前战国秦汉文学研究能够采用的唯一选择。本文所使用的"战国秦汉"一词，就是史学的用语。那么，它是战国秦汉文学研究唯一有效的架构吗？恐未必然。但至少在目前，我们还很难摆脱对史学逻辑的依赖。如何讲述历史，也会有不同的叙事模型，海登·怀特的《元史学：十九世纪欧洲的历史想象》一书有精彩的论述，笔者无须赘述。① 历史的描述或想象需要清晰的时间线作为基础，在时间线基础上，选择哪些内容，如何讲述它们，则需要一些基本的共识。没有这些共识，研究者之间就没有了对话的基础。这些共识并不是研究中处理文献或思考问题的方法，而是研究者在开始研究工作之前，就已经按照某种研究的传统而选定的"做法"，或者可以称为"惯例方法"。如在作品研究中，研究者会很自然地从修辞、技巧、思想以及文学史意义等方面去思考，而没有反思自己为什么会从这些方面来切入，这就是"惯例方法"的意思。它们是文学研究中的"方法的方法（元方法）"，或者也可以叫"地下方法"，因为它们并没有出现在研究的表层。文学研究的地上建筑是以这些地下方法为基础的。我们知道，中国文学研究中的一些主要的"惯例方法"许多源自西方学术传统，甚至可以说主要来自欧洲19世纪的传统，但对其适用性和有效性罕有清醒的反思。

战国秦汉文学研究因其材料特点，那些成为研究"默认程序"的"惯例方法"很多都不适用或适用性存疑，兹略举五条，以供讨论。

一 清晰年代的预设

近一百年来，战国秦汉文学文献研究往往纠缠于作者、真伪与成书年代这三个问题，遗憾的是，这些问题似乎永远纠缠不清。它们在被提出之前，研究者默认了这样一个假定：战国秦汉古书的主体部分有一个精确的成书年代。但我们几乎找不出一部这样的战国秦汉文献。

《春秋》三传，特别是《左传》成书问题的研究大概可以算这个问题最有名的例子了。洪业《春秋经传引得序》曰："《春秋》一经，今附于《公羊》、《穀梁》、《左氏》三传以行。经文大同而小异，三本孰得其真，学者不能无疑。传文引史释经，更复彼此离殊，孰得《春秋》著者笔法之真谛，孰得隐、哀间二百四十余年实事之真相，又成千古疑案。两千年来，学者抑

---

① ［美］海登·怀特：《元史学：十九世纪欧洲的历史想象》，陈新译，译林出版社2009年版，第1—43页。

扬异致，取舍不同，驳辩既烈，转益纷拏矣。"① 20世纪以来，《左传》成书年代问题的讨论尤其热烈，预言、岁星纪年、冬至日误差均成为判断《左传》年代的"坚实"证据，但三者所得出的结论却大相径庭。据预言判断，《左传》应该成书于公元前4世纪的某个时刻，卫聚贤的结论是公元前425年至公元前403年之间，梁启超断在公元前381年之前，刘汝霖则认为应该在公元前375年至公元前340年之间，赵光贤判断是公元前375年至公元前352年之间，杨伯峻的看法则是公元前403年至公元前386年。还有许多学者曾就这一问题提出过推断，兹不赘述。②

新城新藏根据《左传》中岁星纪年问题，判断《左传》成书在公元前365年至公元前329年之间③，陈久金甚至更加精确地定为公元前365年。这与预言得出的结论比较接近。④

但是，《左传》中历日的记载却直接将此书成书年代下推到了西汉晚期。《左传》中的历日往往与鲁历不合，多数先天一二日，因此王韬判断这些历日是后人追改⑤，而张培瑜更为准确地推算了《左传》历日，特别是两条"日南至"的记载，做出了这样的判断："西汉太初历施行期间，《汉书·五行志》所记其时日食绝大多数发生于历法的晦日。可知是时历法后天约为1日。《汉书·律历志·世经》中刘歆用《三统历》推得，僖五年正月辛亥朔、十二月丙子朔、襄二十七年九月乙亥朔（因再失闰，传书十一月）、昭十七年六月甲戌朔、昭二十年正月乙丑朔（失一闰，传言二月），等等，都与《左传》说法完全相同。三统四分之法，300年朔差1日。公元前1世纪时《三统历》后天1日，那么用《三统历》推算600年前（前7世纪）的历日，一定会先天1日，这与《左传》所增历日先天情况基本相符。也就是说，《左传》历日的先天情况与《汉志·世经》用《三统历》推得的大致相同。说明《左传》历日与周历、《三统历》有着某种关系。"⑥

---

① 洪业：《春秋经传引得序》，载《洪业论学集》，中华书局1981年版，第223页。
② 详参黄觉弘《左传学早期流变研究》，中国社会科学出版社2010年版，第8—48页。
③ ［日］新城新藏：《东洋天文学史研究》，沈璇译，中华学艺社1933年版，第369—428页。
④ 陈久金：《从马王堆帛书〈五星占〉的出土试探我国古代的岁星纪年问题》，载《中国天文学史文集》，科学出版社1978年版，第48—65页。
⑤ （清）王韬：《春秋历学三种》，中华书局1959年版，第106页。
⑥ 张培瑜：《中国古代历法》，中国科学技术出版社2008年版，第182页。

张先生其实已经判断出今本《左传》中的历日记载很可能是刘歆或其后学据《三统历》增入，但没有明说。因为还存在另一种可能，即："这二条日南至资料与以《三统历》等历法推算相合，因而可认为是刘歆或者其他人篡入。但也可以作相反的解释，即《三统历》等历法在制定时是把这二条资料当作实测资料考虑在内的，所以它们应与此等历法符合。但据春秋日食记录，日食大都发生在朔，而此资料朔日差误一日以上，是难以解释的。"①《左传》新增历朔有18条，多数先天（包括这两条"日南至"之朔日）。若《三统历》仅依据《左传》新增历朔来制定，而不考虑《春秋》日食记录及其他历朔资料的话，是不可思议的，因此，《左传》新增历日应为后来增入。增入的时间当是西汉中后期，极有可能就是刘歆。刘逢禄《左氏春秋考证》的结论虽然不能成立，但刘歆确曾染指于《左传》，恐也是事实。

另外，高本汉据语法判断《左传》成书于公元前468年至公元前300年之间，洪业发现今本《左传》有避讳"邦""盈"的现象，故此书似写定于汉惠帝时代。

总之，依据不同的材料类型，对《左传》成书年代的判断也会有不同。学者们对每一类材料的考证，尤其是对预言、历法的考证又坚实无比，我们无法否定。但这两种途径的考证得出的结论却相差很大。因此，只能说《左传》是一部累积成书的著作，是没有一个固定的或单一的成书年代的。于是，《左传》也就无所谓作者、真伪了。

可以说，作者、真伪和成书年代三个问题，在战国秦汉研究的方法论层面上都是伪命题。战国秦汉典籍多数都属于长时段文献，它们之间排不出一个先后次序清楚的年代序列，任何有这种构想的做法，都将是徒劳的。但为什么我们又热衷于探索成书年代问题呢？还是老套的研究模式在作祟。文学的思想、情感、风格、技巧、历史位置等问题都需要一个时间的坐标，需要作品背后的作者，也就是需要任何作品都有一个清晰的年代。

---

① 陈久金：《历法的起源和先秦四分历》，载《科技史文集》（一），上海科学技术出版社1978年版，第19页。

二　进化假设和线性的历史的构造

　　中国文学史研究的基本模式形成于 20 世纪初。那是进化论盛行年代。1928 年 8 月,《中央研究院历史语言研究所集刊》第一本第一份发行,卷首有《历史语言研究所工作之旨趣》,其中有云"史学外的达尔文论正是历史方法之大成"①。似乎这是无须特别说明的一个认识,足见当时进化论之风行。那时绝大多数《中国文学史》的叙事中,都有进化论的影子。绵延至今,进化论的幽灵一直在文学史研究中徘徊,未能远去。我们都知道构筑战国秦汉时代的线性的文学史是很危险的做法,但又经常这么做。从《老子》《论语》到《庄子》《孟子》,是说理散文的进化,从《诗经》到《楚辞》,也是诗歌语言的进化,从永明体到近体诗是诗歌格律的进化,从魏晋志怪到唐传奇是古小说的进化,等等,这样的想法或叙述几乎就是文学研究者的常识。另外,许多著作还会提到文体的衰落,整个过程就像一个生物体的生长与衰老。这种简单的进化论模式,甚至会自动的创建进化链,我们每一个受过文学史教育的人,似乎都能摸着树状进化图谱,把诗歌、文章、小说、戏曲的生长轨迹给复述出来。这么清晰的图谱,其有效性自然值得怀疑。

　　其一,我们是否相对全面地看到了古代的材料? 就战国秦汉时代的材料而言,今天即便是能够看到当时 1% 的材料,也是奢望。以《汉书·艺文志》为例,其所录图书多数散佚。"兵书略"录五十三家,七百九十篇,图四十三卷;"数术略"录百九十家,二千五百二十八卷;"方技略"三十六家,八百六十八卷。这三"略"二百七十九家,近四千卷(篇)文献中,除《吴孙子兵法》《魏缭》《山海经》《黄帝内经》等四部流传下来,《齐孙子》出土于银雀山汉墓外,其他尽数失传。相对而言,"六艺略""诸子略""诗赋略"中,流传于后世的略多,但在整个《汉志》当中,所占的比例依然不会很高。同时,我们必须清楚地意识到,《汉志》所录仅仅是未央宫藏书,这些书虽然大体可以反映当时精英知识的主要文献类型,却不可能是当时的所有文献的表征,毕竟这批藏书只有一万多卷。汉代及其以前的文献自

---

① 《中研院历史语言研究所集刊论文类编·历史编·先秦卷》,中华书局 2009 年版,第 1 页。

然远不止这些。虽然我们不能确知具体数目,但从世界其他文明的同时期文献流传量来看,汉代的文献恐怕绝不止一万多卷,如亚历山大时期的图书整理就有近七十万卷。因此,依据这么少的材料,所看到的进化和线性的历史,是不是一种"被制造"的进化?

战国秦汉时代那些流传下来的文献,与当时的文献总体相比较,大约也就是一些零星的碎片。如果我们把当时的文献总体想象成一只50厘米高的瓷瓶,现在我们能看到的恐怕就是一些数量不多的几毫米大的碎片。依靠这么点碎片,是很难复原那个瓶子的形状的。各种战国秦汉文学史的讲述,恐怕会是我们利用零星文献臆想出来的一只没有意义的瓶子。

其二,文字书写的特点能否等同于语言表达的特点,或者说文字与语言的发展是否具备同步性?进化论思维的潜在逻辑之一,是对早期历史的"原始"假设。在处理文字的历史时,中国的殷商时代成了可确证的源头。于是,另外一个不加反思的惯性思维就出现了:将文字的使用阶段与人类的表达能力和思维能力的发展等同。文字的质朴未必等同于思维和表达的质朴。如果我们考虑到殷周时代之前长达数千年的文明发展的话,就会知道殷周时代的甲骨文、金文的文字表达水准并不能看作那个时代的语言表达水准。在那个时代,真正体现当时人"文学"水平的应该是口头文学,而非书面文学。如果我们具体到春秋晚期至西汉初年这一时段,从孔子时代到孟子时代仅仅一百多年,我们先人的文学表达力会出现文学史中所描述的那种飞跃吗?从文字以来的历史看,这的确是一段相对较长的时期,但从文明的历史看,孔子与孟子之间的时差几乎可以忽略。在书面文字表达成熟的东周时代,孔子时代的文学与孟子时代的文学,乃至荀子时代的文学,会有多大的不同?

其三,我们今天看到的古代文献是否就是原初的面貌?答案当然是否定的。对于战国秦汉文献来说,抄写、版刻中的讹变倒在其次,关键的问题是西汉晚年刘向的图书整理。目前传世先秦秦汉文献,多数经刘向整理校勘过。群书今本绝大多数以刘向校本为祖本。这次文献整理重构了绝大多数传世的先秦秦汉文献,成为诸多经典文献流传历史中的根本性转折。与此同时,刘氏父子还构建了一个体系完整、条理清楚的学术图谱,被班固继承在《汉书·艺文志》中,成为后人阅读、理解和想象先秦的起点。更为重要的是，刘氏父子的文献整理也是我们面对先秦秦汉的视点——我们在按照刘向、刘歆父子的方式"观看"那时的文献。

因此，就目前所能够掌握的文献来说，我们既不能确定一些相似的语言特征之间存在连续性的关联，也无法判断不同时代的人物之间存在知识方面的承袭，即我们不能在文字能力等同于表达能力这种荒谬的前提下，依据片段的、非原貌的材料来构造线性的文学研究的史学假设。

三　文本内在统一性的假定

战国秦汉文学研究，特别是涉及具体的作品时，研究者往往假定文本有内在的统一性，即假定文本总体上是一个有唯一的"作者"的"完足"的"一次性"作品。即便文本存在前后重复或矛盾，研究者也会从"理解"与"阐释"的角度加以分析，竭力弥合文本内部的裂隙，呈现其整体的意义。如《离骚》，多数解读者首先假定它是完全属于屈原一次性创作的作品，当然这种可能性是存在的，但我们不能无视其他可能性。比如，它还很可能是一个复合文本，这其实也不是什么新观点，胡适的《读楚辞》（《努力周报》1923 年）就已经认为《离骚》等屈原作品类似于《荷马史诗》，是一些早期的口头文学，后来人将之归于屈原名下。[①] 后来，冈村繁的《楚辞与屈原——论屈原形象与作者的区别》（《日本中国学报》1966 年）亦曾留意《离骚》《九章》等作品的复合特征。[②] 近来，柯马丁在一些学术会议上也提到了这一问题。即便我们不同意上述诸人的看法，至少我们应该承认《离骚》文本的内在统一性是存疑的。[③]

文本内在统一性假设源于后世对早期文献流动性估量的不足。同时，后人对汉人整理前代文献的工作多有忽视，以为《汉书·艺文志》载录的就是战国秦汉时代流传的文献，而没有意识到许多经典直到刘向父子校书，才最终成为《汉志》中的卷帙样式。

[①]　胡适：《读楚辞》，《胡适文集》第 3 册《胡适文存二集》，北京大学出版社 1998 年版，第 73 页。
[②]　[日] 冈村繁：《周汉文学史考》，陆晓光译，上海古籍出版社 2002 年版，第 50—81 页。
[③]　关于此问题的详细辨析可参见常森《屈原及楚辞学考论》第一章"生平与时代：屈原作品的现实触媒"，北京大学出版社 2016 年版，第 1—137 页。

刘向校书之前，古书多为开放性文本，因此西汉成帝之前流传的署名为汉人的典籍，其文并不仅限汉代文献，甚至不以汉代著作为主。纯然为汉人著作的，除了《楚汉春秋》《盐铁论》等少数几部外，多数西汉文献实际上是战国秦汉文献的汇总，且以战国文献为主。艾兰在其《关于中国早期文献的一个假设》一文中说：

> 在春秋后期或战国时代，人们开始将同类文本进行归纳收集，其中包括《诗》、《书》、《礼》，门徒们也开始记录他们导师的言辞。这些收集起来的文本开始传播，特别是同一导师的门徒之间，并被聚集为规模更大的文集。这类的文集不一定有顺序。更为重要的是，它们的内容往往有一个开放性的结尾。我这么说是为了说明，有文集以后，更短的文集和单篇文章还同时流传，这些文本也被组合起来进行传播，也可能经过添加、删减或修订。而不同的人对于文本的收集与组合也不尽相同。例如，孔子的《书》和墨子的《先王之书》既有相互重合的地方，但又显示出差异。
>
> ……
>
> 这个推断的价值之一在于，它有助于解释自汉代以来一直困扰中国文献传统的真伪问题。此外，即使书写于帛卷上的版本在汉代变得明晰以后，仍然有简短的"古文"竹书和早期丝帛稿本流传，并被收藏于皇家图书馆。以上假设说明，这种松散的古文文献，来自学术气氛宽松活跃的战国时期。它们既是中国文献的最初形态，也是汉代新订隶书文本的来源。①

她的推断大体不差。除了《史记》、大、小戴《礼记》外，汉代几部重要的经传子书《新书》《尚书大传》《春秋繁露》《韩诗外传》《淮南子》《说苑》《新序》等也基本如此，乃某类或某几类战国秦汉文献的汇总。

同样的，《晏子》《管子》《荀子》《庄子》《韩非子》等战国诸子著作，因最终定本在汉成帝时期，其中若存有秦代或汉代文献短章、语句，亦属正

---

① 《光明日报》2012年1月9日第15版。

常。总的来看，流传至今的先秦文本多数为综合性文本，或曰长时段文献，不能以作者的时代对应之。此问题前人多有注意，可不多言。但西汉文本的综合性问题，迄今并未引起学界足够之重视，应予以特别注意。

战国秦汉文本的综合性特点，从时间角度而言，乃是长时段之特点，故知此间多数文本不能将其限定于其"作者"的年代，因此《春秋繁露》很难与董仲舒画上等号。其中的文字与思想，我们不能预先假设其统一性，事实上，此书几乎不可能具备内在统一性。

因此，文本内在统一性的缺失，不仅存在于《论语》《老子》《孟子》《庄子》等周秦古书，也存在于《新书》《史记》《春秋繁露》《说苑》等西汉典籍中。

最后需要提及的是，对《离骚》等《楚辞》作品文本复合特征的研究，容易被误认为否认屈原的真实存在，其实《离骚》文本的复合特征与屈原是否存在是两个问题。就像我们认定《管子》一书是各种类型篇章的综合，并非管仲所作，但并没有否认管仲的存在一样。

四 "作者"自我表达与全知的假定

这是两个相互有关联的问题。

文本是作者自我表达的假定，也可以说是"泛创作"假定。它是与文本内在统一性假设相互关联的另一个"惯例方法"。为什么我们在阅读古代文本之时，会自然地假定它的制作者有一个创作的目的呢？或自我表达，或塑造人物，总之，我们容易自然而然而认定制作者对文本有着某种掌控的意图，并以为制作者的自我意识会成为文本形成的动力。这是一种目的论式的研究预设，但并不总是有效的，特别是在战国秦汉时代，像《史记》这样的书，其目的性的"创作"很可能也只限于书的层面，即《史记》整体上是有明确的著述意图的，但具体到每一篇，则编纂和创作孰轻孰重是需要仔细考量的。

目的论式的分析即便放到汉以后，也未必总是有效的。如颜师古《汉书注》虽然采获二十五六家前人注释，但几乎没有引及东晋以后，特别是南朝的《汉书》学成果，吉川忠夫在《六朝精神史研究》一书中，对这一问题的分析是，颜师古对于南朝学术并不欣赏。① 这种思考的预设为：文本的内容和特征可以反映作者的思想。这种假设很多时候是成立的，但它不是唯一的可能。如果我们不从目的论的角度求证，而是仔细分析颜师古《汉书注》的制作过程，就会知道，这部书是颜师古利用西晋末年臣瓒的《汉书集解音义》来修订东晋蔡谟的《汉书注》，与他是否欣赏南朝学术并无关系。所以，文本的内容固然重要，但其物质性，特别是其形成或制作过程，仍然应该是具有优先性的。但由于"创作"思想的影响，文本物质性的研究至今异常薄弱。

我们往往假定古代存在一个著述传统，进而将其扩大化，很少反思实际情形。这种假设更多地受到了《太史公自序》或《报任安书》的影响，而没有意识到这也许只是一种夫子自道，并将文王等人牵扯进来，为自己的想法制造了传统和历史。

"作者"的全知假设往往存在于"文学史意义"或"影响"研究之中。研究者非常容易将"作者"当成一个对早期传统和文献完全了解的人，也会将那些重要的大人物当成我们今天意义上的"完美作者"。比如，我们知道《左传》与《史记》的关系颇为纠葛，特别是《史记》诸《世家》的记事有许多大异今本《左传》之处，翻检梁玉绳《史记志疑》即可略知其大概。那么，这么多差异，是否因为司马迁见到了《左传》之外的春秋史料，而据之以编纂诸世家与《十二诸侯年表》呢？近年有如此多的战国秦汉简帛文献面世，每每有惊人发现，如马王堆、郭店、上博、清华、北大诸简帛文献，均或多或少有一点与史料相关的文献存在，以一斑而窥全豹，似乎可以断言司马迁时代出于《左传》的春秋史料应有不少。实则这种思考亦有一个先行的假设，即司马迁是一位类似于现代学者或说现代意义上的史学家，他会总汇史料，并在史料批判的基础上择善而从，编纂一部现代意义上"完美的史书"。但是，司马迁会在多大程度上进行严谨的史料批判呢？我们现在知道，古代的很多大著作，是二次加工的成果，《史记》《汉书》《史记集解》、颜师古《汉书注》、李善《文选注》等都是如此。既然已经有了

---

① ［日］吉川忠夫：《六朝精神史研究》，王启发译，第十章"颜师古的《汉书注》"，江苏人民出版社2012年版，第236—324页。

一部完善的《左氏春秋》，司马迁是否还有必要收集一些零散的春秋时代的故事呢？只要仔细看看《十二诸侯年表》，就会知道，《史记》的春秋史料就是抄录自《左氏春秋》，只不过是一部未经刘歆整理过的《左氏春秋》。

我们也会假定《史记·屈原贾生列传》叙述的是汉武帝时代对屈原和《离骚》的共识，司马迁对前代文学传统也是全面了解的。但是，是否还存在这样一种可能：屈原部分是太史公直接抄录自其他文献，而非自撰。事实上，其文本的内在矛盾已为许多学者所注意。《文心雕龙》提到的刘安对屈原的评价，也见于《屈原贾生列传》。故不能排除《史记》中屈原的史料来自刘安《离骚传》这种可能。司马迁对屈原的生平也许并不是很清楚，所以他还从其他地方重复抄录了一些，甚至名字都没有统一起来。

再如，当我们讨论欧阳修《诗本义》时，总是要强调此书对汉唐《诗经》学，特别是《毛诗正义》的反动，但是，欧阳修在以札记的形式撰写《诗本义》时，他是否已经阅读过《毛诗正义》？

五　余　论

除上述五个问题外，在文献考辨中，受到传统校勘之学的影响，研究者还会有一种发现"原始文本"的考证期待。这也是不切实际的。在文献电子化的今天，传统校勘学已经部分地失去了意义。

这些"惯例方法"是我们今天理解历史的方法。一百多年来的战国秦汉文学史就是以"现在"来理解的"过去"，使用今天我们认知历史的方法重建的、想象中的、理所当然的文学史。

当我们用自以为合理的方法来处理战国秦汉材料之时，这些材料变成了镜面，我们从中看到的其实是自己的影像，而不是原始的、粗粝的过去。遗憾的是，镜像化的先秦学术、思想和文学的研究目前依然是主流形态。现在，也许到了打破这面镜子的时候了。

专题研究

中国古代"治理"探义

卜宪群

(中国社会科学院古代史研究所)

摘要：中国古代的"治理"思想和治道政治文化传统形成于春秋战国时期。在古代政治语境中，"治理"一词的含义是按照事物发展的内在规律管理国家，使国家政治井然有序。"治理"不仅包括自上而下的治理，也有注重民间社会参与的"治理"思想。治道成为中国古代有为政治家的不懈追求，对于推动中国古代政治与社会进步有积极意义。中国古代的治理思想虽然有时代局限性，但其中追求法治、廉平、教化、任贤、民本、向公、俭约及社会参与等基本治理精神，对今天的国家治理仍有借鉴意义。

关键词：治理　治道　古代政治　国家治理

近代以前的中国古代历史，先后经历了奴隶制社会形态下的国家治理和封建制社会形态下的国家治理，积累了丰富的国家治理思想，也留下了很多成功经验。总结中国古代国家治理的思想与经验，依然是今天史学工作者的一项重要任务。但笔者注意到学界也有人认为，中国历史上只有统治而无治理，或者说统治就是治理，治理就是统治，进而认为"治理"只是当代国家的产物，古代没有。我们认为这个观点并不完全正确。这里笔者仅从中国古代上"治理"一词的含义入手，就这个问题谈一点体会。

一　先谈"治"与"理"

"治"的本义是河流（水）的名称。文献记载"治水"共有三处。《说文·水部》云："治，水出东莱曲城阳丘山南，入海。"①《汉书·地理志上》云东莱郡曲成有："阳丘山，治水所出，南至沂入海"②，与《说文》一致。《汉书·地理志上》又载泰山郡南武阳有："冠石山，治水所出，南至下邳入泗。"③《说文·水部》又云："㶛，水出雁门阴馆累头山，东入海。或曰治水也。"④《汉书·地理志下》也载雁门郡阴馆有："累头山，治水所出，东至泉州入海。"⑤ 可见历史上关于治水的具体位置、名称说法不一。⑥ 此非本文主旨，姑置不论。但我们通常所理解的对国家政事管理的"治"，是由"治"水演化、引申而来大致无疑。

这一引申演化始于何时尚不明确，但春秋时期的文献已广泛使用这一引申演化意义上的"治"。《老子》五十七章："以正治国，以奇用兵，以无事取天下。"⑦《国语·齐语六》："若必治国家者，则非臣之所能也。若必治国家者，则其管夷吾乎！"又云"教不善则政不治"。《晋语三》："出不能用，入不能治，败国且杀孺子，不若刑之。"《晋语八》："威与怀各当其所，则国安矣。君治而国安，欲作乱者谁与？"⑧《左传·隐公四年》："臣闻以德和民，不闻以乱。以乱，犹治丝而棼之也。"杜预注："丝见棼缊，益所以乱。"《隐公十一年》："政以治民，刑以正邪，既无德政，又无威刑，是以及邪。邪而诅之，将何益矣！"⑨《管子·任法》："君臣上下贵贱皆从法，此谓为大治。""故上令而下应，主行而臣从，此治之道也。"《管子·治国》："故治国常富，而乱国必贫。"⑩ 此外，与"治"相关的词语还有"治农"⑪

---

① （汉）许慎撰，（宋）徐铉校定：《说文解字》，中华书局影印1963年版，第227—228页。
② 《汉书》卷28上《地理志上》，中华书局1962年版，第1585页。
③ 同上书，第1582页。
④ （汉）许慎撰，（宋）徐铉校定：《说文解字》，中华书局影印1963年版，第228页。
⑤ 《汉书》卷28下《地理志下》，中华书局1962年版，第1621页。
⑥ 相关资料汇集可参考周振鹤《汉书地理志汇释》"东莱郡·曲成""泰山郡·南武阳""雁门郡·阴馆"条，安徽教育出版社2006年版，第235、219、394页。
⑦ 朱谦之撰：《老子校释》，中华书局1984年版，第229—230页。
⑧ 徐元诰撰，王树民、沈长云点校：《国语集解》，中华书局2002年版，第216、228、316、420页。
⑨ （西晋）杜预：《春秋经传集解》卷1《隐公十一年》，《十三经古注》六，中华书局2014年版，第1170、1177页。
⑩ 黎翔凤撰，梁运华整理：《管子校注》卷15《任法》，中华书局2004年版，第906、913页；卷15《治国》，中华书局2004年版，第924页。
⑪ 徐元诰撰，王树民、沈长云点校：《国语集解·周语上一》，中华书局影印1963年版，第25页。

"治兵"①"治其赋"②"治宾客""治宗庙"③"治天下""治世"④ 等，上述"治"之诸义，皆与国家政务事务的管理、整治有关。春秋时期"治"字含义的演化并非仅指一般意义上的国家事务管理，"治"是与"乱"相对的，能够将国家管理得有条理、有秩序才可以称为治。如"德政""以德和民""从法"可称为治。反之，"教不善""无德政""失刑乱政"都不能称为治。史云"管夷吾治于高傒，使相可也"⑤，"舜有臣五人而天下治"⑥，"宋襄公即位，以公子目夷为仁，使为左师以听政。于是宋治"⑦，等等，都是指特定人物在特定时期的管理卓有成效才被赋予了"治"的美誉，而非指任何人、任何时期的统治都可以称为治。战国时期"治"的使用更加普遍，继续沿用了春秋时期的含义而内容更加丰富，文献多见，不再举例。

"理"的本义是指攻玉的方法。《说文·玉部》云："理，治玉也。"段玉裁注："郑人谓玉之未理者为璞，是理为剖析也。玉虽至坚，而治之得其䚡理以成器，谓之理。凡天下一事一物，必推其情至于无憾而后即安。是之为天理，是之为善治。"⑧ 后朱骏声《说文通训定声·颐部》亦云理："顺玉之文而剖析之。"⑨ 段注是将理字的本义与其后来的引申义合并而论之，朱骏声从其说。

理的引申义也是从先秦时期开始形成的。考诸文献，先秦时期"理"由攻玉演化出三种含义。一为正土地疆界。《诗·小雅·信南山》："我疆我理，南东其亩。"郑笺："疆，画经界也；理，分地理也。"⑩《左传·成公二年》："先王疆理天下，物土之宜，而布其利。"杜预注："疆，界也；理，正

---

① 徐元诰撰，王树民、沈长云点校：《国语·齐语六》，中华书局影印1963年版，第224页。
② 《论语》卷5《公冶长》，《十三经古注》九，中华书局2014年版，第1969页。
③ 《论语》卷14《宪问》，《十三经古注》九，中华书局2014年版，第2009页。
④ 黎翔凤撰，梁运华整理：《管子校注》卷15《任法》，中华书局2004年版，第901、911页。
⑤ （西晋）杜预：《春秋经传集解》卷3《庄公九年》，《十三经古注》六，中华书局2014年版，第1196页。
⑥ 《论语》卷8《泰伯》，《十三经古注》九，中华书局2014年版，第1983页。
⑦ （西晋）杜预：《春秋经传集解》卷5《僖公九年》，《十三经古注》六，中华书局2014年版，第1221页。
⑧ （东汉）许慎撰，（清）段玉裁注：《说文解字注》，上海古籍出版社1981年版，第15页。
⑨ （清）朱骏声编著：《说文通训定声·颐部第五》，中华书局1984年版，第190页。
⑩ 《毛诗》卷13《小雅·古风之什》，《十三经古注》二，中华书局2014年版，第266页。

也。"① 杨伯峻注："疆，画分经界。理，分其地理。"② 二为职官。《左传·昭公十三年》："行理之命，无月不至。"杜预注："行理，使人通聘问者。"③ "行理"，晋国职官。《昭公十四年》："士景伯如楚，叔鱼摄理。"杜注："士景伯，晋理官。"④ 叔鱼所摄之理，为晋之司法官。又《国语·周语中》："周之《秩官》有之曰：'敌国宾至，关尹以告，行理以节逆之。'"韦昭注云："理，吏也。逆，迎也。执瑞节为信而迎之。行理，小行人也。"⑤ 理演化为职官名称，应与理字的本义引申有关。三为按照事物规律、道理行事。《管子·正第》："能服信政，此谓正纪；能服日新，此为行理。"《管子校注》："能行日新，可谓行之理也。"⑥ 此处之"行理"，即按照事物的规律行事。《管子·心术》中还梳理了"理"与"礼""义"间的逻辑关系，指出："礼者，因人之情，缘义之理，而为之节文者也。故礼者，谓有理也。理也者，明分以谕义之意也。故礼出乎义，义出乎理，理因乎宜者也。"关于这段文字的理解，注家有不同意见⑦，但"理因乎宜"，应即行事所宜。《战国策·齐策四》："事有必至，理有固然。"⑧《韩非子·制分》："故治乱之理，宜务分刑赏为急。"⑨ 这里的"理"都是指事物的内在规律。可见，在先秦思想家政治家那里，理已演变为遵循规则、规律、道理、秩序之义。

二　次谈"治理"

治从一条河流（水）的本义引申为有效管理、治理，理从沿着玉石纹

---

① （西晋）杜预：《春秋经传集解》卷12《成公二年》，《十三经古注》六，中华书局2014年版，第1304页。

② 杨伯峻编著：《春秋左传注》（修订本），中华书局2009年版，第797页。

③ （西晋）杜预：《春秋经传集解》卷23《昭公十三年》，《十三经古注》六，中华书局2014年版，第1461页。

④ 同上书，第1463页。

⑤ 徐元诰撰，王树民、沈长云点校：《国语集解》，中华书局2002年版，第67页。

⑥ 黎翔凤撰，梁运华整理：《管子校注》卷15《正第》，中华书局2004年版，第896—897页。

⑦ 参见黎翔凤撰，梁运华整理《管子校注》卷13《心术》及校注，中华书局2004年版，第770、772—773页。

⑧ （西汉）刘向集录，范祥雍笺证：《战国策笺证》卷11《齐四》，上海古籍出版社2006年版，第637页。

⑨ （清）王先慎撰，钟哲点校：《韩非子集解》卷20《制分》，中华书局1998年版，第476页。

路切割玉石的本义,引申出顺着规则、规律做事,都被赋予了新的含义。至战国晚期,治与理二字合二为一,形成了"治理"一词。荀子云:"然后明分职,序事业,材技官能,莫不治理,则公道达而私门塞矣,公义明而私事息矣。"① 他的学生韩非也提出了"是故夫至治之国,善以止奸为务。是何也?其法通乎人情,关乎治理也"② 的思想。可见至战国晚期,人们已将治与理二字的引申义合并为"治理"一词,指国家管理应按照某种规律、规则行事之义。词义变化是社会变化的表现,"治理"一词的出现,是战国国家形态转型的反映,也是当时现实政治的需要。我们知道,战国列国在治国思想、政治制度、管理方向上都较之前的西周春秋国家有了重大区别,这不仅表现在时人关于国与家、礼与法、公与私、职与能、功与劳、善与恶、治与乱等治国理念的理解上纷繁复杂,也表现在官僚制、郡县制、户籍制等治国手段上内涵上更加丰富。但是,虽然治国理念、方式与内涵在变化,但在荀子与韩非看来,"治理"仍有其特定的含义。只有选贤任能、公私分明、扬善止恶、循理论功才称得上"治理",换言之,只有顺应时代需要,使国家井然有序的政治才能称为"治理"或"至治"。

"凡是治则条理秩然。"③ 秦汉以后延续了战国国家形态的基本形式,"治理"一词也沿袭了战国时代的含义,普遍出现在文献中。下以汉魏若干史料证之:《汉书·赵广汉传》:"吏民相告讦,广汉得以为耳目,盗贼以故不发,发又辄得。壹切治理,威名流闻,及匈奴降者言匈奴中皆闻广汉。"赵广汉因参与废昌邑王立宣帝而迁颍川太守,颍川宗族、豪强横行、吏俗朋党,前任太守皆不能治理。广汉精于吏职,性格强悍,以智慧与铁腕迅速改变了颍川政风与世风,故被称为"壹切治理,威名流闻"④。《汉书·尹翁归传》:"举廉为缑氏尉,历守郡中,所居治理,迁补都内令,举廉为弘农都尉。"史载尹翁归"公廉不受馈""晓习文法""文武兼备"。在河东郡历守

---

① (清)王先慎撰,沈啸寰、王星贤点校:《荀子集解》卷8《君道》,中华书局1988年版,第239页。
② (清)王先慎撰,钟哲点校:《韩非子集解》卷20《制分》,中华书局1998年版,第476页。
③ (东汉)刘熙撰,(清)毕沅疏证,王先谦补:《释名疏证补》卷4《释言语》,中华书局2008年版,第128页。
④ 《汉书》卷76《赵广汉传》,"壹切治理",师古曰:"言诸事皆治理也。"第3200—3201页。又《汉书·平帝纪》师古曰:"一切者,权时之事,非经常也。"中华书局1962年版,第349页。

丞尉之职，"案事发奸，穷竟事情"，"所举应法，得其罪辜，属县长吏虽中伤，莫有怨者"。后因政绩突出被举廉为弘农都尉①。《汉书·朱博传》："（陈）咸荐萧育、朱博除莫府属，（王）凤甚奇之，举博栎阳令，徙云阳、平陵二县，以高弟入为长安令。京师治理，迁冀州刺史。"史云朱博精于吏职，"所部职办，郡中称之"，在长安令任上，因治理京师有绩而迁为冀州刺史②。《后汉书·邓寇列传》："（朱）宠字仲威，京兆人，初辟（邓）骘府，稍迁颍川太守，治理有声。及拜太尉，封安乡侯，甚加优礼。"朱宠，为人耿直。因为邓骘申冤遭免官，后复起用。宠曾在颍川太守位上"治理有声"而升迁③。《三国志·魏书·杜恕传》：（恕）乃上疏曰："……臣前以州郡典兵，则专心军功，不勤民事，宜别置将守，以尽治理之务；而陛下复以冀州宠秩吕昭。"史载杜恕，"推陈以质，不治饰"，在朝"不结交援，专心向公"，以"古之刺史，奉宣六条，以清静为名，威风著称，今可勿令领兵，以专民事"为名上疏魏明帝，力主别设将领，罢州郡长官领兵，使州郡长吏尽心治理民事之务④。《三国志·蜀书·郤正传》泰始八年诏曰："（郤）正昔在成都，颠沛守义，不违忠节，及见受用，尽心干事，有治理之绩，其以正为巴西太守。"郤正"性澹于荣利，而尤耽于文章"，追随蜀后主入洛阳，"相导宜适，举动无阙"。入晋后为安阳令，泰始八年，司马炎因郤正在成都和安阳令上的表现，迁其为巴西太守⑤。是时，"治理"不仅被视为一种特殊的才能，更被视为一种特别的学问。《三国志·魏书·夏侯玄传》引："《世语》曰：'允二子：奇字子泰，猛字子豹，并有治理才学'。"⑥ 以上汉魏诸臣或因精于吏职，或因通晓文法，或因专心向公，或因公廉无私等而被称为有治理之绩，获得升迁表彰。可见，汉魏史籍以"治理"一词指称某位官吏的政绩，有特殊的褒奖含义。

又《汉书·循吏列传》云："（宣帝）以为太守，吏民之本也，数变

---

① 《汉书》卷76《尹翁归传》，中华书局1962年版，第3206—3207页。
② 《汉书》卷83《朱博传》，中华书局1962年版，第3398—3399页。
③ 《后汉书》卷16《邓寇列传》，中华书局1965年版，第617—618页。
④ 《三国志》卷16《魏书·杜恕传》，中华书局1982年版，第498—499页。
⑤ 《三国志》卷42《蜀书·郤正传》，中华书局1982年版，第1034、1041页。
⑥ 《三国志》卷9《魏书·夏侯玄传》注引《世语》，中华书局1982年版，第304页。

易则下不安，民知其将久，不可欺罔，乃服从其教化。故二千石有治理效，辄以玺书勉厉（励），增秩赐金，或爵至关内侯，公卿缺则选诸所表以次用之。"① 则在宣帝时，还形成了专门针对"有治理效"二千石的特殊奖励升迁政策。当然，如《昌言》所云："汉兴以来，皆引母妻之党为上将，谓之辅政，而所赖以治理者甚少，而所坐以危乱者甚众。"② 在仲长统看来，两汉官吏中，政绩能够称得上治理的人并不多见，而"危乱"者则甚多。

三 再谈"治道"

春秋战国时期，在"治""理""治理"思想产生演变的同时，也形成了"治道"的政治理念。是时，各家根据自己的思想理论提出了统治者应当遵循的为政之道，即治道。《管子·侈靡》云："万诸侯钧，万民无听，上位不能为功更制，其能王乎？缘故修法，以政治道，则约杀子，吾君故取夷吾谓替。"注引王念孙云："'政'与'正'同，言缘循故常，遵循法度，以正治道也。"又引张佩纶云："'以政治道'，言因政而进于道也。"再引李哲明云："'以政治道'，谓正其治国之道。"③ 无论诸家如何理解"以政治道"一语，但都将"治道"视为一个特定概念。先秦文献中谈及"治道"的言论还有很多，如墨子云："欲天下之治，而恶其乱，当兼相爱，交相利，此圣王之法，天下之治道也，不可不务为也。"④ 庄子云："古之治道者，以恬养知。"⑤ 荀子云："是不及知治道，而不察于扞不扞者之所言也。"⑥ 尹文云："用得其道，则天下治；用失其道，则天下乱。过此而往，虽弥纶天地，笼络万品，治道之外，非群生所餐挹，圣人措而不言也。"⑦

---

① 《汉书》卷89《循吏传》，中华书局1962年版，第3624页。
② （东汉）仲长统撰，孙启治校注：《昌言校注·阙题三》，中华书局2012年版，第335页。
③ 黎翔凤撰，梁运华整理：《管子校注》卷12《侈靡》，中华书局2004年版，第704、709页。
④ （清）孙诒让撰，孙启治点校：《墨子间诂》卷4《兼爱中》，中华书局2001年版，第113页。
⑤ （清）郭庆藩撰，王孝鱼点校：《庄子集释》外篇《缮性》，中华书局1961年版，第548页。
⑥ （清）王先谦撰，沈啸寰、王星贤点校：《荀子集解》卷12《正论》，中华书局1988年版，第338页。
⑦ 《尹文子》，《诸子集成》第6册，世界书店1935年版，第8页。

韩非云："圣人之所以为治道者三：一曰利，二曰威，三曰名。"① 又云："凡治天下，必因人情。人情者，有好恶，故赏罚可用；赏罚可用则禁令可立而治道具矣。"②《吕氏春秋·知度》云："故治天下之要，存乎除奸；除奸之要，存乎治官；治官之要，存乎治道；治道之要，存乎知性命。"③ 在上述思想中，诸家就什么是治道，以及治道的内涵、手段、方法等，表述了各自的看法。"治道"理念的出现，是中国古代治理思想与政治文化的进一步丰富完善。

秦汉以后，"治道"作为一种政治文化传统，其概念与思想在政治家、思想家那里获得肯定并延续，更多地被引入了政治领域。如秦始皇认为"明法"就是"治道"。始皇二十八年泰山刻石云："皇帝临位，作制明法……治道运行，诸产得宜，皆有法式。"④汉孝文帝认为疏通进谏之路是"治道"。文帝二年诏曰："古之治天下，朝有进善之旌，诽谤之木，所以通治道而来谏者。今法有诽谤妖言之罪，是使众臣不敢尽情而上无由闻过失也。将何以来远方之贤良？其除之。"⑤汉宣帝认为官吏"廉平"是"治道"。《汉书·宣帝纪》："诏曰：'吏不廉平则治道衰'。"⑥"治道"的内涵以及如何才能实现"治道"，在各级官吏、思想家、史学家那里同样丰富多彩。《汉书·朱云传》载华阴守丞嘉上封事："治道在于得贤。"⑦《汉书·翼奉传》载奉上封事："臣闻之于师，治道要务，在知下之邪正。"⑧《汉书·黄霸传》："凡治道，去其泰甚者也。"⑨《汉书·礼乐志》云："治道非礼乐不成。"⑩《史记·曹相国世家》："闻胶西有盖公，善治黄老言，使人厚币请

---

① （清）王先慎撰，钟哲点校：《韩非子集解》卷17《诡使》，中华书局1998年版，第410页。
② （清）王先慎撰，钟哲点校：《韩非子集解》卷18《八经》，中华书局1998年版，第430—431页。
③ 许维遹撰，梁运华整理：《吕氏春秋集释》卷17《知度》，中华书局2009年版，第455页。
④ 《史记》卷6《秦始皇本纪》，中华书局1982年版，第243页。
⑤ 《史记》卷10《孝文本纪》，中华书局1982年版，第423—424页；《汉书》卷4《文帝纪》，中华书局1962年版，第118页。
⑥ 《汉书》卷8《宣帝纪》，中华书局1962年版，第263页。
⑦ 《汉书》卷67《朱云传》，中华书局1962年版，第2912页。
⑧ 《汉书》卷75《翼奉传》，中华书局1962年版，第3167页。
⑨ 《汉书》卷89《循吏·黄霸传》，中华书局1962年版，第3631页。
⑩ 《汉书》卷22《礼乐志》，中华书局1962年版，第1070页。

之。既见盖公，盖公为言治道贵清静而民自定，推此类具言之。"① 《乐书》："礼乐刑政，其极一也，所以同民心而出治道也"；又："是故审声以知音，审音以知乐，审乐以知政，而治道备矣。"② 《韩诗外传》卷二："原天命，治心术，理好恶，适情性，而治道毕矣。"③ 《淮南子·缪称训》："水下流而广大，君下臣而聪明。君不与臣争功，而治道通矣。"④ 《三国志·魏书·和洽传》注引孙盛曰："魏承汉乱，风俗侈泰，诚宜仰思古制，训以约简，使奢不陵肆，俭足中礼，进无蜉蝣之刺，退免采莫之讥；如此则治道隆而颂声作矣。"⑤ 在他们看来，"得贤""知下之邪正""去其泰甚""礼乐刑政""贵清静""训以约简"等都属于治道。

"治道"即"治理之道"，由于"治道"被赋予了具体的内涵，故人们对什么不是治道或治理之道也有自己独特的看法。如"偏辞成皋断狱"不是治道⑥，"百姓不宁"不是治道⑦，"士民无所信则其志不知所定，非治理之道也"⑧，"好同而恶异，与治道相反"⑨，等等。在先秦治道政治文化传统影响下，汉魏史籍或云"疑塞治道"⑩ "治道亏缺"⑪ "不知治道"⑫，或云"晓然见治道"⑬，或云"思惟治道"⑭，或云"论治道""留心于治道"⑮，

---

① 《史记》卷54《曹相国世家》，中华书局1982年版，第2029页。
② 《史记》卷24《乐书》，中华书局1982年版，第1179、1184页。
③ （西汉）韩婴撰，许维遹校释：《韩诗外传集释》卷2《第三十四章》，中华书局1980年版，第77页。
④ 何宁撰：《淮南子集释》卷10《缪称训》，中华书局1998年版，第740页。
⑤ 《三国志》卷23《魏书·和洽传》注引孙盛曰，中华书局1982年版，第656页。
⑥ 《汉书》卷47《文三王传》："王辞又不服，猥强劾立，傅致难明之事，独以偏辞成皋断狱，亡益于治道。"，中华书局1962年版，第2216页。
⑦ 《汉书》卷65《东方朔传》注引应劭曰："《黄帝泰阶六符经》曰：'……三阶不平，则五神乏祀，日有食之，水润不浸，稼穑不成，冬雷夏霜，百姓不宁，故治道倾。'"，中华书局1962年版，第2851页。
⑧ （东汉）仲长统撰，孙启治校注：《昌言校注·阙题三》，中华书局2012年版，第321页。
⑨ 《三国志》卷53《吴书·张纮传》，中华书局1982年版，第1245页。
⑩ 《汉书》卷23《刑法志》，中华书局1962年版，第1103页。
⑪ 《史记》卷24《乐书》，中华书局1982年版，第1176页。
⑫ 《汉书》卷83《薛宣传》，中华书局1962年版，第3386页。
⑬ 《汉书》卷58《公孙弘传》，中华书局1962年版，第2618页。
⑭ 《后汉书》卷4《孝殇帝纪》，中华书局1965年版，第197—198页。
⑮ 《三国志》卷10《魏书·荀彧传》注引《彧别传》，中华书局1982年版，第318页；《三国志》卷13《魏书·华歆传》，中华书局1982年版，第405页。

皆是当时君臣上下思求"治道"政治理想与政治实践的反映，对"治道"的崇尚也对汉魏国家治理产生了积极影响。

四　关于中国历史上"治理"一词的若干思考

由于国家所代表的阶级属性不同，故不同社会形态下，以及同一社会形态下不同历史时期的治理，国家治理在治理主体、内涵、治理思想与具体方式上都有变化。从这一角度看，古今治理当然有着本质区别和重大不同。特别是以地主阶级占统治地位的封建社会，所谓"治理"当然首先是从地主阶级统治需要的角度出发的，反映的是统治阶级内部的不同看法，为的是统治阶级的长治久安而非广大人民群众的诉求。但中国古代关于治理的思想与内涵又十分丰富，呈现出自身的特点，在当代，其中仍然有许多积极意义值得重视与挖掘。

第一，从词义上看，"治理"是由"治""理"二字的本义演变而来，"治""理"二字由本义演变为与政治有关的思想，以及"治理"一词的产生及治理、治道思想的形成，与春秋战国时期的社会转型、与秦汉以后统一中央集权国家的形成有密切关系。这一现象说明，我国历史上的治理思想是一定历史发展阶段的产物，并非与国家或国家机器的产生同步。

第二，国家统治并不能与国家治理等同。我国历史上的政治家、思想家赋予了"治""理"或"治理"字词特定含义。在他们看来，不是所有的统治都可以称为治理。"治"是与"乱"相对的，国家统治只有坚持正道，按照事物发展内在规律办事，顺应社会、符合民心，才可以称为"治""理"或"治理"，反之则不是。因此，这一思想与实践，对于推动中国历史上的政治与社会进步有积极意义。

第三，由于治道政治文化传统的形成，"治道"成为中国古代有为政治家的不懈追求，也成为中国古代思想家努力探索的方向，从而极大地丰富了中国古代政治文化的内涵。中国古代许多政治相对清明、经济社会文化比较繁荣发展稳定的时期，也是"治道"方针政策贯彻得比较好的时期。值得注意的是，在中国古代的治理思想与治道政治文化传统中，不仅有自上而下的治理思想，也有注重民间社会参与的治理思想，这是中国传统治理思想中富有特色的重要组成部分。

第四，中国古代的治理思想由于时代的局限性，其具体内涵当然不是全部适合今天的社会。但其中追求法治、廉平、教化、任贤、民本、向公、俭约及社会参与等基本治理精神，对今天的国家治理仍然具有借鉴意义。

裴李岗时代中原地区的社会考古学观察

陈明辉

（浙江省文物考古研究所）

摘要： 裴李岗时代指代中国距今9000—7000年的时间段，以往或被称为前仰韶时代。裴李岗文化系统主要分布于狭义的中原地区，它是中国同时期社会分化最明显的一支考古学文化，初步形成了镇、大村落、小村落三级聚落层级，出现了明显的贫富分化，孕育了家庭、家族、氏族乃至胞族等社会组织，出现了私有制观念和原始宗教信仰，为我们探讨家庭和私有制的起源提供了非常好的材料。

关键词： 裴李岗　中原　家庭　私有制　社会分化

中国的新石器时代自早到晚可分为前裴李岗时代（距今12000—9000年）、裴李岗时代（距今9000—7000年）、后冈时代（距今7000—6000年）、庙底沟时代（距今6000—5300年）、良渚时代（距今5300—4300年）、龙山时代（距今4300—3800年）。裴李岗时代是文化起源、农业和家畜业起步、社会组织逐渐发展、社会分化初步形成的时代，是中国历史上一个重要的奠基时代。在这一时期裴李岗文化系统是遗址数量最多、分布区域最广、影响范围最大、发展程度最高的考古学文化。

中原地区有广义和狭义之分，广义的中原是以河南为中心、辐射黄河中下游包括关中、晋南、冀南、鲁西南、皖西北的广大区域，狭义的中原则仅指河南省。本文采用的是狭义的中原概念。

中原地区方圆500公里，占地面积约16万平方公里，该地区分布有属裴李岗文化系统的遗址约160处，笔者曾系统论述了裴李岗文化系统的各个分支，并勾画了各个分支的形成、壮大以至衰落的历史图景。距今9000—8500年的贾湖一期文化是裴李岗文化系统的源头，这一时期仅发现数处遗址，但已有部分人群向外迁徙形成新的分支，此时的贾湖遗址已有了初步的社会分化；距今8500—7000年的贾湖文化和裴李岗文化是裴李岗文化系统的两条主线，均已进入社会分化较明显的等级社会，此时裴李岗文化系统完成了中原地区的首次文化整合，同时向北占据了冀南原磁山文化分布区，向西进入关中地区形成裴李岗文化系统的次生文化系统——白家文化系统，并深刻影响了冀中地区、海岱地区、峡江地区的考古学文化格局，同时与江汉平原、江淮地区、金衢盆地、西辽河地区等同时期的考古学文化也存在一定的文化交流。在裴李岗文化系统的影响和主导下，从西辽河地区到长江中下游的广大区域以裴李岗文化圈为核心形成了稳定的文化交流圈。[①] 锶同位分析法为我们认识当时文化交流的密度提供了重要案例，有学者对贾湖32个人类个体进行研究，发现第一期4例墓主均为本地人，第二期18例墓主中外来人口7个，第三期10例墓主外来人口5个，可知外来人口所占比例呈现逐渐上升的趋势，甚至达到50%的高比例，第二期的7个外来个体中5个随葬龟甲和或石子等与原始宗教有关的遗物，显然具有较高的身份，虽然无法判断这些外来人口来自何处，但起码说明当时人口的流动确实非常频繁。[②]

而裴李岗文化系统之后，继之而起的下王岗一期文化、大河村一期文化、后冈一期文化、东关一期文化、枣园文化，以及吸收大量裴李岗文化系统文化因素的北辛文化、镇江营一期文化、半坡文化出现，开启了后冈时代的新格局，显示了中原地区的文化传统在距今7000—6000年仍有着强大的生命力和影响力。有学者对贾湖人骨进行了体质人类学研究，指出贾湖组与

[①] 陈明辉：《论裴李岗文化系统——兼谈中国裴李岗时代的文化格局》，载浦江博物馆编《上山文化论集》，中国文史出版社2018年版，第136—194页。

[②] 尹若春：《锶同位素分析技术在贾湖遗址人类迁移行为研究中的应用》，博士学位论文，中国科学技术大学，2008年。尹若春、张居中、杨晓勇：《贾湖史前人类迁移行为的初步研究——锶同位素分析技术在考古学中的运用》，《第四纪研究》2008年第28卷第1期。

下王岗、庙底沟、大汶口、宝鸡、横阵组共同归属于新石器时代的北方类群，贾湖组与下王岗组的体质特征尤为接近，这为我们理解贾湖文化与下王岗一期文化等的亲缘关系提供了另一种证据。①

裴李岗文化系统在裴李岗时代文化格局中占据核心地位，造就了最早的"中原文化区"和"早期中国文化圈"②，这种核心和强势地位的形成有着怎样的经济基础和社会基础？

一 食物生产与生计类型

学界对裴李岗时代不少遗址做过程度不一的动物考古和植物考古研究，其中已有学者对北方地区的裴李岗时代的生业经济进行了全面的整合和研究，取得了初步的成果。③ 从农业和粮食作物角度出发，大致可将裴李岗时代的食物生产分为稻作、旱作两种类型，形成了南稻北旱的基本农业格局，其中稻作文化区的北界在黄河与淮河之间。稻作农业区包括长江流域和淮河中下游地区，涉及的考古学文化包括上山文化、跨湖桥文化、彭头山文化和皂市下层文化、城背溪文化以及贾湖一期文化、贾湖文化、顺山集文化，在这些考古学文化分布区中，水稻几乎是唯一的农作物，尚未或极少发现旱作的粟黍遗存。古人水稻的栽培和干预可能要追溯到岭南及周边距今一万年前后的洞穴遗址，如玉蟾岩、仙人洞、吊桶环等，并在裴李岗时代得到第一次大规模的扩散。④ 旱作农业区包括关中地区、海岱地区、豫中北、冀南和西辽河地区，尽管在部分遗址（月庄、西河、唐户）发现少量水稻，但粟黍占据绝对优势。粟黍的起源地可能在燕山南北至太行山东麓，距今一万年前后的东胡林、南庄头遗址和稍晚的兴隆沟、张马屯、磁山等提供了非常重要

---

① 陈德珍、张居中：《早期新石器时代贾湖遗址人类的体质特征及与其他地区新石器时代人和现代人的比较》，《人类学学报》1998年8月第17卷第3期。

② 韩建业：《论新石器时代中原文化的历史地位》，《江汉考古》2004年第1期。韩建业：《裴李岗文化的迁徙影响与早期中国文化圈的雏形》，《中原文物》2009年第2期。

③ 吴文婉：《中国北方地区裴李岗时代生业经济研究》，博士学位论文，山东大学，2014年。

④ 赵志军：《稻谷起源的新证据——对江西万年吊桶环遗址出土的稻属植硅石的研究》，《第二届农业考古国际学术讨论会论文专集》，农业出版社1998年版。张文绪、袁家荣：《湖南省道县玉蟾岩古栽培稻的初步研究》，《作物学报》1998年7月第24卷第4期。

的黍粟驯化初期和早期的资料。①

基本同时,家猪也在几个不同的地区得到驯化②,加上同时期驯化的狗③,到裴李岗时代,原产中国的主要农作物和家畜的大格局已基本确立,为新石器时代人群的繁衍和发展奠定了良好的经济基础。

(一) 以贾湖为代表的稻作农业区

距今 9000—7000 年,稻作农业正式产生,驯化动物有猪和狗,但从总体上,肉食来源主要还是靠狩猎和捕捞,植食来源仍以采集为主,尚处于低水平食物生产阶段或"似农非农"④的阶段,农业没有成为最主要的生计来源。

以研究比较充分的贾湖遗址为例,《舞阳贾湖》和《舞阳贾湖(二)》报告中对植物遗存、动物遗存和工具进行了细致的研究,得出了一系列比较可靠的结论。⑤

植物考古方面,贾湖一期就已经开始种植水稻,但采集是更重要的植食来源,稻作仅仅起到辅助作用,采集品有块茎类(莲藕)、硬果壳核(菱角、橡子、山核桃)、植物种子(野生大豆、葡萄)。其中,稻谷的出土概率仅 15%,块茎残块、硬果壳核均高达 30%,野大豆、橡子、葡萄也在 20% 左右,可见贾湖人是以采集块茎类、硬果壳类、野大豆等为主要植食来源,稻谷仅占很小一部分。淀粉粒分析的结果也显示,小麦族、菱角、山药、莲藕、薏苡、豇豆属、水稻中,山药、菱角、莲藕在出土频率和绝对数量上占据绝对优势。

动物考古学方面,贾湖一期就出现家猪,狗也是贾湖遗址的重要家畜,

---

① 赵志军:《中国古代农业的形成过程——浮选出土植物遗存证据》,《第四纪研究》2014 年第 34 卷第 1 期。李国强:《中国北方旧石器时代晚期至新石器时代早期粟类植物的驯化起源研究》,《南方文物》2015 年第 1 期。

② 参见罗运兵、张居中《河南舞阳贾湖遗址出土猪骨的再研究》,《考古》2008 年第 1 期;罗运兵《中国古代猪类驯化、饲养与仪式性使用》,科学出版社 2012 年版。

③ 袁靖:《中国新石器时代家畜起源的问题》,《文物》2001 年第 5 期。

④ 赵志军:《有关农业起源和文明起源的植物考古学研究》,《社会科学管理与评论》2005 年第 2 期。

⑤ 参见河南省文物考古研究所《舞阳贾湖》,科学出版社 1999 年版。河南省文物考古研究所、中国科学技术大学科技史与科技考古学系《舞阳贾湖(二)》,科学出版社 2015 年版。

但野生动物的骨骼占据绝对优势，出土的动物种类包括贝类、鱼类、爬行类、鸟类和哺乳类，共20余种，以鱼类和哺乳类最为丰富，其中狩猎而来的野生哺乳动物在肉食来源中占绝对优势，70%至90%之间，家畜所占比例仅10%至21%，其中一期、二期、三期家畜分别占10%、13%和21%，第三期家畜饲养有了明显的增长。贾湖人特别依赖捕捞，鱼骨出土数量多，在整个动物骨骼中占比接近70%，出土概率很高。但也可观察出家畜所占比例逐步小幅上升，狩猎逐步小幅下降的过程。

贾湖遗址一至三期农业工具数量占比分别为6.8%、11.4%、53.4%，第三期农业工具超过了狩猎和捕捞工具，狩猎工具占比分别为47.5%、63.2%、28.3%，捕捞工具分别占比分别为45.7%、25.4%、18.3%，其中农业工具包括石铲、石镰、石刀、骨耜，狩猎工具包括石球、石弹丸、石矛、骨镞、骨矛、陶弹丸，捕捞工具包括骨镖、网坠。

（二）以裴李岗为代表的旱作农业区

尽管部分遗址如唐户遗址发现少量水稻，但裴李岗文化中粟黍在农作物中占据绝对多数。这一时期还缺乏像贾湖一样做过全面的动植物考古的重要遗址，研究还不够深入。裴李岗、莪沟北岗、石固、沙窝李、唐户等遗址都做了淀粉粒分析，其中裴李岗遗址中栎属植物占比达46.3%，粟黍或薏苡属只占12.1%，莪沟北岗中栎属占28.96%，狗尾巴属、蜀属或薏苡属等禾本科占27.32%，石固中栎属占40%、狗尾巴属、蜀属或薏苡属等禾本科占32%，沙窝李中栎属占39.39%、狗尾巴属、蜀属或薏苡属等禾本科占16.97%。[①] 关中地区的大地湾、西山坪也发现过粟黍遗存。

综上可知，裴李岗时代黄河中游地区的经济基础是以狩猎、渔捞和采集为主，农业、养殖业为辅的低水平食物生产，生业经济具有明显的广谱特征，农作物种类包括小米（粟和黍）和水稻，驯化的动物有猪和狗。但从早期、中期到晚期阶段，农业所占的比重逐渐加大，甚至在从生产工具、人骨元素和同位素分析、淀粉粒角度来看，到了晚期农业可能已经占据起到比

---

① 吴文婉：《中国北方地区裴李岗时代生业经济研究》，博士学位论文，山东大学，2014年。

狩猎采集更为重要的作用。[1]

二 社会考古学观察

学界已发表大量裴李岗时代黄河中原地区的居址和墓地等相关聚落考古材料，本人也曾对中国整个裴李岗时代的考古学文化遗存进行了基础的分期工作[2]，本文也正是在这两个基础之上开展社会考古学研究，探讨当时的家庭、家族、私有制、贫富分化、社会分工、社会分化和原始宗教等相关问题。

（一）通过居址材料探讨家庭、家族结构和私有制情况

通观整个裴李岗时代黄河流域及西辽河地区的相关居址材料，我们发现，这一时期房址形态主要有两类，它们代表着不同的家庭聚居模式，在唐户等遗址中，单个房址、房址组和房址群可能分别着核心家庭、家族、氏族等不同层次的社会组织。

一类为圆形椭圆形半地穴式房址，主要分布于黄河中游的中原地区和关中地区，裴李岗文化系统及其次生的白家文化系统、裴李岗文化磁山晚期遗存的房址绝大部分均属此类（表一）。房址面积均不大，一般为数平方米到数十平方米左右，基本不超过40平方米，可能代表着一种核心家庭独立居住的模式。但往往多个房址成组分布形成房址组，表示各个独立核心家庭是集群聚居的，可能代表了家族组织。多个房址组比邻，形成多个家族组织组合的更高一级的氏族等组织。下文我们以发掘资料较完整的贾湖、磁山为例进行相关探讨。

---

[1] 参见胡耀武、James H. Burton、王昌燧《贾湖遗址人骨的元素分析》，《人类学学报》2005年5月第24卷第2期；胡耀武、Stanley H. Ambrose、王昌燧《贾湖遗址人骨的稳定同位素分析》，《中国科学D辑：地球科学》2007年第37卷第1期；来茵、张居中、尹若春《舞阳贾湖遗址生产工具及其所反映的经济形态分析》，《中原文物》2009年第2期；杨玉璋等《淀粉粒分析揭示的河南唐户遗址裴李岗文化古人类植物性食物资源利用》，《第四纪研究》2015年1月第35卷第1期。

[2] 陈明辉：《论裴李岗文化系统——兼谈中国裴李岗时代的文化格局》，载浦江博物馆编《上山文化论集》，中国文史出版社2018年版，第136—194页。

表一　　　　　　　裴李岗时代黄河中游地区部分遗址的遗迹统计

遗址 \ 遗迹	房址	灰坑	墓葬	其他遗迹	备注
舞阳贾湖	53	446	446（另瓮棺32）	兽坑10、沟3、窑9、灶1	单一文化遗址，面积55000平方米，发掘2358.7平方米
新郑唐户	63	202	2	沟4、壕沟1	
长葛石固	3	189	69		多文化堆积遗址，裴李岗时期遗存面积100000平方米，发掘2145平方米
密县莪沟北岗	6	44	68		单一文化遗址，面积8000平方米，发掘2747平方米
新郑裴李岗		22	114	窑1	单一文化遗址，面积20000平方米，发掘约2615平方米
新郑沙窝李		20	32		单一文化遗址，面积不详，发掘850平方米
巩义瓦窑嘴		31		窑1	单一文化遗址，面积170000平方米，第一、三次发掘约500平方米
巩义铁生沟	1	4			单一文化遗址，面积1000平方米，发掘约400平方米
汝州中山寨		13	8		多文化堆积遗址，面积150000平方米，裴李岗时期遗存面积不详，发掘665平方米
郏县水泉		83	120	窑2	单一文化遗址，面积不详，发掘1980平方米
武安磁山	2	474			单一文化遗址，面积80000平方米，发掘2579平方米

注：遗址面积不等同于前仰韶时期遗存的分布面积，有些遗址面积虽大但早期遗存分布面积较小，如汝州中山寨、长葛石固。

另一类为方形浅穴式房址，主要分布于西辽河流域和海岱地区，兴隆洼文化系统、后李文化、北福地一期文化的居址多属此类，这一地区还发现不少环濠式聚落，也是其一大特色。这类房址面积都偏大，一般数十甚至上百平方米，其内居住的可能是多个核心家庭。这种大房址在聚落内部往往成排分布，井然有序，大致可看作胞族或氏族一类更大的社会组织的构造，在兴隆洼文化的白音长汗遗址还能见到双环壕聚落模式，大致反映了两个胞族或氏族比邻而居的现象。

下面我们集中探讨一下黄河中游地区的房址的考古发现情况及其可能反映的相关社会问题。

1. 贾湖遗址

贾湖遗址是裴李岗文化系统中少有的房址和墓葬资料都比较丰富的遗址。贾湖房址以半地穴式为主，另有少量干栏式建筑和地面式建筑，平面多为圆形或椭圆形。绝大部分房址为单间式，也有少量多间式房址，如双间式、三间式和四间式。面积最大的房址为 F1，约 40 平方米，最小的 F7 仅 2 平方米。房内居住面和墙壁均经过烧烤，部分房址建筑考究，高于平均水平。从房址的情况可以推测当时已经存在社会分化现象。

建筑考究且面积较大的房址如 F17，属贾湖一期，开口 3C 层下打破 4 层，平面近圆形，南北长 5 米、东西宽 4 米，为四间式房址，东北间最大，东西、南北均为 2.4 米，西北间直径 1.3 米，东南间为椭圆形，南北 2.05 米、东西 1.6 米，西南间直径 1.32—1.52 米，西南间与东南间之间的南壁为人工堆筑的黄泥坎，下压一幅完整的龟壳，门道为斜坡状，东南间发现有灶台，总体建筑较为考究，房址面积也较大，仅一个单间内发现有灶，推测为厨房，不同的分间可能反映不同的功能，F17 的居住者地位应较高，从龟甲的出土推测可能属巫师阶层。

贾湖遗址发现灰坑，部分为制作考究的窖穴，也有部分为保存不佳的半地穴式房址或陶窑。房址存在集中分布的现象，与墓地相隔明显。

2. 唐户遗址

唐户遗址面积达 30 万平方米，应该是郑州地区裴李岗文化的中心聚落。[①] 通过发掘，清理了多达 63 座成组分布的房址，揭露出一处保存情况较好的裴李岗文化居址，为我们研究裴李岗时期的聚落布局、家庭结构、社会

[①] 参见河南省文物管理局南水北调文物保护办公室、郑州市文物考古研究所《河南新郑市唐户遗址裴李岗文化遗存发掘简报》，《考古》2008 年第 5 期；信应君、胡亚毅、张永清等《河南新郑市唐户遗址裴李岗文化遗存 2007 年发掘简报》，《考古》2010 年第 5 期。

形态提供了非常重要的资料。

唐户遗址的房址与灰坑在形态上有较为明显的区别。房址均为斜坡门道半地穴式，可分单间式和双间式两种，屋内的居住面和墙壁都经过特殊处理，房址周围发现数量不等的柱洞，少部分房址发现有用灶痕迹，面积均不大，应是单个核心家庭居住的。灰坑基本上密集分布于房址周围，一般形制较规整，推测这些灰坑多数是窖穴，少部分是垃圾坑，窖穴附属于房址，是各家庭储藏粮食等生存物资的场所。聚落内还发现三条灰沟，应为聚落内部的排水沟。

两次发掘所获遗存发表有遗迹总平面图，这批遗存之间相互打破关系不多，从三足钵、卷沿罐等遗物的特征可以看出这批遗存年代大体相当，大致与裴李岗文化一期和贾湖文化一期相当。根据遗迹总平面图，可将房址分为三群，即北部房址群、中部房址群、南部房址群，每个遗迹组又分别可分为两个房址组，共6组。

唐户遗址的房址及窖穴等遗迹有集群分布的现象，这可能反映家庭组合或家族的情况，各家庭可能按照血缘亲疏安排房屋的排列方式，并在房址附近挖设窖穴，窖穴群往往围绕房址分布。每处房址组中一般会有一到数个面积较大的房址，可能已存在中心房屋，一处房址组如果代表一个家族，则唐户遗址的每个家族由3—18个家庭构成。每个房址群则由两个房址组组成，可能是包含两个家族的氏族组织。三个房址群所代表的三个氏族则可能组成比氏族更高一级的胞族组织。从窖穴的数量来看，家族与家庭之间存在明显贫富分化和私有制现象，有的家庭平均拥有约10个窖穴，而有的家庭只有2—3个，这与磁山遗址的情况是类似的，只不过磁山遗址的成组分布现象没有唐户遗址表现得这么明显。

3. 磁山遗址

磁山遗址1973年曾做过调查，随后经过了1976—1977年、1978年、1985—1988年、1994—1998年四次发掘，但仅前两次发掘发表有简报或报告，这两次发掘总面积2579平方米，共发现房址2座、灰坑474个。[①] 磁山

---

① 参见邯郸市文物保管所《河北磁山新石器遗址试掘》，《考古》1977年第6期；河北省文物管理处等《河北武安磁山遗址》，《考古学报》1981年第3期。

遗址可分两大期，一期属磁山文化，二期属裴李岗文化。磁山遗址的绝大多数遗迹单位属磁山二期。

磁山遗址大量灰坑的发现是其主要收获，这些灰坑按形状可分为圆形、椭圆形、长方形和不规则形三种，其中长方形灰坑数量最多，共345座，一般坑壁垂直、少数为袋状，坑深多在1—2米，深的2—4米，最深的5米以上，其中有80个长方形灰坑中发现粮食堆积，堆积厚度0.3—2米，有10座灰坑中堆积达2米以上，根据灰相分析发现有粟的痕迹，这些灰坑明显是窖穴，说明当时存在较发达的粟作农业。有的窖穴内发现较完整的猪或狗的骨骼，应是一种祭祀行为，反映当时已存在一定的家畜养殖业，同时说明家畜除了供给肉食外，也被作为信仰表达的媒介。

圆形、椭圆形灰坑数量其次，共108座，部分灰坑虽然没有发现灶，但较大较浅，以直壁平底为主，形状规整，发现台阶、烧土块、苇席、成组器物等迹象，且显然是人工精细挖掘而成的，是房址的可能性很大。两座房址均为半地穴式房址，均由灰坑改号而来的。

房址和窖穴在遗址内分布有一定的规律可循。房址往往两座或三四座相邻，有的排列成一条直线，房址均为单间，其大小仅能满足三四个人的生活空间。每座房址内最多居住一个核心家庭，当一个核心家庭发展扩展分裂时，势必需要建造更多的生活空间。我们认为这些相邻的房址所代表的家庭之间可能存在较亲密的血缘关系，它们或许构成一个家族，这个家族可能由核心家庭和若干在核心家庭附近增建的扩展家庭构成。但磁山遗址还未形成类似后来半坡文化、庙底沟文化的向心形环濠聚落结构，说明当时各群体（氏族、家族等）凝聚力较弱，整个社群可能处于一种相对较松散的状态，遗址中也还不见面积大得突出的房址，这说明当时也还没有产生地位超越一般人的享有较多特权的首领。总体而言，各个家户之间较为平等，社会分层现象不大显著。但家户之间肯定也并非毫无差别，窖穴是财富的象征，各个家户之间窖穴的拥有数量是不一样的，一般而言每座房址都配套有三座左右的窖穴，多者如H453附近有八个窖穴，而少者只有一两个，这反映各个家庭之间存在一定的贫富差距，同时也暗示了财富私有观念的存在。

另外，除了房址和灰坑，在遗址内还发现四十五处"组合物"遗迹，遗迹由成组的石磨盘、磨棒和陶盂、支架等器物组合，可能是农业祭祀遗存或粮食加工遗存。

根据以上分析，磁山遗址已经有一定的贫富分化和私有观念，但表现还不太明显，总体仍是较为平等的社会。

（二）墓葬材料反映的社会等级及原始宗教

墓葬材料是我们研究贫富分化、社会等级和相关意识形态的重要资料。裴李岗时代的黄河中游居民非常关注死者的埋葬问题，在许多遗址中揭露出与居住区并列的墓地，并有着较为丰富的随葬品，为我们深入研究提供了良好的条件。下面以贾湖墓地和裴李岗墓地为例进行初步分析。

1. 贾湖墓地

贾湖墓地资料发表齐全，是非常好的社会考古学研究材料。张震应用了统计学的方法，对贾湖墓地进行了研究，指出在直接的生产生活如狩猎、农业生产、纺织以及精神生活领域中男性占据主导地位，而贾湖一期女性在陶器生产等生活用品方面发挥重要作用，到了二期、三期有明显下降，男性地位总体上一直要略高于女性，且随着时间推移优势地位日渐明显。不过，尽管出现随葬品比较丰富的大墓，但这种不平等是基于劳动和技能的差异，不代表财富多寡和出现社会分化、世袭，最终得出贾湖遗址存在一定的社会分化，但还不属于分化社会。[①] 赵世纲根据贾湖、裴李岗、水泉、石固、沙窝李、莪沟、中山寨的墓葬材料，利用静止人口模式的公式 $P = A \times D/T$（P 表示年平均人口数，D 表示墓地总死亡人数，A 代表平均年龄，T 代表墓地延续时间）计算出裴李岗文化时期的人口规模，以 24.7 岁为平均寿命，推测贾湖、裴李岗等遗址的人口规模，如贾湖为 368 人，由此推算出当时万平方米人口密度为 37.65 人，大致人均 265 平方米，最后根据裴李岗文化遗址的面积总和，推算出裴李岗文化总人口最多可达 1.85 万人。[②] 而《舞阳贾湖（二）》的相关研究显示，贾湖的男性平均寿命为 30.77 岁、女性为 29.3 岁，平均约 30 岁，根据 $P = A \times \text{sum}/T$（$A$ 表示平均死亡年龄，sum 表示墓地死

[①] 张震：《贾湖遗址墓葬初步研究——试析贾湖的社会分工与分化》，《华夏考古》2009 年第 2 期。

[②] 赵世纲：《裴李岗文化人口问题探索》，《裴李岗文化发现与研究》，香港天下出版有限公司 2008 年版，第 169—197 页。

亡总人数，T 表示墓地延续时间），得出贾湖一期年均人口 61 人，二期 274 人，三期 168 人。以上关于平均寿命、人口密度和人口推算的相关研究对我们理解贾湖墓地有很好的参考作用，特列于此。

贾湖的墓葬往往分布较为密集，尤其是发掘区西部三个墓葬群存在 4—6 层墓葬层层叠压的现象，可见延续时间较长。绝大多数为长方形竖穴土坑墓，规模差别不大。墓向以东西向为主，头向多向西。葬式复杂，有单人一次葬、多人一次葬、单人二次葬、多人二次葬、一次葬与二次葬合葬、迁出墓等 6 种类别，以单人葬和仰身直肢一次葬最多。随葬品位置有一定规律，鼎壶罐多位于头部，农业工具、狩猎工具多位于下肢，牙器多位于脚部，装饰品多位于上身。

笔者在《舞阳贾湖》和《舞阳贾湖（二）》的基础上对贾湖遗址尤其是地层统一的西部墓地进行了再分期，结果显示发掘西部墓地中的 390 座墓中有 373 座墓葬可归入三期中的某一期，达 95.6%，比例非常之高，为我们进行聚落考古和历时性研究创造了良好的条件。查原报告的分期，西部墓地中笔者认为无法具体分析的 17 座墓葬，报告中都有明确的分期归属，除此仅 52 座墓葬的分期与本文的分期有差异，共 333 座墓葬的分期是重合的，占 373 座墓葬的 89.3%，可见笔者的分期方案和报告的分期方案有基本相同的基础。因此，除明确应归入第一期或第二期的 M300（报告归入三期，明显有误）外，笔者未明确分期的其他 16 座墓葬将参照原报告的分期，其中一期有 M246、M295、M397；二期有 M218、M240、M248、M310、M331、M371、M378；三期有 M50、M214、M215、M226、M346、M465。

多数墓葬有随葬品，随葬品从 1—66 件不等。根据随葬品的数量和种类，可将贾湖西部墓地的墓葬分为五个数量级。在区分墓葬数量级时充分考虑了单人葬、多人一次葬和单人葬与多人二次合葬的区别。

第一等级，随葬品 30 余件的单人葬或随葬品 60 件左右的双人或多人合葬墓，陶器数量不多，以陶壶为主，石器、骨器数量丰富，多为工具和生活用具，除第一期中部墓葬 M489 外 4 座第二期的墓葬均随葬龟甲、龟甲片、叉形器或骨笛，包括 M420（单人葬，47 件）、M344（单人葬，32 件）和 M282（两人合葬，60 件，绝大部分随葬品属墓主甲）、M277（四人合葬，66 件）。双人合葬墓 M282 的 60 件随葬品均与墓葬甲相关，是贾湖遗址等级最高的墓主。四人合葬墓 M277 是单座墓葬中随葬品最丰富的，但其中仅 42 件随葬品与墓主甲有关。第一等级的墓主应为首领或高等级巫师，墓主均为成年男性，充分说明男性在生产生活和宗教祭祀方面占据主导权。

第二等级，随葬品为十余件的单人葬或随葬品 20—40 件的双人或多人合葬墓，30 余座墓葬可归入这一等级，陶器数量不多，以陶壶为主，石器、骨器数量丰富，多为工具和生活用具，接近 34% 的墓葬随葬龟甲、龟甲片、叉形器或骨笛等特殊遗物，部分墓葬随葬绿松石、石饰等装饰品。

第三等级，随葬品为 5—9 件，种类以陶器、石器、骨器为主，多为生产、生活用具，30 余座墓葬可归入这一等级，15.4% 的墓葬随葬龟甲、龟甲片、叉形器或骨笛，少数墓葬随葬绿松石、石饰等装饰品。

第四等级，随葬品为 1—4 件，这一等级墓葬数量最多，达 220 多座。随葬品仅少量陶器、石器、骨器，基本都是日常生产生活用具，仅 6 座墓葬出土龟甲、龟甲片、叉形器或骨笛等特殊遗物，个别墓葬出土石饰等装饰品。

第五等级，无随葬品，共约 90 座墓葬。

通过以上分析，可知归属第四和第五等级的墓葬数量最多，约 310 座，这些人群代表了贾湖社群中最基层的人员构成。第二和第三等级墓葬数量相当，均 30 余座。第一等级墓葬数量最少，占据社群的顶端，基本为掌握原始宗教权力的特殊人物，以及少数具有特别强的生产、生活技能的人。毫无疑问，贾湖墓地中已经存在相当明显的社会分化现象，代表着中国裴李岗时代最高的分化程度，说明贾湖社会已经进入社会分化的等级社会。但贾湖墓地的等级分化还不明显，第一到第四等级墓中的陶器、石器、骨器等生活生产用具的种类、质地、质量均相差无几，无非是数量上的多寡，数量上区别最明显的是骨器，骨器中占大宗的又是骨镞、骨镖等渔猎工具，说明渔猎在社会经济生活中占据最重要的地位，掌握渔猎技能对贾湖人的生存和社会地位的提高有着非常重要的作用，第一等级的少数几个人也仍需要从事生产经济活动。龟甲、骨笛等特殊遗物在第一等级到第四等级中都有出土，只是从概率和数量上等级越高的墓葬越占优，说明原始宗教权力尽管总体归属于第一等级，但其他等级人群仍有宗教祭祀的权力，第一等级墓葬零散分布而没有单独形成墓地，由此推测当时并不存在一个掌握武力、宗教权力和财权的、独占特定墓地和高等级居住区的特殊阶层,也即是说并未进入阶层社会。

以第二期的第一等级的 4 座墓为例。4 座墓总体随葬品仍以工具为主、生活器具次之,尤其是骨镖、骨镞一类的渔猎工具,甚至还出角料、骨料、牙料、云母片,说明墓主虽然有一定的身份地位,但并没有脱离渔猎和工具制造。M282、M277 和 M420 随葬的龟甲、石子、骨笛等数量不多,远不如部分第二等级随葬 8 件套龟甲、石子的部分墓葬,说明其宗教职能一般,生产性色彩更为浓厚,这种风格无疑是对第一期 M489 的继承。M344 随葬品 33 件,要少于 M282 和 M420,与 M277 相当,墓主头顶放置 8 件龟甲和 1 件叉形器,1 件龟甲和叉形器上有刻符,2 件骨笛放置于左手肱骨外侧,其余随葬品为生产生活用具,显示 M344 墓主是掌握宗教祭祀权力的人群中财富和社会地位最高的。

第七次发掘时中部墓地的 5 座墓葬值得重视。其中 M489、M477 和 M478 三座,均开口⑤层下打破⑥层,报告归入第一期,其中 M477 发现两件罐形壶,可作为其属第一期的证据。M489 是属于第一等级的大墓,长 1.99 米、宽 0.9 米,单人一次葬,35—40 岁男性,出土壶 1 件、石斧 1 件、砺石 1 件、石英块 7 件、骨镞 3 件、骨镖 14 件、牙刀 1 件、骨料 2 件,是贾湖遗址第一期中随葬品最丰富的墓葬,墓葬中未出土龟甲、叉形器、骨笛等特殊遗物,而出土石英块、骨料,推测其财富源于墓主的专业技能而非职业。M477 和 M478 也是第二等级的墓葬。M477,长 2.22 米、宽 0.81 米,单人一次葬,25 岁左右女性,随葬品 22 件,包括双耳罐 1 件、罐形壶 1 件、穿孔石饰 5 件、三角形坠饰 1 件、石英 1 件、牙饰 2 件、骨针 6 件、叉形器 1 件、串饰 4 件。M478,长 2.2 米、宽 0.6—0.7 米,单人一次葬,30 岁左右女性,随葬品 10 件,包括罐形壶 1 件、圆形穿孔石饰 3 件、穿孔石器 2 件、骨环串饰 4 串。

从宏观层面考察,贾湖一期时已出现墓葬集中且围绕房址埋设的现象,各墓葬方向大致相当,有一定成排分布的趋势,墓葬之间较少打破关系,墓葬分区块的情况可能暗示当时是按照家庭或扩大家庭为单位进行小规模集中埋葬的,但当时并未形成统一的墓地,墓地与居址之间的间隔并不太明显。到了贾湖二期时,居址与墓葬已有非常明确的区分,墓葬区内墓葬方向虽大体一致，但各墓之间存在非常复杂的打破关系，说明这片墓地沿用时间可能较长，五座大墓较集中得分布于西北区，与中小型墓葬混处，并未形成单独的墓地。贾湖遗址公共墓地及埋葬方式的变化为我们了解当时的社会分化和丧葬观念等情况提供了重要资料。值得注意的是，贾湖墓葬中还出现特制的明器，部分墓葬中随葬骨笛、龟甲等特殊遗物。

从墓地与居住区的分布情况来看，贾湖一期阶段墓葬已经单独成排分布，墓葬之间打破关系较少，还不是典型的叠葬式，墓葬与房址之间间距极小，墓地的独立性还没有二、三期明显，根据随葬陶器的形态也可知这时期还没有出现专门用于随葬的明器，丧葬陶器与生活陶器形态接近，二者区别是一些生活陶器如方口盆、刻槽盆、钵、角把罐、深腹罐等几乎不用于随葬。到了贾湖二、三期情况大为变化，除了瓮棺与房址间距小同处于居住区内，大量土坑墓呈叠葬式集中于几片墓地之中，真正的墓地形成了，同时墓葬与居住用陶器形态差异极大，明器正式出现。

在贾湖遗址，无论是居住区还是墓地区，都存在明显的房址或墓葬的分群分组现象，尤其墓葬的分组现象非常明显，报告分为 4 个墓群，即原报告的位于西部墓地的 A 群（146 座墓葬）、B 群（92 座墓葬，分为上下 6 层）、C 群（82 座墓葬）和中部墓地的 E 群（44 座墓葬）。每群墓葬的数量是裴李岗 2 到 3 倍，可见贾湖遗址的人口基数要远远大于裴李岗遗址。

贾湖遗址所在的贾湖一期文化和贾湖文化北邻石固遗存，其中水泉和石固遗址最具代表性。贾湖一期文化、贾湖文化和更北的裴李岗文化葬俗相差特别大，贾湖有一定数量的合葬墓和二次葬，也有少量俯身葬、迁葬，埋葬形式更为多样；墓葬多为东西向，头向西；墓葬之间叠压打破关系非常复杂，属叠葬式墓地；随葬品中骨器占有很大比例；随葬龟甲、叉形器、骨笛等特殊遗物。而裴李岗文化合葬墓极少，基本是仰身直肢葬；墓向基本是南北向，头向南；墓葬之间叠压打破关系很少，属平列式墓地；随葬品中骨器极少；不随葬龟甲、叉形器、骨笛等特殊遗物。二者随葬陶壶的形态也有很大差异。而分布于贾湖与裴李岗之间的石固遗存的葬俗正好介于二者的中间状态。

2. 水泉遗址

面积不详，清理裴李岗时期墓葬 120 座，墓葬排列非常有序，共 18 排墓葬、东西两个墓群，考古人员发表了所有墓葬的登记表。① 报告认为这批墓葬同属一期，实际上延续时间是较长的，基本贯穿裴李岗文化的始终。墓葬多为东西向，少数西南向，人骨绝大部分保存不好，多腐朽，头向西或西南，仰身直肢葬为主，除了3座合葬墓外其余均为单人葬。

无随葬品的墓葬13座。随葬1—4件的64座。

随葬品5—9件的37座，包括M1（7件）、M3（5件）、M4（7件）、M9（5件）、M10（7件）、M13（6件）、M14（9件）、M15（8件）、M17（5件）、M18（6件）、M21（5件，陶勺置于罐内）、M23（6件）、M26（5件）、M36（6件）、M38（6件）、M40（7件）、M49（5件）、M51（9件）、M52（7件）、M53（8件）、M55（5件）、M60（8件）、M61（5件）、M63（5件）、M66（6件）、M68（5件）、M71（5件）、M72（5件）、M78（7件）、M84（8件）、M90（6件）、M96（5件）、M98（6件）、M99（5件）、M110（7件）、M112（5件）、M119（5件）。

随葬品10—20件的5座，包括M6（10件）、M27（12件）、M31、M45（12件）、M59（10件），如M31，双人合葬，上下叠葬，随葬双耳壶4件、钵3件、罐1件、骨镞2件、骨匕2件、骨针2件、骨锥5件。

随葬品超过30件的墓葬1座，即M29，相当于贾湖遗址的第一等级墓葬，长2.72米、宽1.5米，男性，35—40岁，随葬品31件，三足钵4件、平底钵2件、圈足钵1件、双耳壶6件、三足壶1件、双耳罐1件、罐7件、器盖2件、石球2件、石斧1件、石锛1件、石铲1件、骨笄2件。头部两侧各置双耳壶1件，其余随葬品位于身体左侧。

从水泉遗址的情况来看，墓地已经出现明显的贫富分化，随葬品普遍比裴李岗、莪沟北岗、沙窝李、石固等遗址丰富。甚至出现随葬品超过30件的墓葬M29，这是贾湖遗址之外等级最高的裴李岗时期墓葬，但M29墓坑大小并未超过平均水平，位置也不居中，除了2件骨笄作为装饰品，余皆为日常实用的陶质和石质生活用品和工具。从整个墓地情况来看，随葬品绝大

---

① 参见中国社会科学院考古研究所河南一队《河南郏县水泉新石器时代遗址发掘简报》，《考古》1992年第10期；中国社会科学院考古研究所河南一队《河南郏县水泉裴李岗文化遗址》，《考古学报》1995年第1期。

多数为实用的工具或容器，装饰品仅少量骨笄等骨器和极少绿松石、水晶石等，其中绿松石和水晶石出自随葬品极少的墓葬，可见还未成为专属特定阶层的威望物品，如 M30 双人合葬，随葬品 1 件，为绿松石坠，另 M101 随葬品 1 件，为水晶石。据此推测，水泉遗址已经出现明显的贫富分化现象，但似乎并未出现权贵阶层和特殊的职业人群，整个水泉人群与裴李岗文化其他墓地一样，显得务实，而与贾湖遗址所代表的厚葬有明显区别。

3. 石固遗址

面积 10 万平方米，清理裴李岗时期墓葬 69 座，并发表墓葬登记表。① 石固遗址与贾湖遗址有着同样长的延续时间，文化面貌、葬俗也多有相似之处。墓葬略呈西北—东南向或东西向，均单人一次葬，多仰身直肢，也有一定的侧身葬及少量俯身葬。其中无随葬品的墓葬 23 座；随葬 1—4 件随葬品的 37 座；随葬 5—9 件的 7 座，M4（6 件）、M11（5 件）、M12（5 件）、M14（5 件）、M39（5 件）、M42（5 件）、M57（5 件）；随葬 10 件以上的 2 座，即 M23、M54，等级相当于贾湖遗址的第二等级。M23 男性，长 1.9 米、宽 0.72 米，随葬品 14 件，包括折肩壶 1 件、石斧 6 件、石铲 1 件、石球 3 件、骨镞 3 件。M54 男性，长 1.38 米、宽 0.46 米，随葬品 13 件，三足钵 3 件、深腹钵 1 件、夹砂罐 2 件、石斧 1 件、石铲 1 件、石凿 1 件、砺石 1 件、管形骨器 2 件、石片 1 件。

裴李岗文化墓地材料以裴李岗、沙窝李、莪沟北岗为例。

4. 裴李岗墓地

裴李岗遗址面积 2 万平方米，是裴李岗文化中一处面积较小的遗址，分为墓葬区和居住区，其中居住区破坏较严重，发掘收获不大。裴李岗墓地是裴李岗文化中的一处重要墓地，三次发掘共清理 114 座墓葬，并发表了三篇简报②，引起了不少学者的热烈讨论。朱延平对裴李岗墓地进行了初步的分期，并将墓地分为共存的三个墓群，墓群之内又可分为小的墓区，最终结合

---

① 河南省文物研究所：《长葛石固遗址报告》，《华夏考古》1987 年第 1 期。
② 开封地区文管会、新郑县文管会：《河南新郑裴李岗新石器时代遗址》，《考古》1978 年第 2 期。开封地区文管会、新郑县文管会、郑州大学历史系考古专业：《裴李岗遗址一九七八年发掘简报》，《考古》1979 年第 3 期。中国社会科学院考古所河南队：《1979 年裴李岗遗址发掘报告》，《考古学报》1984 年第 1 期。

其他裴李岗文化墓地的讨论，指出每个墓区代表着7—14人组成的家族，而裴李岗墓地同时共存3—4个家族墓区，组成人口30—50人的氏族墓地，甚至已经存在比氏族更高一级的胞族组织，通过随葬品分析，裴李岗文化处于母系氏族阶段，尚未出现贫富分化。[1] 戴向明依据器物形态学对裴李岗墓地进行了重新分期，并对裴李岗墓地的绝大部分发表典型器物的墓葬进行了尽可能细致的分期，最后根据墓葬平面分布图将墓地分为三个墓地区和四个墓组，每个墓组所代表的群体在同一时期人数为9—17人，大致相当于一个家族，并认为墓主可能与家族对应，而整个墓地则为氏族墓地，一个氏族的人口为30人左右。李友谋根据墓地随葬品的分析，指出裴李岗文化中已经出现贫富分化和私有制。[2]

裴李岗墓地迄今未出报告，资料发表率低，笔者根据裴李岗墓地上下层墓葬之间的叠压关系，重点参照贾湖遗址的分期结果，指出裴李岗墓地已发表典型陶器的53座墓葬中，除5座年代相当于贾湖三期外，其余绝大部分均相当于贾湖二期，并同样可分为三段，其中二期二段有24座墓葬，是墓地最繁荣的时期。可见，依据目前的分期结果不支持对裴李岗墓地进行细致的讨论。本文仅从墓地宏观分布情况和墓地等级划分情况进行初步讨论。

所有墓葬均发表有墓葬登记表，从裴李岗墓地的基本情况为：墓葬均南北向，仰身直肢，或两手交叉，头向南，人骨保存较差；只有一座合葬墓，即M38，余皆单人葬；114座墓葬中，只有4座无随葬品，随葬品少的1件，多者14件；随葬品中除了少部分墓葬中出土的少量绿松石、骨簪等装饰品，其余均为陶质和石质生产或生活器具；骨器极少，参考人骨保存情况，有可能是保存情况原因；几乎所有墓葬都出土陶壶，一般位于头部。根据墓葬登记表，可将各墓葬随葬品数量情况列举如下。

无随葬品的墓葬4座。随葬品1—4件的墓葬77座。

随葬品5—9件的墓葬28座，其中M1（6件）、M4（6件）、M12（6件）、M18（9件）、M23（5件）、M27（9件）、M28（5件）、M34（8件）、

---

[1] 参见朱延平《裴李岗文化墓地初探》，《华夏考古》1987年第2期；朱延平《裴李岗文化墓地再探》，《考古》1988年第11期。

[2] 李友谋：《裴李岗文化墓葬初步考察》，《中原文物》1987年2月。

M54（7件）、M56（5件）、M59（5件，绿松石珠2件）、M61（7件）、M67（9件，绿松石饰1件）、M68（6件）、M72（6件）、M74（6件）、M76（6件）、M85（5件）、M87（7件）、M88（7件）、M92（5件）、M95（6件）、M100（8件）、M101（6件）、M108（6件）、M110（9件）、M111（6件）、M116（8件）。

随葬品10件以上的5座，M5（10件，颈部绿松石珠2件、骨器1件）、M14（10件）、M15、M22（10件）、M38，相当于贾湖遗址的第二等级，M27随葬随葬品略少，但墓坑较大，可归入第二等级。举三例如下。

M38位于中部墓群，长2.6米、宽1.8—2.1米，东边为成人，随葬品有双耳壶1件、深腹罐2件、三足钵3件、石磨盘1件、磨棒1件、带圆窝石器1件等11件；西边似为未成年人，随葬品有石斧、石镰、石铲各1件。M15，长2.5米、宽1.8米，随葬品10件，包括壶1件、三足器4件、夹砂罐1件、夹砂鼎1件、石磨盘1件、磨棒1件、石块1件。M27，长2.5米、宽1.8米，随葬品9件，包括壶1件、三足器4件、夹砂罐2件、磨盘1件、磨棒1件。

墓地分为三大片，可分为东部墓群、中部墓群、西部墓群。其中东部墓群墓葬34座，第二等级的5座墓葬均属东部墓群，其中M38、M15、M27三座较大的墓葬东西并列，成排分布，墓主可能为氏族首领或具有一定社会地位的人物；中部墓群45座；西部墓群35座。三个墓群可能分别代表三个氏族，其中东部墓群所代表的氏族无疑地位最高。

5. 沙窝李遗址

遗址面积不详，清理墓葬32座，墓葬成排分布，均南北向、头向南，简报发表了详细的墓葬登记表。[①] 墓葬中具有随葬品，少者1件，多的24件，少部分墓葬随葬绿松石（M6，出土2件，随葬品共4件；M13随葬1件，随葬品共4件）。16座墓葬随葬品1—4件；6座墓葬随葬品5—9件，M1（5件）、M10（6件）、M11（7件）、M29（6件）、M31（8件）、M32（7件）；2座墓葬随葬品10件以上。M19，长2.6米、宽1.34米，随葬品

[①] 中国社会科学院考古研究所河南一队：《河南新郑沙窝李新石器时代遗址》，《考古》1983年第12期。

24件，包括双耳壶1件、石铲6件、石凿5件、石斧4件、磨石3件、石锤1件、石料1件、石片1件、细石器1件、燧石1件。M3，长2.4米、宽1.3米，随葬品12件，包括双耳壶1件、三足钵3件、圜底钵2件、深腹罐3件、磨盘1件、磨棒1件、石铲1件。M19和M3大致相当于贾湖遗址第二等级墓葬，但其随葬品中均无特殊遗物，仅多为石质生产工具或陶质生活工具，随葬品多可能显示其财富高于社群中的普通居民，暂时无法指示墓主的身份和地位。

6. 莪沟北岗遗址

遗址面积8000平方米，通过发掘揭露出墓葬区与居住区，清理墓葬68座，排列有序、分布密集，遗迹放置6座、灰坑44座，发表有墓葬登记表。不少灰坑面积较大，不排除是房址的可能性，房址和围坑位于居住区的西部、南部和东部，中北部遗迹较少，可能存在广场一类的公共空间。[①] 墓葬均为南北向，仰身直肢葬，头朝南，人骨保存很差。9座墓葬发现有壁龛，这在裴李岗文化中比较罕见。仅M61为二人合葬，余皆单人葬。陶勺均位于夹砂罐内。"随葬石磨盘、磨棒的墓，则无斧、铲、镰，反之亦然。"

无随葬品的墓葬8座。随葬品1—4件38座。

随葬品5—9件的墓葬20座，M1（6件）、M2（7件）、M14（7件）、M15（8件）、M17（5件）、M26（5件）、M29（7件）、M30（6件）、M31（9件）、M35（6件）、M36（7件）、M37（6件）、M38（5件）、M40（7件）、M44（8件）、M45（8件）、M48（5件）、M55（6件）、M61（14件，双人合葬）、M68（9件）。M61，二人合葬，长2.76米、宽1.32米，西面的人骨比东面的低44厘米，分别有随葬品9件和5件，不排除是两座有打破关系的墓葬。

随葬10件以上，比较明确的有2座，即M34（14件）、M42（12件），等级相当于贾湖的第二等级墓葬。其中M34长2.82米、宽1.13米，随葬品14件，包括壶1件、三足钵8件、夹砂罐2件、陶勺1件、磨盘1件、磨棒1件；M42随葬品12件，有壶1件、三足钵2件、石铲5件、砺石2件、燧

---

① 参见河南省博物馆等《密县莪沟北岗新石器时代遗址发掘简报》，《文物》1979年第5期；河南省博物馆等《河南密县莪沟北岗新石器时代遗址》，《考古学集刊》1981年第1辑。

石片 2 件。

值得注意的是，随葬品中无绿松石等装饰品，均为陶或石质的生活用具。除了 M34、M42 可能比较富有，以及 8 座无随葬品的墓葬之外，绝大部分墓葬之间随葬品差异不大，因此尽管已经显示出一定的社会等级分化，但并不显著。

墓地的北部揭露比较完整，可分为两个墓群，分别包含墓葬 30 座和 21 座，可能分别代表一个氏族或较大的家族。另外墓地中南部仅揭露部分墓葬，格局还不太清楚。

根据上述分析，贾湖一期文化、贾湖文化和裴李岗文化均存在贫富分化和社会分化现象，但贾湖的分化程度明显要高于裴李岗。迄今为止，裴李岗文化中等级最高的墓葬随葬品仅 24 件，只相当于贾湖中的第二等级墓葬。贾湖文化中的龟甲、石子、叉形器和骨笛等可能与宗教祭祀有关的特殊遗物在裴李岗文化中不见。不过，这也可能与暂未发现裴李岗文化的第一等级墓葬有关。

尽管分化程度不一致，但二者显示的墓葬的分群、分组现象却是一致的，墓地所反映的都是以血缘关系为纽带的家庭、家族、氏族乃至胞族聚居的模式，不同的家庭、家族乃至氏族所积累的财富是不一致的，显示了私有财产的存在。

三　裴李岗时代与哈拉夫时代：东亚和西亚新石器社会复杂化的起点

裴李岗文化系统共发现 160 处遗址，从遗址面积差异来看，遗址的面积小的仅 4000 平方米，大的达 30 万平方米。一般在 1 万—3 万平方米，约占总数的 70%，大多仅 1 个文化层，文化内涵单纯。个别较大型的遗址 5 万—10 万平方米，如贾湖 5.5 万平方米、石固 6 万平方米、槐树荫南 6 万平方米、水地河 7 万平方米、瓦窑嘴 10 万平方米、朱寨 10 万平方米，唐户遗址面积达 30 万平方米。说明当时已经存在大型遗址（镇）、中心遗址（大型村落）、小型遗址（小型村落）这样三个等级的划分，大型遗址有唐户遗址，贾湖遗址面积虽然较小，但社会等级分化明显，可能与唐户一样可归入大型遗址范畴。如此，贾湖一期文化、贾湖文化和裴李岗文化无疑都已经进入等级初步分化的社会发展阶段，或者可称为初级"酋邦"。

我们不妨把眼光投放到亚洲大陆的另一端——西亚地区。以美索不达米亚为代表的西亚地区最早的基于陶器组合的文化体出现于距今9000年前后，笔者曾将美索不达米亚地区距今9000—4300年的历史划分为哈拉夫时代（距今9000—7500年）、欧贝德时代（距今7500—6000年）、乌鲁克时代（距今6000—5100年）、早王朝时代（距今5100—4350年）。[①] 哈拉夫时代早期阶段（距今9000—8500年）以分别有偏北的哈苏纳文化和偏南的萨马拉文化，二者均为社会分化不明显的平等社会，晚期阶段（距今8500—7500年）哈拉夫文化兴起并向外扩张至整个美索不达米亚北部，完成了北部的文化整合，哈拉夫文化中聚落之间差异不大，一般数万平方米，但出现为多个村落服务的神庙或祭室，同时发现有随葬较多石制或铜制的管珠及石质印章、护身符的较大型墓葬，可知哈拉夫文化是西亚最早进入已初步分化的等级社会的考古学文化，也有学者称为酋邦。

可见，裴李岗文化和哈拉夫文化是距今8000年前后等级社会的两大代表，对这两支考古学文化的深入研究有助于我们了解家庭、贫富分化、社会分化、私有制等观念的形成以及不同的自然、社会环境下不同的社会发展道路。

结　语

从以上分析可得出以下结论。

裴李岗时代的中原，居住模式是以核心家庭为单位，血缘接近的群体往往集群分布，这些群体代表一个家族，不同的家族共同聚居在同一遗址，每一个遗址都是若干家族或若干氏族居住形成的聚落。房址的质量、大小有明显的差异。同时窖穴作为财富的象征，往往紧挨着单个房址或成组房址分布，这说明当时粮食已有储存，同时根据窖穴数量的多寡得知不同的家庭所

[①] 参见陈明辉《苏美尔地区与环太湖地区的社会复杂化之路——兼谈苏美尔文明与良渚文明的初步对比》，《南方文物》2018年第1期。

占有的财富是不一致的,由此推测当时已经有了明确的贫富分化和私有制观念。

从墓地材料可以明确得知当时已经出现基层人群(第四、五等级墓葬)、中层人群(第二、三等级墓葬)和精英人群(第一等级墓葬)三种不同的人员构成,显示出明显的社会分化现象。随葬品的多寡显示贫富分化的存在,骨笛、龟甲等特殊遗物的随葬与否指示职业分化的出现,男性女性的分工和地位差异也相当明显,男性在宗教祭祀、生产生活等多个领域占据主导地位。贾湖遗址中甚至出现随葬品达 40—60 件的大墓,这种规格的墓葬在整个裴李岗时代的中国是仅见的,同时在更晚的后冈时代(距今 7000—6000 年)也少有超越。

墓葬也存在明确的分群、分组现象,显示出墓葬与房址一样,是大杂居、小聚居的状态。可能与当时的家庭、家族和氏族组织存在密切的对应关系。尤其是贾湖的合葬墓,是我们研究家庭结构的主要资料。

贾湖中出土的龟甲、石子、叉形器往往配套出土,推测是一种响器,它们与骨笛应该都是巫师作法的法器,这是中国最早出现的原始宗教现象,龟甲随葬和龟甲信仰。

《诗经》史诗与周民族的历史建构

马银琴

（清华大学中文系）

摘要：《诗经·大雅》中的五首史诗性作品：《生民》《公刘》《绵》《皇矣》和《大明》，依据诗歌本身的叙事模式与特点，可以清晰地区分为历史实录型、神话夸诞型和仪式记忆追述型三种。它们的产生，分别关联于不同的文化背景与思想形态：《绵》《大明》所展示的清晰的历史叙事，是古公亶父"作五官有司"的成果；《皇矣》《生民》的神话记忆，是乐官在剥离了记史的职责之后，专注于仪式颂赞、美化和神化先祖的产物；《公刘》则是在宣王不藉千亩的背景下，公卿大夫通过复现仪式活动所承传的模糊的历史记忆献诗以谏的产物。因此，周民族关于先祖的历史记忆，存在着一个建构的过程。在乐教占主导地位的西周时代，由乐官主导建构起来的后稷诞生、公刘重农、文王受命的历史记忆，反过来影响了后世史家的历史叙事。《史记·周本纪》关于周族发展史的历史叙述，便是史官接受乐官文化影响的结果与体现。

关键词：《诗经》 史诗 叙事 历史建构

《诗经·大雅》中有五首诗，被20世纪以来的学者称为周民族史诗性质的作品。依据所记历史人物的先后顺序，这五首诗分别是《生民》《公刘》《绵》《皇矣》和《大明》。陆侃如、冯沅君在《中国诗史》中，把它们分别称为后稷传、公刘传、古公亶父传、文王传、武王传，认为"把这几篇合起来，可成一部虽不很长而亦极堪注意的'周的史诗'"①。这一观点深刻地影响了后来的学人，每当涉及中国文学中的史诗问题时，人们经常列举它们作为代表。但是，究竟该如何认识这些诗歌的史学价值，却没有人做过深入的研究。笔者在重读这些作品的过程中，发现了一些前人未曾讨论的问题，兹提出来，以求教于方家。作为立论的基础，本文拟先对五首作品的内容与叙事特点做一集中的分析与比较。

一　对《生民》等五诗的历史比较分析

（一）《生民》

厥初生民，时维姜嫄。生民如何？克禋克祀，以弗无子！履帝武敏歆，攸介攸止。载震载夙，载生载育。时维后稷。

诞弥厥月，先生如达。不坼不副，无菑无害。以赫厥灵，上帝不宁。不康禋祀。居然生子。

诞寘之隘巷，牛羊腓字之。诞寘之平林，会伐平林。诞寘之寒冰，鸟覆翼之。鸟乃去矣，后稷呱矣，实覃实訏，厥声载路。

诞实匍匐，克岐克嶷，以就口食。蓺之荏菽，荏菽旆旆。禾役穟穟，麻麦幪幪，瓜瓞唪唪。

诞后稷之穑，有相之道。茀厥丰草，种之黄茂。实方实苞，实种实褎。实发实秀，实坚实好。实颖实栗，即有邰家室。

诞降嘉种：维秬维秠，维穈维芑。恒之秬秠，是获是亩。恒之穈芑，是任是负。以归肇祀。

诞我祀如何？或舂或揄，或簸或蹂。释之叟叟，烝之浮浮。载谋载惟：取萧祭脂，取羝以軷。载燔载烈，以兴嗣岁。

卬盛于豆，于豆于登。其香始升，上帝居歆：胡臭亶时。后稷肇祀，庶无罪悔，以迄于今。

---

① 陆侃如、冯沅君：《中国诗史》，百花文艺出版社1999年版，第41页。

这是一首神话色彩和意味都十分浓厚的诗歌。诗歌着力描述了姜嫄怀孕的不同寻常、后稷诞生的种种神异以及后稷成长过程中特殊的农业才能。这显然不是基于史实的实录。而且，出现在诗中的"上帝"，已是一种具象化的存在，在安享祭品的歆香时，可以发出"胡臭亶时"的感慨，具有十分鲜明的想象色彩。"后稷肇祀，庶无罪悔，以迄于今"，也表现出了明显的追述痕迹与后世造作的特点。

再来看看《史记·周本纪》对后稷事迹的记录：

> 周后稷，名弃。其母有邰氏女，曰姜原。姜原为帝喾元妃。姜原出野，见巨人迹，心忻然说，欲践之，践之而身动如孕者。居期而生子，以为不祥，弃之隘巷，马牛过者皆辟不践；徙置之林中，适会山林多人，迁之；而弃渠中冰上，飞鸟以其翼覆荐之。姜原以为神，遂收养长之。初欲弃之，因名曰弃。弃为儿时，屹如巨人之志。其游戏，好种树麻、菽，麻、菽美。及为成人，遂好耕农，相地之宜，宜谷者稼穑焉，民皆法则之。帝尧闻之，举弃为农师，天下得其利，有功。帝舜曰："弃，黎民始饥，尔后稷播时百谷。"封弃于邰，号曰后稷，别姓姬氏。

《史记》对于后稷的记录，除了帝尧举弃为农师来源于《尚书》等其他史料之外，关于弃出生成长的故事，基本没有超出《生民》所架构的记忆范围。这似乎可以说，《生民》很可能是司马迁所能依据的记录后稷诞生、成长事迹的唯一的史料来源。

（二）《公刘》

> 笃公刘，匪居匪康。乃场乃疆，乃积乃仓。乃裹糇粮，于橐于囊。思辑用光，弓矢斯张，干戈戚扬，爰方启行！
>
> 笃公刘，于胥斯原。既庶既繁，既顺乃宣，而无永叹。陟则在巘，复降在原。何以舟之？维玉及瑶，鞞琫容刀！
>
> 笃公刘，逝彼百泉，瞻彼溥原。乃陟南冈，乃觏于京。京师之野，于时处处，于时庐旅，于时言言，于时语语。

笃公刘，于京斯依。跄跄济济，俾筵俾几，既登乃依，乃造其曹。执豕于牢，酌之用匏。食之饮之，君之宗之。

　　笃公刘，既溥既长。既景乃冈，相其阴阳，观其流泉；其军三单，度其隰原，彻田为粮；度其夕阳，豳居允荒！

　　笃公刘，于豳斯馆。涉渭为乱，取厉取锻。止基乃理，爰众爰有，夹其皇涧，溯其过涧。止旅乃密，芮鞫之即！

诗歌对于公刘事迹的歌颂，主要集中在他带领周人迁居豳地、开疆创业这件事上。诗中也出现了很多非常细节的描述，如"何以舟之？维玉及瑶，鞞琫容刀"，如"俾筵俾几，既登乃依，乃造其曹"，如"于是言言，于是语语"。可是，即使有这样的细节，整首诗对公刘史事的叙述仍然表现得语焉不详。诗歌既没有说明迁徙的原因、时间、地点，也没有叙述迁徙的路线与行程。那么，司马迁的《史记》是否能够提供更多的历史细节呢？《史记·周本纪》云：

　　后稷卒，子不窋立。不窋末年，夏后氏政衰，去稷不务，不窋以失其官而犇戎狄之间。不窋卒，子鞠立。鞠卒，子公刘立。公刘虽在戎狄之间，复修后稷之业，务耕种，行地宜，自漆、沮度渭，取材用，行者有资，居者有畜积，民赖其庆。百姓怀之，多徙而保归焉。周道之兴自此始，故诗人歌乐思其德。公刘卒，子庆节立，国于豳。

《史记》对于公刘史事的记载，最重要的内容就是他的"务耕种，行地宜"。其中超出《公刘》叙述范围的信息，是出现了漆、沮两个地名。而这两个地名，可以明确肯定来自《绵》。这就是说，《史记》也没有提供更多超出《诗经》史料的历史细节。由此推论，《诗经》很可能是《史记》记述公刘史事的唯一史料来源。在这一点上，《公刘》和《生民》具有一定的相似性。

因此，我们仍然需要回到诗歌本身，从中寻找叙事简略的原因。如前所言，《公刘》有非常详细的细节描述，但这些细节都不能提供历史叙述应有的时间、地点等基本信息。诗中地名，除了豳、渭之外，其他的指向性都很不明朗，如百泉、溥原、南冈。这种模糊性，与上述对于人物行为、动作、声音乃至佩饰的详细描述放在一起，就让整首诗歌表现出了鲜明的表演性与现场感。因此，结合《诗经》时代文化传承的不同方式，与其把《公刘》定位为历史叙述，不如说，它是对仪式歌舞活动所展现的历史记忆的传述与复现。仪式歌舞所展现的就是原本非常模糊的历史记忆，那么对于模糊历史记忆情景展现的再一次转述，自然不会提供更为详细的历史细节。

（三）《绵》

绵绵瓜瓞。民之初生，自土沮漆。古公亶父，陶复陶穴，未有家室。

古公亶父，来朝走马。率西水浒，至于岐下。爰及姜女，聿来胥宇。

周原膴膴，堇荼如饴。爰始爰谋，爰契我龟。曰止曰时，筑室于兹。

乃慰乃止，乃左乃右，乃疆乃理，乃宣乃亩。自西徂东，周爰执事。

乃召司空，乃召司徒，俾立室家。其绳则直，缩版以载，作庙翼翼。

捄之陾陾，度之薨薨，筑之登登，削屡冯冯。百堵皆兴，鼛鼓弗胜。

乃立皋门，皋门有伉。乃立应门，应门将将。乃立冢土，戎丑攸行。

肆不殄厥愠，亦不陨厥问。柞棫拔矣，行道兑矣。混夷駾矣，维其喙矣。

虞芮质厥成，文王蹶厥生。予曰有疏附，予曰有先后，予曰有奔奏，予曰有御侮。

《公刘》记事的模糊性在《绵》诗中一扫而光。该诗详细地记述了古公亶父迁岐、建都的整个过程。从诗歌叙事截至文王断虞芮之质，以及诗歌直称"古公亶父"的情况来看，诗歌的创作时代应该在武王克商、追王烈祖之前。

《绵》诗的记史已然远较《生民》与《公刘》翔实，那么《史记·周本纪》呢？《周本纪》云：

> 古公亶父复修后稷、公刘之业，积德行义，国人皆戴之。熏育戎狄攻之，欲得财物，予之。已复攻，欲得地与民。民皆怒，欲战。古公曰："有民立君，将以利之。今戎狄所为攻战，以吾地与民。民之在我，与其在彼，何异。民欲以我故战，杀人父子而君之，予不忍为。"乃与私属遂去豳，度漆、沮，逾梁山，止于岐下。豳人举国扶老携弱，尽复归古公于岐下。及他旁国闻古公仁，亦多归之。于是古公乃贬戎狄之俗，而营筑城郭室屋，而邑别居之，作五官有司。民皆歌乐之，颂其德。古公有长子曰太伯，次曰虞仲。太姜生少子季历，季历娶太任，皆贤妇人，生昌，有圣瑞。古公曰："我世当有兴者，其在昌乎？"

很显然，这一段记事较《绵》更加丰富、详细，其中出现了不少超出《绵》诗内容的实录性细节。但总体而言，《绵》与《周本纪》的叙事，都是在同样的历史框架下进行的，诗与史在内容上具有内在的一致性。

（四）《皇矣》

> 皇矣上帝！临下有赫。监观四方，求民之莫。维此二国！其政不获。维彼四国！爰究爰度？上帝耆之，憎其式廓。乃眷西顾，此维与宅。
>
> 作之屏之，其菑其翳。修之平之，其灌其栵。启之辟之，其柽其椐。攘之剔之，其檿其柘。帝迁明德，串夷载路。天立厥配，受命既固。
>
> 帝省其山：柞棫斯拔，松柏斯兑。帝作邦作对，自大伯王季。维此王季。因心则友，则友其兄。则笃其庆，载锡之光。受禄无丧，奄有四方。

维此王季！帝度其心，貊其德音。其德克明，克明克类；克长克君，王此大邦，克顺克比。比于文王，其德靡悔。既受帝祉，施于孙子。

帝谓文王：无然畔援，无然歆羡，诞先登于岸。密人不恭，敢距大邦，侵阮徂共。王赫斯怒，爰整其旅，以按徂旅。以笃于周祜，以对于天下。

依其在京，侵自阮疆。陟我高冈：无矢我陵！我陵我阿。无饮我泉！我泉我池。度其鲜原，居岐之阳，在渭之将。万邦之方，下民之王！

帝谓文王：予怀明德，不大声以色，不长夏以革。不识不知，顺帝之则。帝谓文王：询尔仇方，同尔兄弟。以尔钩援，与尔临冲，以伐崇墉。

临冲闲闲，崇墉言言。执讯连连，攸馘安安。是类是祃，是致是附，四方以无侮！临冲茀茀，崇墉仡仡。是伐是肆，是绝是忽，四方以无拂！

《皇矣》歌颂从太王到太伯、王季以至文王获得天命庇佑的历史，尤其着力歌颂了文王伐密、伐崇这两件大事。诗中出现了一个崭新的形象，这就是上帝。在《绵》诗中，没有出现"帝"或者"上帝"，在《大明》中，"上帝"是一种观念性的存在。但在《皇矣》中，上帝不但是活生生的形象，而且有思想、有行动、有命令。文王不但是上帝所中意的王位继承者，而且直接接受上帝之命，才有了伐密、伐崇的战争。这显然不是历史的实录。通过神化祖先来歌颂其伟大功绩，就让《皇矣》和《生民》具有很大的相似性，也正是在这一点上，《生民》和《皇矣》表现出了既不同于《公刘》，也不同于《绵》的特点。

（五）《大明》

明明在下，赫赫在上。天难忱斯，不易维王。天位殷适，使不挟四方。

挚仲氏任，自彼殷商，来嫁于周。曰嫔于京，乃及王季，维德之行。

大任有身，生此文王。维此文王，小心翼翼，昭事上帝，聿怀多福。厥德不回，以受方国。

天监在下，有命既集。文王初载，天作之合。在洽之阳，在渭之涘。

文王嘉止，大邦有子。大邦有子，伣天之妹。文定厥祥，亲迎于渭。造舟为梁，不显其光。

有命自天，命此文王，于周于京。缵女维莘，长子维行，笃生武王。保右命尔，燮伐大商。

殷商之旅，其会如林。矢于牧野，维予侯兴。上帝临女，无贰尔心。

牧野洋洋，檀车煌煌，驷騵彭彭。维师尚父，时维鹰扬。凉彼武王，肆伐大商，会朝清明。

《大明》延续了《绵》写实的手法，通过追述王季、文王两代人成功的婚姻，歌颂了武王伐商的胜利。诗中虽然出现了"上帝"，但"上帝"是观念化的存在，并未影响记事的真实性。从这个角度而言，《大明》和《绵》都是对历史的实录。但是，在与《史记》记事进行比较后发现，《大明》与《绵》的历史叙事表现出了不同的特点：《绵》诗记事完全符合《史记》的叙事线索。也就是说，乐歌的记史与史家的记事有内在的同一性。《大明》当中的史事，唯有被一言带过的武王伐纣，得到了史家极为详细的记录，而被诗着力歌颂的王季与文王的婚姻，在史家笔下却无足轻重。《周本纪》仅在叙及古公亶父传位少子季历时提了一句："太姜生少子季历，季历娶太任，皆贤妇人，生昌，有圣瑞。"武王之母太姒更是不见于《周本纪》，只在《管蔡世家》叙述管、蔡出身时言及。由此可知，《大明》记事虽为实录，却表现出了与史家记事完全不同的、主于颂赞的叙事取向。

通过上述分析，《生民》《公刘》《绵》《皇矣》《大明》这五首作品，依据诗歌本身的叙事模式与特点，实际上可以清晰地区分为三种类型：（1）历史实录型：《绵》《大明》；（2）神话夸诞型：《生民》《皇矣》；

(3) 仪式记忆追述型:《公刘》。这三个类型反映在《诗序》上,也表现出了非常明显的区别:"《大明》,文王有明德,故天复命武王也。""《绵》,文王之兴,本由太王也。"追究文王、武王兴周的缘由。"《皇矣》,美周也。天监代殷莫若周,周世世修德莫若文王。""《生民》,尊祖也。后稷生于姜嫄,文、武之功起于后稷,故推以配天焉。"解释二诗的目的,一为"美周",一为"尊祖"。"《公刘》,召康公戒成王也。成王将莅政,戒以民事,美公刘之厚于民,而献是诗也。"《公刘》被定性为献诫之诗。同样被视为周民族史诗性质的作品,却表现出了截然不同的特征与属性,这不能不让人心生疑虑并进而追问:导致这种情况产生的原因是什么?在追索的过程中,笔者首先发现《绵》与《生民》存在着"民之初生,自土沮漆"与"厥初生民,时维姜嫄"的矛盾:《绵》把周民族的历史记忆追溯至居于沮水、漆水时期,而《生民》则把周民族的历史追溯到了始祖后稷。为什么会出现这个矛盾?其间是否反映着周人历史意识的转变?在进一步的比较分析中,笔者终于发现周人的历史意识,实际上存在着一个相对漫长的建构过程。兹一一述之。

二 古公亶父"作五官有司"与《绵》《大明》的历史叙事

通过前文的文本分析可知,《绵》与《大明》以切实的历史叙述为内容,实录性是它们区别于其他三首诗歌的显著特点。导致这一现象产生的根源,可追溯至发生于古公亶父时期,见载于《周本纪》的一件大事——"作五官有司"。尽管后世对于"五官"的具体解释歧义纷出,但在作为职官制度来解释这一点上却是统一的。从《绵》"乃召司空,乃召司徒"之言可以判断,古公亶父时期,周人已经建立了自己的职官系统。即使这一期他们的职官体系并不完备,但"掌官书以赞治"的史官,却必然随同相应职官的建立而正式出现。"左史记言,右史记事",史官的出现,让周人有了记录自身历史的条件与可能。这应该是《周本纪》叙述周人历史至古公亶父突然变得清晰而详明的根源,也是《绵》诗能以清晰的史实为基础追述文王兴起之由的原因。从历史记忆的角度而言,"民之初生,自土沮漆"反映出在当时人的历史记忆中,周人可追溯的历史,是从居于沮水、漆水开始的;而可以指名道姓的英雄祖先,就是出现在诗中的"公亶父"。公亶父是当时周人所能追忆的最早的祖先,故其名称前被冠以"古"字。这个"古"字说明公亶父的记忆在周人意识中的久远,而久远的历史仍能以清晰的方式被叙述出来,便与古公亶父"作五官有司"有直接的关联。

《绵》诗所开创的实录式的历史叙事,在《大明》诗中得到了延续。《逸周书·世俘解》记载了武王克殷之后一系列的活动,其中就有甲寅日在牧野奏"《明明》三终"的事情:

> 越若来二月既死魄,越五日甲子朝,至,接于商……戊辰,王遂御循追祀文王。时日王立政。……辛亥,荐俘殷王鼎……王烈祖自太王、太伯、王季、虞公、文王、邑考以列升,维告殷罪。……甲寅,谒伐戎殷于牧野。王佩赤白旂。籥人奏。武王入,进《万》,献《明明》三终。①

这里所说的"《明明》三终",历代注家均认为即《大雅·大明》。根据干支纪时法推算,从二月甲子克殷至六月甲寅献《明明》,前后共111天。《大明》的创作,就在这期间。由前文的分析可知,《大明》与《绵》,虽同为实录,但在与史家记事的同一性方面,《大明》表现出了区别于《绵》的、与史家记事完全不同的主于颂赞的取向。

论及此,笔者不能不提及列于《大雅》之首的《文王》。和《绵》与《大明》的记史不同,《文王》在追述文王功绩的基础上,着重训诫前来助祭的殷商遗民,同时诫勉成王。这样的特点,既与《绵》诗的记史不同,也有别于《大明》的颂赞,代表了与记史、颂赞相区别的第三个方向:陈诫。其间的区别,既来源于三首乐歌不同的功能,更与史官和乐官不同的职责相关联。如果说《绵》诗表现出来的详细的记史特征,与古公亶父"作五官有司"而建立起史官记事系统有直接的关联,那么,《大明》《文王》疏离于历史叙事而主于仪式颂赞和陈诫的特点,会不会也与相应职官制度的

---

① 《逸周书》引文据黄怀信《逸周书校补注译》,西北大学出版社1996年版。下同。

建立或者变革相关联呢？

非常巧合的是，根据文献记载，武王克商后，确实发生了一次与职官制度密切关联的政治事件，这就是前引《逸周书·世俘解》记载的"时日王立政"。所谓"立政"，即建立长官，确立为政之道。司马迁在《鲁世家》中说："成王在丰，天下已安，周之官政未次序，于是周公作《周官》，官别其宜；作《立政》，以便百姓。""便"即"辨"，"百姓"即百官。《立政》的核心内容就是立政任人：

> 立政任人：准、夫、牧作三事，虎贲、缀衣、趣马、小尹、左右携仆、百司庶府、大都小伯艺人、表臣百司、太史、尹伯、庶常吉士、司徒、司马、司空、亚旅、夷微、卢烝、三亳阪尹。……自古商人亦越我周文王立政，立事、牧夫、准人，则克宅之，克由绎之，兹乃俾乂国。

由此可知，《逸周书·世俘解》所言"时日王立政"，即指这一天周武王任命了各种职官，划分了职官的职权范围，明确了各自的职守。前文说过，在古公亶父时期，周人开始建立相应的职官体系，经过西伯侯姬昌的发展壮大，到武王伐纣之前，周人应该已经具备了相对完善的职官体系。但是，侯伯与天子毕竟不同，克商之后的周人，必须要建立起更为完备、职责划分更为清晰的职官体系，以便在周革殷命的大变革时期尽量保证社会、政治生活的平稳运行。这是《世俘解》"时日王立政"的核心要义。就本文而言，"时日王立政"的重大意义，也许正体现在史官与乐官职责的分野上。《大明》所呈现出来的与史官记事相区别的、主于颂美的典礼歌诵，和《文王》所呈现出来的主于诫勉的仪式陈诫，便是"时日王立政"时赋予乐官的职责。从此之后，史官与乐官职责两分，记史成为史官的专职，史官用文字如实地记述史事，昭明法式。乐官则用歌乐来纪祖颂功、警诫时王。这种史官与乐官职能的分化，从文学发展的角度而言，一方面从根本上影响了"史诗"进一步发展的可能，另一方面又在颂赞与陈诫两个向度上，潜在地规定了后世文学发展的方向，从而奠定了美刺文学传统发生、发展的基础。

就仪式颂赞而言，剥离了记史功能的乐官歌唱，不需要恪守史家"持中"传统的约束，于是在颂赞的道路上越走越远。一方面通过《皇矣》赋予上帝人格化的形象与力量，以"帝谓文王"的形式大力宣扬"文王受命作周"；另一方面通过《生民》追述并神化始祖后稷，终于唱出了与"民之初生，自土沮漆"相冲突的"厥初生民，时维姜嫄"，在史官传统影响下建立起来的周族可追溯的历史记忆，由此被上溯到了充满神话色彩的始祖后稷。在"尊祖""美周"的形式下，通过神话叙事的方式，周人重新建构了自己的历史记忆。

三 《生民》《皇矣》的神话叙事与周民族的历史建构

前文在分析《生民》时已经指出，《生民》具有鲜明的想象色彩与追忆痕迹，表现出了明显的后世造作的特征。那么，后稷的神话究竟是什么时代的产物呢？

在《生民》和《史记》的相关记载中，虽然都说到了后稷的母亲姜嫄是帝喾元妃，但让后稷出生的父亲究竟是谁，却是不明朗的。有人据此认为这是母系氏族社会的遗迹，是当时社会人们只知其母不知其父的生活状态的反映。究竟是不是这样呢？我们可以把它和另外一个始祖诞生神话进行比较，这就是"天命玄鸟，降而生商"的商族诞生神话。《史记·殷本纪》对此有详细记载：

> 殷契，母曰简狄，有娀氏之女，为帝喾次妃。三人行浴，见玄鸟堕其卵，简狄取吞之，因孕生契。契长而佐禹治水有功，帝舜乃命契曰："百姓不亲，五品不训，汝为司徒而敬敷五教，五教在宽。"封于商，赐姓子氏。

简狄吞玄鸟卵而生契，可以说，这只玄鸟就是契的父亲。简狄是帝喾次妃，那么，玄鸟与帝喾有无关联呢？《史记索引》引皇甫谧《帝王世纪》云："帝喾名夋。"而在《山海经》的神话系统中，帝俊是一位地位显赫的古帝。《大荒东经》云："有五采之鸟，相乡弃沙。惟帝俊下友。帝下两坛，采鸟是司。"《大荒南经》云："东南海之外，甘水之间，有羲和之国，有女子名曰羲和,方日浴于甘渊。羲和者,帝俊之妻,生十日。"又《大荒西经》云:"有女子方浴月。帝俊妻常羲,生月十有二,此始浴之。"综合《山海经》对帝俊的记录来看,帝俊是一位具有神性的东方鸟崇拜部族的远古始祖。

而在甲骨文中,有一位名"🐦"的"高祖",王国维先生最初把这个"🐦"字定为"夋",之后又改为"夒",并且"以夋为帝喾名"。同时他还对《祭法》"殷人禘喾"与《鲁语》"殷人禘舜"的不同说法进行了辨析,认为《鲁语》中的"舜""亦当作'夋',喾为契父,为商人所自出之帝,故商人禘之。卜辞称高祖夒,乃与王亥、大乙同称,疑非喾不足以当之矣"①。孙作云对王国维把"🐦"释为"夒",而以"夋"为"夒字之讹"一说提出了异议,他说:"夒即夔……且按其字形与卜辞之🐦不同,为鸟喙,非首字,殷人以玄鸟为图腾,其高祖之神室或神像特作鸟喙人身之形者,正犹秦之先祖鸟俗氏'鸟身人言(首)',亦犹秦穆公于祖庙中所见鸟身素服之句芒神。然则,此高祖🐦仍应释为高祖夋。"②"🐦"的鸟首人身形状突出了其作为东夷鸟图腾民族的始祖身份,降而生商的玄鸟即高祖🐦的化身。③因此,综合各种信息可以判断,出现在甲骨文中的这位高祖🐦,与《山海经》中的帝俊,以及古史传说中的帝喾实为同一人。因此,在"天命玄鸟,降而生商"的神话中,看似神秘的、以玄鸟形象示人的契父,身份实质上是比较清楚的,他就是被殷人既尊为始祖神又尊为至上神的帝喾。

比较商周始祖的诞生神话可以发现,二者的区别,主要表现在始祖父亲的身份是否可追踪上:在商族神话中,其始祖神帝喾(帝俊)化身为玄鸟,帝喾次妃简狄吞玄鸟卵而生契;而在周族神话中,帝喾元妃姜嫄"履帝武敏歆"而"居然生子","帝"与后稷之间,存在一个作为中介的脚印。之后,在《史记·周本纪》的叙述中,"帝武敏"变成了"巨人迹",

---

① 王国维:《殷卜辞中所见先公先王考》,《王国维遗书》第1册,上海书店出版社1983年版,第425—427页。
② 孙作云:《鸟官考》,《孙作云文集·中国古代神话传说研究(下)》,河南大学出版社2003年版,第496页。
③ 关于玄鸟实为鸥鹢的论证,参见拙著《两周诗史》第一章第三节,社会科学文献出版社2006年版,第125—135页。

"巨人"的身份变得更加无迹可寻，后稷与"上帝"之间的血缘联系被完全遮蔽，上帝与父亲的身份被刻意分开。因此，简狄吞玄鸟卵而生契的商族诞生神话与姜嫄履巨人迹而生弃的周族诞生神话，在看似相同的模式下，表现出了根本性的思想差异：商族诞生神话反映了帝祖合一的观念，其始祖神就是上帝。而周族的诞生神话，作为始祖的后稷与上帝之间没有明确的血缘联系，帝祖疏离的特征比较明显。这让人不由得联想到载于《尚书·蔡仲之命》的"皇天无亲，惟德是辅"。武王伐纣时，八百诸侯会于孟津，周武王以"天命未可"为由还师。这充分说明，在征讨大邑商的过程中，"天命"是周人必须面对和解决的问题。商纣王在西伯侯征讨黎国之后尚能坦然处之，正是因为"有命在天"的天命观为其提供了强大的精神支持。因此，在天命观念占统治地位的殷周之际，周人想要讨伐商纣，必须获得"天命"的支持。

如何让既是殷人祖先神同时又是至上神的"帝"放弃对殷人的庇护转而支持周人？周人的策略就是打破帝祖合一的天命观，让殷人政权不再天然地受到天命的庇佑。因此，一方面强调"天"的公正无私，另一方面把殷人观念中帝祖合一的至上神"帝"，改造为与祖先神疏离的、具有普遍属性和更高权威的"上帝"，就成为周人对抗殷人最有力的思想武器。周初的文献中，出现了不少天与上帝同出且命周人伐商的记载，如《召诰》："皇天上帝，改厥元子……天既遐终大邦殷之命，兹殷多先哲王在天，越厥后王后民，兹服厥命。"《康诰》："惟时怙冒，闻于上帝，帝休。天乃大命文王殪戎殷。"正是在这样的思想环境中，《蔡仲之命》明确提出了"皇天无亲，惟德是辅"。由此而言，通过刻意隐去后稷之父而表现出鲜明的帝祖分立思想的《生民》，极有可能是周人取得政权之后重新建构历史的产物。由前引《逸周书·世俘解》文可知，在武王克商后追王烈祖的事件中，始祖后稷并不在追尊之列。《逸周书》中，后稷之名始见于《商誓解》："在昔后稷，惟上帝之言，克播百谷，登禹之绩。凡在天下之庶民，罔不维后稷之元谷用蒸享。"以后稷配天而祭，见于《作雒解》："及将致政，乃作大邑成周于土中。……乃设丘兆于南郊以祀上帝，配以后稷。"《周颂·思文》即为此而作。至《祭公解》，始出现"后稷受命"的说法："天之所锡武王时疆土，丕维周之□，□□后稷之受命，是永宅之。"这与《生民》之"厥初生民，时维姜嫄"一样，都把周族的历史记忆远推至后稷时代，表现了基本相同的历史意识。在《两周诗史》一书中，根据《生民》的语言特点、《毛诗序》的说解方式等，笔者把它的产生时代放在了西周中期的穆王时代。如今，《生民》帝祖分立的思想及其与《祭公解》基本相同的历史意识，又为《生民》成于穆王时代提供了新证据。因此，可以说，《生民》所记述的周族诞生神话，是周初以来周人建构历史记忆的产物；《生民》的出现，是这个建构过程最终完成的标志。

和后稷神话相类似，文王受命的故事，也有一个历史建构的过程。周人在通过仪式乐歌神化先祖的同时，也创造了一个有思想、有言语行为的具象化的"上帝"。在《生民》中，上帝安然享受祭品的美味，发出"胡臭亶时"的赞叹；在《皇矣》中，他则为了寻求人间统治者而东奔西走，发布号令："上帝耆之，憎其式廓；乃眷西顾，此维与宅"，"帝谓文王：无然畔援，无然歆羡，诞先登于岸"。我们知道，在《绵》中，"帝"或者"上帝"都没有出现，到了《大明》，有了"维此文王，小心翼翼，昭事上帝"，"上帝临女，无贰尔心"。但这时的"上帝"，仍然只是一种观念性的存在，与之后出现在《康诰》《召诰》等文献中的"上帝"没有太多区别。但是到了《皇矣》，"西伯盖受命之君"的说法明确地变成了"帝命文王"。文王不但是上帝中意的王位继承者，而且直接接受上帝的命令。这显然不是历史的实录，而是一种在想象中构建起来的神话记忆。这样的特点，就让《皇矣》和《生民》具有很大的相似性。所以，"美周"的《皇矣》与"尊祖"的《生民》同时产生于西周中期的穆王之世，并不是偶然之事，这是周人为美化其族，为证明其获得王权的神圣性与合法性而有意建构的结果。到后来，建构的历史反过来又影响了史家的叙述，于是《周本纪》才有了"姜原出野，见巨人迹"以及"文王盖受命而称王"的说法。

四 《公刘》的仪式追忆与公卿列士的以史为鉴

如前文所言，与其把《公刘》当成历史叙述，不如说它是对以模糊的历史记忆为基础的仪式表演的再现。和《生民》相似，这两首诗记述的后稷与公刘事迹，都很可能是后世史家记载相关史事的唯一史料来源。但两者的区别也是明显的，后稷作为《生民》歌颂的对象，他的名字从西周初年就明确出现在周人先祖的名单中。而公刘的名字，除仅见于《大雅·公刘》之外，在目前所存其他的西周文献中都没有出现过。如果说仅仅《周颂》中没有祭祀公刘的乐歌，很有可能是乐歌传承过程中遗失所致。但是，在《大雅·公刘》之外的其他西周文献中都找不到公刘的名字，就是一个值得思考的问题了。

在《两周诗史》中，笔者曾经根据《毛诗序》的内容、格式以及《公刘》在《诗经》中的位置，提出《公刘》进入诗文本的时代，在周人需要重修土田、大兴农功的宣王时代。重读这首诗歌，其中极为模糊的历史记忆以及鲜明的仪式表演性再次引起笔者的注意。为什么在西周中前期没有出现过的公刘，会在宣王时代突然受到关注？而且，诗歌还是在"召康公戒成王也"的名义下进入诗文本的？实际上，如果联系周宣王时代的史实，其中的原因不难探知。

史籍对于宣王的记载，除了征伐玁狁、荆楚等胜利带来的中兴局势之外，最引人注意的就是宣王"不藉千亩"，这在《竹书纪年》及《国语》中都有记载。今本《竹书纪年》云："（宣王）二十九年，初不藉千亩。……三十二年，王师伐鲁，杀伯御。……三十九年，王师伐姜戎，战于千亩，王师败逋。"[①]《国语·周语上》亦云："宣王继位，不藉千亩。虢文公谏曰：'不可！夫民之大事在农，上帝之粢盛于是乎出，民之蕃庶于是乎生，事之共给于是乎在……'王不听。三十九年，战于千亩，王师败绩于姜氏之戎。"对于宣王不藉千亩的时间，《竹书纪年》与《国语》的记载不甚一致，参考《史记》的记事顺序，《竹书纪年》载之于二十九年是合理的。《周颂·载芟》与《良耜》两诗，可以作为宣王初继位后行藉田礼的证据。[②]

所谓藉田礼，即周天子通过"亲耕"仪式，一方面向上天祈求丰收，另一方面表达劝农之意，并由此拉开春耕生产的序幕。这是周天子表达重视农业生产的最重要的仪式活动。《周颂·噫嘻》"率时农夫，播厥百谷。骏

[①] 引文据王国维《今本竹书纪年疏证》，《王国维遗书》第8册，上海书店出版社1983年版。
[②] 相关考据参阅拙著《两周诗史》第三章第三节"宣王中兴时代的礼乐活动"，社会科学文献出版社2006年版，第209—212页。

发尔私，终三十里"，描述的就是周康王行藉田礼的盛大场面。周昭王时的《令鼎》铭文也有"王大耤农于諆田"①的记载。从历代周王都勉行藉田之礼来看，周宣王二十九年"不藉千亩"，便是从国家层面对农业的懈怠。所以在不藉千亩的事件发生后，虢文公郑重进谏。在这样的背景下，公刘"复修后稷之业，务耕种，行地宜"的历史记忆就有了现实的价值与意义。因此，把此前在仪式上传承的模糊的历史记忆，以诗歌的形式复述出来，以追忆历史的方式，在"召康公戒成王也"的名义下献诗以谏，也就因现实的针对性而具有历史的必然。因此说，《公刘》是献诗制度下公卿大夫"言古以剀今"的产物；宣王的"不藉千亩"，是歌颂"度其隰原，彻田为粮"的《公刘》被献至朝廷的政治原因。

五 周族的历史建构以及乐官文化对史官叙述的影响

通过上文分析可知，从历史叙述的角度而言，随着古公亶父"作五官有司"而建立起来的史官系统，是周民族有可信的历史记载的开始。因此，歌颂古公亶父的《大雅·绵》，仅把"民之初生"追溯至"自土沮漆"的时代。而居于沮、漆，正是古公亶父历史的开始。古公亶父率领民众自豳迁岐，才结束了"陶复陶穴，未有家室"的穴居生活，并由此开启了"作五官有司"、"俾立室家"的周族文明史，也才有了史官笔下周民族开始壮大的历史记忆。因此，后世所记述的周民族的发展历史，存在着一个建构的过程，《诗经》中这五首被称为史诗性的作品，分别关联于这个建构过程的不同阶段：以实录为特征的《绵》与《大明》，展现出了清晰的历史叙事，是古公亶父"作五官有司"的成果；以神话夸诞为特征的《皇矣》与《生民》，是乐官在剥离了记史的职责之后，专注于仪式颂赞的需要，对先祖的美化与神化，是周代乐官在想象中建构历史的产物；记事模糊而仪式性突出的《公刘》，则是在宣王不藉千亩的背景下，公卿列士中的有识之士，通过

---

① 马承源主编：《商周青铜器铭文选》第三卷《商、西周青铜器铭文释文及注释》，文物出版社1988年版，第70页。

对仪式活动中所展现的公刘相地宜、务耕种的模糊历史记忆的追述，警戒当政者重农务本的政治讽谏的产物。借助于仪式讽谏，《公刘》成为周民族历史构建过程中，五首史诗性作品中最晚出现的一首。

可以说，后稷的诞生神话与文王的受命神话，以及对公刘的追忆，都是在乐官的主导下逐渐建构起来的。因为不受史官"持中"精神的制约与限制，在叙述的真实性上都无法深究。但是，在乐教文化占主导的西周时代，由乐官建构起来的周民族先祖的历史记忆，又反过来影响了后世史家的历史叙事。于是，在《周本纪》中便出现了"姜原出野，见巨人迹"、周道之兴始自公刘，以及"文王盖受命而称王"的记载。从根本上而言，周民族的历史记忆，存在着一个建构的过程，《诗经》中的五首史诗性作品，是这个建构过程中阶段性的成果与体现。

历史记忆与形而上之道及早期儒家的政治伦理
——以郭店楚简儒家类文献为中心

王启发

（中国社会科学院古代史研究所）

引 言

在郭店楚简的儒家类文献当中，有记述在春秋战国时期看来属于上古帝王时代唐尧虞舜的禅让故事，还有禹汤文武的功业德行，并通过引述《诗》《书》当中称颂先王的章句而加以确定等，这些都构成了一种带有价值判断历史的记忆。以这样的历史记忆为印证，进一步承载了早期儒家的形而上之道的思想，体现出他们在政治伦理方面的思想主张。与传世的早期儒家文献相对比，也可以看到这些历史记忆的书写和传播。这就是本文在吸收、借鉴和诸多先行研究成果的基础上，集中所要讨论的内容。

20世纪90年代后期，郭店楚墓竹简的出土以及先后释读整理和研究成果的问世，为学界考察先秦思想史提供了十分宝贵的文本和重要的依据。对郭店楚简文本的基本释读和研究所提示出的这些篇章与传世文献之间的联系，也为利用这些文献和参考已有的研究成果做进一步的深化研究提供了很好的基础与条件。自1998年荆门市博物馆编《郭店楚墓竹简》[①] 出版以后，

---

① 荆门市博物馆编：《郭店楚墓竹简》，文物出版社1998年版。

2011 年又有武汉大学简帛研究中心、荆门市博物馆编《楚地出土战国简册合集（一）·郭店楚墓竹书》出版。[①] 前者是郭店楚简资料首次公开的释读整理的文本，后者则是在前者的基础上汇集了诸多研究者的各种释读成果的文本。[②] 在这两个文本之间，又有不少学者的一些研究释读的文本出版，如李零《郭店楚简校读记》、涂宗流《郭店楚简先秦儒家佚书校释》、陈伟《郭店竹书别释》、刘钊《郭店楚简校释》等。除此之外，还有大量的相关研究著述和论文成果涌现。

对于郭店楚简文献，学界大体上多有共识，除了《老子》（甲、乙、丙）和《太一生水》明显地属于非儒家类文献，而《缁衣》《鲁穆公问子思》《穷达以时》《五行》《唐虞之道》《忠信之道》《成之闻之》《尊德义》《六德》等篇被看作儒家类文献。在这些儒家类文献当中，非常具有形而上意义的篇章不少，一个比较值得关注的问题，就是有关上古先王历史的记忆与形而上之道的联系及多方面体现，这也是随后我们所要集中讨论的话题。

至今学界对于《唐虞之道》的研究，比较多地关注由其中"唐虞之道，禅而不传"一句所引出的禅让故事或传说，乃至禅让制及禅让思潮等多方面的论题，从而有着不甚相同的论说和判断。[③] 不过笔者认为，作为一种历史的记忆和与这种记忆密切相联系着具有古典政治伦理意义的肯定性、认同性的价值判断，才是令这种记忆不断呈现和延续及传颂的标准与条件。而这些方面恰好在先秦的春秋战国时期表现得尤为突出，所以在此时的文献中看到

---

① 武汉大学简帛研究中心、荆门市博物馆编：《楚地出土战国简册合集（一）·郭店楚墓竹书》，文物出版社 2011 年版。

② 本文所引释文均参考这两个文本。

③ 可以参考的有：刘宝才《〈唐虞之道〉的历史与理念——兼论战国中期的禅让思潮》，《人文杂志》2000 年第 3 期；彭邦本《楚简〈唐虞之道〉与古代禅让传说》，《学术月刊》2003 年第 1 期；梁韦弦《郭店简、上博简中的禅让学说与中国古史上的禅让制》，《史学集刊》2006 年第 3 期；彭裕商《禅让说源流及学派兴衰——以竹书〈唐虞之道〉、〈子羔〉、〈容成氏〉为中心》，《历史研究》2009 年第 3 期；李振宏《"禅让说"思潮何以在战国时代勃兴——兼及中国原始民主思想之盛衰》，《学术月刊》2009 年第 12 期；王中江《〈唐虞之道〉与王权转移的多重因素》，《陕西师范大学学报》（哲学社会科学版）2011 年第 4 期；夏世华《禅让政治的基本理论架构及其所要求的德行基础——楚简〈唐虞之道〉第 6 至 13 号简思想析论》，《社会科学战线》2012 年第 3 期；张东微《战国中期禅让思潮管窥——以新出土古文献为例》，《黄山学院学报》2013 年第 6 期；吴玉萍、孙凤娟《尚贤与禅让：历史还是神话——四重证据视域下禅让传说新考》，《陕西师范大学学报》（哲学社会科学版）2016 年第 5 期；[美]艾兰《湮没的思想——出土竹简中的禅让传说与理想政制》，商务印书馆 2016 年版。

这样的历史记忆性内容应该是极其正常的现象。从思想史意义上来说，对于"唐虞禅让"之历史记忆的肯定与认同乃至称颂，既呈现出一种思想的表现，也体现出一种历史价值观，而更为核心的还在于其文本作者和思想者所要追寻的形而上之道的精神内涵与现实政治本身的伦理道德标准的契合点。在这个意义上，郭店楚简中的《穷达以时》等篇，则更好地呈现出这样的思想内容。至今学界对这些篇章的研究，也是丰富多彩。① 而笔者所要着重讨论的，一方面是不同篇章在内在逻辑相通的前提下展开的论述所呈现的思想的丰富性问题，另一方面是通过《缁衣》一篇与同篇传世文本的对比所体现的埋没的篇章与不曾埋没的记忆与思想的另外传承途径的意义问题。

　　应该说，体现在篇章文字当中的历史的记忆，往往有着多种的形式和内容；而作为思想意识的形而上之道，也往往有着多方面的言说和呈现。那么在传承至今的儒家文献当中最不能缺少的，就是有关对历史上的先王的记忆，以及与这些先王记忆相关联的各种有关政治、伦理、教化等的形而上之道的论述和证明。如果说是以道德观念为核心来讨论上古帝王时代政治上的行为指向、权力分野和治与乱的世间差异，以及讨论君主、臣下与百姓之间的多重关系等，成为早期儒家政治学和政治哲学的基本方面，那么最初形成儒家的先王观、道统说以及帝王之道的论述，则无疑构成儒家政治伦理思想体系中最重要的环节与方面；其中又包括从有关孝悌的家庭伦理和有关言行的日常伦理，到或为臣或为君，乃至作为帝王而治理天下的政治伦理等一系列的言说和论证。而且，在后世历史的演进过程中，这些思想更加理论化和系统化，不断地成为中央集权封建国家意识形态的主导方面。但是无论如何，最终往往都会追本溯源般地从早期儒家及其传世文献那里，检章摘句式地寻找根本性依据。

　　先秦儒家的文献，在后世的传承过程中逐渐成为经典，固然有着历史与

---

① 可以参考的有：梁涛《竹书〈穷达以时〉与早期儒家天人观》，《哲学研究》2003 年第 4 期；[日] 池田知久《郭店楚简〈穷达以时〉研究》，曹峰译《池田知久简帛研究论集》，中华书局 2006 年版；周海春《政治伦理中的〈唐虞之道〉》，《内蒙古师范大学学报》（哲学社会科学版）2010 年第 4 期；王中江《〈穷达以时〉与孔子的境遇观》，载《第六届世界儒学大会学术论文集》，文化艺术出版社 2013 年版；陈鸿超《试论〈穷达以时〉思想的历史背景与时代演变》，《石家庄学院学报》2015 年第 5 期；李加武、欧阳祯人《郭店楚简〈穷达以时〉天人关系新探》，《南昌大学学报》（人文社会科学版）2015 年第 2 期。

政治在思想文化方面多重选择结果的意义，然而在先秦儒家那里，只有《诗》《书》《礼》《乐》《易》等才是经典，因为这些经典承载着更为悠久的历史和包涵于其中的形而上之道。所以，儒家以孔子为开山，在引证、论说和传承这些经典的过程中，也发展出自己的学说，成就了自己学派的历史和传承不绝的形而上之道。就我们今天而言的上古时期的虞夏商周，史称四代，即如《礼记·明堂位》在历数了有虞氏、夏后氏及殷与周之所谓四代的礼仪礼器制度之后，于篇末的一段论述说："凡四代之服、器、官，鲁兼用之。是故，鲁，王礼也，天下传之久矣。君臣，未尝相弑也；礼乐刑法政俗，未尝相变也，天下以为有道之国。是故，天下资礼乐焉。"又如《大戴礼记·四代》开篇所述鲁公与孔子的一段对话："公曰：'四代之政刑，论其明者，可以为法乎？'子曰：'何哉？四代之政刑，皆可法也。'"这两段文字，可以说正是历史记忆与形而上之道在儒家早期思想形成中的典型化表述。而在郭店楚简儒家类文献的诸篇当中，这样的历史记忆也有很多的呈现，并用以承载和凝聚特别的形而上之道及早期儒家政治伦理。

一　历史记忆中的先王故事与禅让之道中的政治伦理

从传承至今的《尚书》的历史记述，以及春秋战国时代儒墨显学的开创者孔子和墨子所记述的先王，无不是从唐尧虞舜开始的。因而唐尧虞舜在上古先王的序列中是位列后来所谓五帝之间，并且有着诸多典型事迹传于后世。在郭店楚简的《唐虞之道》和《穷达以时》两篇当中，也是以唐尧虞舜的故事作为历史记忆的核心和记述的开端，并与所要论证的形而上之道紧密地联系起来，从而成为一种有代表性的思想观念与学说的集中表述。当今不少学者经过研究，当然地注意到了《唐虞之道》是崇尚禅让的，而《穷达以时》的"时遇说"也是从历史记忆中的尧舜开始，并一直涉及春秋时代的历史人物。

值得讨论的是，《唐虞之道》是以尧舜禅让的历史故事作为一种圣道政治相传的典范来加以称颂，从而引出尊贤尚德、孝亲忠君和仁义道德的伦理观念与禅让政治相联系的一种形而上理论与逻辑，这正是与我们在儒家传世文献中所看到的方面表现出高度的一致性。如其所言"唐虞之道，禅而不传。尧舜之王，利天下而弗利也"①，这里所谓"不传"，不是像后来从禹开始将政权王位传给自己儿子那样的"大人世及以为礼"，而是将王权传给贤能者的一种"禅让"的形式。这种形式被称颂为是圣明与贤仁程度极高的表现，而且是有利于公天下而非有利于王者私人的选择。所以如该篇称道："禅而不传，圣之盛也。利天下而弗利也，仁之至也。故昔贤仁圣者如此。"这样的一种历史价值判断，与《孟子·万章上》所述"孔子曰：唐虞禅，夏后殷周继，其义一也"，在思想逻辑上是如出一辙的。② 对禅让的肯定和认同，就是对一种历史记忆的价值认同。再从道德形而上的视角来说，则是对一种合乎价值判断的政治伦理的认同。所以，与儒家所倡"修齐治平"之道的递进式政治伦理的逻辑相一致的表述，也就自然而然地呈现和凸显出来，即所谓"身穷不均③，没而弗利，穷仁矣。必正其身，然后正世，圣道备矣。故唐虞之□□【道，禅】④ 也"。有关这一段的第一句和最后的缺字，郭店楚简释读整理者和研究者有不同读法，难究其详。参考诸说，其大意且可理解为：正是出于对自身物质不佳的状态而不以为困顿，才可以不考虑自身的利益，从而达到仁的境界。进而言之，先正其身，后正其世，才能达到圣道。这不就是指虞舜奉行孝悌的平和心态及其作为的吗？也正是唐虞之道的政治伦理内涵所在及其实践途径。

在孔子所重视的"孝悌也者，其仁之本与"（《论语·学而》）和《孝经》所谓"子曰：夫孝，德之本也"（《开宗明义章》）的前提下，恰如此篇所言"孝，仁之冕也"正作为呼应，从而以尧舜故事为中心来评价虞舜的孝悌与仁义之德的表现，随之将儒家所倡导的伦理道德的核心观念逐步展

---

① 本文所引用的楚简文字在参考《郭店楚简》整理者和研究者成果的基础上，为避免造字上的繁难，均以简体释文表示。
② 王博：《关于〈唐虞之道〉的几个问题》，《中国哲学史》1999年第2期。
③ 此处，李零读作"贪"，周凤五读作"愠"，刘钊读作"困"。参见李零《郭店楚简校读记》，《道家文化研究》第17辑《郭店楚简专号》，1999年8月，第498页；周凤五《郭店竹简〈唐虞之道〉新释》，《中研院历史语言研究所集刊》，第70本第3分册，1999年，第742页；刘钊《郭店楚简校释》，福建人民出版社2003年版，第151页。
④ 此处原缺文。李零补作"道，禅"；周凤五补作"道如此"；陈伟补作"兴，也"。参见李零《郭店楚简校读记》，《道家文化研究》第17辑《郭店楚简专号》，1999年8月，第498页；周凤五《郭店竹简〈唐虞之道〉新释》，《中研院历史语言研究所集刊》，第70本第3分册，1999年，第744页；陈伟《郭店竹书别释》，湖北人民出版社2002年版，第42页。

开。所以该篇又说:"尧舜之行,爱亲尊贤。爱亲故孝,尊贤故禅。孝之杀①,爱天下之民;禅之流②,世亡隐德。孝,仁之冕也。禅,义之至也。六帝兴于古,皆由此也。"这里以"爱亲尊贤"的伦理逻辑将"孝""贤""禅"联结起来而为尧舜禅让政治的合理性找到根据。由此联系到《孝经·天子章》所谓"爱亲者不敢恶于人,敬亲者不敢慢于人,爱敬尽于事亲而德教加于百姓,刑于四海,盖天子之孝也"之论,"爱亲"和"孝"就上升到政治伦理的层面,成为"爱天下之民"的德行基础。此外,尊贤则是政治伦理上的另一个标准要求。这和《管子·幼官》中所讲的"尊贤授德则帝"是同样的逻辑,体现了春秋战国时期相对普遍和相通的思想表现。而《唐虞之道》的"六帝兴于古"之说,无疑也是属于历史记忆的范畴。有研究者对于"六帝"提出了多种的组合③,但是如果从"《唐虞之道》作者可能认为尧也是通过禅让得位"④ 这样的逻辑上来说,笔者更认同周凤五提出的"轩辕、少昊、高阳、高辛、陶唐、有虞"的组合⑤,理由在于其他诸说或是不包含尧舜,或是超出了唐虞的下限,使得此篇所倡的禅让之说没有了着落。⑥ 可以说,此篇作者将儒家推崇的爱亲、尊贤与孝悌、禅让形成因果性的逻辑关系,以尧舜的德行为典范标志,由孝悌的延伸而爱及天下,由禅让的传递而使德行流布,并归结为仁义之德的集中体现,最终作为对上自轩

---

① 此处原字形整理者读为"方"。陈伟则作"杀"的异体字,意为"衰减"。李零对释为"杀"予以肯定,但读作"施",意为"推广"。其他研究者释读或有异同。参见陈伟《郭店楚简别释》,《江汉考古》1998 年第 4 期;李零《郭店楚简校读记》,北京大学出版社 2002 年版,第 98 页。

② 此字张光裕释作"流",刘钊也释作"流",意作"传布""流行"。李零读作"传"。参见张光裕《〈郭店楚简研究文字编〉绪说》,《中国出土资料研究》第 3 号,日本出土资料学会,1999 年 3 月,第 10 页;刘钊《郭店楚简校释》,福建人民出版社 2003 年版,第 153 页;李零《郭店楚简校读记》,《道家文化研究》第 17 辑《郭店楚简专号》,1999 年 8 月,第 400 页。

③ 李零认为疑似指伏羲、神农、黄帝、少昊、颛顼、帝喾之属。邓建鹏认为指黄帝、颛顼、帝喾、尧、舜、禹。彭裕商认为指《墨子》等书中的"六王"即尧、舜、禹、汤、文、武。参见李零《郭店楚简校读记》,《道家文化研究》第 17 辑《郭店楚简专号》,1999 年 8 月,第 499 页;邓建鹏《〈唐虞之道〉"六帝"新释》,载《郭店楚简国际学术研讨会论文集》,湖北人民出版社 2000 年版,第 279 页;彭裕商《六帝说》,《古文字研究》第 25 辑,中华书局 2004 年版,第 339 页。

④ 梁涛:《〈唐虞之道〉研读》,《国学学刊》2014 年第 2 期。

⑤ 周凤五:《郭店竹简〈唐虞之道〉新释》,《中研院历史语言研究所集刊》,第 70 本第 3 分册,1999 年,第 745—747 页。

⑥ 有关"六帝"中包括"唐""虞"的组合问题,还可以参考黄君良《郭店楚墓竹简〈唐虞之道〉引发"六帝"臆说》中的相关论述。《国际儒学研究》第 12 辑,九州出版社 2002 年版,第 72 页。

辕、少昊至于尧舜之所以"兴于古"的历史记忆而加以称颂。

作为对于儒家政治伦理的进一步强调，同时也是对于合乎儒家政治伦理的历史记忆的进一步强调，《唐虞之道》从作为在位之王的唐尧的方面做了合理性的论说。尧是处在一种求贤若渴地寻找一个可以将王位禅让的继承者的状态，也就是等待着舜在眼前的出现。所以就有这样的记述："古者尧生于天子而有天下，圣以遇命，仁以逢时，未尝遇□□【贤。然】① 并于大时，神明将从，天地佑之。纵仁圣可与，时弗可及矣。"关于唐尧之所以行禅让之道，该篇作者则从一个个体的政治生涯与自然生理上的身心变化角度来论证禅让政治的合理主义逻辑，并且引出养生之道的话题。所以说："古者圣人廿而冠，卅而有家，五十而治天下，七十而致政。四肢倦惰，耳目聪明衰，禅天下而授贤，退而养其生。此以知其弗利也。"这里有对前引"利天下而弗利也，仁之至也"之说的强调和确证。不仅如此，该篇作者进一步论证，只有当个体生命到了一定程度的感知之后，才能从政治权力的状态中转身，既知道天下的命运，也知道自己的命运，以禅让的方式将王位权力向继任者转移，所以说："节乎肌肤血气之情，养性命之正，安命而弗夭，养生而弗伤，知□□【性命】之正者，能以天下禅矣。"这里缺字以上为第11简，因从内容上看与原所接的第12简不相合，所以有学者将其与第22简连接，即成此节，兹参考采用之。② 那么这种有关性命以及知命、安命的学说，作为一种个体政治生涯中不能无视的行为原则，也是后世有所发展的儒家政治伦理学的一个重要组成方面。这在笔者后面论及的《穷达以时》的时遇观中也有体现。

而在虞舜的方面来说，其虽然"居于草茅之中"，但是在其被唐尧发现，并经过考察而与唐尧实现禅让之前后的表现，正是《唐虞之道》作者在有关尧舜故事的记忆中寻找的答案，或者说将自己认同的道德主张通过尧

---

① 此处的缺字，李零补作"贤，然"，周凤五补作"命而"。参见李零《郭店楚简校读记》，《道家文化研究》第17辑《郭店楚简专号》，1999年8月，第500页；周凤五《郭店竹简〈唐虞之道〉新释》，《中研院历史语言研究所集刊》，第70本第3分册，1999年，第752页。

② 李零、陈伟均将22简及以后接在这里。所缺字，李零补作"天下"，周凤五补作"养性命"，陈伟补作"性命"。参见李零《郭店楚简校读记》，《道家文化研究》第17辑《郭店楚简专号》，1999年8月，第500页；周凤五《郭店竹简〈唐虞之道〉新释》，《中研院历史语言研究所集刊》，第70本第3分册，1999年，第754页；陈伟《郭店竹书别释》，湖北人民出版社2002年版，第71页。

舜的故事来加以宣扬，所以说："爱亲忘贤，仁而未义也。尊贤遗亲，义而未仁也。古者虞舜笃事瞽瞍，乃式其孝；忠事帝尧，乃式其臣。爱亲尊贤，虞舜其人也。"对比而言，在《庄子·人间世》中有一段借孔子的话讲到子孝臣忠的命题："仲尼曰：天下有大戒二：其一命也，其一义也。子之爱亲，命也，不可解于心；臣之事君，义也，无适而非君也。无所逃于天地之间，是之谓大戒。是以夫事其亲者，不择地而安之，孝之至也。夫事其君者，不择事而安之，忠之盛也。"这也显现出古来儒家"忠孝"德行并举的特点。那么，从尧之举贤的角度来讲，考察其品德才是最主要的根据，所以又说："古者尧之與（举）① 舜也；闻舜孝，知其能养天下之老也；闻舜弟，知其治能天下之长也；闻舜慈乎弟□□□□【知其能】② 为民主也。故其为瞽瞍子也，甚孝；及其为尧臣也，甚忠；尧禅天下而授之，南面而王〈天〉下，而甚君。故尧之禅虔乎舜也，如此也。"通过这两段，此篇作者将儒家所倡导的从家庭伦理到政治伦理意义的爱亲、孝亲和尊贤、忠君必然地联系起来，而且与仁和义的抽象化道德观念相结合，从而构成了历史记忆与儒家形而上之道的联结和具体体现。

由上可见，所谓的唐虞之道或者尧舜之道，从其内涵和表现来说，就是儒家所崇尚的爱亲尊贤之道和孝悌仁义之道，其体现在政治伦理方面就是忠君尊贤之道，其体现在政治行为方面就是尚贤授能、尚德授贤的禅让之道。所以，此篇作者进一步论证说："夫古者舜居于草茅之中而不忧，升为天子而不骄。居草茅之中而不忧，智知命也。升为天子而不骄，不传（流）③ 也。求乎大人之兴，微（美）也。今之式于德者，未年不弋。君民而不骄，卒王天

---

① 此字，整理者释作"與"，周凤五读作"举"。学界各有所从。参见周凤五《郭店竹简〈唐虞之道〉新释》，《中研院历史语言研究所集刊》，第70本第3分册，1999年，第741页。

② 这里的缺字，李零补作"象□□，知其能"；周凤五在"弟"字后面断句，而补作"知其能□□□"。参见李零《郭店楚简校读记》，《道家文化研究》第17辑《郭店楚简专号》，1999年8月，第498页；周凤五《郭店竹简〈唐虞之道〉新释》，《中研院历史语言研究所集刊》，第70本第3分册，1999年，第755页。

③ 此处原字形，李零释读为"传"，作"专"讲；周凤五作"重"，解作"不以天下为重"；刘钊释为"流"，作"放纵"来理解。参见李零《郭店楚简校读记》，《道家文化研究》第17辑《郭店楚简专号》，1999年8月，第501页；周凤五《郭店竹简〈唐虞之道〉新释》，《中研院历史语言研究所集刊》，第70本第3分册，1999年，第747页；刘钊《读郭店楚简字词札记》，《郭店楚简国际学术研讨会论文集》，湖北人民出版社2000年版，第80页。

下而不喜（疑）。方在下位，不以匹夫为轻；及其有天下也，不以天下为重。有天下弗能益，无天下弗能损。极仁之至，利天下而弗利也。禅也者，上德授贤之谓也。上德则天下有君而世明，授贤则民兴教而化乎道。不禅而能化民者，自生民未之有也。"可见，与其说尧舜禅让是一种历史的记忆，不如说是早期儒家尤其是战国时代的儒家学者的一种政治主张，这一主张又以尚贤授能、尚德授贤的主张为基础，既有对公平主义、合理主义意义上的形而上之道的追求，也有对春秋战国以来现实的君主世袭政治所引出的多种弊端的批判。因为世袭制才造成有无德无能、失德不贤之君的出现，才有因此引发的争夺君主权力的争斗、战乱与祸患。这从春秋时期列国政治史上出现的"自置为君，自立为王"现象所引发的弑灭、杀伐事件即可说明。① 那么此篇作者引述的《虞诗》所谓："大明不出，万物皆暗。圣者不在上，天下必坏。"以及作者所说的："治之，至养不肖。乱之，至灭贤。仁者为此进。"就是表现其对历史记忆与现实政治两个方面的反差和担忧所做出的判断。

　　再从历史的记忆方面来说，被如此称颂的禅让王位政权的继承转移形式，还有其中绝的时代，于是，也就进入了所谓夏商周的三代历史。这就是如该篇所述的："禹治水，益治火，后稷治土，足民养□，□□□礼，夔②守乐，逊民教也。皋陶内用五刑，出式兵革，罪淫暴，【虞】用威，夏用戈，征不服也。爱而征之，虞夏之治也。禅而不传，义恒□□治也。"这一段前半句至缺字处为第10简，有关缺字的补充与断句，还有是否与第11简直接连接和如何连接等，研究者的处理多有不同。若按照有学者将其与第12简直接连接，并补前后缺字从而为"足民养【生，伯夷主】礼，夔守乐"③，那么，又如有学者以为可以参考的《大戴礼记·五帝德》中所记述的一段："使禹敷土，主名山川，以利于民；使后稷播种，务勤嘉谷，以作

---

① 参见司马迁《史记》关于齐、楚、宋、郑、管蔡、陈杞等《世家》的记载。
② 此字整理者李零作"悁（畏）"，且李零断句为："【明】礼、畏守、乐逊、民教也"，陈伟则读为"夔"，且主张做这里所引述这样的竹简连接和断句。刘钊也认为："从简文的内容看，讲夔的一段应接在'足民养'一段之下。"参见李零《郭店楚简校读记》，《道家文化研究》第17辑《郭店楚简专号》，1999年8月，第498、500页。陈伟《郭店楚简别释》，《江汉考古》1998年第4期。刘钊《郭店楚简校释》，福建人民出版社2003年版，第155页。
③ 这里是参考陈伟的释读处理。参见陈伟《郭店竹书别释》，湖北人民出版社2002年版，第65、67页。

饮食；羲和掌历，敬授民时；使益行火，以辟山莱；伯夷主礼，以节天下；夔作乐，以歌籥舞，和以钟鼓；皋陶作士，忠信疏通，知民之情；契作司徒，教民孝友，敬政率经。其言不惑，其德不慝，举贤而天下平。"① 于此，一个类似而别样的历史记忆便在竹书中跃然呈现。诚然，如有学者所注意和指出的，与此简文类似的相关说法见于传世的《尚书·尧典》《孟子·滕文公上》等。② 这就表明，古史记忆和尧舜故事是以经史文献、诸子篇章的不同方式得以传播的。再有，上述简文最后一处缺字也十分关键，研究者也有不同的补充。③ 若是按照有学者释读作"义恒【绝，夏】始也"④ 即成为禅让之道的大义在夏禹那里便中绝了，从此就进入了帝王世袭制时代。这种解读与其他文献的历史记述倒是相吻合。还有，若是按照有学者就依"义恒□□治也"而作"禅让贤者而不传位儿子，这种义是永远治理天下的根本"的理解，也是讲得通的。⑤

总之，上古帝王时代圣君贤臣的丰功伟绩和高尚品德成为一种早期儒家时刻记怀的历史记忆，更与其所主张的政治伦理紧密地联系在一起，在其话语体系中政治史亦即政治道德史，尊贤使能为其根本，禅让之道只是其中的一种体现而已。

二 作为历史记忆的帝王之德与形而上之道

如果说《唐虞之道》是通过历史的记忆而从政治伦理引申到养生意识，这样的思维跨越透露出该篇作者的形而上思考特点与处于先秦战国时代的知识阶层和思想人物思想的开放性有着必然的关联，那么《穷达以时》所

---

① （清）王聘珍：《大戴礼记解诂》，中华书局1983年版，第123页。参见陈伟《郭店竹书别释》，湖北人民出版社2002年版，第67—68页。
② 参考王博《关于〈唐虞之道〉的几个问题》，《中国哲学史》1999年第2期；刘乐贤《读郭店楚简札记三则》，载《中国哲学》第20辑《郭店楚简研究》，辽宁教育出版社1999年版。
③ 如陈伟就是将这部分简文前移至此篇开头的第3支简的后面释读。参见陈伟《郭店竹书别释》，湖北人民出版社2002年版，第61、63页。
④ 李零：《郭店楚简校读记》，《道家文化研究》第17辑《郭店楚简专号》，1999年8月，第500页。
⑤ 黄锡全：《〈唐虞之道〉疑难字句新探》，《长沙三国吴简暨百年来简帛发现与研究国际学术讨论会论文集》，中华书局2005年版。

借用的有关历史人物所承载的历史记忆,则又有着对于政治人生之道的感悟与慨叹,乃至形成特定的处世哲学的意味。有意思的是,《穷达以时》中的历史人物也是从舜开始述说的。如其云:"舜耕于厉山,陶拍于河浒(浦),立而为天子,遇尧也。皋繇(傅说)① 衣枲盖,帽绖蒙巾,释板筑而佐天子,遇武丁也。吕望为臧棘津,守监门棘地,行年七十而屠牛于朝歌,尊(举)而为天子师,遇周文也。管夷吾拘囚桎缚,释桎梏(械梏)而为诸侯相,遇齐桓也。百里奚(转)馈(鬻)五羊,为伯牧牛,释鞭箠而为朝卿,遇秦穆。孙叔[敖]三谢期思少司马,出而为令尹,遇楚庄也。初沈酳,后名扬,非其德加。子胥前多功,后戮死,非其智衰也。骥厄常山,骐穴(塞)于邵棘(来),非亡体壮也。穷四海,至千里,遇造[父]故也。"

在这一段的记述当中,历史的时间跨度从上古一直到战国时代,以舜遇尧为开端,引出皋陶(或傅说)遇武丁,吕望(姜尚)遇周文王,管仲遇齐桓公,百里奚遇秦穆公,孙叔敖遇楚庄王,这些历史人物及与之相联系的故事,在战国时代的一定社会层面,应该是广为流传甚至耳熟能详的。值得注意的是,"初沈酳,后名扬"句前的代表性人物缺失,有学者提出此句应该讲的是比干的故事。② 该篇作者通过掌故性的历史记忆,言简意赅地揭示出,从时遇即一时可能遇到的知遇性的机遇问题,到世遇亦即一生当中一时可能遇到的知遇性的机遇问题,如果是在道德形而上之道的意义上来讨论,其偶然中的必然或必然中的偶然这样的思辨性论题,那么该篇作者在肯定品德高尚的正面价值的基础上,不免慨叹世遇、时遇、机遇、知遇等各种"遇"的重要性。即如该篇所说:"遇不遇,天也。"这固然是天命哲学的另一种表述,但是最终还在于高扬道德的品格与力量,

进而,该篇论证说:"动非为达也,故穷而不【怨;隐非】为名也,故

---

① 这里简文原两字,整理者认为作为人名不见于各书,所记为傅说的故事。黄德宽、徐在国、刘钊等作"皋陶",并认为是抄写者误书。参见黄德宽、徐在国《郭店楚简文字考释》,载《吉林大学古籍整理研究所建所十五周年纪念文集》,吉林大学出版社1998年版,第103—104页;刘钊《郭店楚简校释》,福建人民出版社2003年版,第170页。

② 赵平安:《〈穷达以时〉第九号简考论——兼及先秦两汉文献中比干故事的衍变》,《古籍整理研究学刊》2002年第2期。其根据是此"沈酳"应作"洎酳",读为"醯醢"。

莫之智而不吝。【芷兰生于林中，不为人莫】嗅而不芳。无璐瑾瑜包山石，不为□□□□……"于此，该篇作者概括性地表述了这样的穷达时遇观，所谓"穷达以时，德行一也。誉毁在旁，圣之弋母之白"和"穷达以时，幽明不再。故君子敦（惇）于反己"。这些段落，颇具《荀子》篇章中的话语风格的词句，何尝不是汇集了孔子及其弟子，还有子思、孟子以来儒家思想人物所孜孜以求反复探讨的一个永恒性话题呢？所以，回到《穷达以时》开头所言，就不难体会一种儒家道德哲学的深刻意味："有天有人，天人有分。察天人之分，而知所行矣。有其人，无其世，虽贤弗行矣。苟有其世，何难之有哉？"[①] 人生哲学的最大价值就在于劝慰世人如何走好或短或长的人生之路，如果一定要确定一个特定对象的话，当然还是以希冀在政治上有所闻达、有所作为者的共鸣与自省为目的的吧。因此，这也就自然而然地与儒家政治伦理产生联系。尤其是在帝王君主和臣下之间的"知"与"遇"、"信"与"贤"的认识上，历史记忆中的人物成功的经验，或可遇，也或可求。遇则在于时势，求则在于反求自身之德。这是符合孔子以来儒家政治哲学根本精神的。

还可以看到，郭店楚简儒家各篇之间是有内在联系的，这从《尊德义》当中作为历史记忆的上古帝王的出现也可以说明。该篇在讲到"治民"的"人道""民之道"和治理自然的"水之道""地道"的时候，夏禹、夏桀和商汤、后稷则先后登场，也成为治民之道方面的不同典范。所谓："禹以人道治其民，桀以人道乱其民。桀不易禹民而后乱之，汤不易桀民而后治之。圣人之治民也，民之道也。"还有就是："禹之行水，水之道也。造父之御马，马之道。后稷之艺地，地之道也。莫不有道焉，人道为近。是以君子，人道之取先。"从后一个段落可见，前述《穷达以时》出现过的造父也再次出现，且是作为"马之道"的知者而被记忆和提起的。于此，合于"治道"则成为带有形而上意义的精神原则，合于"治道"的"人道"也是儒家政治伦理的一种体现，在《尊德义》的表述中禹、汤的成就与桀的失败都取决于此。

[①] 诚然，有学者认为《穷达以时》有关"天人之分"的思想与荀子有别而更接近孟子，参见梁涛《竹书〈穷达以时〉与早期儒家天人观》，《哲学研究》2003年第4期。

再有，在郭店楚简中作为对《诗》《书》的引用中所出现的帝王，可以说是另一种形式的历史记忆的再现。如《缁衣》《五行》篇中就有对禹汤文王事迹的追述，尤其是以引用《诗》《书》的文句为根据，从而显示出《诗》《书》的记述与传承在先王观的形成过程中话语和思想的承载力。值得注意的是，《缁衣》除了分别有提到禹、汤、周武王的地方，之外则和《五行》篇一样，均提到和称引《诗》《书》中有关周文王的诗句。而且，郭店简本《缁衣》和传世《礼记》中的《缁衣》，郭店简本《五行》和马王堆帛书本《五行》又有对比考察的意义。

简本《缁衣》称引说："子曰：为上可望而知也，为下可类而志也，则君不疑其臣，臣不惑于君。《尹诰》曰：'惟尹允及汤，咸有一德。'"这一段与在《礼记·缁衣》的位置不同，字句上也略有差异。主要是《尹诰》作为《尚书》一篇名，在《礼记》中"诰"字错为"吉"字，就此郑玄注中已经指出，这应该是"告"而为"诰"的误字，也就是"伊尹之诰也"。① 还有在《礼记》中"尹允及"作"尹躬及"。有学者解释说："'允及'犹言'以及'。"② 就这一段及其意思，唐孔颖达《礼记正义》有进一步解说道："是伊尹诰大甲，故称'尹诰'，则《咸有一德》篇是也。"并且就所引《尹诰》的这句话说："言惟尹躬身与成汤，皆有纯一之德。引者，证上君臣不相疑惑。"③ 可见，《缁衣》作者在讲到君臣关系上的相互"不疑""不惑"时，想到并举出《尚书》所记载的历史上伊尹与成汤这一对臣下和君王的政治品德都很纯一所以不相疑惑的例证。

再一段，简本《缁衣》有："子曰：禹立三年，百姓以仁道，岂必尽仁？《诗》云：'成王之孚，下土之式。'《吕刑》曰：'一人有庆，兆民赖之。'"此段与《礼记·缁衣》字句上也是略有差异，"百姓以仁道"《礼记》作"百姓以仁遂焉"；这里引用的《诗》和《书》，《礼记》则作《大雅》和《甫刑》的篇名，并多引了一处"《诗》云：'赫赫师尹，民具尔

---

① 李学勤主编：《十三经注疏·礼记正义》（标点本），下册，北京大学出版社1999年版，第1506页。
② 刘晓东：《〈郭店楚简竹简·缁衣〉初探》，《兰州大学学报》2000年第4期。
③ 李学勤主编：《十三经注疏·礼记正义》（标点本），下册，北京大学出版社1999年版，第1507页。

瞻。"然而关键是，无论简本还是《礼记》本，均先讲述了禹立为君王三年之后，使得百姓以行仁道，之后发问"岂必尽仁"？按照孔颖达《礼记正义》的解释，一方面是"言禹立三年，百姓悉行仁道，达于外内，故云'百姓以仁遂焉'"；另一方面，"'岂必尽仁'者，言禹之百姓，岂必本性尽行仁道，只由禹之所化，故此禹立三年，则百姓尽行仁道"。《礼记正义》还进一步引申说："《论语》称'如有王者，必世而后仁'者，禹承尧、舜禅代之后，其民易化。"可见，正统的理解正是将尧舜禹的禅让与化百姓以德作为历史的记忆而密切地联系在一起。又简本所引《诗》云两句，《礼记》本相同，郑玄注有称："皆言化君也。孚，信也。式，法也。"孔颖达《礼记正义》更有详细的说明，"是《大雅·下武》之篇，美武王之诗""言武王成就王道之信者，故为下土法。引之者，证君有善与为法式也"。[①]所以说，《缁衣》篇中引《诗》《书》而称颂先王，无非是在追忆先王的王道政治的同时，进一步抒发自己的政治主张罢了。

再来看简本《缁衣》中涉及周文王的几段对《诗》《书》的引述。

其一，在简本的开篇一段为"夫子曰：好美如好《缁衣》，恶恶如恶《巷伯》，则民咸力而刑不顿。《诗》云：'仪刑文王，万邦作孚。'"此段在《礼记》中为第二章，同样是有一些差异的。如简本"夫子曰""好美""恶恶如恶"，《礼记》作"子曰""好贤""恶恶如"；简本"则民咸力而刑不顿"一句与《礼记》"则爵不渎而民作愿，刑不试而民咸服"两句更有较大的不同。所引《诗》句倒是完全一致，出自《大雅》。按照孔颖达《礼记正义》的说法："仪法文王之德而行之，则天下无不为信者也。文王为政，克明德慎罚。"[②] 由此可以说，自从孔子明确地提出"吾从周"，自从《诗经》成为儒家传承的经典，周文王的品德形象和《诗经》中赞颂文王的篇章诗句，就成为孔门时时追忆和经常引述的。

其二，简本有："子曰：君子道人以言，而恒以行。故言必虑其所终，行必稽其所敝；则民谨于言而慎于行。"《诗》云："穆穆文王，于缉熙敬

[①] 李学勤主编：《十三经注疏·礼记正义》（标点本），下册，北京大学出版社1999年版，第1503、1504页。

[②] 同上书，第1500页。

止。"在这一段，只有简本的"而恒以行""行必稽"，《礼记》本作"而禁人以行""而行必稽"，两处略有不同，其他则一致。其所引《诗》句同样出自《大雅·文王》这一"美文王之诗"当中。按照孔颖达《礼记正义》的解说，"言穆穆然美者，乃是文王"。"缉、熙，皆光明也。言文王之德，呜呼光明乎，又敬其容止。引者，证在上当敬其言行也。"① 可见，这里因此《诗》句，就是要求君子即为上位者应该以周文王的美好德行和可敬容止为榜样，注重言行一贯，前后一致，民众才能加以效仿而谨言慎行。可以说，在《诗经》赞颂周文王的诗句当中，早已把周文王的言行品德偶像化了，而这样的偶像在孔门看来就是作为榜样存在的。

其三，简本有"子曰：'言从行之，则行不可匿。故君子顾言而行，以成其信，则民不能大其美而小其恶。……《君奭》曰：'昔在上帝，割绅观文王德，其集大命于厥身。'"此段简本与《礼记》本有比较多的不同，除了简本文句多有减省之外，对《尚书·君奭》篇的引述也有比较大的差异。《礼记》作"《君奭》曰：'昔在上帝，周田观文王之德，其集大命于厥躬。'"对于简本的"割绅"二字，有研究者认为作"反复认真"的意思。② 正如《郭店楚简》整理者所注意到的，《礼记》郑玄注在解释《君奭》一句时，比较详细地说："古文'周田观文王之德'为'割申劝宁王之德'，今博士读为'厥乱劝宁王之德'。三者皆异，古文似近之。"可见简本与郑玄所说的古文更接近，而郑玄也判断古文比今本更接近原本。而且郑玄注又说："割之言'盖'也，言文王有诚信之德，天盖申劝之，集大命于其身，谓命之使王天下也。"③ 这样，这一句的意思就十分清楚了，《缁衣》所记和引述，还是要求君子应该像文王那样言行有诚信之德，从而足以使上天受命于其身而王天下。

从以上三段的言说和引证来看，无非是儒家从日常道德伦理的角度来审

---

① 李学勤主编：《十三经注疏·礼记正义》（标点本），下册，北京大学出版社1999年版，第1056页。

② 刘钊：《郭店楚简校释》，福建人民出版社2003年版，第64页。周桂钿：《郭店楚简〈缁衣〉校读札记》，《中国哲学》第20辑《郭店楚简研究》，辽宁教育出版社1999年版，第215页。

③ 李学勤主编：《十三经注疏·礼记正义》（标点本），下册，北京大学出版社1999年版，第1518页。

视君子之道的意义,并且以儒家所崇奉的文王之德作为榜样和表率,也就是一种很高的道德尺度来要求意欲成为君子的人的一种修身之道,依然遵循的是一种关乎修齐治平的实践伦理之路。其所关注和强调的日常伦理与政治伦理的相通性,修身与治国平天下的内在行为逻辑,通过一种历史记忆如《诗》《书》中对先王之德的记载。一再地呈现出来,彰显出道德的绝对重要和永恒的力量。

郭店楚简《成之闻之》篇中也有一段两处提到文王,一是引述《尚书·康诰》,一是对《康诰》的解说。其文谓:"唯君子道可近求,而【不】可远借也。昔者君子有言曰'圣人天德'何?言慎求之于己,而可以至顺天常矣。《康诰》曰'不还不夏,文王作罚,刑滋无赦'① 何?盖此言也,言不逆大常者,文王之形莫重焉。是故君子慎六位,以祀天常。"这一段总体上是讲如何求得君子之道,一方面是如何理解从前有地位的人讲过的"圣人天德",该篇作者认为其是讲谨慎地在自己身上寻找道德上的不足,由此则可以最大限度地顺应天之常道;另一方面则是怎样理解《康诰》中的这几句话的意思,该篇作者认为,其讲的是不要违背天之常道,因为周文王的刑罚也是很重的,从而形成了威慑。所以有地位的人在君臣父子夫妇的关系上是很谨慎的。② 对于"以祀天常"的"祀"字,研究者各家解说不同。笔者认为应该是将人伦道德当作天之常道来奉行的意思。这里《康诰》中的文王,在明德慎罚的执政手段上凸显出了刑罚的威慑作用,这样的历史记忆则偏重在了先王的刑罚之道上了。而且,也正是早期儒家所强调的礼乐刑政当中或德主刑辅两者当中的一个重要方面。

最后,再看一看在简本《五行》篇中有一处提到周文王。其所谓"圣智,礼乐之所由生也,五【行之所和】也。和则乐,乐则有德,有德则邦家兴③。文王之见也如此。'文【王在上,于昭】于天',此之谓也"。这里所引"文王在上"等八字,是《诗经·大雅·文王之什》中第一首诗的第一句。这种对《诗》《书》等经典文句的引述方式,即如先秦儒家文献中经

---

① 此处《康诰》如《郭店楚简》整理者和一些研究者指出的,与今本《尚书·康诰》的"不率不夏"文字、句序都有不同。参考裴按。
② 这里的理解,参见刘钊《郭店楚简校释》,福建人民出版社2003年版,第147页。
③ 《郭店楚简》整理者指出,马王堆帛书本《五行》此字作"舆",其整理者以为是"兴"之误。

常出现的断语式的论证表述形式，要表明所引《诗》句讲的就是与其所论证的形而上之道同样的意思。因为有历史上的帝王出现，当然也就是更加可靠和有力的证明了。就此，如果我们联系到《马王堆汉墓帛书·五行篇》当中在第十八章《经》也有与上面相同引述诗句和断语，并且在第十八章《说》则有"'文王在上，于昭于天，此之谓也。'言大德备成矣"。另外，在帛本《五行篇》第二十三章《说》也有同上的引述和断语，并且接着讲到文王如何，其文为："'文王在上，於昭于天'，此之胃也。文王源耳目之生，而知其好声色也。"按照有研究者的分析，第十八章《说》是对第十八章《经》的进一步说明，即这一诗句就是赞誉文王伟大的德行的完备和完成的。① 而第二十三章引用《诗经·文王》，则是讲文王如何通过"耳目""鼻口""手足""心"等人的感官而感知最贵的仁义道德，其努力的结果，最终就可以达到接受天命而君临天下。② 还有，帛本《五行篇》第二十七章《说》有："'天生诸其人，天也。'天生诸其人也者，如文王者也。"和"'其人施诸人'也者，如文王之施诸闳（弘）夭、散宜生也"。③ 由此可以说，周文王作为一种帝王之道的代表人物在《五行篇》中，通过对《诗经》的引述和其他形式一再被提及作为一种道德的榜样。特别是上引帛本《五行》说文当中最后一处提到的文王和闳夭、散宜生的故事，以说明文王之德广大深远惠及如闳夭、散宜生这样的贤能之人，更在于证明该篇所论的各种形而上之道中心就是政治伦理，而这些通过人们对先王之德的历史记忆就可以常常唤起，既证明了儒家所倡导的思想学说的历史来源和依据性，也证明了圣德先王的道德先行和作为榜样的力量。无论是祖述尧舜，还是宪章文武，意义皆在于此。

附带而言的话，《五行》中的第二十四章《说》在解说《经》中有关"尊贤"的话题时，也引出了尧舜及商汤、伊尹的故事。所谓："'君子知而举之，谓之尊贤。'君子知而举之者，犹尧之举舜，商汤之举伊尹也。举之也者，诚举之也。知而弗举，未可谓尊贤。"又说："'君子从而事之'也

---

① ［日］池田知久：《马王堆帛书五行研究》，王启发译，中国社会科学出版社 2005 年版，第 226 页。
② 同上书，第 438 页。
③ 同上书，第 489 页。

者,犹颜子、子路之事孔子也。事之者,诚事之也。知而弗事,未可谓尊贤也。"还说:"'前,王公之尊贤者也,后,士之尊贤者也。'直之也。"由此可见,历史的记忆随处可以引证,从上古先王到近世圣贤,都为后世做出了道德榜样,尽管更多地呈现出一种政治伦理的意味。不过,这里《五行》中的"尊贤"与我们前面论述的《唐虞之道》中的"尊贤"还是有着彼此的呼应和相互的共鸣的。

结　语

简要地说,研究者在关注到《唐虞之道》篇中有关尧舜禅让的话题时,与传世文献诸如《尚书·尧典》《墨子》《孟子》《荀子》《管子》《礼记》,包括《左传》《韩非子》等相关内容相对比,就该篇学派归属与时代定位有所论证,成为我们考察研究的重要参考。诚然,在这些传世篇章中即有关于尧舜禅让与否的多种记载,构成了或被认为可以确认,或被看作并非真实的历史记忆。但是无论如何,有关禅让的历史记忆,不论真的存在与否,最终确实作为一种主张而在记述、论说和证明的过程中,呈现出具有儒家色彩的形而上之道的多个方面,有的甚至与比如墨家或者是道家的主张至少有形式上的类似或者相近,最终都无碍于其依然是合乎内在逻辑的儒家学派的思想和主张,并且与其政治伦理学说密切地结合在一起。

有关早期儒家的历史记忆,除了在诸子的笔下或长篇大论,或只言片语地可以看到之外,实际上在如《左传》《国语》这样的传统史籍当中也有呈现,特别是以所记当时人的述说中讲到的。亦即在春秋战国时期,作为一种历史知识在一定社会层面的普及,为与之相应的道德观念和政治主张的提出提供了历史根据。比如,从《国语·鲁语上》所记展禽在述说从黄帝到周文王、武王的功业时所讲到的:"黄帝能成命百物,以明民共财,颛顼能修之。帝喾能序三辰以固民,尧能单均刑法以仪民,舜勤民事而野死,鲧障洪水而殛死,禹能以德修鲧之功,契为司徒而民辑,冥勤其官而水死,汤以宽治民而除其邪,稷勤百谷而山死,文王以文昭,武王去民之秽。"这其中特别突出了"民"字,固然有述说者所要表达的君民之间必然的联系,也体现了传统政治中的核心主题和历史记忆的深刻主题,其与《诗》《书》、诸子篇章一并成为历史记忆的文本载体和历史上曾经出现的各种形而上之道的观念载体，也是我们领会和理解先古帝王时代、诸侯时代历史与思想的书写载体。《郭店楚墓竹简》当中的儒家类文献也正是这样的书写载体，值得我们细致深入地分析和考察其历史价值与思想史价值。

对名家及名学的重新认识[*]

曹 峰

(清华大学哲学系)

摘要： 20世纪名学研究既有巨大的成就，也有严重的偏差，这种偏差在于将对"名"自身（语言结构、论述方式、思维方式）的研究和对"名"功能（伦理功用、政治作用）的研究混为一谈。无论从思想史实际情况看，还是从后世对"名家"的定义看，都显然存在着两种"名家"，语言学逻辑学意义上的、从事"事实判断"的名家远没有政治学伦理学意义上的、注重"价值判断"的名家影响大，后者对前者的否定要远多于继承，如果对两种"名家"没有明确的区分，不以此为研究问题的出发点，那么，"名家"研究就很容易走上歧路。

关键词： 名家　名学　事实判断　价值判断

一　战国秦汉之际"名"是一个流行的话题

名家和名学，在中国历史上的命运可以说极富戏剧性的变化。先秦有关"名"的论述极为丰富，孔子、墨翟等思想家，以及《老子》《荀子》《公孙龙子》《管子》《韩非子》《申子》《尸子》《黄帝四经》《吕氏春秋》《尹文子》《春秋繁露》及伪书《邓析子》等许多文献，从不同角度论述过

---

[*] 本文为清华大学人文社科振兴基金重点项目"先秦秦汉'名'的政治思想研究"的研究成果。

"名"，对"名"的重视，甚至一度到了"名者，圣人所以纪万物也"（《管子·心术上》）；"有名则治，无名则乱，治者以其名"（《管子·枢言》）；"名者，天地之纲，圣人之符"（《申子·大体》）①；"治天下之要在于正名……苟能正名，天成地平"（《尸子·分》）；"用一之道，以名为首。名正物定，名倚物徙。故圣人执一以静，使名自命，令事自定"（《韩非子·扬权》）；"名正则治，名丧则乱"（《吕氏春秋·正名》）；"至治之务，在于正名"（《吕氏春秋·审分》）；"〔名〕正者治，名倚者乱。正名不倚，倚名不立"（《黄帝四经·十六经·前道》）；"名者，大理之首章也""是非之正，取之逆顺；逆顺之正，取之名号；名号之正，取之天地；天地为名号之大义也""名则圣人所发天意""名者，圣人之所以真物也"（《春秋繁露·深察名号》）这样的高度，成为确立是非，制定秩序的根本性法则。

汉以后，有关"名"的论述逐渐减少，名学成了一门绝学。只有魏晋时期有所复兴，之后便消失在漫漫历史长河中，几乎被人遗忘。进入20世纪之后，"名"的研究又突然大兴。对《公孙龙子》等名家著作的注释不胜枚举，名学作为中国逻辑学的代表，成为中国逻辑学史研究的重点。也就是说，曾几何时，名学从一门极具传统意味的学问，变成了一门极具西学意味的学问。

不用说，当代的人文科学，深受西学影响，文史哲的体制划分就来自西方。即便研究的是中国古代思想，在学科分类、框架、概念、方法、手段上也打上了深刻的西学烙印。今天的哲学系建制，就学科而言，中国哲学、西方哲学的区分，就研究方向而言，西方逻辑学、中国逻辑学的划分也是西方学科体制的产物。这些年，尤其中国哲学学科开始反思这种体制对研究本身带来的束缚、造成的局限，虽然我们已不可能脱离西式的语言、思维、表达方式、论证方式，但这样的反思至少让我们意识到在中国哲学研究中，材料的选择、解释的方向，既和西学的思路相关，也和国运的变迁密切相关，能够让我们在很多方面有意识地摆脱过分西化的不良影响，起到拨乱反正的作用。但围绕"名家""名学"研究展开的讨论，这方面的反思似乎并不多见。在此，笔者想借助学术史的回顾，做一些自己的努力。

---

① 但此句不见于今本《申子》，是《群书治要》所收佚文。

在笔者看来，先秦、秦汉时期，关于"名"的论述虽然极为丰富，但论述的内容却往往相差甚远。如下文所示，在《论六家要旨》中，司马谈虽然总结出一个"名家"，但那只是依据学术宗旨做出的概括，而非类似儒墨的学派意义上的传承。在看似类似的学术宗旨下，其实包含着两种不同的"名家"，一种是伦理学政治学意义上的，一种是语言学逻辑学意义上的。或者说一种是"政论型的名家"，一种是"知识型的名家"。而目前的研究显然侧重后者，其实前者在中国古代影响更大。儒家所讨论的"名"，大致属于伦理学意义上的层次，在政治上所起的作用是调节性的而非规范性的。而战国中晚期法家及一些道家（黄老思想家）所讨论的"名"，往往与法思想密切相关，具有规范性的意义，是统治者可以直接把握和操作的工具。语言学逻辑学意义上的"名"主要是惠施、公孙龙及墨辩学派所讨论的对象，他们把"名"自身当作一种认识对象来研究，注重认知的原理与方法，倾向于时空与物性的抽象辨析。不能说后者没有对前者产生过影响，但相当多的场合，后者只是前者批判的对象，对中国思想史真正产生过影响的是伦理学政治学意义上的"名"。中国古代思想家们对"无益于治"的东西没有兴趣。正因为"名"是一种重要的政治工具，如何把握它、管理它，由谁来把握它、管理它，就成为一个重要的话题。由此形成"名""法"常常连用的现象[①]，"名"成为确立是非、制定秩序的根本性法则。造成这一奇妙现象的原因，实际上是法治国家形成过程中，对规范、准则的作用和意义过分追求和崇拜的结果。

二 有必要区分两种"名家"

"名家"研究的第一个问题就是何谓"名家"，然而对于这一基本问题，却很少有人愿意再作讨论。受西方逻辑学长期影响的"名家"研究，"名家"的内涵变得非常狭隘。提到"名家"，绝大部分人有一种先入为主的想法，那就是指以公孙龙、惠施、墨辩为代表的，关注物性、玩弄概念、研究推理、具有抽象思辨特征的那一批人。事实上，长期以来，我们把一些相互

---

① 参见曹峰《战国秦汉时期"名""法"对举思想现象研究》，《西北大学学报》2012年第6期。

对立的内容混为一谈，都放入名家的框架中，而没有意识到这样做的危险性。

在中国，首先运用西方哲学的概念和框架研究名学的是胡适先生，他的《先秦名学史》[①]虽然也提到孔子和荀子，但重点在于公孙龙、惠施和墨辩。"名学"成为逻辑学的代名词，孔子和荀子的名学在这里只是以公孙龙、惠施和墨辩为代表的名家的陪衬。虽然胡适没有直接说，研究中国古代逻辑学就是研究名家，但其实他已经为后来的中国古代逻辑学研究规定了范围和方法，以后名家研究几乎成为中国古代逻辑学研究的代名词。因此，名家在被译成英语时，往往被译作"sophists"（诡辩家）、"logicians"（逻辑家）、"dialecticians"（辩证家）。1947年冯友兰先生在美国讲学时，用英文编著了一本《中国哲学简史》，专门设有《名家》一章，他虽然认为用"sophists"（诡辩家）、"logicians"（逻辑家）、"dialecticians"（辩证家）指称名家不是太合适，但他强调名家是注重于"名""实"之辩的人物，他们研究的问题可以"把我们带进哲学的心脏"[②]，并举惠施、公孙龙为例，这也说明冯友兰在向西方人解释名家时，将名家看作是从事抽象思辨的人。

《中国大百科全书》哲学卷中"名家"一条是庞朴先生撰写的。他这样描述名家，"名家作为一个学派，并非有着共同的政治思想或经济主张，而仅仅在于他们都以'名'作为研究对象，并以此与其他学派相区别"[③]。依据这一定义，名家可以看作一个专门从事抽象思辨的群体，其特点是他们并不关心政治思想或经济主张。

其实庞朴先生的这一定义不无偏颇，它是受西方学术思想影响而产生的20世纪中国古代哲学史、逻辑思想史研究之必然结果。其缺点在于无视中国古代关于"名家"描写的实际情况，将材料做了有利于哲学、逻辑学的、削足适履式的处理。

在回答究竟什么是名家之前，有必要首先回顾一下"名家"这一名词诞生的过程。

[①] 胡适：《先秦名学史》，学林出版社1983年版。
[②] 冯友兰：《中国哲学简史》，涂又光译，北京大学出版社1985年版，第92页。
[③] 《中国大百科全书·哲学卷》，中国大百科全书出版社1987年版，第621页。

众所周知,"名家"这个名称虽然不敢确定是司马谈发明的,但在司马谈"论六家要旨"之前,尚未发现过"名家"这个概念。那么,我们首先来看看司马谈是如何为名家定义的。

> 名家苛察缴绕,使人不得反其意,专决于名而失人情。故曰:使人俭而善失真。若夫控名责实,参伍不失,此不可不察也。(《史记·太史公自序》)

> 名家使人俭而善失真。然其正名实,不可不察也。(《史记·太史公自序》)

从司马谈关于"名家"的定义来看,他是一分为二地看待名家的。说他们"苛察缴绕""使人俭而善失真",可能是指他在概念、名辞的辨析上过分拘泥,超出了普通人可以接受的程度,以至于到了"失真"的地步,这是其短处。但是他们追求"正名实"及"控名责实,参伍不失",却是值得肯定的。

从司马谈的定义里,我们能读出很多有意思的内容来。首先,司马谈笔下的名家虽然在概念、名辞的使用上过于执着,有点像今天所谓的逻辑学或语言学,但他们并不是不关心政治,因为从"控名责实,参伍不失"这种《韩非子》中常见的话来看,这是一种接近于法家的政治哲学,不仅与抽象思辨无关,甚至可以作为政治上的实战理论。因此显然司马谈把所谓的"名家"也当作一种政治思想来看待。[①]

其次,司马谈没有指明代表者或代表作,这使我们不知道他的"名家"具体可以和谁对应。其实司马谈所谓的"家",并不确指哪一个流派,哪一个学术团体,而是一种政治倾向。在他心目中,其实只有道家是吸收了各家长处的、最高层次的哲学,其余五家都有其长短,只有在被道家兼容之后,才能扬长避短。日本关口顺先生曾专门分析司马谈心目中"名家"一词的来源,他认为,这一名称并非来自倡导"形名""名实""正名"的某一类

---

① 《论六家要旨》在文章的开头,就点出了评判六家的标准是否有益于治。"夫阴阳、儒、墨、名、法、道德,此务为治者也,直所从言之异路,有省不省耳。"

人，也不是来自所谓的"辩士"。他指出，"名家"这种分类，从其命名之来源看，说它源自"形名"、源自"正名"或源自"名实"，其实都难以断定，而是将"形名""正名""名实"的意义都包含其中，并与道家、法家相关联的一种政治思想。①

虽然司马谈没有明确指出他心目中的"名家"是谁，但是从他的定义中，我们可以做相应的推测，即这里有两种名家的影子，正面的是司马谈所推崇的，将名思想运用于政治场合并发挥积极作用的政治思想，反面则是被否定被批判的，执着于概念、名辞分析的，与政治没有直接关系或对现实政治会产生消极影响的思想。

无论正面还是反面，其实都不是一个有领袖、有继承关系、有思想独立性的团体。众所周知，在司马谈之前，并没有"名家"的称呼，只有所谓的"察士""辩士"，通过《庄子》的《徐无鬼》篇、《天下》篇，《荀子》的《修身》篇、《非十二子》篇、《正名》篇，《韩非子》的《问辩》篇、《外储说左上》篇，《吕氏春秋》的《君守》篇、《淫辞》篇、《不屈》篇等战国中晚期的文献可知，热心于"察""辩"的人物，虽然包括惠施、公孙龙及墨辩等今天所谓的逻辑学意义上的典型名家，但范围其实更为广阔，甚至连孟子也可以纳入"辩者"的范围。他们的学说观点各有不同，共同之处在于以"辩"争胜，认为真理出自辩论。而将"名"的理论直接运用于现实政治的理论家则不是"察士""辩士"，往往是统治者的代言者，他们不仅不辩，而且反对"辩"。他们也并非只讲"名"，在他们身上还常常可见受道家、法家的影响。例如，《尹文子》就是这样一部以名为主，融合道法的作品②。

在司马谈之后，第二个为名家定义的是《汉书·艺文志》：

> 名家者流，盖出于礼官。古者名位不同，礼亦异数。孔子曰："必也正名乎。名不正，则言不顺，言不顺，则事不成。"此其所长也。及

---

① 参见［日］关口顺《释名辩——"名家"と"辩者"の间》，《埼玉大学教养学部纪要》29，1994年，第71页。

② 详细论述参见曹峰《〈尹文子〉所见名思想研究》，载王中江主编《新哲学》第8辑，大象出版社2008年版。

謷者为之，则苛钩鈲析乱而已。

作为名家的代表，《汉书·艺文志》列举了以下这些著述：

> 邓析二篇，尹文子一篇，公孙龙子十四篇，成公生五篇，惠子一篇，黄公四篇，毛公四篇。

与司马谈的定义相比，两者既有一致，也有不一致。一致处在于《汉书·艺文志》和"论六家要旨"同样，在观察名家的优劣时着眼于治。在表达方式上也和司马谈相同，既指出其不足，又指出其政治上的作用。甚至在名家的缺点上两家的认识也是相同的，"苛钩鈲析乱"指的也是概念、名辞使用上的混乱状态。可见《汉书·艺文志》对"论六家要旨"有相当多的继承。不同之处在于，站在儒家历史观立场上的《汉书·艺文志》，不再以道家为全能的首要的思想，而是让儒家占据了主导地位。所以要引孔子的"正名"说作为佐证。而且名家的长处不再是"控名责实，参伍不失"，而在于"正名"了。当然这一"正名"不是荀子所要正的语言上的"名"①，从"名位不同，礼亦异数"来看，这指的是正"名分"之名。不管怎样，《汉书·艺文志》作者心目中的"名家"并不主要是那些专注于抽象思辨的思想家。

另一点不同之处是，司马谈的名家，并不涉及任何人名书名，《艺文志》则举出了七篇著述，虽然与其他学派相比，名家的著述不多，但也为我们了解名家的特征提供了更多的线索。其中的"成公生五篇""黄公四篇""毛公四篇"因为失传，已不知其面目。如将"公孙龙子十四篇"视作今本的《公孙龙子》，将"惠子一篇"视作《庄子》等书中所见的惠施学说，那这两篇可以代表我们今天所谓的逻辑学语言学意义上的知识型名家。笔者以为，余下的"邓析二篇"和"尹文子一篇"很可能就是名家政治学说的代表，即类似于司马谈所述具有"控名责实，参伍不失"倾向，或《艺文志》所述具有"正名"倾向的著述。今本的《邓析子》因伪作之嫌太重，不能

---

① 参见曹峰《〈荀子·正名〉篇新论》，《儒林》第 4 辑，山东大学出版社 2008 年版。

作为可信材料来用。但伪作也有其渊流，也有值得考察之处。《邓析子》中数言"循名责实""按名责实""形名""正其名"，可见伪作者所承接、所利用的正是历史上曾经一度盛行过的关于"名"的政治思想。今本《尹文子》的情况也一样，它虽然有后人改造增削的痕迹，但这种增删并非无本之源，一定也有它的依据。

　　无论是"论六家要旨"，还是《汉书·艺文志》，其实都是从政治角度出发，将各种学说分门别类，在"名家"这个框架中，被塞入的其实是有着完全不同思想倾向的内容，其相同之处仅在于其内容都涉及"名"而已。如果利用我们现在的学术框架来表达其中最具代表性的两种思想倾向，那可以称其中一种为注重"事实判断"的名家，笔者称为"知识型名家"。另一种为注重"价值判断"的名家，笔者称为"政论型名家"。相对而言，与"事实判断"相关的学说资料虽然极少，但观点鲜明，保存相对完整，作为哲学、逻辑学对象的研究价值也比较大，所以我们今天所谓的"名家"，指的就是从事"事实判断"的思想家。事实上，能利用名思想为专制君主提供政治咨询，具有实用主义色彩的后者才是历史上备受重视的对象，无论是司马谈的"论六家要旨"，还是《汉书·艺文志》，肯定的都是后者，否定的都是前者。而专注于抽象思维的前者一直是后者打压的对象，在历史上后者的影响更大，我们不能无视这一事实[①]。但后者从资料来看，比较散乱，观点也不够集中。

　　因此，如果以"名家"为研究对象，首先有必要严格区分这两类截然不同的名家。注重"价值判断"的名家对从事"事实判断"的名家，首先是批判，其次才是利用。其利用只是将知识型名家的个别理论实用化而已，

[①] 白奚在《稷下学研究》（生活·读书·新知三联书店1998年版）中也注意到同为名家，思想倾向却完全不同的现象。他指出"进入战国以来，名家思想遂向两个方向发展：一部分人将名家理论同当时的变法实践结合起来，以名论法，形成'名法派'，或称'形名法术派'，此一派学说见于《黄帝四经》《管子》《尹文子》等书中。另一部分人专从形式逻辑的角度发挥名家理论，形成'名辩派'，此一派以惠施、公孙龙和后期墨家为代表。此派名家对古代的逻辑思想贡献较大，但其中不乏诡辩之谈"（第203页）。可见白奚先生认为这两种倾向是同时发展的，这种思考基于他对《黄帝四经》《管子》《尹文子》成书时代的认识，即他认为这些文献多成立于战国中期以前。而笔者认为《黄帝四经》《尹文子》及《管子》中与"名""法"相关的论述均不会早于战国中期，故这两种倾向不是并行的。所谓的"名法派"或"形名法术派"产生于对所谓的"名辩派"既否定又利用的基础上。

在言语、思维和逻辑方面，他们几乎没有什么新的建树。而目前的名家研究，特别是逻辑史学界的名家研究，将两种名家混为一谈，利用后者来研究前者的倾向十分浓厚，这种不顾历史实际的现象是十分危险的。

在笔者看来，研究对象不同、服务对象不同固然是两者之重要区别，研究方法之不同也是值得注意的现象。这两类名家都致力于判明是非和制定规则。以公孙龙及墨辩为代表的典型名家使用"辩胜"的方法来确定是非。就是说，对立"辩者"双方围绕某个命题反复争论，以更具逻辑性的论述方法驳倒对方，争论中获胜的一方代表正确的主张，并公认胜利一方所明确的是非为准则，同时将辩论中判明的原则、法则用定义的方式记录下来。而从政治角度讨论名思想的名家虽然同样以判明是非为目标，但他们并不采用"辩说"的方式。大体说来，对这部分名家而言，最重要的事情有三。一是掌握"制名权"，即由极少数的人掌控是非判断的权力或"定义"原理原则的权力，掌握政治语言上的独霸权。《尹文子》所见"毁誉之名""况谓之名"就是这类君主所要制定的"名"。二是依据与"名分"相关的"正名"说，正定人类社会中上下尊卑的秩序。三是君主依据"形名"说以操纵督责臣下。当这类名家与道家、法家相结合时，其学说更侧重从理论上阐述由何人来审查"刑名""名实"，由何人来把握由"名"到"法"的过程，即规则、规范形成之具体过程，使最终生成的"法"成为唯君主所拥有的特权[①]，这种意识和目标绝非一般"辩者"所能拥有和掌握。

仅仅对这两种名家做出区别还不够，从事"事实判断"的名家究竟有哪些地方被从事"价值判断"的名家所利用，这种利用是什么时候开始的？这是研究"名"的政治思想时所要关心的课题。限于篇幅，这里不能展开。从内在原因来看，两种名家都关注"名"在确定是非、形成秩序上所能发挥的作用；从外在的原因看，君主专制主义的发展，法家特别是黄老思想家的抬头为"名""法"结合，为名思想发展为政治思想提供了历史舞台。

---

① 可参见曹峰《〈黄帝四经〉所见"名"的分类》，《湖南大学学报》2007年第1期；《〈黄帝四经〉所见"执道者"与"名"的关系》，《湖南大学学报》2008年第3期；《"管子"四篇と"韩非子"四篇に见える名思想の研究》（日文），大东文化大学人文科学研究所编《人文科学》第14号，2009年。

总之，20世纪初期以来，将"名家"当作逻辑思想家来研究，将与"名"相关的资料均当作逻辑学资料来使用的做法，既违背了先秦思想史实态，也无法得出科学的合理的结论。无论从思想史实际情况看，还是从后世对"名家"的定义看，都显然存在着两种"名家"，语言学逻辑学意义上的、从事"事实判断"的名家远没有政治学伦理学意义上的、注重"价值判断"的名家影响大，后者对前者的否定要远多于继承，如果对两种"名家"没有明确的区分，不以此为研究问题的出发点，那么，"名家"研究就很容易走上歧路。

三　名家与名学研究走向偏差的历史原因

然而，我们发现，至今为止关于"名"的研究，几乎把重点完全集中于"名"在语言和逻辑上的意义，即便讨论孔子和荀子的"正名"说，也大多是从逻辑学的角度。① 这样做不能说没有一点学术上的意义，但也显然没有触摸到问题的实质，孔子和荀子的"正名"，即便是与语言相关的问题，也必须与政治相结合，才能得到合理的解释。归根结底，"知"与"言"的问题在中国首先是政治的问题，而在西方则未必如此。另外，有关"名"的思想被单纯当作逻辑思想来研究之同时，按照西方的学术观念创建起来的中国古代政治思想史、法律思想史，却在材料取舍上把"名"排斥出去，使其长期得不到有效的整理。

与语言学逻辑学意义上的"名"相比，至今为止，伦理学政治学意义上的"名"之专门研究不能说绝无仅有，如"循名责实""形名参同"作为法家政治学理论得到过讨论，孔子和荀子"正名"说在语言政治学上的意义也有人作过考察，但都零散而不系统。换言之，语言学逻辑学意义上的"名家"研究最为发达，儒家、道家、法家、黄老思想家的"名"思想只有与知识型"名家"发生关系的那部分才会受到重视。如前文所述，中国古代，伦理学政治学意义上的"名"无论在内容上还是受重视的程度上都远

---

① 详参曹峰《孔子正名新考》，《文史哲》2009年第2期；《〈荀子·正名〉篇新论》，《儒林》第4辑，山东大学出版社2008年版。

远超过语言学逻辑学意义上的"名",而目前的研究格局却正好与之相反。

受 20 世纪初传入中国的西方逻辑学的影响,"名家"研究在中国一度极为兴盛,成为中国古代逻辑思想史研究的主要组成部分。百年之后,我们回首这一研究领域,发现在取得许多重要学术成果的同时,其实也不无偏颇之处。可以说,"名家"研究从一开始就有方向性的错误,表现为不顾"名家"所生存的思想史环境,将西方逻辑学概念、框架、方法简单地移植过来,有削足适履之嫌。20 世纪后在西方学术背景下形成的先秦名学研究,只重视语言学逻辑学意义上的"名",有时甚至曲解伦理学政治学意义上的"名",将其当语言学逻辑学材料来使用。自从将"名""辩"与西方逻辑学相比附后,只要谈到"名",似乎就只能从逻辑的角度出发。这样使很多看上去与逻辑学无关的"名"的资料被轻视,被闲置,甚至被曲解。特别是那些伦理学意义上、政治学意义上的"名",虽然是中国古代名思想中不可割裂的、有机的、重要的成分,却因为西方逻辑学研究的思路而得不到正视,得不到客观的研究。

笔者认为,20 世纪名学研究的兴盛可以说其实是文化上缺乏自信所导致的,是一种虚假的、存在缺陷和偏差的"兴盛"。自鸦片战争以来,中国文化传统现代化的一大重要努力方向就是引进了西方逻辑学。因为屡战屡败后的中国人认识到,西方之所长不仅仅是科学技术,更在于使科学技术得以进步发展的逻辑思维,因为这是西方自然科学的基础与方法论,更是西学"命脉之所在"。因此,"学习西方"的重要一环,就是学习西方的科学思维。最早在清末译出的西方逻辑学著作是杨荫杭据日文西方逻辑学著作编译的《名学》,全书分二十章。称"名学"是"推理之学及推理之术",是"学问中之学问,智门之键、哲理之冠、智力之眼、心意之灵药、智海之明灯、真理发见之技术"[①]。在"向西方学习"思想指导下,严复不仅向国人大量介绍了西方的哲学、政治学、经济学以及自然科学,而且十分重视对科学方法论——逻辑学的介绍。他译著的八本西方著作中,就有两本是逻辑学:《穆勒名学》和《名学浅说》。同样,王国维早年也致力于这项工作,

---

① 杨荫杭:《凡例》,《名学》,日新丛编社 1902 年(东京)。

译出了《辩学》一书①。

　　同时，也有学者开始在中国的传统思想资源中，找到可以与西方逻辑思维相比较、相对话的思维方式，通过发掘和研究，建立起可以和西方思维方式相匹敌的东西来。他们确认所谓的形式逻辑不仅在西方存在，在中国古代也存在，甚至这种存在还先于西方。由此恢复中国人自身的民族自信心，证明中国人的思维方式并不比西方人差。以墨辩研究为例，穷一生之精力研读《墨子》、集《墨子》校释之大成者的清末学者孙诒让1897年写信给梁启超，说《墨经》"闳义眇恉，所未窥者尚多"，"为周名家言之宗，窃疑其必有微言大义，例如欧士论理家雅里大得勒（即亚里士多德）之演绎法，培根之归纳法及佛氏之因明论者"②。期待梁启超能从事研究墨家逻辑的"旷代伟业"。可见，连孙诒让这样的国学大师也受到时代的影响，将墨辩和西方逻辑学、印度因明学联系起来，有了通过墨辩发掘中国文化自身科学思维的想法。

　　由此可见，"名学"（还有"辩学"等名称）不仅成为深入了解西方、学习西方文明精髓的桥梁和捷径，甚至成为激发中国比西方更优越的民族自信心的良药。这样一来，"名学"与"辩学"就被用来指称"中国古代逻辑"。胡适用英文写就的《先秦名学史》可说是以上述认识为据的代表著作之一。他之所以选择"名学"作为他的博士论文，绝不是偶然的，应该在这样的历史需求和国家命运中去寻找原因。

　　日本近代学科意义上的中国哲学研究至少比中国早30年，但笔者发现日本学者并没有刻意使名学这门绝学复兴的强烈意识。近代日本的中国哲学研究，最初的研究对象并非名学，与名学相关的材料只是中国古典研究的一部分而已。例如，松本文三郎（1869—1944）曾于1895年写过《公孙龙子》一文，其中既表示出对中国思想史中逻辑思维、科学思维的重视，也指出公孙龙子的辩论不是诡辩而是一种使论述更为确实的辩论法。③ 也就是说

---

　　① 关于20世纪初，中国人对逻辑学的译介情况，以及以弘扬"名学"为名的研究，可参见邹振环《〈穆勒名学〉与清末西方逻辑学翻译热潮》，《影响中国近代社会的一百种译作》，江苏教育出版社2008年版。
　　② 孙诒让：《籀庼述林》第十卷"与梁卓如论墨子书"，民国丙辰五年刻本，第26页。
　　③ [日] 松本文三郎：《公孙龙子》，《东洋哲学》1895年第2编第4号。

日本学者既重视其中具有逻辑意义的思维，也重视其辩论方法的研究。因此，相对而言，这是一种比较客观的研究，和民族自信心的激发没有关系。①

20世纪，在这样一种救亡图存意识下发展起来的中国"名学"研究，材料被随意使用，过度诠释，也就不难理解了。例如，胡适在《中国哲学史大纲》第四篇《孔子》之第四章《正名主义》中说：

> 我们简直可以说孔子的正名主义，实是中国名学的始祖，正如希腊苏格拉底的"概念说"，是希腊名学的始祖。②

胡适在《中国哲学史大纲》第八篇《别墨》中又说：

> 古代本没有什么"名家"，无论哪一家的哲学，都有一种为学的方法。这个方法，便是这一家的名学（逻辑）。所以老子要无名，孔子要正名，墨子说"言有三表"，杨子说"实无名，名无实"，公孙龙有《名实论》，荀子有《正名篇》，庄子有《齐物论》，尹文子有《刑名》之论。这都是各家的"名学"。③

这是把完全不同性质的材料简单地凑到一起，以达到证明中国古人早已存在知识论、方法论的目的。20世纪30年代直至21世纪初，以建设中国逻辑学史为前提的研究成果层出不穷，虽然哲学家冯友兰、"名学"研究者伍非百、逻辑史研究者温公颐都做过一些简单分类，表明同样称为"名"的材料有不同的性质。冯友兰先生认为同样是"名"，孔孟关注的是"伦理"，而公孙龙、《墨辩》关注的是"逻辑"，而荀子则是二者兼有。④ 伍非百先生

---

① 日本没有将 Logic 译为"名学"，而是译为"论理学"，也和没有使名学这门绝学复兴的民族意识有关。20世纪初，已有学者指出，使用"名学"，不如用"论理学"更恰当。见张君劢译《耶方斯氏论理学》，《学报》1907年第1期。熊月之对此有详细论述，见《〈清史·西学志〉纂修的一点心得——晚清逻辑学译介的问题》，《清史研究》2008年第1期。

② 胡适：《中国哲学史大纲》，东方出版社1996年版，第90页。当然这是牵强附会的说法。孔子的正名究竟是什么内容，可参见曹峰《孔子正名新考》，《文史哲》2009年第2期。

③ 胡适：《中国哲学史大纲》，东方出版社1996年版，第166—167页。

④ 冯友兰：《中国哲学史》（上），华东师范大学出版社2000年版，第227—233页。

把名家分为"名法""名理""名辩"三派。① 温公颐先生认为先秦逻辑主要有两派,一是辩者派,"从邓析开始,奠基于墨翟,中经惠施、公孙龙的发展,最后完成于战国晚期的墨辩学者"。二是正名派,"孔丘首先提出正名,创立政治伦理的逻辑,孟轲继之,稷下唯物派的学者们也标榜正名以正政之说,最后完成于战国晚期的荀况和韩非"②。这都是很有见地的想法,但研究者的目光最终仍然仅仅聚焦于逻辑学语言学意义上的"名"思想,只将这一倾向视为"名家",却没有正视伦理学政治学意义上的"名"思想在古代文献中所占的显著地位和历史价值。这方面的材料始终得不到全面、客观的研究。

在为了证明中国人的思维方式并不比西方人差,在过分强调民族自信的20世纪,可以说不存在纯学术意义上的名学研究。生搬硬套、削足适履比比皆是,其研究从一开始已注定不可能客观、中立。逻辑思想史学界存在一个非常严重的问题,就是许多学者不注重史料批判,不考察文献真伪,不关心古文献研究的最新成果。材料拿来就用,不顾上下文义,任意发挥。《荀子》的《正名》篇,到了逻辑思想史学者手中,只看前半部分和所谓逻辑相关的内容,不管后半部分论道论心的内容,这是典型的断章取义。③

结　语

20世纪名学研究既有巨大的成就,也有严重的偏差,这种偏差在于将对"名"自身(语言结构、论述方式、思维方式)的研究和对"名"功能(伦理功用、政治作用)的研究混为一谈。在不必将学术和现实及国运简单相连的今天,我们对于名学的研究,要想获得更大的成就,要做的工作,与其说是向前进,不如说是向后退,剥离关于"名"的种种不合理的误读,复原思想史的本来面目。④

如前所言,同样使用"名",但先秦秦汉之际关于"名"的理解千差万

---

① 伍非百:《中国古名家言》(上),中国社会科学出版社1983年版,第5—6页。
② 温公颐:《先秦逻辑史》,上海人民出版社1983年版,第4—5页。
③ 详参曹峰《〈荀子·正名〉篇新论》,《儒林》第4辑,山东大学出版社2008年版。
④ 详参曹峰《回到思想史——先秦名学研究的新路向》,《山东大学学报》2007年第2期。

别。就伦理学政治学意义上的"名"而言,孔子的"正名"说、《荀子》的《正名》篇、以《春秋繁露》为代表的春秋学侧重语言对政治的影响及语言霸权的重要性。《老子》《管子》《韩非子》《黄帝四经》侧重道家(尤其是黄老道家)道物论视野下的"名"在现实政治中的作用,或试图利用名分制度建立起理想的社会秩序。《吕氏春秋》《尹文子》则两种倾向兼而有之。《公孙龙子》、惠施、墨辩虽均为知识型名家,但所论也各不相同,虽然某些方面和西学意义上的形式逻辑相关,但不同之处更是显著,已有不少学者从语言分析的角度讨论《公孙龙子》,从宇宙论、地理学、物理学、论辩学的角度讨论"历物十事""辩者二十一事"以及墨辩的学说,虽然推论较多,意见难以统一,却呈现出多元的解释方法,为接近思想的真相提供了各种可能性。[①] 应该说这才是一种客观的科学的态度。

总之,要想研究"名"这种中国古代特殊的思想现象,必须同时展开逻辑学语言学意义上的"名"思想和伦理学政治学意义上的"名"思想两条路线,不偏不倚齐头并进,才有可能获得比较合理的成果。

[①] 如陈孟麟《先秦名家之学并非名学》,《文史哲》1996 年第 6 期;周昌忠《公孙龙答客问》,上海人民出版社 2002 年版。

智俨与华严宗哲学的核心内容[*]

魏道儒

（中国社会科学院世界宗教研究所）

摘要：本文分析了学术界长期重视法藏思想、忽视智俨思想的原因，论述了智俨在《华严一乘十玄门》中提出的"一即一切，无过不离，无法不同"，即他认为的《华严经》根本宗旨，就是华严宗创新哲学的核心内容，就是整个华严宗教义的哲学基础、方法论基础。一旦理解了智俨这一哲学思想，就是进入了华严宗教理的核心领域，就是掌握了理解法藏、澄观、宗密等华严宗祖师思想的钥匙。智俨提出的创新哲学思想深受杜顺影响，其主要思想资料来源于晋译《华严经》，其主要贡献是在佛学中倡导理性，拒绝神异，同时也丰富了中国传统哲学在认识"一"与"多"关系方面的内容。

关键词：智俨　法界缘起　一即一切　无过不离　无法不同

一　小引

从华严初祖杜顺（557—640）开始，华严诸祖就以"法界缘起"概括本宗（"华严经宗"）的核心教义。"法界缘起"也被称为"一乘缘起""性起缘起""无尽缘起"。在华严宗的学说体系中，杜顺提出的"华严三昧"，二祖智俨（602—668）首创的"十玄门"，三祖法藏完善的"六相圆融"，

---

[*] 本文吸收了作者《中国华严宗通史》中的一些内容，特此说明。

四祖澄观论证的"三圣圆融",五祖宗密整理定型的"四法界"等,或者是从不同方面、不同角度对"法界缘起"的说明,或者是对"法界缘起"思想在某个方面的展开论述。在华严诸祖中,智俨在《华严一乘十玄门》(以下简称《十玄门》)中对法界缘起的核心内容和特点进行了言简意赅的论述,这个论述成为以后华严宗教义丰富发展的理论基础,成为我们理解华严宗各种学说的钥匙。但是,智俨在奠定华严宗理论基础方面的地位长期没有得到学术界的认可,这是由三个方面的原因造成的。

第一,从宗密开始,杜顺就被奉为华严初祖,所以,杜顺的著作和思想历来受到研究华严宗教理学者的特殊重视。20世纪一些有影响的相关著作,也是倾向于从杜顺的《华严法界观》《华严五教止观》(简称《五教止观》)等著作中寻找华严哲学的源头,倾向于把杜顺的思想作为华严宗教义的代表。即便是以彻底批判佛学为目的的学者,也受到了这个影响。[1] 在这种思路指导下,杜顺所讲的华严禅观被作为华严宗哲学的基础或核心内容。

第二,有学者认为华严宗的教义非常烦琐,属于吸收了很多派别观点的"杂家"。这种观点是把华严宗的教理看成是"凑合以前各宗的思想",彻底否定了华严宗教理的独有创造性和华严宗哲学的鲜明个性特征,显然是不符合实际的。此类著作所论述的华严宗思想或哲学,乃是对宋明理学影响比较大、比较直接的一些华严学概念、范畴或命题,并不是华严哲学的核心内容。[2] 由于研究者没有探索华严哲学产生的具体过程和核心内容的问题意识,所以不能揭示智俨奠定华严哲学理论基础的贡献。

第三,绝大多数研究华严学的学者在把法藏作为华严宗实际创立者的同时,也把他视为华严宗思想的集大成者,以他的思想为华严宗教义的代表,忽略了他在创建华严哲学核心内容方面并没有任何建树的事实。[3] 实际上,

---

[1] 范文澜说:"华严宗是依《华严经》谈法界缘起、事事无碍,以此为宗旨的宗派。杜顺提出的三种观法,一是真空观,二为理事无碍观,三为周遍含容观……以圆教自居……判各宗派为偏教。"(《唐代佛教》,重庆出版社2008年版,第42页)

[2] 侯外庐主编《中国思想通史》说:"华严宗的教义极为繁琐,其思辨哲学也杂糅着各派的论点,因而它是一个佛学中的'杂家'。所谓'杂家'在形式上好像企图总结以前的各宗思想,但在内容上却是凑合以前的各宗思想。"[人民出版社1959年版,第四卷(上),第235页]

[3] 方立天的多部华严类著作很有影响,主要特点是重视法藏的思想,没有重视智俨在华严哲学形成过程中的奠基作用。其他学者几部有影响的佛教著作在论述华严宗思想时也是如此。

法藏对华严学的最重要贡献是在推动华严学的社会普及方面，是在从不同方面诠释华严核心思想方面，是在推动华严宗思想运行于佛学诸多分支方面。一个宗派的实际创宗建派者，并不一定是该宗派核心理论的提出者，这在法藏身上表现得比较明显。

正是由于这三个方面的原因，学者们忽视了智俨在华严哲学思想形成方面不可替代的作用，没有认识到智俨作为华严哲学思想奠基者的地位。本文拟通过对智俨主要著作的分析，论述智俨提出的华严宗创新哲学的具体内容，思想资料来源，重要影响和价值。

二　智俨创新思想的内容

在智俨的著作中，《大方广佛华严经搜玄分齐通智方轨》（以下简称《搜玄记》）是他系统注解《华严经》的代表作，《十玄门》则是他系统总结新思想的集大成之作。根据晋译《华严经》，智俨通过注解经文、解释名相、概括宗旨大意等形式来发挥自己的创新思想。这个理论创新过程，始终在探索和开发原经中蕴含的"玄"理的指导原则下进行。无论是《搜玄记》还是《十玄门》，都不例外。

智俨把佛的真理性活动看作"玄"的体现[1]，认为经典中包含容摄的"玄"，本质上有着离言绝相，不可心思口议的特点。[2] 他把自己系统诠释《华严经》的第一部著作定名为"搜玄"，把最具创新意义的学说定名为"十门玄"或"十玄门"，正体现了他是在探索"玄"的思想支配下诠释经典。东晋僧卫在注解《十住经》时，就认为该经"文约而致弘，言婉而旨玄"[3]，具有探求华严类经典"玄"妙宗旨的主观意图。智俨正是继承了这种思路。

作为中国哲学用语的所谓"玄"，来源于《老子》。在道家哲学中，

---

[1] 《搜玄记》卷1谓："夫如来大圣，自创悟玄踪，发轸于无住。融神妙寂，志崇于菩提。故能殖道种于先际，积善业于无我。晕正智于金刚。"见《大正藏》第35册，13c。

[2] 《搜玄记》卷1谓："斯之玄寂，岂容言哉，但以大悲垂训，道无私隐，故致随缘之说。"见《大正藏》第35册，13c。

[3] 《出三藏记集》卷9《十住经合注序》，《大正藏》第55册，61c。

"玄"是能够体现万物无穷变化作用的幽深微妙、高深莫测的"道"。智俨所要搜的"玄"，用《十玄门》中的用语，就是"一乘缘起"或"法界缘起"①。这个"法界缘起"所要阐明的道理，就是作为佛自体（也称为"十佛境界""如来藏自性清净心""一真法界""佛性"等）作用或表现的万事万物之间本来存在着的圆融无碍的理想关系。所以，佛家讲的"玄"乃是佛家自己的"道"，与道家的用语虽然相同，含义却不同。这就是所谓"借语用之，取意则别"②。

智俨所搜索到的《华严经》深奥道理，被称为该经的"宗旨""宗趣"，就是"法界缘起"或"一乘缘起"。在智俨之前，《华严经》的研究者就以"法界缘起"概括本经的核心内容，而智俨集中对"一乘缘起"进行创造性论述，是在《十玄门》中。在这篇文章开头，智俨就明确指出了法界缘起与佛教传统缘起说的本质区别，并概括了法界缘起的核心内容：

> 明一乘缘起自体法界义者，不同大乘、二乘缘起，但能离执常、断诸过等。此宗不尔，一即一切，无过不离，无法不同也。③

缘起说是佛教最重要的基本理论，大乘（菩萨乘）、二乘（声闻乘，缘觉乘），也就是传统佛教所讲述的缘起说有许多种，各种缘起学说之间虽然互有差异，但有一个共性，即都是说明世界、人生及各种现象生成、变化和消亡的理论。总的来说，传统缘起学说在承认事物和现象均依据特定条件而产生、变化和消亡方面是一致的。在智俨看来，传统缘起理论的价值和作用，在于要消除（离）人们认为事物或断灭（断）或永恒（常）等错误认识和观念（诸过），只有消除了这些错误认识和观念，才能正确理解缘起理论。但是，《华严经》所讲的"一乘缘起"，却不是关于世界、人生及各种

---

① 《华严一乘十玄门》，《大正藏》第45册，514a。以下引用本文只注页码。
② 《华严经随疏演义钞》卷1。《大正藏》第36册，2b。这是佛教学僧的一贯做法，正如后来澄观所指出的，对儒道哲学用语，是"借语用之，取意则别"。《华严经疏》开头也用"众妙"一词，澄观在《随疏演义钞》中解释说：《老子》中"玄之又玄，众妙之门"中讲的"众妙"，是"以虚无自然以为玄妙"，他所讲的"众妙"，是"以一真法界为玄妙体，即体之相为众妙矣"。就是说，"众妙"都是指一切事物，《老子》所指的一切事物来自"虚无自然"，他讲的一切事物是"如来藏自性清净心"的作用。
③ 《大正藏》第45册，514a。

现象起源的理论，不是侧重于解决宇宙生成论或本体论方面的问题，而是关于世界、人生和各种现象理想存在状态的学说，重点说明事物或现象之间本来具有的理想关系，说明修行解脱所要达到的理想境界。

"一乘缘起"或"法界缘起"的名目自然都不是智俨所创，但是，智俨在这里把它与传统缘起学说进行比较，指出了其显著特点，并赋予其新的内容，则是前所未有的创新。在智俨看来，"一"和"一切"①可以相互等同，尽管作为"一切"的事物或现象可以多得不可计数，但是没有存在于"一"之外的任何个体，也没有存在于"一切"之外的"一"，"一"和"一切"可以完全画等号，此即"一即一切"；在正确认识、理解"一即一切"这个缘起理论时，没有什么错误认识和观念（过）需要消除（离），此即"无过不离"；世界上所有事物或现象，尽管数量无限多，归根结底都是没有区别的，可以相互等同的，即"无法不同"。这里的12个字，就是华严哲学思想的总纲。《十玄门》中讲的"十玄门"，就是对这个总纲的具体论述。所谓"十玄门"，不是论述十个玄理，而是从十个方面论述一个玄理，即"一乘缘起"，即"一即一切，无过不离，无法不同"的道理。

《十玄门》具体论述的"一"与"一切"，主要有三重含义，也就是主要运用于处理三个方面的关系。

其一，运用"一"与"一切"处理整体与部分的关系，在整体与部分相互依存，不可分割的基础上讲两者可以相互等同。这里的"一"，是指与部分相互依存的整体，即所谓"缘成一"。这里的"一即一切"，是把整体与部分相等同。在这层意义上使用"一即一切"，强调了整体与每一部分的依存关系。组成一个整体的部分哪怕多得无法计数，缺少其中任一部分也意味着没有那个整体的存在。

其二，运用"一"与"一切"处理本质与现象、本体与作用、共性与差别的关系，在它们彼此不可分离的基础上讲相互等同。在这方面，"一"可以代指"理""心""体""佛性""净"等，是抽象的"一"，是生起万有的本原，同时又是一切现象的本质规定。"一切"可以代指"事""法"

---

① 在《华严十玄门》及在此前后的华严学僧著作中，"一切"与"多""十""无量""无尽"等是同类概念，含义相同，这是继承了《华严经》的内容。

"用""众生""染"等,是无穷无尽的个体、现象。"一即一切",表明没有离开本体的作用,离开本质的现象,离开共性的差别,由此再进一步强调本体就是作用,本质就是现象,共性就是差别。在这层意义上使用"一即一切",落实到宗教解脱观方面,就是强调了可见世界与不可见世界的合一,轮回世界与解脱世界的合一,现实世界与理想世界的合一。这种理论告诫信仰者:不要希望在轮回世界之外寻找解脱世界,不要希望在现实世界之外寻找理想世界。

其三,运用"一"与"一切"处理现象与现象之间的关系。在这方面,"一"指统一整体中的某个部分,是具体的"一";"一切"指整体中除去为"一"的部分之外的所有部分,是具体的"一切"。《十玄门》讲"举一为主,余即为伴。主以为正,伴即是依"①。"一"与"一切"的关系,即是现象或事物间"主伴""正依"的关系,即主从关系。在这层意义上使用"一即一切",既强化了每个部分相互依存、不能分离的整体意识,又突出了有主次之分的各部分本质上一律平等的观念,从而强调了部分与部分之间关系的协调、和谐。

在这种方法论指导下描述的理想世界,就是所谓"法界缘起"的真实图景:圆满无缺、同时具足的万事万物,是佛自体的直接体现,两者之间没有兴起和被兴起的关系;万事万物均处于没有矛盾、没有隔阂、相互依存、相互等同的和谐统一之中。世界本身就是一个完整的、统一的、没有时空差异的统一体系。这就是佛国世界的终极真实,也是修行所能获得的最高理想境界。

智俨提出的"一即一切,无过不离,无法不同",不仅是理解"十玄门"的钥匙,也是理解此后法藏的"六相圆融"②、澄观的"三圣圆融"③

---

① 《大正藏》第45册,515c。
② "六相圆融"是"一即一切"理论在"六相"关系的运用,最终是论证"六相"中的"总同成"(相当于"一")与"别异坏"(相当于"一切")的"相即"关系。另外,法藏提出的"五教十宗"判教理论历来受到华严宗思想研究者的重视,但是,我们应该看到,这个判教理论对于华严宗哲学核心内容形成和发展并没有任何影响。
③ "三圣圆融"是通过解决毗卢遮那佛和文殊、普贤两位菩萨的关系,论证"理"和"行"都具有"一证一切证"的圆融关系,这是"一即一切"在修行观、解脱观方面的运用。

和宗密的"四法界"①等学说的钥匙。华严宗教理体系中诸如此类的具体学说很多,都是在遵循智俨提出的这个方法论指导下才能成立。

总之,智俨在《十玄门》中提出的这12个字,即他认为的《华严经》的根本宗旨,就是华严宗创新哲学的核心内容,就是整个华严宗教理的哲学基础,方法论基础。一旦理解了智俨的这个哲学思想,就是进入了华严宗教理的核心领域,就是掌握了理解法藏、澄观、宗密等华严宗祖师思想的钥匙。当我们进入了这个核心领域的时候,就会发现,华严宗教义的烦琐、庞杂、沉重主要表现在反复论证和丛生的"名相"(特有概念、范畴)方面,其核心教义的个性特征很突出,并且不复杂,也不难理解,同时,也绝对不是"凑合以前各宗的思想"形成的。

三 智俨创新思想的来源

智俨提出创新思想的材料来自《华严经》中的内容,同时,也受到了杜顺的影响。在《十玄门》的题目之下标有"承杜顺和尚说",就说明智俨的哲学创新包含了其师杜顺的思想因素。从智俨把法界缘起的内容用"一"和"一切"这对范畴来表述,就可以看到他深受杜顺著作影响的痕迹。

杜顺的《五教止观》吸收了大小乘佛教的主要禅观内容,在分析批判的基础上,把它们统统作为"入道方便",作为达到"华严三昧"的禅观认识和体验的手段。《五教止观》开头言:"行人修道,简邪入正,止观法门有五。"②"止观法门"指修禅观的方法,要求修行者(行人)在情绪稳定、精神专注(止)的状态下,认识、思考(观)特定的教义,达到相应的体验(入道)。"简邪"是批判不正确的禅观,"入正"是认识和思考正确的教义。简邪是手段,入正是目的,它们又是同一修禅过程中的两个方面。杜顺继承了佛教关于禅修的一般观点,认为"为病既多,与药非一,随机进修异,所以方便不同"③。由于人们的错误认识(病)多种多样,人们的天生

---

① "四法界"中的"理事"关系本质上就是"一、一切"的关系。
② 《大正藏》第45册,509a。
③ 同上书,509b。

素质（机）也有差别，所以采取的修禅具体方法（方便）可以灵活变化。就杜顺讲的五门止观的关系而言，前四门都是方便，为消除特定的错误认识而设立，只有最后的"华严三昧"才是真正的"入正"。此门要求认识、思考和体验"法界缘起"境界。"若有直见色等诸法从缘，即是法界缘起也，不必更须前方便也。"① 修华严三昧，认识了法界缘起，前四门的方便修行也就不必要了。

所谓"直见（观想、体验）色等诸法从缘"，就是入法界缘起。杜顺反复强调，"见眼耳等事，即入法界缘起中也"，"见法即入大缘起法界中也"。所以，华严三昧所要求思考的直接对象是"事"，而不是"理"。由于理事圆融，对"事"的完全把握即为对"理"的完全把握。

法界缘起"境界者，即法，明多法互入，犹如帝网天珠，重重无尽之境界也"。"帝网"又称"因陀罗网"，指帝释天宫悬挂的一张结满无数宝珠的网，《华严》和《梵网》等经都有记述。按杜顺的解释，这张网上的任一颗宝珠都"能顿现一切珠影，此珠既尔，余一一亦然。既一一珠一时顿现一切珠既尔，余一一亦然，如是重重，无有边际。有边即此重重无边际珠影皆在一珠中，炳然高现，余皆不妨此"②。这是说，因陀罗网上的每一颗珠子都映现其他一切珠子，也映现一切珠子中所反映的一切珠子，每一颗珠子都有这个特点，一一类推下去，就是重重无尽，没有边际。但是，没有边际又与有边际相统一，重重无尽的珠影反映在一颗珠子中，这就是有边际。在杜顺看来，这是因陀罗网之喻所能说明的全部内容，但并不是"法界缘起"的全部内容。杜顺从"喻"与"法"的关系方面来进一步补充说明：

> 如斯妙喻，类法思之。法不如然，喻同非喻；一分相似，故以为言。何者？此珠但得影相摄入，其质各殊。法不如然，全体交彻故，以非喻为显现真实义③。

---

① 《大正藏》第45册，512b。
② 同上书，512b。
③ 同上书，513c。

如果因陀罗网的比喻与法界缘起教义（法）毫无共同点，比喻就失去了意义（喻同非喻）。这个比喻与法界缘起教义有相通之处（一分相似），表现在"影相摄入"方面。但是，这个比喻也有不能说明法界缘起的方面，即"全体交彻"。具体说来，一颗珠子映现一切珠子，它所映现的只是那一切珠子的影子，并不是把那一切珠子本身全部摄入，那一切珠子还独立存在（其质各殊），这不是"全收"。法界缘起的"真实义"在于讲"全体交彻""全收"，即作为"一"的珠子不仅能摄入作为"一切"珠子的"影相"，也能摄入其"体"。也就是说，"一"不仅是指具体的事物，也具有本体、共性的意义。

杜顺主要是借用因陀罗网的神话来论证法界缘起，现代学者在分析华严宗的"一即一切"命题时，也大多联系这个神话来说明。实际上，《华严经》所讲述的"一"与"一切"的关系，远远超出了这个范围。智俨用"一"和"一切"两个范畴论述法界缘起，在借鉴"一"与"一切"的关系方面，至少吸收了《华严经》讲述"一""多"关系的三个方面的内容。

其一，《华严经》要求菩萨要从"一"中认识"多"，从"多"中认识"一"，最后把两者结合起来，统一起来。比如，《华严·十回向品》要求"于一切法中知一切诸法，于一切法中亦知一法"[①]；《华严经·十忍品》说"观缘起法，于一法中解众多法，众多法中解了一法"[②]。在《十玄门》中，智俨详细论证了这些内容。

其二，《华严经》要求菩萨认识"一""多"的等同关系——相即或相是。《初发心菩萨功德品》："知一世界即是无量无边世界，知无量无边世界即是一世界。"[③] "一切欲即是一欲，一欲即是一切欲。"[④]《华严经·十住品》第七住中所列举的"十法"第一法就是"知一即是多，多即是一"[⑤]。智俨在《十玄门》论述的"一"与"一切"关系时采用了这些说法。

其三，《华严经》要求菩萨认识"一多"的转化关系——相入和相摄。

---

① 《大方广佛华严经》卷21，《大正藏》第9册，530a。
② 《大方广佛华严经》卷28，《大正藏》第9册，580c。
③ 《大方广佛华严经》卷9，《大正藏》第9册，450c。
④ 同上书，451b。
⑤ 同上书，445c。

《普贤菩萨行品》："一切世界入一毛道，一毛道出不可思议佛刹；一切众生身悉入一身，于一身出无量诸身。"① 《华严经》中关于菩萨要具备的关于"一"与"一切"关系的认识，主要是运用于对神通境界和菩萨神秘修行境界的认识，正如《华严经·佛不思议法品之二》说，佛能够将"一切法界等世界"，包括所有的无量众生摄入安放于"一毛孔"② 中，照常行住坐卧，而众生也不觉得有不适，如来也不会生厌烦。这种"一"和"一切"相摄和相入的能力，就是佛才具有的能力，也就是佛的神通境界。智俨在吸收这方面的内容时，进行了批判继承。

总之，《华严经》在说明菩萨的认识和实践过程中，在说明神通能力和佛菩萨境界方面，普遍从"一多"方面叙事，但是"一多"还没有抽象化为哲学概念。杜顺利用《华严经》中的神话比喻来说明禅定境界，也没有对这些神话进行哲学处理。智俨在《十玄门》中提出法界缘起创新思想的时候，充分运用了《华严经》中的资料，他把来自《华严经》中的神话描述和神通境界构想资料进行了哲学化、概念化处理。③ 所以，从华严经学到华严宗学的转变，本质上是哲学化的过程。

四　智俨创新思想的价值

智俨论证"一即一切"自然是在承认"一"与"一切"有差别、有矛盾、有分歧的前提下进行的，但是，经过多层面、多角度（一般分为十个方面）的论证，他最终不仅得出"一"与"一切"完全等同的结论，而且得出一切事物和现象可以完全相等同的结论，即"无法不同"的结论。这样一来，华严宗的哲学就具有过分强调事物间的平等、和谐、一致，完全忽视事物间的差别、矛盾、分歧的倾向。理论上的缺陷必定引发实践上的弊端，在"一即一切"方法论指导下进行所谓"一修一切修""一断一切断"的修

---

① 《大方广佛华严经》卷33，《大正藏》第9册，607c。
② 《大方广佛华严经》卷31，《大正藏》第9册，598a。
③ 即《十玄门》中讲的两个步骤：第一，"举譬辩成于法"，即通过分析来自经典中的譬喻来理解佛法，阐述法界缘起的道理；第二，"约法以会理"，即运用佛教名相概念（"约法"）来论证华严玄理（"会理"）。

行，会产生不顾具体情况的急功近利、违背客观规律的以偏概全。这些应该说是华严宗哲学必然引发的消极影响、负面作用。但是，智俨创新哲学思想在中国佛学发展史上乃至整个中国思想发展史上的积极影响是主要的、正面作用是显著的，同时，其理论价值也是应该引起重视的，可以大力弘扬的，并且是具有重要现实意义的。在这里，我们侧重提出两点。

第一，拒绝神异、排斥神通。

通过前面的介绍可以清楚看到，《华严经》中所讲的"一多"关系，主要是为描述神通境界服务，为论证佛菩萨神秘修行服务，神异色彩是非常浓重的。智俨在吸收、改造《华严经》中的"一多"关系过程中，在论证法界缘起内容的过程中，始终坚持着拒绝神异、排斥神通的原则：

> 又云：如一微尘所示现，一切微尘亦如是。故于微尘现国土，国土微尘复示现，所以成其无尽复无尽。此即是其法界缘起，如智如理，实德如此，非即变化，对缘方便故说。若是大乘宗所明，即言神力变化，故大小相得入；或言菩萨力故入，又言不二故入，不同一乘说。

关于"微尘现国土""大小相得入"之类的描述，是充斥于整部《华严经》各个部分的，智俨反对一般大乘佛教学者用"神力变化"来解释，不承认这是菩萨的神通力量所变现的结果，也反对用"不二法门"之类的学说去解释。智俨提出"此宗明相入，不论神力，乃言自体常如此"[①]，这是用世界本来具有的理想状态来说明这种场景，彻底否定了神通和神异在这方面存在的合理性。这个思路为以后包括华严诸祖在内的所有《华严》研究者所继承，逐步成为华严信仰者的共识。最大限度地拒绝原经典中的神异灵迹描述和神通变化构想，是《十玄门》在理论创新过程中表现出的理性精神。

从这样的论证和说明中，我们自然看到了儒家强大的"子不语怪力乱神"思想的影响和诱导，看到中国佛教信徒的理论创造能力，更可以看到他们在理论创新过程中所自觉肩负的社会文化责任。所以，我们可以说：从华

[①] 上引均见《大正藏》第45册，516b。

严经学到华严宗学的转变"有赖于多种因素的共同作用,而最根本的动力,源自中国思想文化中不迷经、崇理性、尚创新的精神"①。

第二,对中国哲学的丰富和发展。

《十玄门》对法界缘起核心思想的概括,在中国哲学史上有着重要价值。其中,"一即一切"所确定"一"与"一切"相互依存、相互依赖、不可分离、不可偏重任何一方的思想,是对中国固有思想中强调"一"、忽视"多"倾向的纠正。

以道家和儒家为主的中国固有思想文化,历来强调理解"一"的重要性和深刻内涵,在对数字"一"进行理论抽象的基础上,形成了对"一"的特别尊崇。作为哲学概念的"一",可以指天地万物一成不变的本源,共同的本质,也可以指事物的同一和统一。中国传统文化还重视对"一"的掌握和运用,"抱一""得一""执一""知一"② 等,被作为认识和实践的最高原则。但是,中国本土哲学在强调"一"的同时,普遍缺乏把"一"作为与"多"不可分离的范畴来同时考虑,没有相应地把"一"与"多"作为同等重要的范畴来对待。对"一"的强调实际上已经成为对"一"的孤零零的独尊,似乎"一"可以脱离"一切"存在,或者"一"可以先于"一切"存在。智俨的"一即一切"的命题,明显是对这种情况的反对和纠正。因此,我们可以说,一方面,中国哲学对"一"的理论抽象和独尊,为华严学僧接受《华严经》中的"一""多"关系奠定了思想基础;另一方面,智俨为"一"与"多"在哲学层面确定的新关系,则是对中国固有哲学思想的丰富和发展。

---

① 魏道儒:《中国华严经通史》,江苏古籍出版社1998年版,第3页。
② 《老子》第二十二章:"是以圣人抱一,为天下式。"《老子》第三十九章:"昔之得一者:天得一以清,地得一以宁,神得一以灵,谷得一以盈,万物得一以生,侯王得一以为天下贞。"《管子·心术下》:"执一而不失,能君万物。"《吕氏春秋·大乐》:"知一则明,明二则狂。"

神通思想演变与佛教中国化历程

夏德美

（中国社会科学院世界宗教研究所）

摘要： 本文结合古印度婆罗门教经典、佛教经典和三部《高僧传》的记载，论述了佛教神通理论的独特内涵及其在中印佛教中的不同境遇。本文认为，在印度佛教修行体系中，神通乃是不受自然规律、社会规律和思维规律支配的各种超常能力，是获得解脱的外在表现和必备条件，是弘教传法的重要手段，是"禅定"和"智慧"结合的产物。中国佛教一方面继承了神通教义的基本内容，同时又适应儒家"不语怪力乱神"的传统，对神通在解脱过程中的作用，在弘教传法中的价值，在整体佛法中的位置等进行了重新诠释。中土信仰者对神通性质、作用、价值和影响的认知变化轨迹，集中反映了一种重要佛教思想中国化的具体进程。

关键词： 神通　智慧　佛教　中国化

一　神通在佛教修行体系中的地位

汉译佛经中译为"神通"（又译作神通力、神力、通力、通等）的词语，在梵语中有多个词语与之对应，比如 abhijñā，adhisthāna，rddhi，vikurvita，等等。大致而言，神通是指通过修行获得的特殊能力，可以知晓一切，可以变化无穷，等等。在古印度，大多数宗教认为一个修行者可以通过特定的修行具有某些神通，比如作为婆罗门教基本经典的《瑜伽经》就提到通过修习瑜伽可以知道往世宿命，可以隐身，预知死亡，获得大力，空中行走，获得天耳通、他心通[1]，等等。这些神通是修行者达到解脱过程中必然会具备的能力，但为了达到最终解脱，修行者又不能过分执着于这些神通。佛教作为古印度宗教文化的一支，也深受这一文化传统影响，对神通非常重视。佛教常讲的神通有神足、天眼、天耳、他心、宿命、漏尽等六神通。这六种神通中，只有漏尽通是佛教所独有的。实际上，神通种类是无数的。因为，佛教认为神通来自禅定，禅定有无数种，相应的神通也就有无数种。《大智度论》卷十七中的一段话，清楚说明了神通与禅定的关系，很有代表性：

> 问曰：菩萨法，以度一切众生为事，何以故闲坐林泽，静默山间，独善其身，弃舍众生？答曰：菩萨身虽远离众生，心常不舍。静处求定，获得实智慧，以度一切。譬如服药将身，权息众务，气力平健，则修业如故。菩萨宴寂，亦复如是，以禅定力，服智慧药，得神通力，还化众生。或作父母妻子，或师徒宗长，或天，或人，下至畜生，种种语言，方便开导。[2]

这段话讨论的是菩萨修定慧以实现自度和度众生之间的关系。这里的"以禅定力，服智慧药，得神通力，还化众生"一句经常被引用。这句话包含了两层意思。其一，获得佛教特有神通不仅需要禅定实践，也需要佛教理论（智慧）指导。在佛教修行体系中，禅定、智慧属于"三学"中不可或缺的两项内容，只有在佛教理论指导下从事禅修实践，才能保证获得佛教的神通，而不是外道的神通。只有获得佛教神通才能达到最终解脱，达到最高果位，外道神通没有这种功能。其二，修行者获得神通的目的不仅是为了自己的解脱，同时也是为了弘教传法，度化众生，这是同一修行过程的两个方面。这样自度和度众生就不存在矛盾，相反，自度正是度众生的基础。

从早期佛教到密教，神通都是佛教修行者达到解脱必不可少的条件之一，

---

[1] 参见黄宝生翻译《瑜伽经》，商务印书馆2016年版，第89—111页。
[2]《大正藏》第25册，第180页。

特定的神通也被认为是达到某种修行成果的重要表现之一。早期佛教倡导的修行最高果位是阿罗汉，而获得阿罗汉果位者必须得"漏尽通"。东晋时翻译的《佛说箭喻经》谓："此是义，是法，得成神通，行梵行，至等道，与涅槃相应，是故我一向记之。"① 这里所说的"等道"是一种果位，它与涅槃相应，也就是阿罗汉果位，达到这一果位必须具有神通和修行梵行。小乘的其他果位也需要有神通，《增一阿含经》云："我自有至要之道得成正觉，眼生、智生，意得休息，得诸神通，成沙门果，至于涅槃。"② 沙门果就是指沙门修行的四种果位，即须陀洹、斯陀含、阿那含、阿罗汉，在这里获得神通被看作获得沙门果位的一种表现。但总体而言，早期佛教时期，佛教特别强调通过戒定慧兼修达到内心清净，获得解脱，对于神通没有大力渲染。

大乘佛教时期，神通作为解脱成佛不可或缺的因素被大力渲染、特殊强调。佛、菩萨的各种不可思议、不受自然规律、社会规律和思维规律制约的神通变化被详细描述，烦琐论证，神通甚至成为是否能够获得解脱的必备条件。比如，《法华经》中往来于十方世界的佛菩萨，无量劫灭度后前来听法的多宝佛都具有穿越时空的无量神通行。在华严类经典中，被树立为修行成佛榜样的普贤菩萨能与法身契合，而契合的关键正是神通行。正如魏道儒先生在《中国华严宗通史》中所指出的"于是，号召学习普贤，更主要的是鼓励修习禅定以获神通，此即为修普贤行。……作为菩萨修行样板的普贤，并不是以学问精湛、能言善辩、智慧超群见长，而是以具有不可思议的神通变化，具有法身的善权方便著称"③。到了大乘密教时期，重视神通达到顶峰，追求神通几乎与追求解脱等量齐观。密教的基本修行方法咒语、手印、坛场都具有多方面的神通功能。

虽然神通对于佛教修行是必需的，或者说神通是佛教徒修行到特定阶段必然会具有的能力，但神通绝不是佛教修行要达到的目的，而且在佛教传播中神通的使用是有条件的。在早期佛教时期，佛陀特别强调教导徒众依靠自己的力量，通过戒定慧的修行达到解脱，并不主张过度使用神通传教，阿含类经典

---

① 《大正藏》第1册，第918页。
② 《大正藏》第2册，第593页。
③ 参见魏道儒《中国华严宗通史》，江苏人民出版社2008年版，第13页。

中有多处提到佛陀反对使用神通的故事，比如在《长阿含经·坚固经》中，佛陀谆谆教导比丘们："我终不教诸比丘为婆罗门、长者、居士而现神足上人法也，我但教弟子于空闲处静默思道，若有功德，当自覆藏；若有过失，当自发露。"① 依据佛教最基本的业力学说，因果是自负的，神通的显现可以让见到神通者种下信佛之因，但以前的业力仍然会发生作用。面对释迦族的灭亡，释迦牟尼无能为力，以神通著称的目犍连试图施救，最终却发现"道德神力不能免彼宿对之罪"②，正说明了神通的局限。在佛经中也记载了佛或其弟子通过向一些难以度化之人展现神通，使其皈依佛教的事情，这些充分展现了神通的作用，但按佛教原理，能够得见佛或其弟子的神通，也是因为此人前世种下了相应的因。所以，神通的作用是有限的，使用神通弘法度人是有条件的。据《高僧传》记载，中国佛教译经史上首位重要译经僧安世高具有多种神通，但他也无法改变自己的业因果报，需要两次来中国"偿对"，被人杀死。③ 这表明神通并不能消除业力，改变因果，逆转报应。

二　中国佛教神通传教的普遍性

在古印度社会，有两个基本观念深入人心，被绝大多数宗教和哲学派别所宣扬，这就是生死轮回和因果报应。所谓生死轮回，是指众生（五道或六道）在获得解脱之前，始终处于一种无始无终的轮转状态，不同的众生死而复生、生而复死，不断流转，在此地的死，就意味着在彼地的生，生死异地同时。因果报应，是指众生在生死流转中的处所和具体境遇完全由自己无数生以来所作的业力决定，善业会有善报，如果死时善业的力量大，就会被牵引到善处（人、天等）；恶业会有恶报，如果死时恶业的力量大，就会被牵引到恶处（地狱、饿鬼、畜生）。基于这样的信念，各种鬼神和神通现象被人们广泛接受、大力宣扬。中国文化很早就形成了"人生一世"的观念，虽也有对天地、祖先等神灵的崇拜，对祥瑞、灾异等神异现象的敬畏，但

---

① 《大正藏》第 1 册，第 101 页。
② 《法句譬喻经》卷 2，《大正藏》第 4 册，第 590 页。
③ 参见《高僧传》卷 1《安清传》，中华书局 1992 年版，第 6 页。

"神道设教",将神异现象主要用作教化的观念始终占主导地位。人们对生命的关注大都限于一世(一生)之内,并通过血缘亲族的关系凝结成牢固的纽带,将每一个人固定在由近及远的各种关系之中,人生、人际成为最核心的问题,那些神异灵验的事情显得不很重要。当社会稳定之时,更是如此,大多数人积极投身于现世的生活之中,在金钱、名利、道德等方面追求此生的价值。一旦社会结构发生巨大变化,战乱频仍,生死存亡成为人们切身感受的事情,就会有一些敏感的心灵对生命的价值重新思考,神异之类也会受到特别重视。但总体而言,中国文化是重实际、重人伦的,对神异现象的接受和探索是有限的。

佛教的传入,为中国人考察生命现象打开了一个新的窗口。佛教虽然在两汉之际就已经传入中国,但佛教理论和实践真正在社会上产生较大影响已经到了东汉末年。从汉桓帝、汉灵帝在位期间安世高、支谶等翻译出的大量的佛教经典可以想见当时佛教的影响之大。安世高、支谶之后,中国社会王纲解纽,天下纷争,统一的汉王朝分崩离析,先是三国鼎立,再是西晋短暂的统一,再到东晋定都建康,少数民族入主中原。社会的大动荡,使儒家经学所建立的现世秩序已经风雨飘摇,人们在痛苦犹疑中纷纷探讨生命的真正意义。于是,有玄学的兴起,有道教的建立。佛教也终于获得了大显身手的机会。作为一种外来宗教,佛教靠什么来吸引信众?佛教因果报应的学说怎样才能得到汉地民众的信服?这都是摆在传教者面前的重要问题。佛经的翻译,为知识阶层提供了新的思想资源,但对于广大民众或者是关注实利的帝王国主,直接作用往往有限,他们需要更直接有效的东西。很多佛教的弘法传教人员正是通过治病救人、预言吉凶、遣神驱鬼等神通能力,为佛教进入中国社会开辟了一种重要途径。

翻阅从梁到宋的三部《高僧传》,我们可以看到,从佛教初传中土开始,成功的传教者大都运用神通来吸引信众,推动佛教发展。中国佛教史学家对具有神通功能的僧人非常重视,慧皎的《高僧传》分为十科,"神异"[①] 为

---

① "神异"一词在汉译佛教中很少见。笔者检索《大正藏》,仅在鸠摩罗什翻译的《大智度论》中出现。"神通"一词却大量见于汉译佛经中,最早出现在东汉支谶译经中。"神通"在佛教中具有完全正面的意义,神异,却多少有一些异于常情。本文尊重佛教传统,除了因慧皎《高僧传》明确以"神异"命篇名外,在其他地方统称为"神通"。道宣以"感通篇"命名,显然是综合了佛教神通和中国文化中"天人感应"的思想。

第三科，仅排在"译经"和"义解"之后，可见对神异僧人的重视。其后，道宣的《续高僧传》和赞宁《宋高僧传》把神异改为"感通"，仍然是专门记载以神通著名的国内外僧人，在整个僧传中占有很大的篇幅（《续高僧传》共31卷，《感通篇》有3卷。《宋高僧传》共30卷，《感通篇》5卷）。

仅从三部《高僧传》"神异"或"感通"类的记载来看，神通表现形形色色，涉及各个方面，比如分身显现、预测吉凶、祈雨祈晴、降服猛兽、显现祥瑞、治病救人、手作神像、幽冥讲经等。对于这些不胜枚举的神通表现形式，几乎很难划分出几个类别而概括无遗。但是，从本质上说，神通就是把人的感官功能扩大到不受自然规律、社会规律和思维规律支配的地步。很多著名的僧人就是靠神通取得了统治者的信奉和支持，从而将佛教发扬光大，比如佛图澄，他之所以被以残忍著称的石赵政权尊为国师，"朝会之日，常侍以下，悉助举舆。太子诸公，扶翼而上"①，正是凭借了对国家大事和个人吉凶的准确预测能力。佛图澄的神通传教为佛教的发展开创了新局面，取得了"所历州郡，兴立佛寺八百九十三所，弘法之盛，莫与先矣"的效果，为北方佛教的发展奠定了良好的基础。

实际上，在传教中运用神通手段的，并不仅仅限于神异篇和感通篇中的僧人，其他科目中，包括那些以翻译经典、讲解义理而知名的僧人中，也不乏著名的神通传教者。在中国译经史上，第一位最知名的译经僧人安世高就是极具代表性的例子。在他身上，比较全面地反映了佛教初传时期成功的外来僧人的基本风貌。就其传教而言，他在华活动时间长，可能有40年左右；他活动范围广，从北方的洛阳到南方的广州。他所具有的传教素质，所采用的传教方法、手段和内容，集中体现了此后大多数外来成功传教者的特点。安世高自幼"志业聪敏，刻意好学。外国典籍，莫不该贯，七曜五行之象，风角云物之占，推步盈缩，悉穷其变。兼洞晓医术，妙善针脉，睹色知病，投药必济。乃至鸟兽鸣呼，闻声知心"②。安世高通晓天文、风角、占卜、医学等技能，这些是此后一些成功传教者大多具备的能力。也正因为具有这些能力，使他"俊异之名，被于西域。远近邻国，咸敬而伟之"。安世高所

---

① 《高僧传》卷9，中华书局1992年版，第349页。
② 《出三藏记集》卷13，中华书局1995年版，第508页。

具有的这些技能的具体内容不能确切知道，但是，其基本方面与当时汉代社会上流行的一些方术有类似之处，应该是没有问题的（应该指出的是，佛教的神通是自身固有的，并不是外来僧人迎合中国方术而采取的）。正是具备这些神通，安世高很快吸引了大量信众，推动了佛教传播。《续高僧传》的作者道宣也具有各种神通功能，据《宋高僧传·道宣传》记载，曾有龙王向道宣求救，道宣身边经常有天神侍奉。①

可以说，绝大多数佛教僧人是把显示神通作为手段，把传播佛教基本教义，帮助人们获得解脱作为目的的。作为修行过程中必须具备的能力，神通的确有助于传教者吸引、感召信徒，获得来自僧俗两界社会各阶层人士的承认和支持。另外，佛教所描述的各种神通现象无疑扩大了中国人的视野，这种不同于中国传统神仙方术的特异现象，与佛教精深系统的思想理论结合在一起，引起了更多人的关注和信仰，多少改变了中国文化的面貌。

三　中国佛教对神通的主流看法

传统的力量是强大的。来自羯胡的石赵政权，可以名正言顺地宣布"佛是戎神，正所应奉"②。但佛教要想在华夏文化传统中站稳脚跟，却不得不与这一社会最基本的价值体系——儒家进行调和。从儒家的观点来看，毫无疑问，各种各样的"神通"都是一些逆于常理，荒诞不经，观之难测，思之难解的现象，这与儒家"不语怪力乱神"的传统是相违背的。过度宣扬神通，并不利于佛教在中国的传播。随着佛教的发展，一些有远见的僧人逐渐认识到这一点，并进行多种努力。在中国佛教史上具有重要地位的道安法师就是其中最杰出的代表。道安曾就学于神异高僧佛图澄，但他"家世英儒"，深受儒家文化影响，不满于神通传教的局限，下决心"令无生之理宣扬季末，使流遁之徒归向有本""游方问道，备访经律"，整理佛教经典，

---

① 《宋高僧传》卷14，《大正藏》第50册，第790页。
② 石赵中书著作郎王度站在"华夷之辨"的立场，主张禁止赵人到寺院烧香礼拜，让出家者还俗。石虎下书曰："朕生自边壤，忝当期运，君临诸夏。至于飨祀，应兼从本俗。佛是戎神，正所应奉。夫制由上行，永世作则，苟事无亏，何拘前代。其夷赵百蛮有舍其淫祀，乐事佛者，悉听为道。"《高僧传》卷9《佛图澄传》，中华书局1992年版，第352页。

为诸多佛经作序,积极寻求在佛教义理上有所建树。道安僧团在中国佛教史上能够占据重要地位,与其所体现的理性精神有很大关系。东晋名士习凿齿曾写信给谢安,向其隆重介绍道安:"来此见释道安,故是远胜,非常道士,师徒数百,斋讲不倦。无变化伎术,可以感常人之耳目;无重威大势,可以整群小之参差。而师徒肃肃,自相尊敬,洋洋济济,乃是吾由来所未见。"[①]习凿齿之所以看重道安,正是因为他不凭借神异灵通惑众,而靠切实修行整肃僧团。但另一方面,我们也要看到,作为佛教徒,道安对于佛教的神通是信服的,在《道安传》中也记载了多处神通事件。道安临死前,希望能够往生弥勒净土,就是为了寻求弥勒决疑,在义理的理解上得到确证。

关于神通的产生、作用以及神通在佛教修行解脱体系中的地位和价值,一些杰出的中国僧人有着比较全面而深刻的认识。三部《高僧传》神通部分的论,都对这一问题进行了深入论述,应该说它们代表了中国佛教界对神通问题的主流看法。

慧皎《高僧传·神异》对神异的性质进行了说明:"或由法身应感,或是遁仙高逸。"认为各种神异之人有的是法身的感应,有的是隐遁的神仙逸士。慧皎对神异传教进行了全面分析,指出神异传教对佛教的传播具有重要意义:"神道之为化也,盖以抑夸强,摧侮慢,挫凶锐,解尘纷。"列举佛图澄、耆域、涉公、杯度等神异高僧在战乱的社会所发挥的作用。同时又指出,显示神异只是一种"权",是为了实现"道"的一种手段,虽违背常情,但只要是善的,是可以使用的:"夫理之所贵者合道也,事之所贵者济物也。故权者反常而合道,利用以成务。……光虽和而弗污其体,尘虽同而弗渝其真。"另外,慧皎又强调不能随意使用神异,否则就是"夸衒方伎,左道乱时"[②]。

道宣《续高僧传·感通篇》将"神异"改为"感通",认为神通在佛教中具有重要位置,"规模之道既弘,汲引之功无坠"[③]。但神通并不容易获得,尤其是在像法、末法时代:"像、末浇兢,法就崩离,神力静流,通感

---

① 《高僧传》卷5《释道安传》,中华书局1992年版,第178页。
② 《高僧传》卷10《神异》,中华书局1992年版,第398页。
③ 《续高僧传》卷28《感通篇下》,中华书局2014年版,第1132页。

殆绝。"对于在社会上广为流传的僧人具有神通的情况,道宣采取"存而不论"的态度,却对神通传教导致的弊病,痛切批评:"顷世蒙俗,情多浮滥,时陈灵相,或加褒饰,考核本据,顿坠淫邪,妖异之谚林蒸,是非之论蜂起。"虚假的神通给佛教带来的只是更多的诽谤和障碍。道宣对神通认识的最大特点的是明确将神通与业报结合在一起,认为"命系于业,业系于心,心发既其参差,业成故亦无准"[1]。神通最终能够发挥多大的作用,能够发挥什么样的作用,是与运用者和被运用者各自的业力直接相关。

赞宁《宋高僧传·感通篇》对神通的产生及其在整个佛法修行体系中的位置进行了全面论述:

> 原夫室静生虚白,心静则神通。儒玄所能,我道奚若?引发静虑,自在现前,法不喧嚣,万缘都泯。智门开处,六通由是生焉。动相灭时,五眼附兹照矣。目连运用,彰何第一之名?那律观瞻,有是半头之见。迷卢入其芥子,海水喻于毫端。不思议时,凡夫之心口两丧;神通生处,诸佛之境界一如。复次,我教法中以信解修证为准的,至若译经传法,生信也。义解习禅,悟解也。明律护法,修行也。神异感通,果证也。孰言像末无行果乎?亦从多分说也。[2]

这段话可以分为三个层次,第一,认为儒家、道教承认有神通,佛教的神通与儒道有相似处,但获得佛教神通需要禅定(静虑)和智慧。第二,列举目犍连、阿那律、迷卢等佛经中以神通著称的人物,以及神通展现出来的效果。第三,结合《高僧传》的分类说明神通在整个佛教修学体系中的位置:译经、传法(慧)是生信,义解(慧)、习禅(定)是悟解,明律(戒)、护法(慧)是修行,神异、感通是果证。

综合三篇僧传的论,我们可以看出,中国佛教史学家对于神通的态度是比较客观而中肯的。作为佛教徒,他们不否认佛教神通的存在,认为神通是法身的显现,是佛教修行中获得的一种能力(或业果)和境界。但对如何

---

[1] 《续高僧传》卷28《感通篇下》,中华书局2014年版,第1133页。
[2] 《宋高僧传》卷22《感通篇》,中华书局1987年版,第576页。

获得神通,神通在传教中应该如何发挥作用都采取了谨慎的态度。这固然与他们追求真实的个人素养有关,也与中国文化崇尚实际的传统有关。赞宁试图将佛教神通与儒家思想进行协调,《宋高僧传·感通》:

> 或曰:感通之说近怪乎?对曰:怪则怪矣,在人伦之外也。苟近人情之怪,乃反常背道之徒欤。此之怪也,非心所测,非口所宣,能至其涯畔矣。令神仙鬼物皆怪者也。仙则修炼成怪,鬼则自然为怪。佛法中之怪则异于是。何耶?动经生劫,依正法而修,致自然显无漏果位中之运用也。知此怪正怪也,在人情则谓之怪,在诸圣则谓之通。感而遂通。故目篇也。

感通是否为"怪"?提出这个问题的人,正是以儒家为标准的。赞宁的回答包含了三个层面。第一,一般被认为"怪"的现象或事物是违背常情、违反大道的。感通超出于人伦(儒家)之外,违背常情,是人的思维无法认识、语言无法描述的,从这个意义上,可以说它"怪"。第二,佛教中的"怪"与神仙鬼物等怪是不同的,是无数劫以来修行获得的果位的变现。第三,佛教中的"怪"在俗人看来是怪,在圣贤看来则是一种感应之后的通达(感通)。人通过自身的修养,可以获得一些感应,这是儒家,特别是董仲舒以来强调"天人感应"的儒家所承认的。那么佛教与儒家就没有矛盾。恰恰相反,佛教的感通,把人的行为和果报放在三世因果的视角下,正可以弥补儒家只重视此世,很难解释一世之内经常出现的善有恶报、恶有善报的矛盾。

总之,神通是整体佛教理论和实践不可或缺的内容,在佛教看来,如果没有神通功能,就不能达到最终的解脱,不能显示修行的果报,甚至可以说,佛教所追求的摆脱轮回之后的解脱状态就是神通的最高境界,那时可以不受一切时空的限制,可以为所欲为、无所不至,芥子纳须弥,一身现十方。同时,如果没有神通功能,佛教徒也不能更有效地弘扬佛教,更广泛地争取各界信众。但我们也要看到,传教者用神通传教只是一种手段,不是目的,他们希望通过这些神通表现来弘扬佛法,为佛教的传播创造良好的环境,使佛教更加容易被普通民众所接受。对于人数最为众多的那些难于理解佛教哲学化义理的社会大众，特别是文化程度不高的妇女，对于那些切盼解决自己实际问题的无助者，神通具有很大的吸引力。无论是出于哪个社会阶层的人，都希望有神通，也乐于接受神通，这是神通存在的深厚土壤。但神通的显现是有条件的，过度宣扬神通，会导致"怪力乱神"，会背离中国的文化传统，从而对佛教的弘扬最终也是不利的，中国历史上一些有见识的高僧清楚认识到了这些，做出了明确的说明，进行了积极的应对。

从王通《续六经》到贞观、开元的改撰《礼记》*
——隋唐之际经典意识的变化

吴丽娱

（中国社会科学院古代史研究所）

摘要：隋唐之际是思想变革的时代。本文通过《中说》一书讨论隋王通《续六经》的思想理念，论证其书对于贞观、开元"改撰"经典的启发。认为王通的《续六经》应运而生，是试图创建中古正统和打造帝王之道的时代新篇章，不仅影响了贞观之治，也带动了隋唐之初的疑经改经之风，引发了诸多经学争议和礼制改革，促进了新经典的出笼和经典意识的变化。并认为从贞观、开元的"改撰《礼记》"，甚至直至中晚唐之际的"新《春秋》学"，都可以从王通的论述中发现其共同的思想渊源，如此三者相续，构成隋唐思想变革的主线，此为研究中古思想史不可忽略，且有待深入的一个论题。

关键词：《中说》《续六经》《类礼》《类礼义疏》 改撰 经典意识

文中子王通是隋代著名大儒，相传曾讲学河汾，著有《续六经》等著

---

* 本文为2015年度中国社会科学院创新工程《中华思想通史·隋唐五代卷》的前期成果，原发表于《中华文史论丛》2017年第3期，此处略有删节。

作。王通自宋代起就是一个有争议的人物,在古今中外的评论和研究中,质疑其人其事者有之,论说其思想、学术者亦有之。[①] 然而语及文中子,有一个现象却不得不注意,这就是其著作公然自称为"经",而本人也竟敢上拟周、孔,以"圣人"自居。对如此僭经拟圣的做法,历代不乏讥评。如宋人张洎的《贾氏谈录》即载如下一则:

> （唐）刘蕡精于儒术,读《文中子》,忿而言曰:"才非殆庶,拟上圣述作,不亦过乎?"客或问曰:"文中子于六籍如何?"蕡曰:"若人望人,文中子于六籍犹奴婢之于郎主尔。"后人遂以文中子为六籍奴婢。[②]

此中刘蕡其人对王通"拟上圣述作"的愤慨跃然纸上,而"六籍奴婢"之称亦足见对王通之作的贬斥和不以为然。宋人司马光、晁公武乃至清人章学诚等无不指责王通好大欺愚、模拟窜窃,对之大加挞伐;[③] 当然也有很多人对此并不认同,如明崔铣、高拱、近人章太炎驳僭经说均甚力。[④] 不过无论赞成与否,令人深思的却是王通这类做法的出现和影响。继王通之后,唐贞观、开元中,又出现了企图"改撰《礼记》"的呼声和《类礼》（也称"《次礼记》"）之类新编经典的创作。"改撰"无疑也是要重新打造经典,这使人不能不注意到王通的思想及其开创之功。

---

① 研究论著如尹协理、魏明《王通论》,中国社会科学出版社 1984 年版;骆建人《文中子研究》,台湾商务印书馆 1990 年版;邓小军《唐代文学的文化精神》,台北文津出版社 1993 年版;李小成《文中子考论》,上海古籍出版社 2008 年版。按,关于王通的历代评议及论著,请参见李小成《文中子考论》。

② （宋）张洎:《贾氏谈录》,景印文渊阁四库全书第 1036 册,上海古籍出版社 1987 年版,第 130 页。按,此则也见于（宋）钱易《南部新书》戊部,中华书局 2002 年版,第 63 页。

③ （宋）司马光:《文中子补传》,（宋）邵博《邵氏闻见后录》卷 4,中华书局 1983 年版,第 30 页;（宋）晁公武撰,孙猛校证:《郡斋读书志校证》卷 10《儒家类·阮逸注〈中说〉十卷》,上海古籍出版社 1990 年版,第 443—444 页;（清）章学诚著,叶瑛校注:《文史通义校注》卷 1《内篇一·经解下》,中华书局 1985 年版,第 110、112 页。按,批评者论议甚多,不具引,并参见骆建人《文中子研究》第一章《传论》,第 19—24 页。

④ 参见崔铣《中说考·自序》,《续修四库全书》,第 933 册,第 487 页。高拱《本语》卷 2,景印文渊阁四库全书第 849 册,上海古籍出版社 1987 年版,第 828—829 页。章太炎撰,庞俊、郭诚永疏证《国故论衡疏证》卷中,中华书局 2008 年版,第 276—290 页。并参见骆建人《文中子研究》,第 22—24 页。

与王通研究有关,任继愈《中国哲学发展史》曾于隋唐卷的《儒学编》给其学说以"新经学"的定位,并辟专章予以论述。①李小成关于文中子也言其创造"新儒学"是要"直承周孔之道,走出一条不同于诠释经学的道路"。②祝总斌先生不久前撰文,提出王通著作所体现的尧、舜、禹、汤、文、武、周公之道对中唐韩愈大力提倡的道统,以及宋儒相关创建的应有启发和影响。③李伟更是将王通在宋代儒学道统中地位提升与韩愈、李翱的并称及北宋古文发展的趋势联系起来。④其他中外学者关于王通其人及思想传承也有很多研究,考察事迹之外,内中不少也谈到王通与韩愈及宋学的关系。⑤

但是,就王通思想影响儒学发展而言,毕竟有长期的过程。而隋及唐初,也包括唐前期在内的联系显然是其中不可缺失的一个环节。那么贞观、开元的"改撰"之举是否与王通的思想、理念有关?事涉隋唐之际经学思想变革的一桩公案,故本文拟从"改撰"出发,尝试将其中的脉络和内涵梳理清楚。

---

① 参见《中国哲学发展史·隋唐卷·儒教编》,人民出版社1994年版,第27—54页。
② 李小成:《文中子考论》第五章第三节"南北之学与文中子的新儒学",上海古籍出版社2008年版,第143页。
③ 祝总斌:《关于王通的〈续六经〉与〈中说〉》,《中华文史论丛》2015年第2期。
④ 李伟:《从"韩"、"李"并称看晚唐五代至北宋中期古文发展的趋势——兼论王通在儒学道统中地位提升的原因》,《中华文史论丛》2015年第2期。
⑤ 钱穆:《读王通〈中说〉》,氏著《中国学术思想史论丛》卷4,生活·读书·新知三联书店2009年版,第1—17页。[日]市川本太郎《隋の大儒文中子の思想》,《国士馆大学人文学会纪要》第3号,东京,1971年,第199—237页。[日]吉川忠夫《文中子考——とくに东皋子を手がかりとして——》《史林》第53卷2期,京都,1970年,第87—120页。Howard J. Wechsler, "The Confucian Teacher Wang T'ung (584?–617): One Thousand Years of Controversy", T'oungPao 63.4–5, 1977, Leiden, pp. 225–272. Ding Xiang Warner, "Wang Tong and the Compilation of the Zhongshuo: A New Evaluation of the Source Materials and Points of Controversy", Journal of the American Oriental Society 121.3, 2001, New Haven, pp. 370–390. Jue Chen (陈珏), "History and Fiction in the Gujing Ji (Record of an Ancient Mirror)", Monumenta Serica: Journal of Oriental Studies 52, 2004, St. Augustin, Germany, pp. 161–197. Kwok-Yiu Wong (王国尧), "Between Politics and Metaphysics: On the Changing Reception of Wang T'ung in the T'ang-Sung Intellectual Transitions", Monumenta Serica: Journal of Oriental Studies 55, 2007, St. Augustin, Germany, pp. 61–97. 参见傅扬《王通、儒学和隋唐思想史》,《台大历史学报》2009年第43期。谈及与韩愈及宋学关系或评价,如[日]岸田知子《文中子中说——成立についての思想史的考察》,[日]木村英一博士颂寿记念事业会编《中国哲学史の展望と模索》,创文社,1976年,第461—475页;[日]池田恭哉《王通と〈中说〉の受容と评价——その时代的な变迁をたどって——》,《东方学》2014年第128期。

一 "改撰《礼记》"的说法与来源

"改撰"一词,始见于《开元礼》制作之初,这就是开元十四年通事舍人王喦建议用"改撰《礼记》"之法,"削去旧文,而以今事编之"。但宰相张说则反对,提出"折中"已有的《贞观》《显庆》二礼,从而为《开元礼》的制作定下了基调。[①] 笔者曾撰文论及于此,认为理解"折中"一词,是认识《开元礼》制作的关键,并因此讨论了《开元礼》一书对于五方帝的处理,以及相关礼制与经学的关系问题。[②] 但现在看来,还有一点也应当明确,即所谓折中与"改撰"并非风马牛不相及。以往的研究已证明,折中而成的《开元礼》中,并不是没有"改撰"旧礼制的成分,而最初所见的"改撰",亦并不完全是针对《开元礼》,而是直奔《礼记》经典本身。

《旧唐书》卷一〇二《元行冲传》曰:

> 初,有左卫率府长史魏光乘奏请行用魏徵所注《类礼》,上遽令行冲集学者撰义疏,将立学官。行冲于是引国子博士范行恭、四门助教施敬本检讨刊削,勒成五十卷,(开元)十四年八月奏上之。尚书左丞相张说驳奏曰:"今之《礼记》,是前汉戴德、戴圣所编录,历代传习,已向千年,著为经教,不可刊削。至魏孙炎始改旧本,以类相比,有同抄书,先儒所非,竟不行用。贞观中,魏徵因孙炎所修,更加整比,兼为之注,先朝虽厚加赏锡,其书竟亦不行。今行冲等解徵所注,勒成一家,然与先儒第乖,章句隔绝,若欲行用,窃恐未可。"上然其奏,于是赐行冲等绢二百匹,留其书贮于内府,竟不得立于学官。行冲恚诸儒排己,退而著论以自释,名曰《释疑》。[③]

又《唐会要》卷三六《修撰》有曰:

[①] 《旧唐书》卷21《礼仪志一》,中华书局1975年版,第818页。
[②] 《从经学的折中到礼制的折中——由〈开元礼〉五方帝问题所想到的》,待发表于《文史》。
[③] 《旧唐书》卷102《元行冲传》,中华书局1975年版,第3178页。

（贞观）十四年（640）五月二十一日，诏以特进魏徵所撰《类礼》赐皇太子及诸王，并藏本于秘府。初，徵以《礼经》遭秦灭学，戴圣编之，条流不次，乃删其所说，以类相从，为五十篇，合二十卷。上善之，赐物一千段。[①]

两处史料说明，先是曹魏孙炎已经改变了《礼记》旧本，按类抄书。贞观中魏徵又根据孙炎本加以整理，并增添注文，谓之《类礼》，其书删掉了戴圣《礼记》的一些内容，予以简化且"以类相从"。元行冲再解魏徵之注，是又于注上加疏。至于王喦要求《开元礼》削去《礼记》旧文，显然是在元行冲义疏的基础之上更进一步。据《唐会要·论经义》，"太子宾客元行冲等，撰《礼记义疏》（按即'《类礼义疏》'）五十卷成"的时间是开元十四年（726）八月六日[②]，应在讨论《开元礼》撰作的同时或稍前。《会要》所载撰疏经过及疏成，遭到张说反对，"上然其奏，遂留其书，贮于内府，竟不得立学"，亦与《旧唐书》说法一致。今见《新唐书·艺文志》有魏徵《次礼记》二十卷（注："亦曰《类礼》"）和元行冲《类礼义疏》五十卷置于一处[③]，特别出示了二者关系。由是推知王喦要求削去《礼记》旧文而以新事编之，是在元行冲上书同时或稍后，且因元行冲书而言之，两事一而二、二而一，故都以张说反对的话为告终。

经典的注疏唐以前有多家，经学在私家传授的基础上形成了不同的家学门派。南北朝义疏学十分发达。隋及唐初以后，旧义疏学日渐衰落，特别在孔颖达领撰《五经正义》之后，对经典的解释南北一统，定于一尊，加之科举的配合，旧义疏学已无存留的余地。但经学并非像人们以往所认为的就此停滞不前，毫无发展。魏徵《类礼》、元行冲《类礼义疏》显然不再遵循和隶属旧义疏学的传统范畴，也已不再受其思想束缚。因为他们不打算再遵循家学规范，也不再跟从前人的章句训诂亦步亦趋，照元行冲的话说就是所谓"修古义则非章句内学"的"变易章句"者。他们的新著显然是要摒弃

---

① 《唐会要》卷36《修撰》，上海古籍出版社1991年版，第759页。
② 《唐会要》卷77《贡举下·论经义》，上海古籍出版社1991年版，第1667—1668页。
③ 《新唐书》卷57《艺文志一》，中华书局1975年版，第1434页。

前人专重章句训诂的旧义疏学，从而追求经典本意，直达古人的原始精神和境界。台湾的林庆彰先生指出唐中期至北宋是"回归原典"的一个活跃时期，①但从这里看其源头还要更早。既要修古义、变异章句就包括对经典内容意义的重新认识和发挥，批评旧注疏甚至改写，由此或赋予新解，或另行建构新篇章，这也是为何王喦竟能提出削去《礼记》旧文，而以新事编之的原因——关于这一点，还可见下文的具体论述。

魏徵作《类礼》自然是元行冲和王喦"改撰"《礼记》思想的来源。但是对经典加以改造或者重编是不是自魏徵开始，魏徵又受到何种启发要这样做呢？上面说到魏徵是在曹魏孙炎基础上修改加注，但孙炎师学郑门，今史料中存留关于他的记载都是对经文字义的解释。而他所改的《礼记》注本不过是"以类相比，有同抄书"，并没有什么实质性的变异。且二人相隔数百年，魏徵除了用他的底本外，很难扯上太多关系。据元行冲说："自后条例支分，箴石间起。马伷增革，向逾百篇；叶遵删修，仅全十二。魏公病群言之错杂，绌众说之精深。"②可见孙炎之后，还有人试图对《礼记》加以整编，而魏徵则是在此基础上，对众多错杂的说法加以批判，而寻求经典中精深礼义的正解。所以如果就真正"改撰"的意义来说，魏徵本人也不能算是发明之祖，事实上对他有重大影响的应当还另有其人，而谈及这一点，则撰作《续六经》（《易》《诗》《书》《礼》《乐》《春秋》）而被称作文中子的王通便不能不进入研究者的视野。

王通事迹见于《新唐书·王绩传》："兄通，隋末大儒也，聚徒河、汾间，仿古作《六经》，又为《中说》以拟《论语》。不为诸儒称道，故书不显，惟《中说》独传。"③据说唐初的一些重臣都是他的学生。宋人阮逸于《文中子中说序》评论说："若房（玄龄）、杜（如晦）、李（靖）、魏（徵）、二温（大雅、彦博）、王（珪）、陈（叔达）辈，迭为将相，实永三百年之业，斯门人之功过半矣。"④这里没有提到的人还有窦威、薛收、杜淹等。诸人包括魏徵与王通的交往、对话都见于《中说》。晚唐皮日休在所

---

① 林庆彰：《中国经学史上的回归原典运动》，《中国文化》2009年秋季号（总第30期）。
② 《旧唐书》卷102《元行冲传》，中华书局1975年版，第3179页。
③ 《新唐书》卷196《隐逸·王绩传》，中华书局1975年版，第5594页。
④ （宋）阮逸：《文中子中说序》，张沛校注《中说校注》，中华书局2003年版，第1页。

撰《文中子传》中，称王通"苟唐得而用之，贞观之治，不在于房、杜、褚、魏矣"①，似乎也意识到王通思想对贞观之治及治国者的影响。但是唐初重臣是否多师从王通，能证明的材料很少，对王通《续六经》和《中说》一书，前人也已提出不少质疑。而如司马光，虽在《资治通鉴》中简要记录了王通向隋文帝献策及教学诸事②，但仍于所作《文中子补传》中，提出《中说》是在唐室既兴之后，由通弟王凝与通子福畤辈"依并时事，从而附益之也"③。这一说法也被后来的一些学者所接受。④

不过笔者以为，追求具性真实之外或应当更注重陈寅恪先生所说的通性真实。对于《中说》其书与王通事迹的怀疑，似乎不能成为否定或者无视王通思想的理由。其实如仔细比对《中说》所论，便不难发现其中所论并非无的放矢。尤其相关《续六经》的论说立意深刻，逻辑严密，自成体系，很难认为是由他人拼凑而成。如从中发掘，还是能为王通本人的不凡造诣提供依据。更何况王通讲学实有其事，"续命河汾"弦歌不辍，"但开风气不为师"为古今所称颂。⑤ 因此王通事迹虽或有疑，但他曾通过教授学生传播思想并不是无迹可寻。基于此，本文不欲再纠缠于王通具体事迹的有无确否，而是试图通过《中说》的相关记载，分析其《续六经》之作与唐贞观、开元"改撰"经典之内在关系，以证明他对唐初思想的启发。

二 《中说》的意义与王通的《续六经》制作

唐朝以降记述文中子的论著不多，今《续六经》已散佚，某些现存本如《元经》多被指为伪作，故研究文中子创作及其思想，比较集中的就只

---

① （唐）皮日休：《文中子碑》，《唐文粹》卷51，《四部丛刊初编》，上海商务印书馆1922年版，第368页。
② 《资治通鉴》卷179 隋文帝仁寿三年（603），中华书局1956年版，第5599页。
③ （宋）邵博：《邵氏闻见后录》卷4，中华书局1983年版，第28—32页。
④ 王冀民、王素：《文中子辨》，《文史》第20辑，中华书局1983年版，第231—249页。同类文章并见徐朔方《王通门人辨疑》，《浙江大学学报》1999年第4期；段熙仲《王通王凝资料正讹》，《文史》第27辑，中华书局1986年版，第323—326页。
⑤ （清）龚自珍：《己亥杂诗》，《龚自珍己亥杂诗注》，中华书局1990年版，第145页。并参见陈寅恪《赠蒋秉南序》，氏著《寒柳堂集》，上海古籍出版社1980年版，第162页。

能是《中说》一书了。《中说》乃仿《论语》之作,据阮逸言"《中说》者,子之门人对问之书也,薛收、姚义集而名之",① 书中弟子们仿照孔子的称谓直接称王通为"子",其书性质和师生问答形式也颇类《论语》。阮逸并解书名之义曰:

> 大哉,中之为义!在《易》为二五,在《春秋》为权衡,在《书》为皇极,在《礼》为中庸。谓乎无形,非中也;谓乎有象,非中也。上不荡于虚无,下不局于器用,惟变所适,惟义所在,此中之大略也,"中说"者,如是而已。②

二五、权衡、皇极、中庸都是经典中称说中道的用语,而经典所言"中"也是事物处理、存在的适中之度和最合理状态。此即《礼记·中庸》所谓"中和":"中也者,天下之大本也;和也者,天下之达道也。"中庸被孔子视为君子之道,郑玄注:"庸,常也,用中为常道也。"③ "中""惟变所适,惟义所在",是符合规律性的认识,故能够适应变化,顺从道义,这也是《中说》一书所要宣扬的主旨。所以其弟子董常说:"夫子《六经》,皇极之能事毕矣。"④ 一切归于大中,"中"的意念集中代表了王通的思想精髓,近人谢无量所谓"文中子学说,以执中为要,故其书曰《中说》"。⑤ 骆建人《文中子研究》也指出:"文中子之思想,盖以中庸为本,皇极为归,故《中说》一书,大中至重。"⑥ 此一意念也见于王通论继承周公、孔子之道:

> 子燕居,董常、窦威侍。子曰:"吾视千载已上,圣人在上者,未有若周公焉,其道则一而经制大备,后之为政,有所持循。吾视千载而下,未有若仲尼焉,其道则一而述作大明,后之修文者,有所折中矣。

---

① (宋)阮逸:《文中子中说序》,张沛校注《中说校注》,中华书局2003年版,第1页。
② 《文中子中说序》,第3页。
③ 《礼记正义》卷52《中庸》,《十三经注疏》,中华书局1980年版,第1625页。
④ 《中说校注》卷8《魏相篇》,中华书局2003年版,第207页。
⑤ 谢无量:《中国哲学史》,中华书局1916年版,第46页。
⑥ 骆建人:《文中子研究》乙编第一章第三节《大中》,台湾商务印书馆1990年版,第114页。

千载而下，有申周公之事者，吾不得而见也；千载而下，有绍宣尼之业者，吾不得而让也。"①

王通认为自己是"绍宣尼之业"的当然继承人。对于所说"折中"，阮逸解作"无位则修，而取中焉"。校注者张沛则进一步解释说："取正，以为准则。《史记·孔子世家》：'自天子王侯，中国言《六艺》者折中于夫子，可谓至圣矣。'"

将"中"或"折中"作为经学最高标准或者至上境界，也见于文中子的其他论议。如《中说》记"子谓叔恬（王凝）曰"："《春秋》、《元经》于王道，是轻重之权衡、曲直之绳墨也，失则无所取衷也。"阮逸释"衷，中也。过则抑之，不及则劝之，皆约归中道"②。又其论帝制说："天下之危，与天下安之；天下之失，与天下正之。千变万化，吾常守中焉。"③ 又如"子曰：'政猛，宁若恩；法速，宁若缓；狱繁，宁若简；臣主之际，其猜也宁信。执其中者，惟圣人乎？'"④

所以"中"或中道如就经学理论而言，实际上是代表着某种权衡之下的适度选择，而执中、折中则包含着对错误的修改和纠正。坚持中道常常不意味守旧，而是面对新形势、新变化采取一种新、故结合的原则。我们从《开元礼》的制作中可以看到这种努力，而王通的学说也是如此。虽然从《中说》一书中可以见到他对《六经》的师法，以及对三纲五常原则的遵循和强调，但是《续六经》显然不是对古《六经》的重述或者单纯解说。可以知道的是王通曾有"盖九师兴而《易》道微，《三传》作而《春秋》散"的批评。他并且提出："白黑相渝，能无微乎？是非相扰，能无散乎？故齐韩毛郑，《诗》之末也；大戴小戴，《礼》之衰也。《书》残于古、今，《诗》失于齐、鲁。"⑤ 可见他认为由于各种学说黑白混淆、是非不分搅乱了正道，古《六经》反而

---

① 《中说校注》卷2《天地篇》，中华书局2003年版，第58页。
② 《中说校注》卷3《事君篇》，中华书局2003年版，第85页。
③ 《中说校注》卷4《周公篇》，中华书局2003年版，第121页。
④ 《中说校注》卷10《关朗篇》，中华书局2003年版，第253页。
⑤ 《中说校注》卷2《天地篇》，中华书局2003年版，第63—64页。关于"九师兴"阮逸注谓："淮南王聘九人明《易》者，撰《道训》二十篇，号'《九师易》'。"

由于文字残毁及意见纷纭而导致了经文本身的流失或散落，语中透露出对以往的注疏也是评价不高的。既不高就不会直接沿袭，更不会止步于前人论说而专究古典，通过以下的问答即可以了解王通《续六经》的宗旨：

> 程元问《六经》之致。子曰："吾续《书》以存汉、晋之实，续《诗》以辩六代之俗，修《元经》以断南北之疑，赞《易》道以申先师之旨，正《礼》、《乐》以旌后王之失，如斯而已矣。"①

这里的"续"《六经》，唯有《易》称为"赞"，而《诗》《书》《元经》《礼》《乐》分别称为"续""修""正"，既称为"续""修""正"，就不会不增不改。而从其宗旨来看，也有两点值得注意，一是通过"修""正"等不无纠正先儒释经甚至经文之意；二是除"申先师之旨"外，"存汉、晋之实""辩六代之俗""断南北之疑""旌后王之失"等都明谓《六经》的内容是完全脱离了上古三代，真真正正以后世的治政兴衰为中心。其中"六代"用阮逸的解释就是"晋、宋、后魏、北齐、后周、隋也"，可知《续六经》关心旨在两汉以降的中古，与前《六经》产生时代在两汉以前乃至处处以三代为准完全不同。

至于《续六经》各书具体内容，前人已有简要论述。② 但如依其形式体例及写作方式，大体可分两类。其一类是《续诗》《续书》和《元经》。内《续诗》以《化》《政》《颂》《叹》等"四名"取代《风》《雅》《颂》，以起到或美、或勉、或伤、或恶、或诫之的"五志"之用。③ 虽与《诗经》形式类似，但文中子自言是纂集了晋、宋、魏、齐、周、隋的所谓"六代"诗歌，④ 又言其《续诗》是"考诸《集记》"，也即汉魏以来的前贤文集书记。⑤ 其各部分自有针对，如说"《变风》、《变雅》作而王泽竭矣，《变

---

① 《中说校注》卷6《礼乐篇》，中华书局2003年版，第165—166页。
② 见前引任继愈主编《中国哲学发展史·隋唐卷》，人民出版社1994年版，第28—29页。
③ 《中说校注》卷3《事君篇》，中华书局2003年版，第84—85页。
④ 《中说校注》卷1《王道篇》，中华书局2003年版，第12页。
⑤ 同上书，第7页。

化》、《变政》作而帝制衰矣"①。以"帝制"对"王泽",非因周王室之没落,却是感叹两汉帝制之衰亡了。

又《续书》则仿照《尚书》由诰、训、谟、誓、命、典等上古文献和公文组成的形式,刊录秦汉以后的帝王制诏典策与君臣奏论言事的各类公文。② 因此《续书》在汇集典谟的意义上没有变化,只不过随着时代的更替,改变和增加了文书的内容形式。此即文中子所谓"帝者之制,恢恢乎其无所不容"。至于各种类型文书,也有不同的功用。如"志""诏"乃是"志以成道,言以宣志,诏其见王者之志乎?""策"是:"其言也典,其致也博,恻而不私,劳而不倦,其惟策乎?""命"则既是帝制时代君臣策划的产物,也是帝者君临天下,自作天命的象征,从而各类文书都是时代过往和帝王治道的见证。③

更值得一述的是模仿《春秋》的《元经》。两者在《中说》往往并举,所谓"《书》以辩事,《诗》以正性,《礼》以制行,《乐》以和德,《春秋》、《元经》以举往,《易》以知来,先王之蕴尽矣"④。在诸经中《元经》负责"举往",因而史书的意义分明。但不仅是为了反映史事,比照《春秋》年代始于周平王、鲁隐公,《元经》始于晋朝始乱的太熙之年,同是对不受帝王支配的乱世承担褒贬之责。全书模仿《春秋》编年纪事,内有经有传,传题为薛收作,对经所言事件或事物做出说明,证明经所取史料用意。所以如论者所言,作为史书《元经》虽无多少特色和发明,却是要用史事表达和传递一种正统的观念。⑤ 总之虽然存本的真伪不易断定,但我们还是能从中了解《元经》的良苦用心。

以上三书,大抵是依照原来的经书形式体例,塞入后世的内容篇章,虽名为经,但视野及内容所涉皆在中古。

另一类即《赞易》与《礼论》《乐论》三书。⑥ 此三书的特色更多在于

---

① 《中说校注》卷3《事君篇》,中华书局2003年版,第86页。
② 《中说校注》卷4《周公篇》,中华书局2003年版,第120—121页,下引王通语同。
③ 《中说校注》卷5《问易篇》,中华书局2003年版,第129—130页。
④ 《中说校注》卷8《魏相篇》,中华书局2003年版,第204页。
⑤ 李小成:《文中子考论》第六章《〈元经〉真伪考》,上海古籍出版社2008年版,引文见第162页。
⑥ 名见董常所言,《中说校注》卷8《魏相篇》,中华书局2003年版,第205页。

议论。其中《易》用"赞"字，或认为赞意即颂，是宗关氏学而与关朗的《关氏易传》有关。① 《中说》有谈论《易》的内容，认为《易》之精神是"畏天悯人，思及时而动"②，"《易》圣人之动也，于是乎用以乘时矣。故夫卦者，智之乡也，动之序也"③。也即鼓励与时相生，乘时而动。其文中有多处对《易经》义理的发挥，可见"赞"就是对《易经》基本精神与现实利用的阐发，也是对真正古义的追求。其目的在于用《易经》的哲学原理来解决、处理精神层面的现实问题。

至于《礼论》《乐论》，则二名最早见于《荀子》之《礼论》《乐论》二篇，④ 内容是关于礼、乐生成来源、作用、原则及意义的解释和说明，总可谓论礼义、乐义耳。《隋书·经籍志》载有戴圣撰《石渠礼论》四卷，同卷并有宋何承天《礼论》，以及徐广、庾蔚之、王俭、贺玚等的《礼论要钞》《礼论钞》《礼论答问》《礼答问》等，还有梁武帝和卫尉少卿萧吉各撰的《乐论》。⑤《宋书·何承天传》称："先是，《礼论》有八百卷，承天删减并合，以类相从，凡为三百卷。"⑥ 由此可见《礼论》《乐论》在南朝已形成一种礼书的专门门类及特色。从今天所见佚文来看，《礼论》结合"答问"，多是对某种礼仪制度或者观点议论加以论述和解答，其中多引诸家不同见解，因此所关注者仍是真正的"礼义"，而不在解释经文表面文字。如此或者也可以说南朝在章句之学之外，已经发展出另外一条以说理和议论为主的独特解经之路。

王通的《礼论》看来与之不无共同之处。虽然具体如何论礼不详，但显然亦不是在解读文字、章句上下功夫。上引文中子有"正《礼》《乐》以旌后王之失"语。又其言曰："王道之驳久矣，礼乐可以不正乎？""吾于礼乐，正失而已。如其制作，以俟明哲。"⑦ 几处都无一例外地用了"正"字。

---

① 李小成：《文中子考论》，上海古籍出版社2008年版，第202—204页。
② 《中说校注》卷4《周公篇》，中华书局2003年版，第122页。
③ 《中说校注》卷5《问易篇》，中华书局2003年版，第143页。
④ （清）王先谦撰，沈啸寰、王星贤点校：《荀子集解》卷13《礼论篇第十九》《乐论篇第二十》，中华书局1988年版，第346—385页。
⑤ 《隋书》卷32《经籍志》一，中华书局1997年版，第923、926页。
⑥ 《宋书》卷64《何承天传》，中华书局1974年版，第1711页。
⑦ 以上分见《中说校注》卷2《天地篇》、卷6《礼乐篇》，中华书局2003年版，第57、153页。

其中"正礼乐以旌后王之失",阮逸解释为"后王有不合周公制作者,则论而正之",如此即知道王通续《礼》《乐》的着眼点,与他的前面三书一样,仍然是在匡正后世、后王得失。而既然是"正",即包括了对礼乐的重新理解,和对后世谬误的批判。如他对于封禅礼有"封禅之费,非古也,徒以夸天下,其秦、汉之侈心乎"和"周、齐之际,王公大臣不暇及礼矣"的批评①,就是试图以古礼义匡正现实。

另外从现有材料可知文中子重视古《周礼》:"子居家,不暂舍《周礼》。门人问子,子曰:'先师以王道极是也,如有用我,则执此以往。通也宗周之介子,敢忘其礼乎?'"②可见是主张以《周礼》精神助兴"王道"。他强调治政必须与礼乐、教化并行,虽然就国与家(或言公与私)两者来看,王通更注重礼指导国家政治的方面;但在日常生活中,王通也刻意遵守礼仪规范,包括婚丧冠祭都是属于以古礼经义指导现实的内容。③

因此从《中说》的字里行间中,可以体会到无论于国于家,于公于私,王通关切的还是如何将礼乐之作与现实应用相结合,是一种批判现实的态度。《礼论》《乐论》重义理的原则和其他续经一致,与原来章句之学的路径完全不同。有一事或者可以说明,即王通本人对大儒刘炫的态度。刘炫与刘焯号称"二刘",曾师从熊安生,是北朝著名的经学家。孔颖达《五经正义》中,《尚书》《诗》《左传》三疏,均以刘焯、刘炫二家为本。但王通与之显然并不相同。《中说》其一处言:"刘炫问《易》。"子曰:"圣人于《易》,没身而已,况吾侪乎?"炫曰:"吾谈之于朝,无我敌者。"子不答。退谓门人曰:"默而成之,不言而信,存乎德行。"④此处明谓王通对刘炫自矜其《易》学无敌的夸夸其谈不以为然。

另一处则更为明显:

> 刘炫见子,谈《六经》。唱其端,终日不竭。子曰:"何其多也!"炫曰:"先儒异同,不可不述也。"子曰:"一以贯之可矣,尔以尼父为

---

① 《中说校注》卷1《王道篇》、卷6《礼乐篇》,中华书局2003年版,第21、165页。
② 《中说校注》卷8《魏相篇》,中华书局2003年版,第208页。
③ 《中说校注》卷3《事君篇》、卷6《礼乐篇》,中华书局2003年版,第93、161页。
④ 《中说校注》卷5《问易篇》,中华书局2003年版,第127页。

多学而识之耶？"炫退，子谓门人曰："荣华其言，小成其道，难矣哉！"①

刘炫谈起《六经》滔滔不绝，这似乎很符合原来北学重视章句，追根思源、务求广博的特色，此或即史言"北学深芜，穷其枝叶"。当然刘炫本人也有受南学影响，过分追求文辞华丽的问题。孔颖达在《尚书正义序》中就批评过这一点。②但从这里看，王通对其学问的枝蔓烦琐显然并不欣赏。他反对"荣华其言"，提倡学问"一以贯之"，可知所追求的确乎不是对各家义疏的熟稔和章句之学的渊博引用，也厌烦言语陈说的华丽繁复。唐长孺先生就曾指出："刘炫虽为北人，却属于深染南学的经学大师，但王通对他仍重章句训诂的治经方法不以为然，表明王通的学风与北方的治经传统相去更远。"③联系上述分析《礼论》重义理不重章句，笔者怀疑王通在学术上并不完全赞成北学，而受南学影响，或者说接受南学治学方式的成分较多。

前揭祝总斌先生文章也提出王通学问重"道"与"德"是来源于《尚书》及伪孔传，其学应受南方玄学系统之影响，而轻视"北学"章句训诂④，此或可为祝老师的见解提供补充。不过在学派之外，王通似乎更重视对经学理念贯通性的认识和发挥，在于怎样使之能与新的标准融合，对秦汉以后的帝制时代做出解释和评价。且王通《礼论》（也包括《乐论》）很可能有诸多针对性的具体问题，其书的创新成分或更超过南朝的同类书目，而形成批判色彩更强而与时代并进的一种新学问。

综上所述可以知道，《续六经》既称为"续"，形式、用意便与《六经》是相一致的。不过，它们既不是原上古经典的单纯变体，内容也与《六经》没有太多关系。相反在一定意义上，它们都可以说是"削去旧文，而以新事编之"。总之《六经》于《续六经》虽有渊源，但后者相对前者变化极大。

---

① 《中说校注》卷4《周公篇》，中华书局2003年版，第111页。
② （唐）孔颖达：《尚书正义序》，《十三经注疏》，中华书局1980年版，第110页。
③ 唐长孺：《魏晋南北朝隋唐史三论》第四章第二节"学术思想"，武汉大学出版社1992年版，第465页。
④ 祝总斌：《关于王通的〈续六经〉与〈中说〉》，《中华文史论丛》2015年第2期。

前人"新经学"的说法，可谓洞悉其思想内涵及时代底蕴。从这个意义来说，《续六经》也可以说是对《六经》的"改撰"，它们是对古典原则的接受和具体内容的更新，是既旧且新、既古而"今"的新旧、古"今"结合体。进一步而言，本节最初所言文中子对中道的追求，也在经典的"改撰"中找到了落脚点。追求中道其实是追求变化，所以《续六经》可以说是通过"折衷（中）""改撰"修正古典，弘扬批判精神，无论后人如何评价，在当时的意义都是不可低估的。

三　魏徵《类礼》与贞观礼制变革

《续六经》在形式、体例上完全取法《六经》，但在思想、内容上另辟天地，从中不难理解其继承和批判的精神，而要领会其丰富内涵及影响，则须再回到贞观、开元改撰《礼记》及与魏徵的关系上来。

关于魏徵《类礼》，上文引《唐会要》已说明是根据戴圣《礼记》文本改编，《旧唐书·魏徵传》也言其书是"以类相从，削其重复，采先儒训注，择善从之，研精覃思，数年而毕。太宗览而善之"[1]。对于魏徵《类礼》，日本学者岛一曾予以关注，他将此书的编纂置于贞观初礼的修订与《礼记正义》关系的大背景之下，注意到孔颖达《五经正义》对经学传统的继承以及对郑玄学说的坚持。并以庙制和藉田等为例，认为太宗和魏徵、岑文本君臣在治礼中提倡的"礼缘人情"以及多采王肃观点的做法与《正义》相对立。而魏徵《类礼》的"以类相从"就是对孔颖达所指出的《礼记》"各记旧闻，错总鸠聚，以类相附""去圣逾远，异端渐扇，故大、小二戴，共氏而分门；王、郑两家，同经而异注"问题的纠正[2]。认为贞观十一年魏徵等修成的《贞观礼》也和《五经正义》立场相反，而贞观十四年成书的《类礼》即代表了魏徵对戴圣《礼记》及郑玄错误的批判。他还特别注意到同年十一月魏徵、令狐德棻和颜师古等人关于丧服的讨论和修订，其中曾祖

---

[1]　《旧唐书》卷71《魏徵传》，中华书局1975年版，第2559页。
[2]　引文并参见（唐）孔颖达《礼记正义序》，《十三经注疏》，中华书局1980年版，第1222—1223页。

父、嫂叔、舅服等是对《仪礼·丧服传》和《礼记》相关篇目的直接修改，魏徵等的上奏强调人情，代表了对《正义》的批判。其文还提出贞观十六年王玄度注《尚书》《毛诗》《周易》等，并作《义决》，"毁孔、郑旧义，上表请废旧注，行己所注者"①，是开始了对《五经正义》价值的全面否定。继而指出贞观十七年颜师古关于明堂制度的讨论，针对当时的泥古之论所说"假如周公旧章，犹当择其可否；宣尼彝则，尚或补其阙漏。况郑氏臆说，淳于謏闻，匪异守株，何殊胶柱"，事实上与之前魏徵主张的"其高下广袤之规，几筵尺丈之制，则并随时立法，因事制宜，自我而作，何必师古"完全一致②，都代表了对正统经学的批判。③

因此按照岛一的观点，即唐朝贞观之际经学中已经出现了与孔颖达《五经正义》对立的学派和观点，这一将经学批判中发生的单独事件置于一统看待的做法无疑别开生面，也是很有启发意义的。它表明以魏徵等为代表，贞观中已经有一种思想、甚至一股势力，试图突破一直以来遵从古典的格局，而建立对于经典的新理解新观念，从而创造出时代的新篇章。笔者认为，这一思想的变化无疑是唐代特有精神，是不容置疑的。不过，笔者并不赞成将魏徵《类礼》与孔颖达《五经正义》的立场看得过于绝对，划分得过于分明。窃以为唐朝经学的变化是有阶段性的。虽然孔颖达仍采取疏不破注的原则，而未能打破旧义疏学的樊篱，但他毕竟大量引用了不同对立面（如与郑玄对立的王肃等人）的观点，一定程度上消除了南北隔离的门户界限，即使他对不同观点的诸多引用只是展示和搁置，并非是用来批判。但其做法与同时代贾公彦《仪礼》《周礼》二疏（《礼记疏》已佚）专崇北学相比已有很大不同，而这一点正为后来的变革打下基础，对此笔者将在另文说明。

当然孔颖达编纂《五经正义》的目的还是实现经学的统一。唐高宗永徽四年（653）其"书"经再审订后颁下。时长孙无忌《进五经正义表》也

---

① 见《旧唐书》卷74《崔仁师传》，中华书局1975年版，第2620页；《册府元龟》卷606《学校部·注释二》，中华书局1960年版，第7276页。按《新唐书》卷57《艺文志一》有王玄度注《尚书》13卷、《毛诗》20卷、《礼纪》20卷、《春秋左氏传》（卷亡）及《周礼义决》3卷，中华书局1975年版，第1428、1430、1434、1440页。
② 引文见《旧唐书》卷22《礼仪志二》，中华书局1975年版，第852、851页。
③ 参见［日］岛一《贞观年间の礼の修定と『礼记正义』》（上）（下），分见《学林》第26号，京都：立命馆大学文学部，1997年，第27—48页；《立命馆文学》549，1997年，第665—698页。

指出孔颖达是在"训诂纷纶，文疏踳驳，先儒竞生别见，后进争出异端，未辨三豕之疑，莫祛五日之惑"的情况下接受任务，于是乎"上禀宸旨，傍摭群书，释左氏之膏肓，翦古文之烦乱，探曲台之奥趣，索连山之玄言，囊括百家，森罗万有"①。等于对经学义疏、门派进行了学术清理。正因为如此，魏徵《类礼》如有对《礼记》及郑玄的某些批判，就未必不借助孔颖达的成果。而唐朝科举之所以始终使用《五经正义》，也是由于其书在经学理论和文字解读方面更为公允和全面。客观一点说，孔颖达的治学更接近传统，更着重对章句和文字的理解；而魏徵等注重义理，也更在意古典与现实需要的结合，这也是旧学和新学最大的分歧所在。

那么为何会出现这一新的理论关怀而取得突破，也即魏徵思想的直接成因又是什么呢？对此岛一的文章没有交代。上面已经谈到，将贞观之治中的某些做法与王通思想对照非常契合，而这一点与魏徵等自不无关系。唐太宗曾将房、魏二人分别作为贞观前、后的最大功臣，曾以为"贞观之后，尽心于我，献纳忠谠，安国利人，成我今日功业，为天下所称者，惟魏徵而已。古之名臣，何以加也"②，由此可见魏徵在刻意打造帝王盛业中的作用。

在《中说》的记载中，魏徵与王通交流甚多，王通似乎对其颇为欣赏，而魏徵则更将文中子直呼为"圣人"。③ 文中子与魏徵言谈中也有"使民不倦""议事以制"之类的教诲。④ 据说魏徵曾宿文中子之家，"言《六经》，逾月不出。及去，谓薛收曰：'明王不出而夫子生，是三才九畴属布衣也。'"⑤ 也即通过对《六经》的研习讨论，认为布衣王通才是天地人间的不世出之才。

或认为《中说》所载唐初重臣多为王通弟子的说法很可疑，但薛收、陈叔达、魏徵等与王通之关系却不容否认。薛收作《隋故征君文中子碣铭》言王通"天下闻其风采"，并自称"收学不至谷，行无异能，奉高迹于绝

---

① （唐）长孙无忌：《进五经正义表》，《全唐文》卷136，中华书局1983年版，第1374—1375页。
② 《贞观政要集注》卷2《任贤第三》，第63页。
③ 见《中说校注》卷5《问易篇》："魏徵曰：'圣人有忧乎？'子曰：'天下皆忧，吾独得不忧乎？'"其"圣人"与"吾"对应，知即呼文中子，中华书局2003年版，第127页。
④ 《中说校注》卷5《问易篇》、卷10《关朗篇》，中华书局2003年版，第135、250页。
⑤ 《中说校注》卷4《周公篇》，中华书局2003年版，第111页。

尘，期深契于终古。又极师友，思尊亲故"①。而王通之弟王绩在《答冯子华处士书》中提及薛收《白牛溪赋》而叹恨他与姚义早亡，同时有"又知房、李诸贤，肆力廊庙；吾家魏学士亦申其才"之说。② 白牛溪即王通家乡和隐居所在③，可见至少房玄龄、李靖辈均与其家有过从，而与之相提并论的"吾家魏学士"应就是王通入室弟子魏徵。

不过《关朗篇》明谓王通弟子中，魏徵受《书》而不是《礼》《乐》。④《中说》一书后附"录唐太宗与房魏论礼乐事"一文，记王通弟太原府君王凝访问魏徵，徵因忆与诸贤侍文中子。因文中子谓其"虽逢明王，必愧礼乐"，而"徵于时有不平之色"。只是董、薛、程、仇均早逝，至贞观中果有太宗向群臣讨问礼乐事，房、杜及魏徵等都无以作答，以致太宗感叹"欲行周公之道，不可得也"。此文最后说："徵与房、杜等并惭栗，再拜而出。"⑤ 不知这是否与魏徵后来立意作《类礼》有关。

无论如何，魏徵若果是王通学生，按其思路作《类礼》也很自然。如其如此，则对二者思想的继承性确可以提供支持。有一点可以肯定，即魏徵恐怕确如《中说》所说没有专门研习过礼，更不曾受过经学门派的专门训练。故此他的著作就不大可能在章句细节上有太多的推敲，而应该是申述礼义、大言阐发占了主流。而且其书针对《礼记》，书名为"类礼"，取其相类之意，这与王通的"续礼"，在立论方向上有异曲同工之妙。这使笔者怀疑，魏徵作此书或是完全本着其师的思想路径和既有方式而更有所推广。

高宗朝王方庆撰《魏郑公谏录》（以下简称《谏录》）卷五《上〈类戴氏礼〉》引录太宗诏书，对于《类礼》有"依圣所记，更事编录，以类相从，别为篇第，并更注解，文义粲然。遂得先圣微言，因兹重阐，后之学者，多有弘益"的说法⑥，也印证了前揭《唐会要》和《旧唐书·魏徵传》的记载。本文前面曾提到王通评论原来的《六经》传著并没有真正理解经

---

① 《全唐文》卷133，中华书局1983年版，第1338页。
② 《文苑英华》卷688，中华书局1966年版，第3542—3543页。
③ 见《唐故宣歙池等州都团练观察处置使王公神道碑》，（唐）刘禹锡著，瞿蜕园笺证《刘禹锡笺证》卷3，上海古籍出版社1989年版，第89页。
④ 《中说校注》卷10《关朗篇》，中华书局2003年版，第259页。
⑤ 以上并见《录唐太宗与房魏论礼乐事》，《中说校注》，中华书局2003年版，第270—271页。
⑥ （唐）王方庆：《魏郑公谏录》卷5，《景印文渊阁四库全书》第446册，第203页。

义，反而造成了经书本身的散佚和衰亡。而诏书指出魏徵作《类礼》的着眼点是"礼经残缺，其来已久。汉代戴圣，爰记旧闻，古今所宗，条目杂乱"，也与王通指摘相合。而其书显然不仅仅改变了篇章结构，诏书"遂得先圣微言，因兹重阐"一句，可以解释为是对先圣微言大义按自己的理解重作阐释和解读，而绝非亦步亦趋地遵循郑注。

结合开元中元行冲为己作《类礼义疏》辩护的《释疑》一文，说"魏公病群言之错杂，紬众说之精深。经文不同，未敢刊正；注理睽误，宁不芟荟"①，虽未能像《谏录》那样，突出魏徵的创见，但"注理睽误，宁不芟荟"一句实也足见魏徵用力在于对注文谬误的删除。又元行冲引王劭《史论》"魏、晋浮华，古道夷替，洎王肃、杜预，更开门户，历载三百。士大夫耻为章句，唯草野生以专经自许，不能究览异义，择从其善。徒欲父康成，兄子慎，宁道孔圣误，讳闻郑、服非，然于郑、服甚愦愦，郑、服之外皆仇也"，以分析变易章句之学的艰难；或者也可间接证明魏徵所服膺、所采用的，正是王肃、杜预之辈，而指摘、摒弃的就是郑玄、服虔者流了。这可以看出本文前面所说王通赞同和吸收南学的问题，也证明了岛一对魏徵《类礼》的分析，而与唐前期改礼的趋向相合。其所为可谓"改撰《礼记》"的先声，但也是沿着王通《礼论》至《续六经》的批判意识和思路，至少，我们不难发现两者在思想上的共鸣。

事实上进入隋唐，经学思想发生方向性的变化也很自然。时代不能逆转，恢复周礼既无可能，那么创新就是唯一的出路。因此魏徵能够做到和追求的，首先也只能是像王通《礼论》那样，对礼义大加阐发，为帝王之礼仪行事提供借鉴和依据。《贞观政要·论择官第七》引《说苑》称人臣之行有六正六邪，六正之二有"勉主以礼义"之说②，此条在魏徵是实行了的。同书言其在论政和谏诤中提到《礼记》诸篇约有八处之多，此不但证明其对《礼记》特别熟悉和重视，也表明他注重将礼的真谛用于实践。

其次即打破对于上古条框的限制，订立当朝应用的礼仪规制。例如，上述明堂之制，就是按照当世的建筑格局，贯彻魏徵所说因事制宜的原则，只

---

① 《旧唐书》卷 102《元行冲传》，中华书局 1975 年版，第 3179 页。
② 《贞观政要集注》卷 3《论择官第七》，第 167 页。

是明堂的设计在贞观时似乎还是有阻力而未能完成。封禅最初也如此。上文说明，王通于封禅有"徒以夸天下"的批评。而当贞观中，"百官上表请封禅，太宗许焉。唯魏徵切谏，以为不可"。理由是"殚府竭财，未厌远人之望；加年给复，不偿百姓之劳"。①又言"隋末大乱，黎民遇陛下，始有生望。养之则至仁，劳之则未可。升中之礼，须备千乘万骑，供帐之费，动役数州，户口萧条，何以能给？"②可见魏徵仍秉承王通反对封禅的思想。不过，"至（贞观）十一年（637），群臣复劝封禅，始议其礼"，"于是左仆射房玄龄、特进魏徵、中书令杨师道，博采众议堪行用而于旧礼不同者，奏之。……太宗从其议。仍令附之于礼"。因此最终封禅仪还是由房玄龄、魏徵等定，并被载入《贞观礼》。史载此礼自设坛、器物到形制，多"依汉建武故事"③，贞观十五年此礼再由颜师古等人"详定"，因此虽然后来太宗封禅由于"彗星见"而未能成功，但毕竟是《贞观礼》的一个创造。

当然定礼、改礼也包括用某些便于世俗接受的礼条取代原礼经中存在却已经不合时宜的内容，即所谓"缘情制礼"。上述丧服的改制就是其中之一。这种改制两晋南北朝其实已经开始，不过就事论事而并不对礼经传注采取原则性的否定。贞观时的不同，是不仅针对郑注，甚至也向礼经纲条直接开刀。从这一点来说，"缘情制礼"当然也不是魏徵等的发明，而是一直以来屈从现实，不按经典办事的一种借口。不过现时制度往往受理论指导，从发生时间来看，推断贞观十四年改革服制可能是《类礼》所设内容之一，恐怕也是无误的。

这里还有一处史料或许能对此服制改革的来源提供一些线索。《唐文粹》载有杜之松《答王绩书》一首，谈道"蒙借《家礼》，今见披寻。微而精，简而备。诚经传之典略，闺庭之要训也。其丧礼新义，颇有所疑，谨用条问，具如别帖。想荒宴之余，为诠释也"④。据《旧唐书·王绩传》杜为

---

① （唐）刘肃撰，许德楠、李鼎霞点校：《大唐新语》卷13《郊禅第三十》，中华书局1984年版，第196页。
② 《旧唐书》卷23《礼仪志三》，中华书局1975年版，第881—882页。
③ 同上书，第882—883页。
④ 杜之松：《答王绩书》，《唐文粹》卷81，《四部丛刊初编》，上海商务印书馆缩印校宋明嘉靖刊本，第537页。

刺史，乃王绩故人，曾请绩讲礼而未果。① 其所言借《家礼》事在王绩两首答书中也提到，从后书知杜乃"垂问《家礼》丧服新义五道"，王并有回答。还提到"近者家兄御史亦编诸贤之论，继诸对问，今录此篇附往，幸详之也"。② 此家兄御史当即王度，是其人对丧服也有研究。③ 其文所释内容虽不涉及嫂叔、舅服，看不出与贞观改服之直接关系；但《家礼》为王氏一族所有，其中"丧服新义"又是特色。所以进一步的问题是，其内容是否为王通《礼论》所关注和吸收，并进而启发魏徵作更改丧服之论呢？此尚有待进一步的发现和研究。

当然结合元行冲对《类礼》及义疏的申述，笔者怀疑《类礼》还可能有涉及当时争论焦点的郊庙一类内容，这是在讨论《礼记》一书的《王制》《大传》《祭法》《郊特牲》等章节时不可少的。众所周知，孔颖达完成的《礼记正义》虽然宗郑，且以皇、熊两家义疏为基，但在上述部分大量引述了王肃和南朝一些礼家学派之论。而魏徵领衔的《隋书·礼仪志》也在述南北郊祀之时专门言及两大学派的不同。此即所谓"祭天之数，终岁有九，祭地之数，一岁有二，圜丘、方泽，三年一行"的"郑学之所宗"，以及"唯有昊天，无五精之帝。而一天岁二祭，坛位唯一。圜丘之祭，即是南郊，南郊之祭，即是圜丘"的"王学之所宗"。④

因此依郑学祭昊天上帝和感生帝的郊丘分祭"六天"说，与仅祭昊天上帝行郊丘合祭的"一天"说，是南北朝关于郊祭的最大分歧。《隋志》虽未偏袒哪一方，但言明了其时礼制冲突之所在。唯此非仅学术问题，实也关系统一之后的国家意识形态概观，《类礼》不可能不就这一问题进一步立论且表达观点，而魏徵的主张可能比孔颖达更舍北从南。此虽未见确证，但元行冲曾在为自己辩护的《释疑》一文中，借述张融之论，指出"然二郊之祭，殊天之祀，此玄误也。其如皇天祖所自出之帝，亦玄虑之失也"，⑤ 直

---

① 《新唐书》卷196《王绩传》，中华书局1975年版，第5595页。
② 王绩：《答刺史杜之松书》《重答杜使君书》，《全唐文》卷131，中华书局1983年版，第1320—1322页。
③ 《中说校注》卷3："芮城府君起家为御史。"注释："芮城府君，王通兄王度。"中华书局2003年版，第93页。
④ 《隋书》卷6《礼仪志》一，中华书局1997年版，第107—108页。
⑤ 《旧唐书》卷102《元行冲传》，中华书局1975年版，第3181页。

接批评郑玄的郊祀六天和感帝之说。这也很可能就是《义疏》自身对《类礼》内容观点的发挥。所以在魏徵之后，许敬宗借《显庆礼》的修撰进一步提出郊丘合一与一天说，此不过是经典"改撰"由来有渐而已。

总之，自隋至唐的经典改撰和思想变革是一个长期的过程。有一点也值得提出，即《中说》言王通曾有"道废久矣，如有王者出，三十年而后礼乐可称也，斯已矣"的预期。他解释三十年即"十年平之，十年富之，十年和之，斯成矣"[①]。唐朝武德元年（618）始建，如按照王通的预言，贞观十一年（637）以后，是唐朝走上"十年和之"的阶段。"和"者即礼乐教化。《五经正义》《贞观礼》和《类礼》成书的年代恰恰都是在这十年中，与王通的预见相当接近，似乎是巧合，但实际上体现了一种规律。试想唐朝经过二十年的休养生息，朝政清平，四海晏然，对内对外都亟须树立强盛的帝国形象，故对于礼乐的期求也最为强烈。如此我们可以理解为何太宗君臣谈论兹事如是迫切，也可以理解为何有《类礼》著作和思想产生。从某种角度讲，它们是王通《续六经》思想的翻版和实践，也是中古社会演变的必然。不妨说，两者的出现都奏出了时代的最强音。它们的出现告诉我们，由于上古经典日益显现与现实脱节的一面，故打造中古"经典"另起炉灶的要求便应时而生，而当着"改撰"思想和著作一旦出笼，时代变革的钟声也便同时被敲响了。

以上对王通《续六经》与贞观时代"改撰"《礼记》的先行——魏徵《类礼》作了讨论，意在指出两者在思想观念上一脉相承的关系。有一点要明确，即隋、唐两代在取得政权和政治改革的同时，统治思想也在发生极大的变化。即它们对上古经典的遵守和认同是建立在历史发展的基础上，而不是单纯盲目的推崇。如此不但需要将中古国家区别于上古，建立帝制时代的"王道"正统观和新标准，也需要建立对经典的新认识，实践对经典终极理念、意义的追求，这就促进了对以往传统经学的批判以及新撰"经典"的出笼。在这方面，王通的《续六经》与魏徵的《类礼》都仅仅是开始，我们将证明，它们启迪了贞观以后的经学争议和礼制变革，以及特别是开元、天宝之际君臣的经典改撰之风。因此王通对中道的提倡，乃至唐代改礼所倡

[①] 《中说校注》卷8《魏相篇》，中华书局2003年版，第212页。

折中观念和标准，都是以改撰、革新为基础为核心的。而且诚如以往学者所论，王通的精神还启迪了唐后期韩愈建立的新道统和宋学。所以如果建立了王通与贞观、开元改撰思想的联系，我们就可以进一步找到隋唐之际思想变革的源头。隋唐之初——贞观、开元——中晚唐乃至宋代，便构成了中古后期思想发展的主线，其间的内涵也是士族社会向皇权社会转变的一种思想响应。所以总的来说，经典和经典意识的变化，是隋唐之际的特色之一，它将引领国家和社会的变革走向更深更广的层面。

从形影神到身心意

——中华文艺思想史脉络中的陶、白、苏

陈才智

（中国社会科学院文学研究所）

摘要： 流传甚广的一个说法，即苏轼自称"渊明形神似我，乐天心相似我"。其实此非东坡原文，乃后人转述，其讹盖始于宋人王直方。尽管并不准确，但走形未走神，道出陶、白、苏三人之联系，其间脉络关系甚大，不啻三元三次方程也。盖你我他，形影神；陶白苏，身心意。苏轼对待陶、白两位前贤的形、影、神、身、心等范畴，有承有变，有离有合。由形神之辨，至身心之辨，成为玄学至宋学一大转关。从晋代陶渊明的形影神释，到唐代白居易的身心问答，再到宋代苏东坡的物我相忘，成为三位异代大诗人的心灵对话。这种对话，首先是通过向前代先贤追和的形式，建立起彼此互文的关系。这种对话，其次是立局、入局与破局的过程。立者高，入则套，破须巧。这种对话，最后也构筑起中国文人范式的三块重要基石，中国文人思想也随之经历了起转合的三个阶段。

关键词： 苏轼　陶渊明　白居易　形影神　身心　物我

白乐天型人格范式，上承陶渊明，下启苏东坡，是中国文人三大人格范式中的重要一环。白居易曾自比"异世陶元亮"[①]，而苏轼则自云"出处依

[①] 《醉中得上都亲友书以予停俸多时忧问贫乏偶乘酒兴咏而报之》，见《白居易集》第3册，中华书局1979年版，第837页。

稀似乐天"①。其实从承传上看，陶渊明，晋代之白乐天也；苏东坡，宋朝之白居易也。不贤识小，笔者曾以咏梅诗为例，论及苏东坡对白香山的受容与超越②，而题外尚多有余意。这里，谨以苏轼在元祐六年（1091）的一首诗作为由头，谈谈中华文艺思想发展史上的重要三家——陶渊明、白居易、苏轼，对形影神、身心意这一相关话头或议题的承与变。

苏轼的这首诗，作于颍州（今安徽阜阳），题为《刘景文家藏乐天身心问答三首，戏书一绝其后》，诗云：

渊明形神自我，乐天身心相物。而今月下三人，他日当成几佛。③

解读这首作于元祐六年（1091）的诗，不但要通晓陶渊明和白居易相关诗作，还要先了解诗题中的刘景文，即刘季孙（1033—1092）。季孙是名将刘平之子，笃志好学，博通史传，工诗能文，性好异书古文石刻，仕宦四十余年，所得禄赐，尽于藏书之费。元祐中，以左藏库副使为两浙兵马都监，因苏轼荐知隰州（今山西隰县），仕至文思副使。苏轼的名作"荷尽已无擎雨盖，一年好景君须记：菊残犹有傲霜枝，最是橙黄橘绿时"，就是赠给他的。这首《赠刘景文》作于元祐五年（1090）任杭州太守时，即苏轼戏书一绝于其所藏乐天身心问答的前一年；而戏书一绝的后一年，刘景文就形销神逝、身亡心灭了。苏轼写下《乞赙赠刘季孙状》，希望朝廷优与赠赙，以励奖劝之道，其中称刘季孙为"慷慨奇士"。

这位慷慨奇士收藏的乐天身心问答三首，即《自戏三绝句》，开成五年（840）作于洛阳，题下白居易自注云："予闲卧独吟，无人酬和，聊假身心相戏，往复偶成三章。"其中《心问身》云：

---

① 《予去杭十六年而复来，留二年而去。平日自觉出处老少，粗似乐天，虽才名相远，而安分寡求亦庶几焉。三月六日，来别南北山诸道人，而下天竺惠净师以丑石赠行，作三绝句》其二，见《苏轼诗集》第6册，孔凡礼点校，中华书局1982年版，第1761页。

② 参见陈才智《苏东坡对白香山的受容与超越——咏梅诗的视角》，《中国苏轼研究》第五辑，学苑出版社2016年版。

③ 孔凡礼点校本《苏轼诗集》第6册，中华书局1982年版，第1817页。

心问身云何泰然，严冬暖被日高眠。放君快活知恩否，不早朝来十一年。

《身报心》云：

心是身王身是宫，君今居在我宫中。是君家舍君须爱，何事论恩自说功？

《心重答身》云：

因我疏慵休罢早，遣君安乐岁时多。世间老苦人何限，不放君闲奈我何？①

再来看体现"渊明形神自我"的《形影神》，陶渊明序云："贵贱贤愚，莫不营营以惜生，斯甚惑焉。故极陈形影之苦言，神辨自然以释之。好事君子，共取其心焉。"晋安帝义熙九年癸丑（413），陶渊明49岁，据逯钦立《陶渊明事迹诗文系年》称："《形影神》诗当作于本年五月以后。"②《形赠影一首》云：

天地长不没，山川无改时。草木得常理，霜露荣悴之。谓人最灵智，独复不如兹。适见在世中，奄去靡归期。奚觉无一人，亲识岂相思？但余平生物，举目情凄洏。我无腾化术，必尔不复疑。愿君取吾言，得酒莫苟辞。

---

① 《白居易诗集校注》，谢思炜校注，中华书局2006年版，第2683—2684页。《心问身》之"十一年"，金泽本作"十二年"。《身报心》之"身是宫"，马元调本《唐音统签》作"身自宫"。参见中原健二《身与心——从白居易的〈自戏三绝句〉窥其心性》，《中国文学报》第88期（京都大学文学部中国语学中国文学研究室编辑），2016年10月。

② 见逯钦立校注《陶渊明集》附录。参见［日］今场正美《隐逸与文学》，李寅生译，湘潭大学出版社2014年版，第31页。一说此年渊明62岁，见袁行霈《陶渊明集笺注》，中华书局2003年版，第61页。

《影答形一首》云：

> 存生不可言，卫生每苦拙。诚愿游昆华，邈然兹道绝。与子相遇来，未尝异悲悦。憩荫若暂乖，止日终不别。此同既难常，黯尔俱时灭。身没名亦尽，念之五情热。立善有遗爱，胡可不自竭？酒云能消忧，方此讵不劣。

最后，《神释一首》云：

> 大钧无私力，万物自森著。人为三才中，岂不以我故？与君虽异物，生而相依附。结托善恶同，安得不相语。三皇大圣人，今复在何处？彭祖寿永年，欲留不得住。老少同一死，贤愚无复数。日醉或能忘，将非促龄具？立善常所欣，谁当为汝誉？甚念伤吾生，正宜委运去。纵浪大化中，不喜亦不惧。应尽便须尽，无复独多虑。①

"形""影""神"，分别指人之形体形骸、名教声名、精神寄托。诗旨在于极陈形影之苦，言神辨自然以释之。鬼无影，神无形。关于形神关系，司马迁《太史公自序》曾云："凡人所生者，神也。所托者，形也。……神者，生之本也。形者，生之具也。"汉代王充亦有论述，见其《论衡》中《订鬼》《论死》等篇。东晋末年，佛教神学广泛流行。《世说新语·任诞》载，名士王佛曾大叹言："三日不饮酒，觉形神不复相亲。"名僧慧远在庐山东林寺修道，元兴三年（404），作《形尽神不灭论》，认为神可以离开形、影而独立存在。义熙九年（413）又在庐山铭石建台，立佛影，作《万佛影铭》。铭云："廓矣大象，理玄无名。体神入化，落影离形。"逯钦立《陶渊明事迹诗文系年》认为："此诗盖针对释慧远《形尽神不灭论》《万佛影铭》而发，以反对当时宗教迷信。……形、影、神三者至此具备。又慧远等于元兴元年建斋立誓，共期西方，又以次作《三报论》《明报应论》《形

---

① 袁行霈：《陶渊明集笺注》，中华书局2003年版，第59—67页。

尽神不灭论》等，皆摄于生死报应之反映，故陶为此诗斥其营营惜生也。"①陶渊明与慧远时有交游，但对其"神不灭论"不以为然，因借用其"形神"之术语，反其义而用之，又增加"影"，遂将形、神两方关系之命题变为形、影、神三方关系之命题，含义更为丰富。

对于陶渊明提出的形、影、神，声称"渊明吾所师"（《陶骥子骏佚老堂二首》其一）、"只渊明是前生"（《江城子》）的苏轼，元祐五年（1090）即在《问渊明》中有所回应，其诗云："子知神非形，何复异人天。岂惟三才中，所在靡不然。我引而高之，则为日星悬。我散而卑之，宁非山与川。三皇虽云没，至今在我前。八百要有终，彭祖非永年。皇皇谋一醉，发此露槿妍。有酒不辞醉，无酒斯饮泉。立善求我誉，饥人食馋涎。委运忧伤生，忧（一作运）去生亦还。纵浪大化中，正为化所缠。应尽便须尽，宁复事此言。"东坡自注云："或曰：东坡此诗，与渊明相反。此非知言也。盖亦相引以造意言于道者，未始相非也。"② 希望与渊明相引以造于道，共同探求人生答案，陶渊明将"神"视为人与天、地并立为三才的根本，所谓"人为三才中，岂不以我（神）故"，而苏轼在《问渊明》中则把"神"推广为所在靡不然的根本，高之如日星，低之如山川。陶渊明的理想是"纵浪大化"，顺遂自然以转运变化，去形影之累以全神委运，摆脱死亡恐惧；苏轼则翻进一层，指出"委运"去忧，却未必能存生，"纵浪大化"可能又被物化所纠缠，应更彻底地取消生和死的观念。

苏轼海南和陶，亦专门有《和陶形赠影》《和陶影答形》《和陶神释》。其中《形赠影》云：

> 天地有常运，日月无闲时。孰居无事中，作止推行之。细察我与汝，相因以成兹。忽然乘物化，岂与生灭期。梦时我方寂，偃然无所思。胡为有哀乐，辄复随涟洏。我舞汝凌乱，相应不少疑。还将醉时语，答我梦中辞。

谓随物而化，岂论生和灭，即超然于生灭之外，而破除灭执之妄，就能

---

① 见逯钦立校注《陶渊明集》，中华书局香港分局 1987 年版，第 279 页。
② 见《苏轼诗集》，孔凡礼点校，中华书局 1982 年版，第 1716 页。

"此灭灭尽乃真吾"(《六观堂老人草书》),获得真如本性。

《影答形》云:

> 丹青写君容,常恐画师拙。我依月灯出,相肖两奇绝。妍媸本在君,我岂相媚悦。君如火上烟,火尽君乃别。我如镜中像,镜坏我不灭。虽云附阴晴,了不受寒热。无心但因物,万变岂有竭。醉醒皆梦尔,未用议优劣。

谓我心本无所着,但因物而现,万化岂有竭尽,我亦随之无竭。醉、醒皆为梦耳,不必区分优劣。

《神释》云:

> 二子本无我,其初因物著。岂惟老变衰,念念不如故。知君非金石,安足长托附。莫从老君言,亦莫用佛语。仙山与佛国,终恐无是处。甚欲随陶翁,移家酒中住。醉醒要有尽,未易逃诸数。平生逐儿戏,处处余作具。所至人聚观,指目生毁誉。如今一弄火,好恶都焚去。既无负载劳,又无寇攘惧。仲尼晚乃觉,天下何思虑。①

重点在这最后一首,这是苏轼晚年的彻悟,用佛教"诸行无常,诸法无我,涅槃寂静"的教义,说明不仅肉体非金石,而且人心之念,念念迁灭,不可执持。接下来"莫从"四句,表达对佛老二家仙山琼阁、佛国净土虚妄境界的否定。只有像渊明一样,在酒中修炼,才能达成正果。前人联系太白《月下独酌》"举杯邀明月,对影成三人",称"二公风流孤迈,一种旷世独立之致,异代同情"②,其实东坡亦然。"平生"四句是对过往人生的总

---

① 见《苏轼诗集》,孔凡礼点校,中华书局1982年版,第2306—2308页。
② 马位(1713—?)《秋窗随笔》云:"渊明有《形赠影》、《影答形》及《神释》诗三首,中句云:'得酒莫苟辞','酒云消百忧'。太白《月下独酌》诗,有'举杯邀明月,对影成三人',二公风流孤迈,一种旷世独立之致,异代同情。"(《清诗话》,上海古籍出版社1983年版,第827页)而寒山《可笑寒山道》诗已有"形问影何从"之句,言自己形容孤身一人,只可自问影子,别无他人。敦煌遗书伯3833号王梵志诗卷亦有《人去像还去》《一身元本别》《以影观他影》《观影无非有》,白居易《雨夜有念》:"形影闇相问,心默对之言。"王适《蜀中言怀》:"独坐年将暮,常怀志不通,有时须问影,无事却书空。"

结，尘世的追逐名利、忙忙碌碌不过儿戏一场。"如今"六句，可见诗人晚年彻悟，如今拥有智慧之火，好恶爱憎全部烧去，了却了背负的烦劳。苏轼予陶渊明以极高评价，在他看来，陶渊明真正做到了大彻大悟，无欲无执。这样的认同和推崇，表明苏轼可谓六百年后陶公真正心灵相契的知己。

而在苏轼之前，白居易是较早发现陶渊明文化价值的文人，堪称陶渊明在唐代的第一知音。白居易慕陶最晚在元和二年（807）已有显露，证据就是此年《官舍小亭闲望》所云："数峰太白雪，一卷陶潜诗"，时任盩厔（今陕西周至）县尉。元和七年（812），白居易丁母忧而退居下邽（今陕西渭南市临渭区），有《自吟拙什因有所怀》，其中又提到"苏州及彭泽，与我不同时"。可以说韦应物的《与友生野饮效陶体》《效陶彭泽》等效陶之作，也对白居易早期慕陶效陶深有启发。

元和八年（813），白居易一口气创作了《效陶潜体诗十六首》，序云："余退居渭上，杜门不出，时属多雨，无以自娱。会家酝新熟，雨中独饮，往往酣醉，终日不醒。懒放之心，弥觉自得，故得于此而有以忘于彼者。因咏陶渊明诗，适与意会。遂效其体，成十六篇。醉中狂言，醒辄自哂。然知我者，亦无隐焉。"[①] 将师法目标明确指向陶渊明。在"懒放之心，弥觉自得"的心境中，"咏陶渊明诗，适与意会"，展示了白与陶在人生态度和精神意向上的内在相通。其中，组诗其一："不动者厚地，不息者高天。无穷者日月，长在者山川。松柏与龟鹤，其寿皆千年。嗟嗟群物中，而人独不然。早出向朝市，暮已归下泉。形质及寿命，危脆若浮烟。尧舜与周孔，古来称圣贤。借问今何在，一去亦不还。我无不死药，兀兀随化迁。所未定知者，修短迟速间。幸及身健日，当歌一樽前。何必待人劝，念此自为欢。"明显取法于陶渊明《形赠影一首》，字句结构可谓亦步亦趋。再联系组诗其五"便得心中适，尽忘身外事。更复强一杯，陶然遗万累"，其十"人间荣与利，摆落如泥尘。先生去已久，纸墨有遗文。篇篇劝我饮，此外无所云。我从老大来，窃慕其为人。其他不可及，且效醉昏昏"，其十五"是以达人观，万化同一途。但未知生死，胜负两何如？迟疑未知间，且以酒为娱"。可以看出，以酒为娱，适心忘身，不愿世网羁绊，向往自然境界，追求自由

---

① 见《白居易集》第 1 册，中华书局 1979 年版，第 104 页。

洒脱，是白居易由前期积极参政转向后期退居避世的重要标志，也是白与陶在历经仕途坎坷后所共有的特点。十六首效陶诗，从内容和形式两方面将白、陶二人紧密联系在一起。

此后，心仪渊明的诗句或表述，在白居易诗集中在在可见。例如，元和十年（815），白居易在长安《酬吴七见寄》诗云："常闻陶潜语，心远地自偏"等。如果说，白居易早期慕陶效陶，主要是受到韦应物影响的话，那么，元和十年（815）被贬江州之际，白居易对陶渊明的全身心拥抱，则主要源自庐山地域文化。陶渊明故里柴桑即在江州。地域的巧合，加上夙昔的仰慕，使白对陶的关注和热情益发加大。《白居易集》卷七第一首诗《题浔阳楼》下自注云："自此后诗，江州司马时作。"表明此诗为白被贬后的最早作品。诗云："常爱陶彭泽，文思何高玄。又怪韦江州，诗情亦清闲。今朝登此楼，有以知其然。大江寒见底，匡山青倚天。深夜湓浦月，平旦炉峰烟。清辉与灵气，日夕供文篇。我无二人才，孰为来其间？因高偶成句，俯仰愧江山。"[1] 表面看，是对陶渊明和韦应物文思高玄的赞美，但也暗含对他们立身行世之高风亮节的由衷钦羡。大自然的清辉灵气陶铸了陶和韦的人品文章，如今白亦至此，不正应像他们那样与自然为伴，以开拓胸襟助长诗文之奇气吗？登楼遥望，思接千载，在心灵的振荡和超时空的联想中，今人与古人岂不更易获得精神上的共鸣？对高玄文思的向往预示着诗人间心气的投合，而心气投合则为白居易慕陶效陶奠定了基石。

继《题浔阳楼》之后，即《访陶公旧宅》。诗前小序云："予夙慕陶渊明为人，往岁渭川闲居，尝有《效陶潜体诗十六首》。今游庐山，经柴桑，过栗里，思其人，访其宅，不能默默，又题此诗云。"诗篇位置的重要（置于卷七第二首）已自说明白对陶的重视，小序的自白尤为突出地展示这一瓣心香深远的渊源。诗中写道："垢尘不污玉，灵凤不啄膻。呜呼陶靖节，生彼晋宋间。心实有所守，口终不能言。永惟孤竹子，拂衣首阳山。夷齐各一身，穷饿未为难。先生有五男，与之同饥寒。肠中食不充，身上衣不完。连征竟不起，斯可谓真贤。我生君之后，相去五百年。每读五柳传，目想心拳拳。昔常咏遗风，著为十六篇。今来访故宅，森若君在

---

[1] 见《白居易集》第1册，中华书局1979年版，第128页。

前。不慕樽有酒，不慕琴无弦。慕君遗荣利，老死此丘园。柴桑古村落，栗里旧山川。不见篱下菊，但余墟中烟。子孙虽无闻，族氏犹未迁。每逢姓陶人，使我心依然。"在推重陶渊明高玄文思之外，更对其遗弃荣利、老死丘园深致敬意。

在这样的背景下来阅读白居易的《自戏三绝句》，才能体会其身心问答三首与陶渊明《形影神》三诗一脉相承的线索。开成五年（840），69岁的白居易在洛阳为太子少傅分司。春，白居易风疾稍瘥。十一月，编《洛中集》十卷成，藏于香山寺。冬，以疾请百日长假。此年文宗去世，武宗即位，李德裕拜为宰相，李党独掌朝政，牛党多被贬职流放。《自戏三绝句》立意虽承自《形影神》，但别有所创，造语更为浅易，陶潜的形影神三元关系，被乐天简化为身心两重关系；六朝时期寓意深奥的玄言之辨，化为轻松诙谐的自戏问答；"不喜亦不惧"的超然，转为"悲喜随所托"[①]的泰然，超越了自己41岁时亦步亦趋式的效陶。而从形神之辨，到身心之辨，却是玄学至宋学一大转关。

白居易《自戏三绝句》后世颇有遗响，朝鲜高丽时期文人李奎报（1169—1241）有《又和乐天心身问答》，其中《心问身》云："世路烦君久扰然，从今但许醉兼眠。如何先我多衰弱，我壮犹如始冠年。"《身报心》云："多幸如今作尔宫，知应舍去六天中。凌烟阁上如图像，我独留真自擅功。"《心复答身》云："人行底处不为家，所宅残颓弃者多。兜率天中吾若去，古宫虽在奈如何。"[②] 明代福建按察使胡直（1517—1585）有《乙亥春日效长庆心身问答三首》，其中《心问身》云："心问身云何宴然，春晨啼鸟尚高眠。饶君安逸君知否，不遂公车已一年。"《身答心》云："身答心云君莫夸，君今住处我为家。知君钝拙家常累，不遣家安总是差。"《心复答身》云："怜君傀儡不能收，专为抽牵岂自由。多少抽人随线断，谁从未断共君休。"[③] 明代万历贡生耿定向（1524—1596）长子耿汝愚（？—1618前

[①] 赵翼：《读香山诗》，《瓯北集》卷38，李学颖、曹光甫标校《瓯北集》，上海古籍出版社1984年版，第918页。
[②] 李奎报：《东国李相国集》后集卷2，韩国成均馆大学大东文化研究院编《高丽名贤集》第一册，首尔：大东文化研究院1980年版。
[③] 《四库全书》本《衡庐精舍藏稿》卷7。

后）有《効〈长庆集〉心身问答三首》，其中《心问身》诗云："色臭浑忘出世间，翛然无事杜灵关。缘君嗜好饶荤血，驱我经年不得闲。"《身报心》诗云："我若微君难自立，君令失我亦无凭。拮据自是还为养，何事施劳反见憎？"《心重答身》诗云："雄鸡有尾反成灾，江使刳肠能察来。竭力相培虽自为，多君多累转堪哀。"①

在陶、白之后，深悟玄意、陶白并慕的苏轼，借题跋好友所藏乐天身心问答之际，对这一公案发表高论，诚可谓机锋再起，月下禅关重参。苏轼和白居易的人生经历颇多相似之处，苏轼号东坡，即源自白乐天。东坡诗融化乐天语及用乐天事甚多，如"故将别语调佳人，要看梨花枝上雨""不似杨枝别乐天""海天兜率两茫然""肠断闺中杨柳枝"等，可谓步趋践乐天之迹。宋周必大《二老堂诗话·东坡立名》云："白乐天为忠州刺史，有《东坡种花》二诗。又有《步东坡》诗云：'朝上东坡步，夕上东坡步。东坡何所爱，爱此新成树。'本朝苏文忠公不轻许可，独敬爱乐天，屡形诗篇。盖其文章皆主辞达，而忠厚好施，刚直尽言，与人有情，于物无著，大略相似。谪居黄州，始号东坡，其原必起于乐天忠州之作也。"② 巧的是，二人生肖都属鼠，都是因言因诗得罪被贬，白居易因新井诗案，苏轼因乌台诗案；两人遭受诗案时亦为同龄。苏、白二人又都曾在杭州任职，均颇有政绩，苏堤与白堤，先后辉映于杭州西湖。以至于有"白苏"或"苏白"并称者，明代袁宗道（1560—1600）更以白苏名其斋。宋人除了周必大（1126—1204）有东坡"独敬爱乐天"之评之外，王直方（1069—1109）、洪迈（1123—1202）、罗大经（1196—1253后）也相继有"东坡慕

---

① 耿汝愚：《江汝社稿》卷7"七言绝句"，《四库未收书辑刊》影印明万历四十六年耿汝忞刻本。
② 何文焕编：《历代诗话》，中华书局1982年版，第656页。据张海鸥《苏轼对白居易的文化受容和诗学批评》考证，周论在后引洪迈评语［绍熙四年（1193）］之前。此后庆元五年（1199）己未，周必大《书曾无疑匹纸》亦云：苏文忠公素慕白乐天之为人，盖二公文章皆以辞达为主，其忠厚乐施，刚直尽言，与人有情，与物无着，亦略相似。乐天为忠州刺史，作《东坡种花》二诗，又有《步东坡》诗云："朝上东坡步，夕上东坡步。东坡何所爱？爱此新成树。"文忠公中年谪黄州，偶因筑室，号东坡居士，尝赋八诗，其属意有自来矣。后为从官，羡乐天口不置，如云："定似香山老居士，世缘终浅道根深。"又云："我似乐天君记取。"又云："出处依稀似乐天。"其他形于诗者尚多。（见《文渊阁四库全书》本《文忠集》卷51平园续稿十一，重见于卷55）

乐天"之论①。因此，当人到中年，时已五十五岁的苏轼，看到好友所藏乐天身心问答之际，自然会别有会心。在陶渊明的形影神之后，在白乐天的身心之外，苏东坡提出了物、我二义，认为自我与相物彼此对应。他说，陶渊明的形影神三者，皆自我而立论，重在以自我的视角看待世界，白乐天的身心二者，则须借外物而相互支撑，重在以外物彼此对待的视角认识世界，苏子瞻于二公之后，古今月下三人，日后若再有人回看我们，详参此案，则究竟当成几佛？苏诗中所谓"成几佛"，典出《楞严经》佛告阿难："必汝执言，身眼两觉，应有二知，即汝一身，应成两佛。是故应知汝言见暗名见内者，无有是处。"② 意思是说，身眼两觉、有二知、一身成两佛，其实是不可能的。所以苏轼针对陶白，提出三人当成几佛的戏谑。言外之意，形与神也好，身与心也好，都是不可彼此分别而论，乃二而一的整体。陶渊明《神释》之"不喜亦不惧"，即范仲淹《岳阳楼记》所谓"不以物喜，不以己悲"，苏轼自己的《远游庵铭》亦云"不喜不忧"，或《上韩太尉书》所称"见恶不怒，见善不喜"，参悟到这一点，苏轼才有可能从苏子瞻走向苏东坡。

耐人寻味的是，苏轼《刘景文家藏乐天身心问答三首，戏书一绝其后》诗中"渊明形神自我，乐天身心相物"的表述，在后世不同的语境引述中，发生过微妙的变化。例如，《王直方诗话》"东坡慕乐天"云：

> 东坡平生最慕乐天之为人，故有诗云："我甚似乐天，但无素与蛮。"又云："我似乐天君记取，华颠赏遍洛阳春。"又云："他时要指集贤人，知是香山老居士。"又云："定似香山老居士。"又云："渊明形神似我，乐天心相似我。"东坡在杭，又与乐天所留岁月略相似。③

---

① 王直方语，见宋阮阅《诗话总龟》前集卷9《评论门》五，收入郭绍虞编《宋诗话辑佚》上册，中华书局1980年版，第45页。洪迈《容斋随笔·三笔》卷5："详考其意，盖专慕白乐天而然。"上海古籍出版社1978年版，第474页。罗大经《鹤林玉露》丙编·卷3："本朝士大夫多慕乐天，东坡尤甚。"王瑞来点校，中华书局1983年版，第287页。

② 佚名撰，唐·般剌密帝译《大佛顶如来密因修证了义诸菩萨万行首楞严经》卷1，见高楠顺次郎等辑《大正新修大藏经》，东京：大正一切经刊行会，1934年。

③ 《诗话总龟》前集卷9《评论门》五，《宋诗话辑佚》上册，第45页。

王直方（1069—1109），字立之，号归叟，密县（今属河南）人。械子。以假承奉郎监怀州酒税，寻易冀州籴官，仅累月，投劾归侍不复出，居汴京凡十五年。生平见《景迂生集》卷十九《王立之墓志铭》。有《诗话》并集，已佚。这是与苏轼大约同时人的引述，虽然只有只字之别，但含义却相隔甚远。文中的"似我"，亦自有所来。苏轼《入侍迩英》诗曾云："定似香山老居士，世缘终浅道缘深。"《去杭》诗又云："出处依稀似乐天，敢将衰朽较前贤。"叙曰："平生自觉出处老少，粗似乐天。"黄庭坚《跋子瞻和陶诗吟》亦评云"彭泽千载人，东坡百世士。出处虽不同，风味乃相似"。明人杨嗣昌（1588—1641）《武山西双石记》则曰："苏子瞻自言□（智按：当为似）陶渊明、白乐天两人，乃端于其神，而不言其形，世之论者，亦莫以为非也。"① 当亦承自王直方。苏白粗似之处，在于心相之通与道缘之深，故袁中道（1570—1624）《白苏斋记》云："醉墨淋漓于湖山，闲情寄托于花月，借声歌以写心，取文酒以自适，则乐天、子瞻，萧然皆尘外人"②，明人高鹤《见闻搜玉》亦云："白公蕴藉，苏公超迈，趣则一也。"③

"似我"虽然走形未走神，道出陶、白、苏三人之联系，但毕竟非苏轼原文，故难以据信。因此到了宋末，周密（1232—1298）《齐东野语》卷九"形影身心诗"又变回为："坡翁又从而赋六言曰：渊明形神自我，乐天身心于物……"④ 从"渊明形神自我，乐天身心相物"（苏轼），到"渊明形神似我，乐天心相似我"（王直方），再回到"渊明形神自我，乐天身心于物"（周密），宋人对陶白苏的定位终于调正了焦距。

周密对这一公案的剖析鞭辟入里，值得全文引述，其《齐东野语》卷九"形影身心诗"云：

> 靖节作形影相赠、《神释》之诗。谓贵贱贤愚，莫不营营惜生。故极陈形影之苦，而以神辨自然，以释其惑。《形赠影》曰："愿君取吾

---

① 《杨文弱先生集》卷57，《续修四库全书》影印清初刻本。
② 明万历四十六年刻本《珂雪斋集》前集卷11文；《四库全书》本《明文海》卷339记十三。
③ 明万历十九年夏越中函三馆雕本卷7，中国社会科学院文学研究所图书馆善本室藏。
④ 《齐东野语》卷9，张茂鹏点校本，中华书局1983年版，第155页。

言，得酒莫苟辞。"《影答形》曰："立善有遗爱，胡可不自竭。"形累养而欲饮，影役名而求善，皆惜生之惑也。神乃释之曰："大钧无私力，万理自森著。人为三才中，岂不以我故。"此神自谓也。又曰："日醉或能忘，将非趣龄具。"所以辨养之累。又曰："立善常所忻，谁当与汝誉？"所以解名之役，然亦仅在趣龄与无誉而已。设使为善见知，饮酒得寿，则亦将从之耶？于是又极其释曰："纵浪大化中，不喜亦不惧。应尽便须尽，无事勿多虑。"此乃不以死生祸福动其心，泰然委顺，乃得神之自然，释氏所谓断常见者也。坡翁从而反之曰："予知神非形，何复异人天。岂惟三才中，所在靡不然。"又云："委顺忧伤生，忧死生亦迁。纵浪大化中，正为化所缠。应尽便须尽，宁复俟此言。"白乐天因之作《心问身》诗云："心问身云何泰然，严冬暖被日高眠。放君快活知恩否，不早朝来十一年。"身答心曰："心是身王身是官，君今居在我官中，是君家舍君须爱，何事论恩自说功。"心复答身曰："因我疏慵休罢早，遣君安乐岁时多。世间老苦人何限，不放君闲奈我何。"此则以心为吾身之君，而身乃心之役也。坡翁又从而赋六言曰："渊明形神自我，乐天身心于物。而今月下三人，他日当成几佛？"

然二公之说虽不同，而皆祖之列子力命之论。力谓命曰："若之功，奚若我哉？"命曰："汝奚功于物，而欲比朕？"力曰："寿夭穷达，贵贱富贫，我力之所能也。"命遂历陈彭祖之寿，颜渊之夭，仲尼之困，殷纣之君，季札无爵于君，田恒专有齐国，夷、齐之饿，季氏之富："若是，汝力之所能，奈何寿彼而夭此，穷圣而达逆，贱贤而贵愚，贫善而富恶耶？"力曰："若如是言，我固无功于物，而物若此耶？此则若之所制耶？"命曰："既谓之命，奈何有制之者？朕直而推之，曲而任之。自寿自夭，自穷自达，自贵自贱，自富自贫，朕岂能识之哉！"此盖言寿夭穷达，贵贱富贫，虽曰莫非天命，而亦非造物者所能制之，直付之自然耳。此则渊明神释，所谓"大钧无私力"之论也。其后杨龟山有《读东坡和陶影答形》诗云："君如烟上火，火尽君乃别；我如镜中像，镜坏我不灭。"盖言影因形而有，无是生灭相。故佛云："一切有为法，如梦幻泡影。"正言其非实有也，何谓不灭？此则又堕虚无之论矣。①

白璧微瑕者,文末所引杨龟山语所谓"君如烟上火"云云,其实是东坡和陶诗,非杨时之作。"又堕虚无之论矣"云云,乃杨时批评苏诗之语。《苕溪渔隐丛话后集》卷三作:"《龟山语录》云:'因读东坡《和渊明形影神诗》,其影答形云:君如烟上火,火尽君乃别。我如镜中像,镜坏我不灭。影因形而有,无是生灭相。故佛尝云:一切有为法,如梦幻泡影。正言非实有也,何谓不灭?他日读《九成台铭》云:此说得之庄周。然以江山吐吞,草木俯仰,众窍呼吸,鸟兽鸣号为天籁,此乃周所谓地籁也。但其文精妙,读之者咸不之察耳。'"② 分辨明晰。另外,除上引周密《齐东野语》所言《列子·力命》之外,敦煌遗书伯 3833 号王梵志诗卷《人去像还去》《一身元本别》《以影观他影》《观影无非有》③,也是陶白之间讨论形神与身心关系的重要作品。在苏轼之后,清代同光体浙派诗人代表袁昶(1846—1900)《形将》(二首其一)又云:"形将影语陶元亮,身答心云白乐天。证入苦空都忘却,东山法里一逃禅。"④ 将这一辨析引入唐代禅宗五祖弘忍(602—675)与其师四祖道信共同缔造的东山法门,在苦空皆忘的禅宗观照之下,陶渊明的形影神释与白居易的身心问答,又有了新的理解平台。

从晋代陶渊明的形影神释,到唐代白居易的身心问答,再到宋代苏东坡的物我相忘,成为三位异代大诗人的心灵对话。这种对话,首先是通过向前代先贤追和的形式,建立起彼此互文的关系。这种对话,其次是立局、入局与破局的过程。立者高,入则套,破须巧。渊明形神乃自我而发,乐天身心需相物以待,东坡破之后曰:而今月下三人参禅,不知他日几人成佛。这种对话,最后也构筑起中国文人范式的三块重要基石,中国文人思想也随之经

---

① 《齐东野语》卷 9,张茂鹏点校本,中华书局 1983 年版,第 154—156 页。
② 据张培锋《佛禅诗话十则(下)》,《书品》2010 年第 5 期。张茂鹏点校本《齐东野语》第 155 页未察此误;《全宋诗》以"君如烟上火"四句为杨时之诗,与周密同误,见《全宋诗》,北京大学出版社 1991 年版,第 19 册,第 12959 页。
③ 项楚:《王梵志诗校注》,上海古籍出版社 1991 年版,第 259—264 页;陈尚君:《全唐诗补编》(下册),中华书局 1992 年版,第 710—711 页。
④ 袁昶:《浙西村人初集》诗六,《续修四库全书》影印清光绪刻本,第 1565 册,第 334 页;《近代中国史料丛刊》第 61 辑,台湾文海出版社 1973 年版,第 218 页。

历了起转合的三个阶段。

这三个阶段大致所处的元嘉、元和与元祐，正是中华文艺思想史发展脉络中三个重要的转关时代，前人所谓三元或三关[①]。转关之所以重要，一是因为时代变局的转折之际，往往最能考验一个人的反应能力，二是转折或转角往往要占据更大的空间，时代是否能够容许接纳，正需求与呼唤其代表者，分别由陶、白、苏三人为三元或三关之代表，可谓三英而无愧。以上构成中华古典文艺史上的三关三英之三题，由形影神释，经身心问答，至物我相忘，三大时代，三位巨人，三个问题，大循环中套着小循环，可谓中国文人的生命哲思理路，从魏晋玄学经佛学至宋学的三级跳，也可谓文人心态由青春至壮而老成的三层境界之发展。如何准确把握好这三级跳的脉络，三层境界之发展，合理继承这份文化遗产，不啻解决一道三元三次方程，还需要我们慢慢寻找出一个合适的公式。

[①] 三元或三关说，倡自晚清近代沈曾植、陈衍，见陈衍《石遗室诗话》卷1，郑朝宗、石文英校点，人民文学出版社2004年版，第6—7页，及所引沈曾植诗《寒雨积闷，杂书遣怀，蘩积成篇。为石遗居士一笑》。

《易》《老》会通与北宋易学哲学

张广保

（北京大学哲学系）

摘要：本文从北宋易学哲学五大问题意识着手，论证《易》《老》的创造性融通乃是推动北宋易学哲学发展的原动力。正是通过《易》《老》两大哲学传统的深度对话，北宋易学哲学家提出迥异于前代的哲学问题。各学派围绕这些问题予以广泛的讨论，并提出具有各自不同特点的解答，从而直接推动北宋易学哲学的发展。而北宋易学哲学的发展又引领北宋儒学的波澜壮阔的历史复兴。因此，儒、道融通才是贯穿北宋哲学始终的思想主线。

关键词：易学哲学　《易》《老》融通　北宋易学

引言　陈抟与宋易造化宗

《四库全书总目·易类一》对清以前易学发展史曾予以如下概括："汉儒言象数，去古未远也，一变而为京、焦，入于讥祥；再变而为陈、邵，务穷造化；《易》遂不切于民用。王弼尽黜象数，说以老庄，一变而胡瑗、程子，始阐明儒理；再变而李光、杨万里，又参证史事；《易》遂日启其论

---

* 本文为2017年度教育部人文社会科学重点研究基地重大项目中国人民大学佛教与宗教学理论研究基地"道教心性学及其与佛教的交涉"（15JJD730004）阶段性成果。

端。此两派六宗,已互相攻驳。"① 在此四库馆臣对易学发展的历史做了颇为精核的概述,首先将全部易学统之于象数、义理两派,然后于象数之下又再细分为:汉儒之象数宗,京房、焦延寿之讥祥宗,陈抟、邵雍之造化宗,于义理派又细分为:王弼之老庄宗,胡瑗、程颐之儒理宗,李光、杨万里之史事宗等六宗。这就是易学史上著名的两家六宗说。

从宋代易学发展的角度看,上文所述六宗中有三宗创始于宋代,此即造化宗、儒理宗、史事宗。而由陈抟创立的易学造化宗又是宋代新易学乃至整个宋学的发端点。朱伯崑先生在《易学哲学史》中评论宋代图书易的思想地位时说:"在北宋时期,图书学派十分流行,成为学术界的一大思潮。宋中期的道学家周敦颐和邵雍都是从图书学派中分化出来的哲学家。宋明的哲学史也可以说是从图书学派开始的。"② 这表明朱伯崑先生高度认同陈抟开创的宋易图书派在易学哲学中的创新性。

以陈抟、刘牧、邵雍等人为代表的造化宗又被称为图书学派,其特点是以图书演《易》,以易图、易数的形式重新解释《周易》。该派与传统易学主要关注对卦爻辞、十翼的解释不同,主要从数的角度力图将《周易》贯通,使之成为沟通天人,贯通形上形下的浑全整体。邵雍又将这一新的解易方法称为先天易,认为先天易乃是直探羲易的心地,而将传统的文字易称为文王易、后天易。图书易是宋代新易学最突出的思想创新之一。其与汉代为代表的象数易相比,还是有较大差别。因为汉代象数易虽然以卦爻象、卦变、卦气等方式解易,但仍然只是关注对卦爻辞、十翼的解释,力图将文字易说通。而宋代图书学派则完全撇开文字易,转而注重卦象、卦数,以易数与易象为核心以创建新的易学解释体系。这就切中国古代文明迥异于西方思想传统的、以象征主义思想体系为追求目标的主脉。

上引四库馆臣于宋易中特别点出造化宗,这是很有见地的。然而囿于儒家正统意识,他们没有挑明易学造化宗之道家思想根源,更没有勾勒出道家易学的传承脉络,这是很不公平的,也直接影响到我们对宋代新儒学整体历史的把握。其实宋代新儒学是从春秋学和易学率先实现突破的。不过宋人春

---

① (清)永瑢等撰:《四库全书总目·卷一·经部一·易类一》,中华书局1965年版,第1页。
② 朱伯崑:《易学哲学史》中册,北京大学出版社1988年版,第9页。

秋学仍然沿袭唐中期啖助、赵匡、陆淳的新春秋学范式，而图书学则全系宋人自己的独创。因此从这点看，宋代新经学的首要突破点应为易学，其开山祖师应为陈抟（871—989）。而黄宗羲、全祖望的《宋元学案》实在应补上《希夷学案》，并将其置于首篇。

关于陈抟所创图书学派的传承，北宋易学家多有记载。邵伯温（1055—1134）将陈抟之新易学区分为数学与象学两系，其《易学辨惑》述其传承云：陈抟以数学授穆修（979—1032），穆修授李之才（980—1045），之才授邵雍。又以象学授种放，放授庐江许坚，坚授范谔昌。① 这里易数学的传承谱系为陈抟—穆修—李之才—邵雍；易象学的传承则为陈抟—种放—许坚—范谔昌。而晁说之（1059—1129）《传易堂记》记载大体相同："有华山希夷先生陈抟图南，以《易》授终南种征君放明逸，明逸授汶阳穆参军修伯长，而武功苏舜钦子美亦尝从伯长学。伯长授青州李之才挺之，挺之授河南邵康节先生雍尧夫。……自希夷以来皆未尝有书，乃如子木、子夏之初欤？有庐江范谔昌者，亦尝受《易》于种征君，谔昌授彭城刘牧，而聱隅先生黄晞及陈纯臣之徒皆由范氏知名者也。其于康节之《易》源委初同而浅深不伦矣。"② 其传承谱系其一为陈抟—种放—穆修—李之才—邵雍。其二为陈抟—种放—范谔昌—刘牧。我们可以看出，邵伯温、晁说之都是以邵雍为中心来记述传承谱系。而对北宋图书学中《太极图》的传承则未提及，对刘牧的易数学也记载简略。相比之下，朱震（1072—1138）《汉上易传·进易表》的记载更为全面："陈抟以《先天图》传种放，放传穆修，修传李之才，之才传邵雍。放以《河图》《洛书》传李溉，溉传许坚，坚传范谔昌，谔昌传刘牧。穆修以《太极图》传周敦颐，敦颐传程颢、程颐。"③

然而南宋以后，直到今天，由于受到儒学正统意识的影响，不少儒家学者出于门户之见，不愿承认宋学的渊源出于陈抟，于是抓住一些记载细节对图书易学传承谱系予以质疑。其实邵伯温、晁说之、朱震等都活跃于北宋后期，加之又精通易学，且师承有绪，因此对于他们的记述不能轻易推翻。这里笔者

---

① 邵伯温：《易学辨惑》，文渊阁四库全书本。
② （宋）晁说之：《传易堂记》，见《嵩山文集》卷16，四部丛刊本。
③ （宋）周敦颐：《周敦颐集·附录三·进周易表》，陈克明点校，中华书局1990年版，第137页。

再依据《道藏》的资料，补充陈抟的嫡传弟子张无梦的易学。这是上引诸家都未提及的。南宋彭耜《道德真经集注》引北宋贾善翔《高道传》述张无梦师承行履云："鸿蒙子张无梦，字灵隐，好清虚，穷《老》《易》，入华山，与刘海蟾、种放结方外友，师陈希夷先生，无梦多得微旨。久之，入天台山。真宗召对，问以长久之策。无梦曰：'臣野人也，但于山中尝诵《老子》《周易》而已，不知其他也。'除著作佐郎，固辞还山，赐金帛、处士号，并不受。"① 张无梦精通《周易》，曾为宋真宗讲谦卦："上问曰：独说谦卦何也？对曰：当大有之时，守之以谦。"② 其著述有《还元篇》，今已佚失，只有宋曾慥（1100？—1156）《道枢鸿蒙篇》有摘录。张无梦与种放一起师从陈抟，传其易学与内丹学。他的易学注重参究天地万物之造化："吾尝观天地变化，草木蕃蔓，风云卷舒，日月还转，水火相激，阴阳相摩，远取诸物，近取诸身，著《还元诗》百篇云云。"③ 张无梦以观化的方式参究易道，与其后邵雍的先天易学观物思想颇为相通，由此可见，邵雍的先天易学确系源自陈抟。

有一点我们需要在此特别指出，陈抟的思想乃是承继六朝以来道教重玄学的传统，以儒、释、道三家融通为主脉，不纯然归属于道教传统。曾慥《道枢·五空篇》记载陈抟会通佛教中观学思想，区分顽空、性空、法空、真空、不空等不同修行境界，提出独具特色的内丹道境界论五空论。值得注意的是，陈抟是将佛教中观学、道教内丹学、易学融为一体，以阐述其五空说。又据种放所述，陈抟还传有皇帝王霸之道。④ 这表明他的思想中也有儒家的因素。

一　关于《老》《易》宗旨的分判

在中国思想史上，《老子》与《周易》是较为集中讨论形上学的两部具

---

① 《道德真经集注·杂说》卷上，《道藏》，三家本第13册，第255页b行。
② （宋）陈葆光：《三洞群仙录》卷5，《道藏》，三家本第32册，第263页c行。
③ （宋）曾慥：《道枢·鸿蒙篇》卷13，《道藏》，三家本第13册，第675页a行。
④ （清）熊赐履撰：《学统·卷之十九翼统·邵康节先生》，徐公喜、郭翠丽点校，凤凰出版社2011年版，第211页。这可以溯及陈抟的皇帝王霸之道。邵伯温《闻见前录》述种放立碑，"叙希夷之学，明皇帝王霸之道"。

有原创性的经典。《老子》《周易》都使用"道"这一核心概念作为其思想体系建构的关键点。那么《易》《老》之道到底存在何种分疏，中国哲学在开端处是一个源头，还是两个源头？这是一个饶有兴味的问题。学者们都注意到《老子》书中没有提及《周易》，后于《老子》的《易传》也没有论及《老子》。然而《老子》《周易》之间的确有内在相通之处。两者的思想开局都很大，都独自开创各具特色的思想传统。因此自汉代开始就不断有易学家援引道家思想注释《周易》，像京房、《易纬》、严遵、扬雄、郑玄就大量引《老》解《易》，其中郑玄由于其于汉代经学居于集大成的地位，因而对后世《易》《老》融通产生较大的影响。众所周知，汉人在构建其宇宙论时借鉴了《周易》的思想资源，以太易作为其宇宙生成过程中的一环，例如《淮南子》《列子》《易纬》都提出太易这一概念。郑玄在注释《易纬》时，就以道家的本体无解释《周易》的太易，从而对《易》《老》两大系的思想予以会通。例如，郑玄注易纬《乾坤凿度》的"太易始著，太极成；太极成，乾坤行"。一句就援引道家的无解释太易："太易，无也，太极，有也。太易从无入有。圣人知太易有理有形，故曰太易。"[①] 郑玄在这里以道家的有、无诠释《周易》的太易、太极，会通《易》《老》两大系的哲学概念。不过他又强调太易有理有形，并非绝对的虚无。这对于澄清道家无本体具有很重要的意义。又其以理、形为太易所蕴，也对宋代理学家突出理的概念有启发。此外，郑玄在注《乾凿度》亦云："以其寂然无物，故名之为太易，元气之所本始。太易既自寂然无物矣，焉能生此太始哉？则太始者，亦忽然而自生。"[②] 显然他是以太易作为元气发端，其易学是建立在气一元论的宇宙论之上，这其实也是汉代易学家的共识。

宋儒由于受到三教融合思潮之时代大势的影响，开始自觉对《易》《老》思想宗旨进行分判。北宋有不少易学家就老子与《周易》的关系提出自己独到的看法，例如宋初易学家范谔昌在《大易源流图》中认为老子向孔子传授河图、洛书两种图式。他认为伏羲根据龙马所负之图画出八卦，其

---

① （清）赵在翰辑：《七纬附论语谶·易纬·卷一　易纬之一·易乾坤凿度卷上·乾凿度》，钟肇鹏、萧文郁点校，中华书局2012年版，第1页。
② （清）赵在翰辑：《七纬附论语谶·易纬·卷二　易纬之二·易乾凿度卷上》，钟肇鹏、萧文郁点校，中华书局2012年版，第33页。

后老子向孔子传授此二图："其称龙马负图出河，羲皇穷天人之际，复位五行生成之数，定地上八卦之体。故老子自西周传授孔子造易之源：天一正北，地二正南，天三正东，地四正西，天五正中央。地六配子，天七配午，地八配卯，天九配酉，地十配中寄于未，乃天地之数五十有五矣。"① 这是认为《易传》所述河洛数列系老子向孔子所传。众所周知，传统易学将十翼作者归属于孔子，而对易数的讨论又是《易传》的一大重要主题。那么依范谔昌此说，《易传》的思想来源就与老子有重要关联。

又邵雍也认为老子知易之体，孟子知易之用。② 以为老子的思想与《周易》的根本精神是一致的。《观物外篇》又进一步论证说："无思无为者，神妙致一之地也。圣人以此洗心，退藏于密。太极，道之极也；太玄，道之元也；太素，色之本也；太一，数之始也；太初，事之初也。其成功则一也。"③ 这是认为《周易》的寂然不动、无思无为的本体就是老子的不可言说的道。与范谔昌、邵雍的单点论述不同，关学奠基者张载（1020—1077）对《周易》与道家的思想特征站在整体的角度予以分疏。他批评王弼以来援老释《易》的思想传统。认为以有无解《易》乃是狭隘的陋见。其《易说·系辞上》说："大《易》不言有无，言有无，诸子之陋也。"④ 这里他似乎将王弼贵无论等同于老子道家存在论，盖老子的道乃是贯通有无，而王弼以无释道只是突出道家道论之一端。张载认为易道所重在于变易，居于自己的太虚即气的气一元论，张载认为易道涵括有无，贯通幽明："气之聚散于太虚，犹冰凝释于水，知太虚即气则无无。故圣人语性与天道之极，尽于参伍之神，变易而已。诸子浅妄，有有无之分，非穷理之学也。"⑤ 张载这一对王弼以来玄学家解易传统的批评是很深刻的。不过并未从根本上动摇《老》《易》会通的思想根基，相反倒是为《老》《易》会通提供坚实的理论论证，因为以老庄为代表的先秦道家正是气化宇宙论的倡导者。

---

① （清）胡渭撰：《易图明辨·卷五·启蒙图书》，郑万耕点校，中华书局2008年版，第116页。
② （宋）邵伯温撰：《邵氏闻见录·卷第十九》，李剑雄、刘德权点校，中华书局1983年版，第215页。
③ （宋）邵雍：《邵雍集·观物外篇·下之下》，郭彧整理，中华书局2010年版，第164页。
④ （宋）张载：《张载集·正蒙·大易篇第十四》，章锡琛点校，中华书局1978年版，第48页。
⑤ （宋）张载：《张载集·正蒙·太和篇第一》，章锡琛点校，中华书局1978年版，第8—9页。

与张载对《易》《老》分疏形成呼应，北宋涑水学派易学家晁说之（1059—1129）也站在整体角度，从两方面分判《易》、老两大思想宗旨：此即一以老子主静主常与《周易》主动主变相互区别；二以老子的自然对应《周易》的有然。其《辨诬》云："老氏所贵曰常与静，《易》之变动出入不可以居。""老氏至极归于自然……《易》有消息屈伸，吉凶悔吝，危可安而亡可存，皆有然而然，非自然也。"① 晁说之在这里以常、静、自然概括老子道家思想的宗旨，而以动、变、有然归纳《周易》的精神。这一对《易》《老》思想宗旨的分判是很有见地的。不过晁说之的本意是要对《易》《老》两大思想传统予以分疏，在儒、道之间划定界限，以辨明两大思想传统有本质的区别。当然他的这一结论还值得再讨论，但其对两大思想传统比较研究的思路却是宋代易学哲学的创新所在，直至今天仍然值得我们重视。

二 对道、易、神、无、一、通、自然的分疏

北宋易学家还从儒道会通的角度对《周易》的核心精神予以高度概括，将其概括为道、易、神、无、一、通、自然等思想范畴。对于这些思想范畴之间的关系，他们也予以详尽梳理，体现了很高的理论思维能力及对易道的精微洞识，这在易学哲学史上并不多见。北宋儒理宗奠基者胡瑗（993—1059）在《周易口义》中解释《系辞传》"一阴一阳之谓道"一句说："道者，自然之谓也。以数言之则谓之一，以体言之则谓之无，以开物通务言之则谓之通，以微妙不测言之则谓之神，以应机变化言之则谓之易，总五常言之则谓之道。"② 这是继承韩康伯、孔颖达以来援老解《易》的思路，着重对道、自然、无、神、易、一、通等七大概念进行分疏。他之所以特别突出这七大核心概念也是有深意的，因为它们都是唐以前易学与老学重点讨论的。只不过对于上述七大概念，易学与老学的精神传统侧重有所不同。关于道、自然、无、一等概念，老学探讨更为充分，而对神、易、通的阐述，易学则更为关注。不过将它们串联起来予以互相发明，这明显是直接继承孔疏

---

① 《辨诬》，见《嵩山文集》卷14，四部丛刊本。
② 《周易口义·系辞上》，见《儒藏》"精华编"第3册，北京大学出版社2009年版，第359页。

会通《老》《易》的精神。胡瑗首先以自然定义道，表明他总体上赞同《老》《易》的精神是一致的。其次他从数、体、开物成务、变等不同角度分疏一、无、通、神、易等概念的细微差异。这说明他也注意到儒道思想同中有异，《易》《老》之间是有分别的。胡瑗此处所论显然源于孔颖达的疏文，孔氏此处疏也对一、无、道、阴阳、大虚、自然、神、易等易学哲学概念予以重点辨析，他说："一谓无也，无阴无阳，乃谓之道。一得为无者，无是虚无，虚无是大虚，不可分别，唯一而已，故以一为无也。若其有境，则彼此相形，有二有不得为一。故在阴之时，而不见为阴之功；在阳之时，而不见为阳之力，自然而有阴阳，自然无所营为，此则道之谓也。故以言之为道，以数言之谓之一，以体言之谓之无，以物得开通谓之道，以微妙不测谓之神，以应机变化谓之易，总而言之，皆虚无之谓也。"孔颖达此处的疏释又是通过发挥引申韩康伯注文而来。韩氏此句注说："道者何？无之称也，无不通也，无不由也，况之曰道。寂然无体，不可为象。必有之用极，而无之功显，故至乎神无方，而易无体，而道可见矣。故穷变以尽神，因神以明道，阴阳虽殊，无一以待之。在阴为无阴，阴以之生；在阳为无阳，阳以之成，故曰'一阴一阳'也。"在此，韩康伯也是重点探讨道与无、一、神、阴阳等概念之间的关系。胡瑗《周易口义》对韩康伯、孔颖达注释的因袭，也从一个角度说明宋代新易学与唐之前主流易学存在继承关系。

不过值得注意的是，胡瑗在韩康伯、孔颖达注释的基础上，又加上"总五常言之则谓之道"这句带有儒家以伦常释道的话。这句话看似不经意，然而若细加体究，我们就可以找到北宋中期宋代思想转向的信号。事实上，胡瑗已开始不满韩康伯、孔颖达注解《周易》时过于浓厚的道家贵无思想倾向。他在《周易口义》中多次批评王、孔以虚无为宗。如《周易口义乾卦文言传》批评孔颖达《周易正义》云："又言虚一以象虚无之气。此皆近于庄老空空之说，以惑后世。"[1] 因为在胡瑗看来，易道虽然遵循天道自然无为的根本原则，但是由于易道毕竟以生生为本，与道家强调生生之宗有所不同，易家更关注生生之化。这其间区别虽然很小，却很重要。

---

[1] 《周易口义·乾卦文言传》，见《儒藏》"精华编"第3册，北京大学出版社2009年版，第385页。

胡瑗对易学七大概念的分疏对北宋易学产生很大影响。引发易学家对这一易学哲学问题的持续关注与讨论。

周敦颐（1017—1073）在《通书》《太极图说》同样也会通儒、道思想，在继承陈抟《无极图》基础上，又创造性地融合《中庸》《洪范》《孟子》等儒家经典思想，特别突出对易学哲学的诚、神、几、道、太极、无极、动、静等核心概念的探讨，从而为宋明道家奠定思想根基。周敦颐《太极图说》在陈抟所传易图的基础上，进一步论述无极、太极、人极、阴阳、动静、五行等概念的内在关系。而关于诚、神、几，《通书·圣》论述说："寂然不动者，诚也。感而遂通者，神也。动而未形，有无之间者，几也。诚精故明，神应故妙，几微故幽。诚、神、几，曰圣人。"这里对诚、神、几的阐释，显然会通《中庸》与老子的思想，但其将诚、神、几这三大易学概念创造性诠释为儒家的心性境界论概念，这的确是一个了不起的思想创造。不过值得注意的是，周敦颐心目中的圣人形象乃是儒道二家理想人格的结合。如《通书·思》说："《洪范》曰'思曰睿，睿作圣'。无思，本也；思通，用也。几动于彼，诚动于此，无思而无不通，为圣人。"其圣人以无思为本，无思而无不通，这与老子的无为而无不为是贯通的。又《通书·诚几德》还以无为解释诚，有"诚无为，几善恶"的提法，这说明他的易学哲学的创新源于《易》《老》思想的创造性会通。

蜀学派易学家苏轼（1037—1101）在《东坡易传》中重点对道、易两大概念进行细致辨析，他认为道是描摹万物未生之时的状态，易则是指征物转相生、生生不息的状态："相因而有，谓之生生。夫苟不生，则无得无丧，无吉无凶。方是之时，易存乎其中而人莫见，故谓之道，而不谓之易。有生有物，物转相生，而吉凶得丧之变备矣。方是之时，道行乎其间而人不知，故谓之易，而不谓之道。圣人之作易也，不有所设，则无以交于事物之域，而尽得丧吉凶之变。是以因天下之至刚而设以为乾，因天下之至柔而设以为坤。乾坤交，而得丧吉凶之变，纷然始起矣。……言易之道，至乾而始有成象，至坤而始有可见之法耳。"[1] 这里值得注意的是苏轼会通道与易两大中国

---

[1] （宋）苏轼著，李之亮笺注：《苏轼文集编年笺注·附录五·东坡易传·卷七·系辞传上》，巴蜀书社2011年版，第259页。

哲学的核心概念，将未生、已生通连一体。他认为道家的道概念重在描述宇宙万物未生的状态，而易则是通过刚柔相推、阴阳推荡指征万物生生不息的过程。这表面上看起来好像有所不同，然而，宇宙在道的寂然状态时，尽管此时宇宙万物并未产生，但已蕴藏着万物的生机，因此易已潜在地蕴含于道之中。而宇宙万物产生之后，道虽已退藏于密，但非绝对的消失，而是内蕴于宇宙万物之中，乃是万物依之而立的根据。因而在《易》的阴阳推荡，刚柔相推即是道的展显。这是一个很精彩的思想，对于会通《老》《易》极具思想启示性。他又以《道德经》的无名概念起意，以无名为《易》之大全，以名沟通易象，视易象为某种形式的名。认为道是无名，表示一种浑朴未分的大全，而《易》则是开物成务，通过取象的方式赋之以名，天地通过生生不息逐渐获得各自的名。因此，从这个角度看，《易》之开物成务就是赋予万物以名，从这一角度看，道与《易》也是贯通的。《东坡易传》说："夫道之大全也，未始有名，而易实开之，赋之以名。以名为不足，而取诸物以寓其意；以物为不足而正言之，以言为不足而断之以辞，则备矣。"①

对于神这一中国哲学中又一表示最高本体的概念，它的意义及其与道、易概念的关系，苏轼也有很精彩的论述。苏轼主要是用神以表征《易》的无穷无尽，莫可名测之用："生生之极，则易成矣。成则唯人之所用。以数用之谓之占，以道用之谓之事。夫岂惟是，将天下莫不用之。用极而不倦者，其唯神乎！"苏轼以为《易》之用有数用与道用的区别，数之用为筮占，道之用为事业；《易》的神用贯通于数用与道用，因此神只有在《易》之用才能体现出来："至精至变者，以数用之也。极深研几者，以道用之也。止于精与变者，则数有时而差；止于几与深也，则道有时而穷。使数不差，道不穷者，其唯神乎！"②

老子《道德经》使用水这一意象以解释道，认为水之德最接近道，提出"水几于道"的命题。《东坡易传》据此援引老子《道德经》使用的典型意象水以解释《周易》。从而在易学史上创造性地提出独一无二的以水释

---

① （宋）苏轼著，李之亮笺注：《苏轼文集编年笺注·附录五·东坡易传·卷八·系辞传下》，巴蜀书社2011年版，第275页。
② （宋）苏轼著，李之亮笺注：《苏轼文集编年笺注·附录五·东坡易传·卷七·系辞传上》，巴蜀书社2011年版，第265页。

易,《东坡易传》注"一阴一阳之谓道"说:"阴阳一交而生物,其始为水。水者,有无之际也,始离于无而入于有矣。老子识之,故其言曰'上善若水',又曰'水几于道'。"① 这显然是汲取老子《道德经》有关"水几于道"的思想以会通《周易》的阴阳概念。在此,值得特别指出的是,这里的水并非现实生活中的物质水,水乃是哲学性的意象概念,意指宇宙创生过程中自无生有的原初状态。苏轼认为这是最接近道的有无之际的状态。《东坡易传》援引水的意象来诠解易道,这在此前易学家中尚未看见,这种独创性的思想应与苏轼不主一教,会通儒、释、道的宽广精神视域密切相关。

无独有偶,与蜀学派易学家上述易、老会通相近,王安石新学派易学家也紧扣关键性易学概念融通儒、道。北宋中期之后,在理学崛起的同时,北宋儒学最重要的学派荆公新学也开始登上历史舞台。以王安石为代表的新学派通过撰作具有官学地位的《三经新义》,正式取代唐初以来孔颖达《五经正义》长达四百多年的统治地位,从而最终确定宋代新经学的解经范式。站在这一角度看,荆公新学既是宋代新经学确立的标志,同时也是宋代新儒学最重要的代表。荆公新学以回归孔孟原始儒家为理想,以经世致用、富国强兵为目的,以礼乐刑政相结合为手段,在北宋发动了具有重大历史影响的政治、社会革新运动。荆公新学的特点是以内圣外王为归依,而不拘于向内要求,以统合三教为方法,而没有狭隘的门户之见。荆公新学通过重新诠解经义,主要以太学为宣传阵地,传播新学派之经学思想,为熙丰新政造势。

论及新学对儒家经典的疏解,除王安石主修的《三经新义》外,该学派成员陆佃于《诗经》、孙谔于《尚书》、周常于《礼记》、叶涛于《周礼》、龚原于《易》,均秉承新学派三教兼综、内圣外王贯通的宗旨予以重新解释,以阐发新学义。其中王安石高徒龚原(约1043—1110)所著《周易新讲义》,由于在北宋后期用于科场取士,其影响超过程颐的《程氏易传》。北宋名儒邹浩介绍龚氏易学在北宋后期社会的影响说:"神宗皇帝以道莅天下,于是造士以经,表通经者讲于太学,以训迪四方。时陆公佃《诗》,孙公谔《书》,叶公涛《周礼》,周公常《礼记》,而先生专以《易》

---

① (宋)苏轼著,李之亮笺注:《苏轼文集编年笺注·附录五·东坡易传·卷七·系辞传上》,巴蜀书社2011年版,第258页。

授。诸公咸推先生焉。先生盖王文公门人之高第也。三圣之所秘，文公既已发之于前，文公之所略，先生又复申之于后。……故自熙宁以来，凡学《易》者，靡不以先生为宗师，因以取上科，跻显位，为从官，为执政，被明天子所眷遇，而功名动一时者，踵相蹑而起，至于今不绝也。"①

  此书可看成新学派易学的代表作。原书在明以后失传，幸运的是在日本尚有保存。清代嘉庆年间自日本返传中国，由阮元首编于《宛委别藏》。此书最突出的特点是从儒道兼综的角度对《周易》的哲学问题予以重点讨论，体现出作者极高的理论思维能力。这在北宋诸家易学注释中是很突出的。龚原在注释《周易》时，吸收胡瑗、苏轼等易学哲学思想，对《易》的理论思维进行高度概括，敏锐地注意到《易》的最高概念有四个：神、易、命、道。对此，他又称为四大极理："天下有极理者四，曰神，曰易，曰命，曰道。四者，非同也，非异也，非即也，非离也。自其阴阳不测则为神，自其一阴一阳则为道，自其生生不息则为易，自其且然无间则为命。阴阳不测，非离于一阴一阳也。生生日新，非异于且然无间也。其名虽有四，其宗则一而已。故其道始于寂然不动，而后感而遂动。阴阳不测。"② 如前所论，孔疏、胡瑗《周易口义》就已集中讨论《周易》的神、易、命、道、一、通等哲学概念，但龚氏可贵之处是对神、易、命、道四大概念进行分疏，认为四者是非同非异、非即非离的关系。他看到神、易、命、道，其宗则一，这个所宗之一其实就是阴阳之气的变化，所谓神系指阴阳运行之不测妙用，道则指阴阳运行之理，阴阳之生成则为易，阴阳运行之妙合则为命。他又说："易之为道，体之则为神，用之则为易，由之则为道，听之则为命。言虽不同，其实一也。"③ 这是在易学哲学史中较早从体用角度对神、易、命、道等概念的关系予以详细分疏。他能点出神、易、命、道其实都是从不同侧面阐述阴阳二气的变化过程，说明他已认识到《周易》建立的象征体系是奠基于气化宇宙之上。

  龚原还重点对道与神的关系予以精彩论述，并引用《庄子·大宗师》

---

① 《周易新讲义·序》，粤雅堂丛书本。
② 《周易新讲义》卷8，粤雅堂丛书本。
③ 《周易新讲义》卷首，粤雅堂丛书本。

之语对神特出阴阳万物之上的本体地位予以论述。龚原还以佛教的无死无生与道家本根思想融为一体，并以此阐发《周易》的神本体，这种出入三教的融通思路是很有见地的，大大深化了北宋易学哲学对神概念的体察。他很重视对神的宇宙创生本体意义的阐发，认为神是大易的本体，而此本体最突出的特点即是生生不息。他说："万物生于天地，天地生于易。易无体也，故不生。不生则命万物而无所听，道万物而无所由。此之谓生生。"① "通乎昼夜之道而知者，则异乎此，虽与之来，而有所谓不来，虽与之往，而有所谓不往，故其体为神，其用为易，神则有所示，而无所屈，而以易为方，易则生生，而不生于生，而以神为体，以易为方者，无方之方也。故无乎不在，以神为体者，无体之体也，故无乎不为。"②

显然他的神概念是会通宇宙创生论与本体论的，乃是将大易的生生原则提升至哲学本体的高度。这无疑是对孔疏神概念的思想超越。

三　易简之道与自然之道

自然是老子《道德经》的重要概念，也是道家推崇的最高价值准则。在《道德经》第二十五章中，老子在中国思想史上第一次创造性地提出"道法自然"的哲学命题。而《周易·系辞传》也以易简概括大易之道。那么二者之间究竟存在怎样的精神贯通呢？这是中国哲学史中一个很重要的议题。自魏晋以降，哲学家就很重视对这一问题的探讨。北宋易学家胡瑗在《周易口义》中率先以道家的自然之道会通《周易》的乾坤之道。《周易口义》解释《系辞传上》"乾以易知，坤以简能"时说："道谓自然而生也，此言乾坤之道也。乾以易知者，夫乾之生物，本于一气，其道简略，不言而四时自行，不劳而万物自遂，是自然而然者也。坤以简能者，夫坤之生物，假天之气，其道亦简略，其用省默而已，不假烦劳而物自生，不假施为而物自遂，是自然而然者也。"③

---

① 《周易新讲义》卷8，粤雅堂丛书本。
② 同上。
③ 《周易口义系辞传上》，见《儒藏》"精华编"第3册，北京大学出版社2009年版，第344页。

胡瑗在此着重阐发天地生成万物是遵循自然无为的原则，对此，他将其概括为乾坤的简略之道。这就成功地将老子《道德经》自然无为的思想与《周易》的易简之道融通一体。不过，他的这一解释并非直接采纳老子的相关思想，而是经由韩康伯注，尤其是孔颖达的疏文之思想中介，这也是唐以前《周易》注疏的一大重要解释传统。对于《系辞传》此句，韩康伯注为："天地之道，不为而善始，不劳而善成，故曰易简。"其注明确以无为解释易简。不过他的解释过于简单，相比之下，孔颖达的疏文就要详细得多，直接启发了胡瑗的上引思想。

孔颖达《周易正义》对于此句的解释是："'乾以易知'者，易为易略，无所造为，以此为知，故曰乾以易知也；'坤以简能'者，简谓简省，凝静不须繁劳，以此为能，故曰坤以简能也。若于物艰难则不可以知，故以易而得知也；若于事繁劳则不可能也，必简省而后可能也。"[①] 孔氏在此以易略阐释乾之道，以简省训解坤之能。这其中《易》《老》会通的思想倾向是很明显的。

拿孔颖达疏义与胡瑗上述注解相比，可见两者注释的基本精神是完全一致的。这说明胡瑗仍然采用王弼、韩康伯、孔颖达以来援老说《易》的解易传统。

与胡瑗《周易口义》援老释《易》的释经倾向相似，苏轼也以道家的自然无为思想会通《周易》的易简之道。不过与胡瑗相较，苏轼的《易》、老会通更具思想自觉，也更有思想的创造性。苏轼的所谓的易简就是乾无心于知，坤无心于作，天地乾坤创生万物遵循自然无为的原则。苏轼认为易道是对天地生物之道的描述，而天地生物遵循自然无为的原则，因此《周易》的易简之道也就是自然无为之道。《东坡易传》云："言易简者，取诸物而足也。万物自生自成，故天地设位而已。圣人无能，因天下之已能而遂成之，故人为我谋之明，鬼为我谋之幽，百姓之愚，可使与知焉。"[②] 至于易简之道的具体内涵，《东坡易传》也有很精彩的阐述："易简者，一之谓也。凡有心者，虽欲一不可得也。不一则无信矣。夫无信者，岂不难知难从哉！

---

① 《十三经注疏》委员会整理：《周易正义》，北京大学出版社 2000 年版，第 304 页。
② （宋）苏轼著，李之亮笺注：《苏轼文集编年笺注·附录五·东坡易传·卷八·系辞传下》，巴蜀书社 2011 年版，第 280 页。

乾坤惟无一故一，一故有信，信故物知之也易，而从之也不难。"① 这同样也是援引老子的另一重要宇宙论概念—以疏解《周易》的易简概念。苏轼以道家自然无为之道解释《周易》的易简之道，这一儒道会通思想是很深刻的，在一定程度上切入《周易》的思想本质。我们还注意到尽管苏轼也承认《周易》的思想宗旨与老子贵无不同，主要关注天地乾坤的生成之道，但乾坤的生成、运化却是遵循自然无为的原则。这实际上是认为《易》《老》的基本精神是内在贯通的。苏轼对《易》、老思想的这种本质理解是很深刻的，表明他对儒、道的会通并不是作简单地调停之说，而是奠基于对两家思想的整体把握。与苏轼相似，苏辙尽管对老、孔的精神差异有着相当明确的辨析，但他却更看重他们之间的相互补充。他说："孔子以仁义礼乐治天下，老子绝而弃之，或者以为不同。《易》曰'形而上者谓之道，形而下者谓之器。'孔子之虑后世也深，故示人以器而晦其道，使中人以下守其器，不为道之所眩，以不失为君子，而中以上自是以上达也。老子则不然，志于明道而急于开人心，故示人以道而薄于器，以为学者惟器之知，则道隐矣；故绝仁义，弃礼乐以明道。夫道不可言，可言皆其似者也。达者因似以识真，而昧者执似至陷于伪。故后世执老子之言以乱天下者有之，而学孔子者无大过。因老子之言以达道者不少，而求之于孔子者常苦其无所从入。二圣人者，皆不得已，全于此必略于彼矣。"② 苏辙在此以《周易·系辞传》形上、形下概念来会通儒道思想。认为老、孔二家之说之所以有差异，乃系因为针对不同根器者而设，老子学说直探向上一路，其重心在于明道，而略于器，此适合于上根大器者；而孔子则采用下学而上达，强调由器而明道，这适合多数学者。因此苏辙认为儒、道的根本精神并不存在分歧，孔老都是圣人。

四　天地之心的静、动之争

天地之心即宇宙运化的根本原则究竟是静还是动，这是一个易学哲学史

---

① （宋）苏轼著，李之亮笺注：《苏轼文集编年笺注·附录五·东坡易传·卷七·系辞传上》，巴蜀书社2011年版，第254页。

② 《老子解绝圣弃智章第十九》，《道藏》第12册，第299页 c 行，三家本。

讨论的基本问题。北宋哲学家是通过对《周易·复》象传的讨论来切入这一易学哲学基本问题。《周易·复》象传以"复,其见天地之心"在易学哲学史上较早对这一问题做了回答。然而,历代易学家对象传的这一论断,解释迥然不同。王弼是这样解释的:"复者,反本之谓也。天地以本为心者也。凡动息则静,静非对动者也;语息则默,默非对语者也。然则天地虽大,富有万物,雷动风行,运化万变,寂然至无,是其本矣。故动息地中,乃天地之心见也;若其以有为心,则异类未获俱存矣。"① 他的解释有三点值得注意,首先是以本释心,这样象传所说天地之心就上升为天地之本。其次以寂然至无为天地之本,这明显是会通老子的贵无思想。最后他还特别指出静并非对动而言,而是超出动静对待的绝对静。这说明他的静已非形而下的层面,而是有本体的哲学意义。王弼对《周易·复》象传的这一解释对经文作了哲学的提升,可谓是典型的创造性诠释,为北宋之前易学家所普遍接纳。例如,孔颖达《周易正义》疏文就特别强化王弼的这一创释,指出:"天地以本为心者,以本为静也。"② 他点出以本为静,这就使王弼的解释更加明晰。

不过王弼、孔颖达的这一权威解释在北宋易学界受到公然挑战,北宋易学正是通过对上述象传的集中争辩、讨论,形成对王、孔易学范式的突破,从而为宋代新易学的创建张目。的确,北宋易学家仍有人沿袭王弼、孔颖达的说法。例如,图书派的代表刘牧就继承王弼的《易注》,仍然以静为天地之心,以无为自然会通《易》本体的寂然不动。其《易数钩隐图·复见天地之心第六》:"天地养万物,以静为心,不为而物自为,不生而物自生,寂然不动,此乾坤之心也。"③ 刘牧的这一解释在思想上并没有超过王弼、孔颖达的思想。而更多的北宋易学家对此提出质疑,他们认为天地之心、天地的本体是动而非静。他们所说的动主要是指天地生生不已精神。

依据现存宋人易注文献,胡瑗的《周易口义》较早对王、孔解释范式提出挑战。他在注释上述象传这一句时,就再也不像王弼那样由"反本"

---

① 《十三经注疏》委员会整理:《周易正义》,北京大学出版社2000年版,第132页。
② 同上。
③ 《易数钩隐图·遗论九事·复见天地之心第六》,文渊阁四库全书本。

起意，而重视复卦下面一阳爻所引发的生机。与王弼的注释着重阐发复卦所象征的天道周而复始的反本思想不同，《周易口义》的解释与王弼的解释相较，明显出现思想的转向："'复其见天地之心'者，夫天地所以肃杀万物者，阴也；生成万物者，阳也。天地以生成为心，故常任阳以生成万物。今复卦一阳之生，潜于地中，虽未发见，然生物之心于此可得而见也。……犹圣贤之心，以生成天下为心，虽始复其位，其事业未大被于天下，而行道之初已有生育之心也。"① 两相比较，可以看到胡瑗在复卦中看出的天地之心已不再是王弼的无，而是有，是以生成作为天地之心。这种从无到有、从静到动、从本体到生成的思想转变，在北宋新易学中具有重要的意义，乃是宋代易学走出唐代以前易学传统思想范式的一个重要标识。事实上，胡瑗对复卦象辞的这一新解释也得到北宋不少易学家的呼应。对这一易学哲学问题的讨论是宋代易学关注的热点之一。欧阳修、邵雍、张载、程颐都申述了胡瑗这一易学新解。例如，欧阳修（1007—1072）在《易童子问》中还专门讨论这一问题：

童子问曰："'《复》其见天地之心乎'者，何谓也？"曰："天地之心见乎动，《复》也，一阳初动于下矣。天地所以生育万物者本于此，故曰'天地之心'也。天地以生物为心者也，其《象》曰'刚反动而以顺行'是矣。"童子曰："然则《象》曰'先王以至日闭关，商旅不行，后不省方'，岂非静乎？"曰："至日者，阴阳初复之际也，其来甚微。圣人安静以顺其微，至其盛然后有所为也，不亦宜哉？"②

欧阳修也像胡瑗一样，以一阳初动即生为天地之心。他虽然没有提到王弼的上引解释，但显然是针对王弼易说的。不过，欧公这一解释到底有没有受到胡瑗易学思想的影响，这是一个饶有趣味的问题。固然，胡瑗《周易口义》成书较晚，但此书是根据他在太学的讲义整理而成。他又专门研习

---

① 《周易口义》卷5，见《儒藏》"精华编"第3册，北京大学出版社2009年版，第145页。
② （宋）欧阳修：《欧阳修全集·卷七十六·易童子问卷一》，李逸安点校，中华书局2001年版，第1110页。

《周易》，年辈也较欧阳修为高，加之又长期执教于地方、中央各级学校，因此我们认为胡瑗应该较早提出这一新解释，而欧阳修正是受到胡瑗易说的启发。

值得注意的是，北宋易学家关于上述《彖》传解释之动静之争是超越学派的。例如，邵雍虽然是图书学派的重要代表，但他也赞同儒理宗胡瑗等人的新解释，以生成为天地之心："天地之心者，生万物之本也。"①

此外司马光（1019—1086）撰有《温公易说》，也参与上述讨论。司马光易学造诣颇深，他通过批评王弼以老、庄解《易》以分判《易》与道家思想宗旨之异同。其《答韩秉国书》就针对上述王弼象传的注释予以直接反驳，认为王弼以老子的无解释《易》的本体，未足为据，《易》以生生为本体，并非无而是有："夫万物之有，诚皆出于无，然既有则不可以无治之矣。常病辅嗣好以老庄解《易》，恐非易之本指，未足以为据也。辅嗣以雷动风行运变万化为非天之心，然则为此者果谁耶？夫雷风日月山泽，此天地所以生成万物者也，若皆寂然至无，则万物何所资仰耶？天地之有云雷风雨，犹人之有喜怒哀乐，必不能无，亦不可无也。"②

相较上述诸家，张载《横渠易说》对复卦这一句的解释最为周全、精到。其云："大抵言天地之心者，天地之大德曰生，则以生物为本者，乃天地之心也。地雷见天地之心者，天地之心惟是生物，天地之大德曰生也。雷复于地中，却是生物。彖曰'终则有始，天行也。'天行何尝有息？正以静，有何期程？此动是静中之动，静中之动，动而不穷，又有甚首尾起灭？自有天地以来以迄于今，盖为静而动。天则无心无为，无所主宰，恒然如此，有何休歇？"③ 张载的解释同样也是落脚于天地的生物之心，显然也是综合了胡瑗、欧阳修等人的相关思想。不过与程颐上述注解比较，张载又结合《周易·系辞传》"天地之大德生"、《周易·复卦象辞》及复卦卦象，对天地以生物为心予以系统论证，较诸家更为周全。他参究复卦卦象上坤下震，有雷复于地中之象，但复卦的象辞又说"先王以至日闭关，商旅不行，

---

① （宋）邵雍：《邵雍集·观物外篇·下之下》，郭彧整理，中华书局2010年版，第163页。
② 《温国文正公文集》卷63，见《儒藏》"精华编"第210册，北京大学出版社2011年版，第893页。
③ （宋）张载：《张载集·横渠易说·上经·复》，章锡琛点校，中华书局1978年版，第113页。

后不省方",这说明复卦确有静象。因此,张载才结合复卦、象象这两层意思,提出复卦的动是静中之动,动而无穷。这是上述诸家都没有提及的。

五 性情一体的易学心性论

通过注释《周易》来讨论心性问题,也是北宋新易学的一大特点,这在宋易儒理宗中表现得尤为突出。他们中有些人例如蜀学派易学家苏轼甚至构建起独特的易学心性论概念体系。胡瑗是北宋易学家中较早通过注释《周易》以探讨心性问题的思想家。关于这点,过去的易学史研究中没有给予足够的关注。胡瑗认为《周易》从根本上看,就是圣人围绕穷神尽性问题而作出的探讨。因此,从根本上说,《周易》实际就是一部性命之书。他在《周易口义》中提出"正性""天地之性"等心性学概念,以展开对《周易》性命之学的探讨。这对稍后的北宋理学家例如程颐、张载的心性思想影响颇大。《周易口义》提出天地之性的概念:"天地之性,寂然不动,不知所以然而然者,天地之性也。然而元善之气,受之于人,皆有善性。至明而不昏,至正而不邪,至公而不私。圣人得天地之全性,纯而不杂,刚而不暴,喜则与天下同喜,怒则与天下共怒。"[①] 在此胡瑗以为天地之性出于元善之气,既有宇宙论方面的超越根据,同时又具有道德上纯粹至善的特性。可以看出,他是倾向于性善论的,但他引入元善之气的概念以论性,这是很高明的,也明显带有那一时代的特点。不过他以寂然不动来定义天地之性,这当然还是使用玄学化的易学语言,其间道家的色彩是很浓的。他还特别使用正性概念以表示至善之性:"盖性者,天生之质,仁义礼智信五常之道,无不备具,故禀之为正性。喜怒哀乐爱恶欲,七者之来,皆由物诱于外,则情见于内,故流之为邪情。唯圣人则能使万物得其利,而不失其正者,是能性其情,不使外物迁之也。"[②] 这里所谓的正性还是归宗于五常之道的伦常之性。为其后理学心性论开辟了道路。值得注意的是,他虽然使用邪情这一

---

① 《周易口义》卷1《系辞上》,见《儒藏》"精华编"第3册,北京大学出版社2009年版,第360页。

② 《周易口义》卷1《乾卦》,见《儒藏》"精华编"第3册,北京大学出版社2009年版,第22页。

概念，但他并不是谈情色变，对情、欲一律加以排斥。他的学生徐积记述说："安定说《中庸》始于性情。盖情有正与不正，若欲亦有正与不正，德有凶有吉，道有君子有小人也。若'天地之情可见'，'圣人之情见乎辞'，岂得为情之不正乎？若'我欲仁，斯仁至矣'，岂为不正之欲乎？故凡以言情为不正者，非也；言圣人无情者，又非也。"① 这是一段很重要的思想材料，从中我们可以看出胡瑗并不像后世理学家那样偏好情性二分，排斥情欲。他通过对《周易》《中庸》《论语》相关语句的引证，对情、欲做了一定程度的肯定，认为情、欲也有正与不正之区分。值得注意的是，他断然否定圣人无情的说法。在《周易口义》中，他再三提到圣人并非无情，而是能以正性制其情："然则圣人之情固有也，所以不为之邪者，但能以正性制之也。"②"是皆圣人有其情，则制之以正性，故发于外则为中和之教，而天下得其利也。"③

他的心性论还涉及工夫论，较早提出"治心明性"的工夫理论，其云："惟大贤君子为能治心明性，知其不善而速改之。"④

他还强调以中正之道对情予以节制："圣人缘人之情，酌中以为通制。……又言九五居中履正，所为节制得其中，又得其正。得其中则无过与不及之事，得其正则不入于私邪，是中正所为之道，可以通行万世，使天下得尽所以为节制之义也。"⑤ 胡瑗强调以中正之道节制心性，这仍然源自《周易》崇尚中正的思想传统，也是与唐代儒学推崇大中之道一脉相承。这与稍后的北宋理学以天理为核心重构儒家的价值体系是有区别的。

与胡瑗仅仅简单地通过注释《周易》讨论心性问题不同，蜀学派易学家苏轼则转向创造性地以易学概念构建心性之学，从而表现出很强的理论创

---

① （清）黄宗羲原撰，（清）全祖望补修：《宋元学案·卷一·安定学案·安定门人·节孝徐仲车先生积·语录》，陈金生、梁运华点校，中华书局1986年版，第39—40页。
② 《周易口义》卷1《乾卦》，见《儒藏》"精华编"第3册，北京大学出版社2009年版，第22页。
③ 同上。
④ 《周易口义》卷5《复卦》，见《儒藏》"精华编"第3册，北京大学出版社2009年版，第146页。
⑤ 《周易口义》卷5《节卦》，见《儒藏》"精华编"第3册，北京大学出版社2009年版，第315页。

造性，这在此前中国哲学心性论历史中尚未见到。

（一）卦爻与性情

苏轼的这种独创性心性理论首先是以卦为性，爻为情，不过尽管他以情为利，性为贞，然而却不像洛学程颐那样将性情对立。苏轼说："其于《易》也，卦以言其性，爻以言其情。情以为利，性以为贞，其言也互见之，故人莫之明也。《易》曰：'大哉乾乎，刚健中正，纯粹精也！'夫刚健中正纯粹而精者，此乾之大全者，卦也。及其散而有为，分裂四出而各有得焉，则爻也。故曰六爻发挥，旁通情也。以爻为情，则卦之为性也明矣。'乾道变化，各正性命，保合太和，乃利贞。'以各正性命为贞，则情之为利也亦明矣。"① 又云："又曰利贞者，性情也。言其变而之乎情，反而直其性也。至于此，则无为而物自安矣。"② 这是通过对《周易》乾卦之《象辞》《文言》等关键语句的创造性解读，从而提出以卦为性，以爻为情的心性理论。他认为性为大全，具有刚健中正、纯粹至精的品性；而爻则为情，具有发挥旁通的特性，这就隐合着性静情动的思想。《周易》的《乾·象》云："乾道变化，各正性命，保合太和，乃利贞。"苏轼据此以贞、利训解性、情，以贞释性，以利训情。不过由于《周易》本身并无后世儒家性善情恶、性情二分对立的思想，相反《乾·文言》还从义利合一的角度论及利："利者，义之和也，贞者，事之乾也。君子体仁，足以长人；嘉会，足以合礼；利物，足以和义，贞固，足以乾事。君子行此四者，故曰：乾，元亨利贞。"这种以利为义之和的思想对苏轼的心性理论具有很强的思想引导性。此外，苏轼还有很强烈的情本论的思想倾向，这在宋代哲学乃至整个中国思想史上也是很独特的。在《中庸论》中苏轼认为情是圣人之道的根本："圣人之道，自本而观之，皆出于人情。"③ 又认为礼的本质就是缘饰人情，因此礼是奠基于情之上，乃是对情的提升，而非否定。其《礼以养人为本论》：

---

① （宋）苏轼著，李之亮笺注：《苏轼文集编年笺注·附录五·东坡易传·卷一·乾卦第一》，巴蜀书社2011年版，第114—115页。
② 同上书，第115页。
③ （宋）苏轼撰，（明）茅维编，孔凡礼点校：《苏轼文集·卷二·论·中庸论中》，中华书局1986年版，第61页。

"夫礼之初，缘诸人情，因其所安者而为之节文。凡人情之所安而有节者，举皆礼也，则是礼未始有定论也。然而不可以出于人情之所不安，则亦未始无定论也。"①

(二) 性统情、命

苏轼还以性为中心，通连情与命，认为性向下发动为情，向源头上溯则为命，命是超越的，是性的本源。这种心性理论也是很独特的，源于他对《周易》思想的创造性诠释："情者，性之动也。溯而上，至于命，沿而下，至于情，无非性者。性之与情，非有善恶之别也，方其散而有为，则谓之情耳。命之与性，非有天人之辨也，至其一而无我，则谓之命耳。"②

这里值得注意的是，在论及性情这对心性论范畴时，苏轼打破中国传统哲学以道德性概念善恶论性的思想范式，独辟蹊径，以散合、无为、有为来分疏性、情，主张合而无为谓之性，散而有为谓之情。他尤为强调性情一体。这明显是吸纳老子的有为、无为概念，并将其以《周易》的思想予以创造性的融通。我们再结合新学龚原的性情说，发现他也是主张性情一体的。龚原认为性情乃是一物两名，当其寂然未动时为性，感而遂通时为情："情之与性，一物而两名。方其寂然未动则谓之性，及其有感而动也则谓之情。"论及情的善恶，龚原认为天地之情与其性合，因而是正而善的，而万物之情因为动的原因，因而有过、不及："天地之情以正而见，以不失性也。万物之情则异乎天地之情矣，万物之性未尝不正也，一动而为情，则或失之过，或失之不及。"③这种强调以动静来分疏情性的理论与苏轼很接近。这与理学家的性善情恶，性情二元分立相比，更符合中国哲学追求连续性存在思想传统。

苏轼还公开反对孟子的性善论，认为孟子不及见性，而以性之效为性。《东坡易传》说："昔者孟子以善为性，以为至矣，读《易》后知其非也。"④

---

① （宋）苏轼撰，（明）茅维编，孔凡礼点校：《苏轼文集·卷二·论·礼以养人为本论》，中华书局1986年版，第49页。
② （宋）苏轼著，李之亮笺注：《苏轼文集编年笺注·附录五·东坡易传·卷一·乾卦第一》，巴蜀书社2011年版，第114页。
③ 《周易新讲义》卷6《大壮象辞注》，粤雅堂丛书本。
④ （宋）苏轼著，李之亮笺注：《苏轼文集编年笺注·附录五·东坡易传·卷七·系辞传上》，巴蜀书社2011年版，第258页。

又批评说:"孟子之于性,盖见其继者而已。夫善,性之效也。孟子不及见性,而见夫性之效,因以所见者为性。"① 他认为善恶只是性所能达到的两种不同的结果,而并非人性先天所固有。苏轼这种人性论颇接近性无善无恶论。又《东坡易传》还讨论性与道的关系,同样也是主张性、道贯通,他说:"古之君子,患性之难见也,故以可见者言性。夫以可见者言性,皆性之似也。君子日修其善以消其不善;不善者日消,有不可得而消者焉。小人日修其不善以消其善;善者日消,亦有不可得而消者焉。夫不可得而消者,尧、舜不能加焉,桀、纣不能亡焉,是岂非性也哉?君子之至于是,用是为道,则去圣不远矣。"② 依苏轼这里的解读,君子只要虔虔进德修业,修缮其性,就一定能与道贯通,从而优入圣域。

对于蜀学这一独特的心性论在宋代思想中的地位,余敦康先生评论说:"在宋代思想史中,苏轼的心性之学与理学家的心性之学共同构成一种必要的张力,二者的地位应该是平起平生,不分轩轾。如果忽视苏轼的这种立足于自然主义的心性之学,就会把本来是五彩斑斓、复杂多元的宋代思想弄得贫乏苍白,变成理学家的一统天下了。"③

以上我们从北宋易学哲学五大问题意识着手,论证《易》《老》的创造性融通乃是推动北宋易学哲学发展的原动力。正是通过《易》《老》两大哲学传统的深度对话,北宋易学哲学家提出迥异于前代的哲学问题。各学派围绕这些问题予以广泛的讨论,并提出具有各自不同特点的解答,从而直接推动北宋易学哲学的发展。而北宋易学哲学的发展又引领了北宋儒学的波澜壮阔的历史复兴。因此,儒、道融通才是贯穿北宋哲学始终的思想主线。

---

① (宋)苏轼著,李之亮笺注:《苏轼文集编年笺注·附录五·东坡易传·卷七·系辞传上》,巴蜀书社2011年版,第258页。
② 同上书,第114页。
③ 余敦康:《汉宋易学解读》,华夏出版社2006年版,第207页。

萨迦班智达与蒙古阔端王相关文献探析

尕藏加

(中国社会科学院世界宗教研究所)

摘要: 元代是中国缔造多民族统一国家的重要历史时期。这一时期,在藏传佛教界涌现了许多佛学造诣高深、道德思想高尚、爱国爱教的高僧大德,他们在西藏地区归入祖国版图、隶属中央政府方面发挥了关键性作用。本文选取其中具有代表性的历史人物萨迦班智达·贡噶坚赞,对其生平事迹、与阔端王会晤以及"致蕃人书"等人生履历和历史事件作了宽视域、多层面的描述、归纳和总结,从而展示藏传佛教高僧大德在中国历史上为缔造多民族统一国家所做出的历史功绩,使其载入史册,流芳百世。

关键词: 元朝 藏传佛教 高僧 文献

萨迦班智达·贡噶坚赞 (sa skya pan ti ta kun dgav rgyal mtshan, 1180—1251),藏传佛教著名高僧,萨迦派第四代祖师,藏族杰出的思想家、教育家和社会活动家。萨迦班智达一生具有多重身份,他不仅是一名博通佛学知识的高僧大德和娴熟十明学科的知名学者,而且是一位促成西藏地方正式归入元朝版图的重要政治人物,因此萨迦班智达在广大藏族地区成为家喻户晓的历史人物和文化名人。

一 萨班·贡噶坚赞的生平事迹

萨迦班智达·贡噶坚赞出身萨迦昆氏家族,这个家族在藏族历史上是一个光宗耀祖的大家族，声名显赫，他是萨迦派第一祖贡噶宁布（kun dgav snying po）大师的最小儿子柏钦沃波的长子，原名叫班丹顿珠（dpal ldan don grub）。有关藏文文献记载：

> 无垢昆氏扎巴坚赞之弟白钦俄波娶妻玛吉噶甫玛尼赤江，生二子，长子即萨班·贡噶坚赞，系父亲三十三岁时，第十三饶迥水虎年（公元1182年）二月二十六日诞生，取名班丹顿珠。自幼在父亲身前读书习字，受密宗诸灌顶教导口诀，并闻习若干医典要诀，所学通达无碍。主要依止至尊扎巴坚赞为轨范师，饱闻密宗一切甚深法，灌满心田，并敬聆医学方面之八支本释等。得受居士戒，取名贡噶坚赞。十五岁，祖辈诸法，尽皆领悟。十九岁，于善知识库敦尊前，敬聆慈氏五论与《集量论》等。二十岁，赴后藏年堆江吐，从粗敦·旋努森格闻习全部《量抉择论》。二十二岁，于后藏曲弥仁莫拜谒迦湿弥罗之大班智达释迦师，满心欢喜，极其敬仰，得聆因明《圣法》。父疾，遂自曲弥仁莫返回萨迦。父白钦俄波五十四岁时，于水猪年（公元1203年）五月一日圆寂。恩父逝世，彼悲伤不已，广作超荐法事。是年参加夏季法会者甚多，乃开创宣讲《定量论》一座法与《他利品》一座法。每天宣讲两座法，一个月讲毕《定量论》。①

以上引文中清楚地记述了萨迦班智达·贡噶坚赞的身世以及他在其三伯父萨迦派高僧札巴坚赞（grags pa rgyal mtshan）座前接受近事戒（沙弥戒）、取法名贡噶坚赞的经过。不难看出，贡噶坚赞出家为僧后，主要跟随其伯父札巴坚赞广泛学习文化和佛教知识，从而打下坚实的佛学基础。贡噶坚赞在他22岁那年（1204），又拜当时入藏的克什米尔大师释迦室利为师，受比丘戒，成为一名正统合格的出家僧人。在此期间，他系统学习法称的《释量论》（tsad ma rnam vgrel）等因明七论以及《现观庄严论》（mngon rtogs rgyan）等经论，同时还学习工艺学、星象学、声律学、医学、修辞学、诗歌、

---

① 民族图书馆编：《藏文典籍目录》（shes byavi gter mdzod smad cha）下册，民族出版社1997年版，第421页。

歌舞等印藏文化。有关藏文文献记载：

> 二十五岁，于洛敦·多杰旺秋倡建之年麦坚贡寺，以大班智达释迦师为亲教师，吉阿赫巴为羯摩师，顿莫日巴为屏教师，于众多僧侣之中，受比丘戒。是年，于大班智达释迦师尊前，敬聆声明典籍《精华摄要》上部、《释量论》、《集量论》等有关量学、律经、般若等诸多显宗经卷。总之，迦湿弥罗大班智达释迦师系彼之主要轨范师。该大班智达于第三饶迥木鼠年（公元1204年）抵藏，至第四饶迥木狗年（公元1214年），计在藏十一年，在此期间，萨迦·贡噶坚赞得以饱闻其声明、量学、律藏、俱舍、经藏方面之诸甚深密法，灌满心田。遂为精通声明、量学、显宗经典之泰斗。①

以上引言记述了贡噶坚赞的学业成长过程。由于天时地利人和以及个人努力，贡噶坚赞在学业上很快成长为藏传佛教后弘期内的一位博通十明学科的大学者和文化名人。他既娴熟因明学、医药学、工艺学、声律学和内明学，内明学包括了般若、中观、戒律、俱舍论等显宗经典以及行、事、瑜伽和无上瑜伽密宗四续，又精通修辞学、辞藻学、韵律学、戏剧学和星象学。此外，贡噶坚赞在绘画艺术方面也有很高的造诣，充分展示了他出众的艺术才华，给后人留下不少绘画作品。有关藏文文献记载：

> 于尼泊尔之班智达三菩扎尊前，敬聆梵文声明学三派、《诗镜》、声律学、词藻学、因明等诸多共通明，并将一些译成藏文。通晓绘图、佛像量度、各种字体、识宝、相地等诸种工巧明。安奉于乌孜宁玛之萨钦·贡噶宁波意所依文殊佛像中之主心木与油漆等，皆彼亲自所作，且于自绸上绘制《根本续》所载之全套画像，吉祥桑耶寺北面，彼亦绘有文殊希之有身像。如此等等，成说甚多，且著有量度之论著。阅读量学之所有经典著作，详细研究，并集中其一切精华，言简意赅，著述具

---

① 民族图书馆编：《藏文典籍目录》（shes byavi gter mdzod smad cha）下册，民族出版社1997年版，第421页。

有藏族特色之量学论著《量理宝藏》及其注释。①

以上引言记述了贡噶坚赞学习十明学科的情景，他在这一时期主要拜尼泊尔等外籍学者为师学习和深造。当时藏族地区精通十明学科的学者被称为"班智达"，意即学富十明学的大学者。贡噶坚赞经过勤奋努力，不但获得"班智达"这一大学者称号，而且成为第一位享誉整个藏族地区的藏族"班智达"，简称"萨迦班智达"。从此，贡噶坚赞就以"萨迦班智达"冠名。

贡噶坚赞冠名"萨迦班智达"之后，印度南方的绰切噶瓦等六名婆罗门学者闻声前来西藏同萨迦班智达辩论、争学问高低。大辩论在西藏的芒域吉仲的圣瓦第桑布寺附近的一个集市举行，当时的辩论十分激烈，持续十三天之久。有关藏文文献记载：

> 自印度来到藏地之外道大师磋怯噶窝等，反对内道佛教，与其辩难而破斥之，后尽皈依内道佛教，遂于印藏，博得大班智达之称号，获十三把华盖之荣誉云。②

以上引言大略记述了印度婆罗门学者到西藏与萨迦班智达辩论的情景和结局，以印度婆罗门学者失败而告终。按传统规矩，六名婆罗门学者都以削发出家为僧的方式来认输，并拜萨迦班智达为师，皈依藏传佛教。学术大辩论的胜利，使萨迦班智达的名声在藏族地区传扬并家喻户晓。随之许多地方官员或著名寺院纷纷邀请萨迦班智达前往讲经说法，如"吉祥桑耶寺之赞普释迦贡迎请彼至桑耶寺驻锡。登迦玛拉希拉之宝座，广为讲经闻法，且整饬教规，于北墙绘有文殊身像，著有赞颂昔日诸法王之偈文。从此，桑耶遂为萨迦所辖之一寺"③。

从历史上看，萨迦班智达不仅是一位名副其实的知名度极高的大学者，而且他给后人留下了极其丰厚的文化遗产，包括有关佛学专著和文化论著。

---

① 民族图书馆编：《藏文典籍目录》（shes byavi gter mdzod smad cha）下册，民族出版社1997年版，第421页。
② 同上。
③ 同上。

他的代表著作主要有《三律仪论》（sdom gsum rab dbye）、《正理藏论》（tsad ma rigs gter）、《贤哲入门》（mkhas pa vjug pavi sgo）、《乐器的论典》（rol movi bstan bcos）、《修辞学》（tsig gi gter）、《声明学》（sgra la vjug pa）、《萨迦格言》（sa skya legs bshad）等。此类功底深厚、造诣高超的学术成果在藏传佛教史和藏族文学史上均占有重要地位。其中《三律仪论》是萨迦班智达的一部重要著作，书中判定当时佛教界存在的各种佛学观点的是非，阐述自己对佛教的理解或见解，此书一直是藏传佛教学僧必读的经论之一；其次《正理藏论》是萨迦班智达以陈那的《集量论》（tsad ma kun vdus）和法称的以《释量论》（tsad ma rnam vgrel）为主的七部因明经典作为重要依据，并应用自己的认识论和逻辑思维体系，撰写而成的一部具有创新意义的因明学著作，在藏传佛教因明学研究领域有着很高的学术地位和学术价值；另外，《萨迦格言》又是一部脍炙人口的格言集著作，其内容主要结合佛教义理论述社会伦理和为人处世的道理，言之有理有据，在藏族地区流传范围广大，并深受藏族人民的喜爱。

二　萨迦班智达与阔端王会晤

从历史上看，萨迦班智达不但是一名精通佛学知识的藏传佛教高僧大德，而且是一位促成西藏地方正式归入元朝版图的重要政治人物。当时，由于萨迦班智达在藏族地区享有崇高的社会声望、宗教威信和个人声誉，被元朝统治阶级看中，遂与蒙古阔端王在凉州历史性会晤，成为西藏地方与元朝中央政府之间建立隶属关系的关键性历史人物。而阔端王是成吉思汗的继位者窝阔台汗的第二子，又是一位赫赫有名的历史人物。

1229年，窝阔台即位蒙古大汗后，集中精力攻灭金朝，遂将西夏故地及甘青部分藏族地区封赐给他的第二子阔端，阔端王率部驻守河西走廊的要地凉州（今甘肃武威）一带。1235年，蒙古大汗窝阔台出兵大举南下，攻打南宋，命其子阔端王负责指挥西路军。当时，阔端王率领军队攻入成都后，又不得不退回到凉州驻屯。此时的阔端王对藏族地区已有比较全面的关注和了解，并有将藏族地区纳入蒙古大汗管辖的想法和前期准备。于是阔端王在1240年派遣部下多达那波将军率领一支蒙古军队进入西藏地方，并对一路抵抗的寺院和僧人进行焚毁和杀害，如噶当派主寺热振寺当时遭到焚烧。当多达那波将军率领的军队抵达拉萨河上游的智贡寺附近时，其宗教首领京俄·扎巴迥乃高僧感到军事上无法与蒙古军对抗，遂把西藏木门人家的户口名册献给了多达那波将军，以使智贡地方一带获得一时的社会安宁。不久，多达那波将军率军北返，向阔端王如实汇报了在西藏地方了解到的政教格局。对此，在《西藏通史·松石宝串》中有较详细的记载：

> 将军多达那波采用武力进攻和招抚相结合的办法将全藏纳入统治之下后，按照王子阔端的命令在西藏对各派高僧进行考察，并写信向阔端报告说："在边地西藏，僧伽以噶当派最大，最讲脸面的是达隆的法主，最有声望的是智贡派的京俄，最精通教法的是萨迦班智达，从他们当中迎请哪一位，请颁明令。"阔端在给他的回信中说："今世间的力量和威望没有能超过成吉思汗的，对来世有益的是教法，这最为紧要，因此应迎请萨迦班智达。"①

以上引言交代了蒙古军队进入西藏地方的来龙去脉和政治意图。实际上，阔端王派遣多达那波将军领兵进入西藏地方，是一次试探性的军事行动，其目的并不在攻城略地或武力征服，而是想深入实地考察西藏地方的政治格局和宗教情况，从互不统属的各个地方势力中寻找一位可代表西藏地方全局的重要人物，并与其谈判西藏地方归顺蒙古大汗国管辖的事宜。因此，当时阔端王给萨迦班智达寄去了一封召请函。在召请函的令旨中如是说：

> 长生天气力里，大福荫护助里，皇帝圣旨。
> 晓谕萨迦班智达贡噶坚赞贝桑布。朕为报答父母及天地之恩，需要一位能指示道路取舍之喇嘛，在选择之时选中汝萨班，故望汝不辞道路艰难前来。若是汝以年迈（而推辞），那么，往昔佛陀为众生而舍身无数，此又如何？汝是否欲与汝所通晓之教法之誓言相违？吾今已将各地

---

① 恰白·次旦平措等编著：《西藏通史·松石宝串》（上册），陈庆英等译，西藏古籍出版社2004年版，第356页。

大权在握,如果吾指挥大军(前来),伤害众生,汝岂不惧乎?故今汝体念佛教和众生,尽快前来!吾将令汝管领西方众僧。

赏赐之物有:白银五大升,镶缀有六千二百粒珍珠之珍珠袈裟,硫黄色锦缎长坎肩,靴子,整幅花绸二匹,整幅彩缎二匹,五色锦缎二十四等。着多尔斯衮和本觉达尔玛二人赍送。

龙年八月三十日写就。①

从以上召请函中可以看到当时阔端王用软硬兼施的语气召请萨迦班智达前往凉州会晤,而萨迦班智达也感悟到其利害关系,因而他接到阔端王的召请函后,高度重视。有关藏文文献记载:"此时,萨班想道:自我吐蕃分裂割据以来,内战不休。如今各教派之政教共主及各地方头人,互争寺庙庄园与属民,只为各自之教派与统治谋求利益。因无吐蕃整体思想,一旦蒙军入侵卫藏康三区,烧杀抢掠,进行血腥统治,将无力反抗,相继投降。如此看来,暂不抗争而以柔克刚,若正法之绳能牢牢捆住蒙军这凶恶野牛之四肢,则吐蕃与众生幸甚!"② 为此,萨迦班智达不顾自己年事已高,为了西藏地方民众的切身利益,同意前往阔端王驻地凉州会谈,并做好前期准备工作,他同西藏地方各个势力的政教领袖人物沟通和交换意见,谋划归顺蒙古大汗国的好策略。《西藏通史·松石宝串》记载:

> 萨迦班智达动身前委派喇嘛威佑巴·索南僧格(vo yug Pa bsod nams seng ge)和夏尔巴·喜绕迥乃(shar pa shes rab vbyung gnas)负责萨迦派的宗教事务,委派囊涅(nang gnyer,内务管事)仲巴·释迦桑布(grum pa shakya bzang po)负责萨迦派的总务,代摄法座。当时萨迦班智达的侄子八思巴年仅10岁,恰那多杰年仅6岁,萨迦班智达还是带着他们二人于藏历第四绕迥木龙年(1244)年底从萨迦动身去内地。在他们抵达前藏时,智贡巴、蔡巴、达隆巴等宗派的首领人物会见了他

---

① 《元以来西藏地方与中央政府关系档案史料汇编》第1册,中国藏学出版社1994年版,第4页。
② 民族图书馆编:《藏文典籍目录》(shes byavi gter mdzod smad cha)下册,民族出版社1997年版,第421页。

们，各自赠送了大量礼品，并希望萨迦班智达为了西藏的佛教及众生的利益前去蒙古地方后，在宗教方面对自己加以护持。①

以上引言介绍了萨迦班智达行前如何安排萨迦派政教事务的情况以及随行重要人员和他所肩负的历史使命。当时萨迦班智达一行经过近两年的长途跋涉才到达目的地凉州，如藏文文献记载："经巴塘，自理塘渡雅垄江，抵热岗。经夏热拉孜至康定，当地榆通许多不操藏语之居民亦皈依佛门。经哈噶林孜至新都府，贡噶山，朝拜孔子年造佛像。渡过大臣噶尔昔日所至之江司流经之江河，自五台山抵北方弭药。"② 萨迦班智达一行是在1246年8月抵达凉州的，然而当时恰逢阔端王去参加贵由继位蒙古大汗的庆典，他们又在凉州暂且等候了一段时期。阔端王于1247年初返回凉州，即与萨迦班智达会面，两人畅谈有关政教大事，开启了具有重大历史意义的西藏地方归顺蒙古大汗国管辖的谈判。

三 萨迦班智达"致蕃人书"

从萨迦班智达的生平来看，他被蒙古阔端王邀请到达凉州之时，已经是67岁的老人了，可他不顾年岁已高，积极与阔端王共同商定西藏地方归顺蒙古大汗国管辖的条件，最后双方达成一致意见。随即萨迦班智达向西藏地方各个势力领袖人物写信，劝说他们接受谈判条件归顺蒙古大汗国管辖。这封告吐蕃（西藏）人民的信函内容，在藏文历史文献《萨迦世系史》中有详细记载：

> 具吉祥萨迦班智达致书乌思、藏、阿里各地善知识大德及众施主：
> 我为利益佛法及众生，尤其为利益所有讲蕃语的众生，前来蒙古之地。召请我前来的大施主（指阔端）甚喜，（对我）说：你领如此年幼

---

① 恰白·次旦平措等编：《西藏通史·松石宝串》（上册），陈庆英等译，西藏古籍出版社2004年版，第356—357页。
② 民族图书馆编：《藏文典籍目录》（shes byavi gter mdzod smad cha）下册，民族出版社1997年版，第422页。

的八思巴兄弟与侍从等一起前来，是眷顾于我。你是用头来归顺，他人是用脚来归顺，你是受我的召请而来，他人是因为恐惧而来，此情我岂能不知！八思巴兄弟先前已习知吐蕃的教法，可以让八思巴依旧学习，让恰那多杰学习蒙古的语言。只要我以世间法扶持，你以出世间法扶持，释迦牟尼的教法岂能不在四海之内普遍宏传！

这位菩萨汗王对于佛教教法，尤其是对三宝十分崇敬，能以善巧的法度很好地护持所有臣下，而对我的关怀又胜于对其他人，他曾对我说："你可以安心地讲经说法，你所需要的，我都可以供给，你作善行我知道，我的作为是不是善行有上天知道。"他对八思巴兄弟尤其喜爱。他怀有（为政者）自知法度并懂得执法，定会有益于所有国土的良善心愿，曾对我说："你可教导你们吐蕃的部众习知法度，我可以使他们安乐。"所以你们众人都应当努力为汗王及各位王子的长寿做祈祷法事！

当今的情势，此蒙古的军队多至无法计数，恐怕整个赡部洲都已归入他们的统治之下。与他们同心者，就应当与他们同甘共苦。他们性情果决，所以不准许有口称归顺而不遵从他们的命令的人，如果有，就必定要加以殄灭。（由此缘故）畏兀儿（回纥）的境土未遭涂炭而且比以前昌盛，人民和财富都归他们自己所有，必者赤、财税官都由他们（畏兀儿人）自己担任。而汉地、西夏、阻卜等地，在未被攻灭之时，（蒙古）将他们与蒙古一样看待，但是他们不遵从（蒙古的）命令，在攻灭之后，他们无处逃遁，只得归顺蒙古。不过在那以后，由于他们听从（蒙古的）命令，现今在各处地方也有任命他们中的贵族担任守城官、财税官、军官、必者赤的，我等吐蕃的部民愚钝顽固，或者希望以种种方法逃脱，或者希望蒙古人因路程遥远不来，或者希望（与蒙古军作战）能够获胜。凡是（对蒙古）施行欺骗的，最终必遭毁灭。各处归顺蒙古的人甚多，因吐蕃的人众愚顽之故，恐怕（被攻灭之后）只堪被驱为奴仆贱役，能够被委派担任官吏的，恐怕百人之中仅数人而已。吐蕃现在宣称归顺（蒙古）的人很多，但是所献的贡赋不多，这里的贵族们心中颇不高兴，这很关紧要。

从去年上推的几年中，西面各地没有（蒙古）军队前来。我带领白利（bi ri）的人来归顺，因看到归顺后很好，上部阿里、乌思藏的人众也归顺了，白利的各部也归顺了，因此至今蒙古没有派兵来，这就是归顺已经受益。不过这一道理上部的人们还有一些不知道。当时，在东部这里，有一些口称归顺但不愿很好缴纳贡品的，未能取信于蒙古人，他们都遭到攻打，人民财富俱被摧毁，此等事情你们大概也都听说过。这些被攻打的往往是自认为自己地势险要、部众勇悍、兵卒众多、盔甲坚厚、善射能战，认为自己能够抵御蒙古的军队，但是最终都被攻破。

众人通常认为，蒙古本部的乌拉及兵差较轻，其他人的乌拉和兵差较重，其实，与其本部相比较，反而是他部的乌拉和兵差较轻。（汗王）又（对我）说："若能遵从命令，则你们地方各处民众部落原有的官员都可以委任官职，由萨迦的金字、银字使者把他们召来，可以任命为我的达鲁花赤等官员。"为举荐官员，你等可选派能充当来往信使的人，然后把本处官员的名字、民户数目、贡品数量等缮写三份，一份送到我这里，一份存放在萨迦，一份由本处官员自己保存。另外，还需要绘制一幅标明哪些地方已经归顺、哪些地方还没有归顺的地图。若不区分清楚，恐怕已归顺的会受未归顺者的牵连，也遭到毁灭。萨迦的金字使者应当与各地的官员首领商议行事，除利益众生之外，不可擅作威福，各地首领也不可未与萨迦的金字使者商议就自作主张。若不经商议就擅自妄为，即是目无法度，目无法度者遭到罪责，我在这里也难以为其求情。我只希望你们众人齐心协力，遵行蒙古法度，这必定会有好处。

对金字使者的接送侍奉应该力求周到，因为金字使者返回时，汗王必先问他："有无逃跑或拒战的？对金字使者是否很好接待？有无乌拉供应？归顺者是否坚定？"若是有人对金字使者不恭敬，他必然会（向汗王）进危害的言语；若对金字使者恭歉，他也能（在汗王处）护佑他们；若不听从金字使者之言，则后果难以补救。

此间对各地贵族及携带贡品前来的人都给以礼遇，若是我等也想受到很好待遇，我等的官员们就都要准备上好的贡品，派人与萨迦的人同来，商议进献何种贡品为好，我也可以在这里计议。进献贡品后再返回各自地方，对自己对他人都有好处。总之，从去年起我就派人建议你们这样做最好，但是你们并没有这样做，难道你们是想在被攻灭之后再各自俯首听命吗？你们对我说的话只当作没听见，就请不要在将来说：萨迦人去蒙古后对我没有帮助。我是怀着舍弃自身而利益他人之心，为利益所有讲蕃语的众人而来到蒙古的，你们听从我所说的，必得利益。你们未曾目睹这里的情形，对耳闻又难以相信，因此仍然企望能够（抵抗住蒙古），我只怕会有谚语"安乐闲静梦魔来"所说的灾祸突然降临，会使得乌思藏地方的子弟生民被驱赶来蒙古。我对本人的祸福怎样，都没有可后悔的，有上师、三宝的护持和恩德，我可能还会得到福运。你们众人也应该向三宝祈祷。

　　汗王对我的关怀超过对其他任何人，所以汉地、吐蕃、畏兀儿、西夏的善知识大德和各地的人众都感到惊异，他们前来听法，十分恭敬，你们不必顾虑蒙古对我们来这里的人会如何对待，（他们）对我们全都关心和照应。听从我的人全都可以在此放心安住。贡品以金、银、象牙、大粒珍珠、银朱、藏红花、木香、牛黄、虎（皮）、豹（皮）、草豹（皮）、水獭（皮）、蕃呢、乌思地方的氆氇等物品为佳品，这里对这些物品都喜爱。此间对一般的物品不那么看重，不过各地还是可以用自己最好的物品进献。

　　有黄金即能如其所愿，请你们深思！

　　愿佛法宏传于各方！祝愿吉祥！[①]

　　以上引言基本上还原了萨迦班智达当时"致蕃人书"的完整内容，在这封信函里萨迦班智达描述了他同蒙古阔端王谈判的经过和最后达成的条件，并用感人至深和发自肺腑的言语劝说西藏地方各个势力领袖人物归顺蒙古大汗国管辖，最后取得比较圆满的结局。也就是说，萨迦班智达不负重托，通过"致蕃人书"，圆满完成西藏地方归顺蒙古大汗国管辖的政治任务，特别是萨迦班智达在"致蕃人书"中反复讲述蒙古阔端王尊重他们伯侄和信奉佛教的实例，以此解除西藏地方僧俗对蒙古统治者的疑虑；同时，又强调蒙古军队的实力强大无敌，如果不归附蒙古统治者，则会遭受毁灭性

[①] 参见陈庆英《蒙藏关系史大系·政治卷》，西藏人民出版社、外语教学与研究出版社2002年版，第33—36页。又参见阿旺·贡噶索南《萨迦世系史》，民族出版社1986年藏文版，第135—140页。

打击。由此可见，这封充满肺腑之言的"致蕃人书"，奠定了元朝中央政府对西藏地方行使行政管理权的坚实基础。可以说，依托萨迦班智达的政治智慧和不懈努力，使西藏地方最终以和平的途径归顺元朝中央政府管辖。

另外，萨迦班智达在凉州给阔端王治病，取得良好效果，深得阔端王的信任，同时萨迦班智达还给阔端王讲经传法，扩大了藏传佛教在蒙古地区的社会影响。这些事例在藏文文献中有记载："时阔端汗王因癞疾，为之诵水食子文殊篇，作圣狮子吼仪轨。汗王病愈，始极信服，遂求闻大乘友菩提心等深广诸法，尊僧敬佛。致使语言迥异，不信正法之凡夫，得以皈依佛门。深知留驻凉州比回藏更有益于吐蕃政教，故向吐蕃诸高僧大德赠以厚礼，并送去经典《入菩萨道次第·能仁王密意》，嘱曰：'此一佛法经典，我在卫藏康已向信众公开讲说，故供详阅宣讲，并依之修习。'二规之优劣，随时随地力行圣贤之事。"① 这段引文表述了萨迦班智达驻留凉州期间的其他鲜为人知的一些作为或事迹，萨迦班智达深感他住在凉州比在西藏故里更能发挥个人作用，利益众生。

在此值得一提的是，当时跟随萨迦班智达的小侄子恰那多杰着蒙古服装，学习蒙古语，与蒙古人更加亲近，对加强蒙、藏民族关系具有示范效应。此外，萨迦班智达在凉州新建一座寺院，命名幻化寺（sprul pavi sde），这对向蒙古人施加佛教影响起到积极作用。特别是萨迦班智达在凉州期间调整了萨满教与佛教的社会地位和宗教地位。陈庆英研究员说：

> 萨迦班智达在阔端官廷中的活动，主要是传播佛法和商谈真正实现吐蕃归附蒙古汗国的办法。在他到凉州以前，阔端身边已有一些西藏、西夏和回纥的佛教僧人，但是佛教在阔端的官廷中不占主要地位，在举行祈祷仪式时，是由也里可温（景教，古代基督宗教在东方的一支）教徒和蒙古的萨满坐在僧侣的上首。经过萨迦班智达向阔端讲经说法，使阔端对佛教增加了理解，更重要的是他为阔端治好了病，并在治病的过程中提出阔端是以前西夏的一位被臣下害死的国王转世，蒙古军在攻

---

① 民族图书馆编：《藏文典籍目录》（shes byavi gter mdzod smad cha）下册，民族出版社1997年版，第422页。

打西夏的战争中杀戮破坏，是为其前世复仇，阔端得病是因为触犯西夏地方神祇，可用佛教法事禳解的说法，从宗教的转世理论对阔端统治西夏故地提出了一种解释，对阔端统治西夏故地很有好处，因而得到阔端的信任。因此，阔端下令以后在祈祷法会上由萨迦班智达坐首位，并由佛教僧人首先祈愿，也就是在阔端的宫廷中，把藏传佛教的地位提高到也里可温和蒙古萨满之上。阔端还特地在凉州为萨迦班智达修建了一座幻化寺，作为萨迦班智达驻锡之地，此寺的遗址近年在甘肃武威市的白塔村被发现。①

以上引言讲述了萨迦班智达在凉州期间讲经传法、提升佛教地位、扩大佛教影响方面取得的成就。这一事迹的确是萨迦班智达作为一名高僧大德发挥的应有作用。1251 年，萨迦班智达逝世，他临终前将法螺、衣钵授予八思巴，随即在凉州幻化寺圆寂，享寿 72 岁。有关藏文文献记载："第四饶迥铁猪年（公元 1251 年）十一月十四日破晓，于凉州花园寺（幻化寺），手执铃杵，交叉胸前而圆寂。"② 可以认为，萨迦班智达虽然最终没能返回西藏故里萨迦寺，但是他在凉州地方与蒙古阔端王会面，议定西藏各地方势力归顺蒙古政权的条件，并致书西藏僧俗领袖，陈述利害，劝说归顺，成为藏传佛教领袖与蒙古王室建立政治联系的第一人，对西藏地方归附蒙古大汗国政权，促进统一全国大业做出了重要贡献。

结　语

综上所述，由于萨迦班智达在藏族地区享有崇高的宗教威信、社会声望和个人声誉，被当时的元朝统治阶级看中，遂成为西藏地方与元朝中央政府之间建立隶属关系的重要历史人物。可以说，萨迦班智达·贡噶坚赞将自己的毕生精力献给了人类最美好的事业，在中华民族历史长河中留下浓墨重彩

---

① 陈庆英：《蒙藏关系史大系·政治卷》，西藏人民出版社、外语教学与研究出版社 2002 年版，第 31—32 页。

② 民族图书馆编：《藏文典籍目录》（shes byavi gter mdzod smad cha）下册，民族出版社 1997 年版，第 422 页。

的一笔。自从萨迦班智达·贡噶坚赞以后，萨迦派高僧大德在元朝中央政府和西藏地方政权中多据要津，声势显赫，尤其是他们代表西藏地方同元朝中央政府之间建立的隶属关系，对后世西藏地方政教合一制度的走向和演进发展起到了示范作用。故其后的西藏地方政教领袖无一例外地继承萨迦派高僧及其政权的传统，向心中央王朝，借助中央王朝的扶持，以壮大自己的地方势力，增强自己的社会声望，巩固自己的政教地位。同时，元朝中央政府对西藏地方政教合一制度的统领和决策，充分顺应了当时西藏地方的社会历史发展状况，也充分体现了元朝中央政府治理西藏地方的多元性理论和实际运作能力，对以后的明清两个封建王朝治理西藏地方的政教事务产生了深远影响。

论明代俗文学思想中的权教观

彭亚非

（中国社会科学院文学研究所）

摘要：明代俗文学兴盛，正统文人士大夫们在为其相对纯粹的文学性审美娱乐魅力所深深吸引的同时，亦为其人文意识的另类性和非意识形态倾向所困扰，这种冲突和张力导致了一种权教观念——权且利用俗文学活动来进行儒家道德伦理教谕的思想——的出现。这种权教观在清末民初的启蒙思潮中发展到极致，并且在一定意义上亦体现于现当代的某种革命文学价值观之中。

关键词：明代俗文学　权教观　文学价值

明代俗文学进入中国文学史上的鼎盛时期，无论小说还是戏剧，都产生了堪称中国古代最优秀作品的多部杰作。中国古人在终于得以充分享受到纯娱乐性的内视审美的快乐之后，有一种压抑不住的兴奋心情和惊艳心情。他们为其所深深吸引和感动，无法抗拒其审美魅力和文学感染力，甚至由于太喜爱而难以自拔。这在他们对于小说艺术的认识与赞叹里充分表现了出来。

比如《水浒传》出，正统文人无不大为惊艳，比之为《史记》者有之，比之为《庄子》者有之，称其兼有《左传》和《史记》之长者有之。（明）胡应麟《少室山房笔丛》载："嘉、隆间，一钜公案头无他书，仅左置《南华经》，右置《水浒传》各一部；又近一名士听人说《水浒》，作歌谓奄有丘明、太史之长。"这种情况，反映的正是他们既兴奋又不知应该如何看待这类文学作品性质与价值的心理状况。（明）蒋大器《三国志通俗演义序》亦云："书成，士君子之好事者，争相誊录，以便观览。"成书之前，勾栏瓦舍里应该经常有同样内容的讲说演出。但是显然，这类活动对"士君子"们的吸引力远不如成书后大。这与阅读是更为纯粹的内视审美活动是有关的。所谓好事者，刺激的是审美性内视化生存的强烈兴趣，与文言文化中文章美、文艺美关注和人文性关注的文学阅读理念可谓大异其趣。

与正统文言文学主要以文人士大夫阶层为预期读者和诉求对象，因此以政教叙事和意识形态叙事为主导性文统不同，俗文学是以俗世文化生存及大众审美观阅需求为服务对象的，因此以娱乐性、趣味性和审美性为其圭臬。（明）汤显祖《点校虞初志序》中云："以奇僻荒诞，若灭若没，可喜可愕之事，读之使人心开神释，骨飞眉舞。虽雄高不如《史》《汉》，简澹不如《世说》，而婉姆流丽，洵小说家之珍珠船也。其述花妖木魅，牛鬼蛇神，则曼卿之野饮。意有所荡激，语有所托归，律之风流之罪人，彼固欺然不辞矣。使咄咄读古，而不知此味……何所讨真趣哉！"很明显，虽然"政治上正确"和"文化上高明"的程度均有所不足，但确实是一种文学审美享受上的大解放。

因而，大部分文人对俗文学在美学上都予以了充分的肯定。汤显祖《点校虞初志序》云："昔李太白不读非圣之书……语非不高，然未足以绳旷览之士也。何者？盖神丘火穴，无害山川岳渎之大观；飞墓秀萼，无害豫章竹箭之美殖；飞鹰立鹊，无害祥麟威凤之游栖。然则稗官小说，奚害于经传子史？游戏墨花，又奚害于涵养性情耶？""东方曼倩……之三子，曷尝以调笑损气节，奢乐堕儒行，任诞妨贤达哉！"看起来像是以自然界的万物并存，来论证各种文学门类多元共存的合理合法性。并以旷览豁达人格，来取代单一价值人格。以游于艺的合理性来解释俗文学的人文价值，并且寻找人文价值之外的存在理由。但实际上，他是在高调宣布自己自外于正统文化和政教体制，而用自己的全部生命去拥抱俗文学之美。汤显祖的高调认同俗文学世界，具有鲜明的精神空间、文化空间和话语空间的拓展意识。这与俗文化的繁荣与泛滥是分不开的。

另外，正因为俗文学有自己的美学本性、艺术目的、叙事追求和效果意识，与正统文学的意识形态叙事、政教叙事等理念大相径庭，一些正统文人也因此而表现出观念上的强烈抵触、反感和人文否定。反应最激烈的有胡应麟《少室山房笔丛》的说法："今世传街谈巷语，有所谓演义者，盖尤在传奇、杂剧下。然……绝浅陋可嗤也。"胡应麟是个典型的有文言文化偏见的人。他对于"缙绅文士"中也有喜好《水浒传》者很不以为然。他在《少室山房笔丛》中说："今世人耽嗜《水浒传》，至缙绅文士亦间有好之者。第此书中间用意，非仓卒可窥。世但知其形容曲尽而已。"他这句话其实说得挺阴毒，居心叵测，但也很有见地。意思是大家只知道被它的故事所吸引，被它成功的内视审美形象塑造所打动，而不知道作者实际上别有用心在。他作为一个俗文学的否定者，对其中的异端思想和另类价值形态自然非常敏感，也看得很清楚。

但即使是胡应麟，他对《水浒传》的文学成就、艺术造诣和文字能力，其实也是心知肚明。在《少室山房笔丛》中，他这样写道："至其排比一百八人，分量重轻，纤毫不爽，而中间抑扬映带，回护咏叹之工，真有超出语言之外者。余每惜斯人以如是心，用于至下之技。然自是其偏长。假使读书执笔，未必成章也。"他所谓"超出语言之外者"，指的就是叙事文学在内视审美形象塑造上的极大成功。他只是不肯承认其人文价值，认为是至下之技。反自矜文言文章之长，以为真要让俗文学作者高雅，他也未必能有这份才力。其实，正是在俗文学的成就面前，雅正文学的不足不堪之处才充分暴露了出来。胡之言论，从某个角度说，也正是雅正文学心虚气馁的表现。

这种又喜爱又抵触、既认可其审美价值又否定其人文价值的矛盾心理，表现得最充分的大概是（明）沈德符《野获编》中的一段话："（袁中郎）曰：'第睹数卷，甚奇快。……'又三年，小修上公车，已携有其书，因与借抄挈归。……劝予应梓人之求，可以疗饥。予曰：'此等书必遂有人板行，但一刻则家传户到，坏人心术。他日阎罗究诘始祸，何辞置对？吾岂以刀锥博泥犁哉！'……未几时，而吴中悬之国门矣。……（《玉娇李》）得寓目焉，仅首卷耳，而秽黩百端，背伦灭理，几不忍读。……然笔锋恣横酣畅，似尤胜《金瓶梅》。"这段叙述里显示了文人们对"淫书"的微妙心态和纠结意识。一方面他们认为这种书"坏人心术"，为儒教伦理所不容；一方面又大感"奇快""恣横酣畅"，甚至认为可以"疗饥"。一方面是对于"淫书"无视道德底线，恣意发泄本能欲望，以堕落性的内视生存为审美享乐，感到又惊又怕；另一方面则是对于"淫书"公然坦呈现实人性与世俗生存的真实面貌，替代性快意满足人的生理渴望与心理渴望，暂时缓解各种人生困惑所造成的心理空虚与精神困境，感到又惊又喜。骨子里是有一种挣脱心理羁绊、践踏道德律条的痛快感的。

俗文学自发的审美消费需求成为其向审美娱情化发展的动力和力量。这使得正统文学理念所要求于文学的人文承载和人文诉求在这样的文学活动中失去了内容依托。同时也给肯定与喜爱俗文学的正统文人带来了很大的理论困惑。他们有心为俗文学存在的正当性和人文功能性进行辩护，找到可为正统文学理念所认可的人文价值及存在的人文理由。正是在这种情况下，出现了一种名曰"权教"的文学价值观念。

（明）天都外臣（其人可能为晚明汪道昆，亦有说是李贽的）在《水浒传序》中写道："有世思者，固以正训，亦以权教。"它的意思是说，有经世济民追求的士人，固然直接用正面理论来予以训导，但也通过权宜的方法来进行教谕活动。那么，什么是权宜的办法呢？那就是姑且借助这些为广大草民俗众所喜爱的俗文学来达到儒家道德伦理的宣教目的。

这一要求与俗文学的人文本性是相冲突的。但是另一方面，俗文学本身亦有寻求为人文正统或曰意识形态所认同的意愿，以获得其存在的人文合理性与合法性。因此，二者之间的张力和互动，最终只能是寻求妥协。所谓"权教"的观念，由此在一定意义上也可看作政教叙事的正统文学观念与俗文学的另类表意性达成妥协的一种俗文学人文价值观。

当然，这一权教观念也并非横空出世的。事实上，利用通俗文艺形式，向大众进行宣教活动，这一文艺传统和文艺意识，早就由佛教传教方式所奠基。按鲁迅的说法，六朝时便有所谓"释氏辅教之书"，"以震耸世俗，使生敬信之心"[①]。至唐时大盛。后来虽逐渐式微，但明代出现以俗文学行教谕的权教思想，当与这一传统不无关系。元末明初的著名戏曲家高则诚在南戏之祖《琵琶记》中就已经这样写道："论传奇，乐人易，动人难。知音君子，这般另作眼儿看。休论插科打诨，也不寻宫数调，只看子孝共妻贤。""正是不关风化体，纵好也徒然。"俗文学以感动人心为尚。但是人们也看

---

① 鲁迅：《中国小说史略》，岳麓书社2010年版，第32页。

到了纯娱乐性俗文学在人文内涵上有所缺失和相对薄弱的地方。因此他们希望能在娱乐层次之上进一步追求审美收获的心理深度，追求审美内涵的人文含量和社会性含量，追求审美的丰富度、戏剧性和价值相关性，追求感动人心的人文意义与人文价值。同时，也是在这样的意识中，表现出俗世娱乐性审美中的意义关怀与人文关怀意向，寻求娱乐性审美文学的人文依托与人文高度。因此，"权教"一词，虽未普及，但同样的思想，却几乎成为明朝俗文学批评者们的共识。

（明）王骥德《曲律》"杂论第三十九下"云："取古事，丽今声，华衮其贤者，粉墨其慝者，奏之场上，令观者藉为劝惩兴起，甚或扼腕裂眦，涕泗交下而不能已，此方为有关世教文字。"就是针对娱乐性审美活动的非价值论指责，指出俗文学艺术的审美形象塑造中有明确的褒贬劝惩理念，并且以此感动人心，通过极大的审美满足和心理功效来获得最佳的人文教化效果。

（明）笑花主人《今古奇观序》云："闻者或悲或叹，或喜或愕，其善者知劝，而不善者亦有所惭恶悚惕，以共成风化之美。则夫动人以至奇者，乃训人以至常者也。"这是一种生存诗意感动的文学教化观念，不同类型的审美感动效果，给人以不同性质的人文启迪。这是有一定美学道理的。俗文学最突出的美学特点就是世态人情栩栩如生，令普通阅观者们感同身受，难以自拔。因此最动人处，也就是最基本、最普遍的教化人处。人心感物而动，针对不同的审美内容而做出不同价值判断，并伴随着不同的情感反应而得到不同的心理收获。心理刺激越强烈，自然心理接受度也就越深、越持久。这给了文人们鼓吹俗文学教化之功以口实和自信。清初孔尚任《桃花扇小引》云："警世易俗，赞圣道而辅王化，最近且切。……亦可惩创人心，为末世之一救矣。"以审美感动为教化效果，便于教化、有助教化、利用其进行教化，遂成为文人从事俗文学活动的普遍托词。

（明）可一居士《醒世恒言序》云："六经国史而外，凡著述皆小说也。而尚理或病于艰深，修词或伤于藻绘，则不足以触里耳而振恒心。""以醒天之权与人，而以醒人之权与言。……以《明言》《通言》《恒言》为六经国史之辅不亦可乎？"这也就是典型的权教理论表达。以通俗易懂、易于为庶民俗众顺畅接受为优势，以审美的人文言说能指性为专长，而声称有助于主流意识形态理念的传播与教化。自此而后，经史之辅也就成了俗文学写作的基本人文理由。

正统文人亦以此为理由投入俗文学的批评实践之中。傅惜华《内阁文库访书记》云："（《封神演义》）卷首李云翔序云：'舒冲甫自楚中重资购有钟伯敬先生批阅《封神》一册，尚未竟其业，乃托余终其事。余不愧续貂，删其荒谬，去其鄙里，而于每回之后，或正词，或反说，或以嘲谑之语，以写其忠贞侠烈之品，奸邪顽钝之态，于世道人心，不无唤醒耳。'"这里显示的则已经是俗文学批评中意识形态言说与"权教"的自觉了。

至清末，中国遭遇三千年未遇之大变局，启蒙、开发民智、变革图存，成为当务之急。在明代形成的传统俗文学的权教意识，因此也迅速发展为一种俗文学启蒙施教利用观。

（清）严复、夏曾佑《国闻报馆附印说部缘起》说："夫说部之兴，其入人之深，行世之远，几几出于经史上，而天下之人心风俗，遂不免为说部之所持。"正因为如此，民众之思想启蒙，自不能不由小说来承担了。（清）吴沃尧《月月小说序》云："庶几借小说之趣味之感情，为德育之一助云尔。"其《两晋演义自序》云："寓教育于闲谈，使读者于消闲遣兴之中，仍可获益于消遣之际。"这种开发民智、化育民心的思想虽然表面上类似于传统政教文学叙事理念中的寓教于乐教化观，但实质上并不一样。不仅因为这是一种独立于体制之外的意识形态启蒙和教谕的人文担当，而且它很明显的是要借助和利用人们俗文学审美中的浅层次娱乐性和消遣性来达到，并非俗文学自身性质使然。前者强调正统教化本身要让人愉悦，后者则明言是要利用低俗审美活动来实施教化之功。

因此，（清）黄人《小说林发刊词》对于过分强调小说的重要性表达了不满："（当今百业未兴）独此所谓小说者，其兴也勃焉。""虽然，有一蔽焉：则以昔之视小说也太轻，而今之视小说又太重也。昔之于小说也，博弈视之，俳优视之，甚且酖毒视之，妖孽视之；言不齿于缙绅，名不列于四部。……今也反是：出一小说，必自尸国民进化之功；评一小说，必大倡谣俗改良之旨。……一若国家之法典，宗教之圣经，学校之科本，家庭社会之标准方式，无一不僝于小说者。"其实，他有所不明白的是，之所以如此，正是因为启蒙思想教化对其的倚重。虽谓权宜之教，但在当时的启蒙思想家们看来,离此已不足以为教。故前之轻视,是对其服务于俗众娱乐消遣之需要的轻视。后之重视,则是对其可资教化、可用来为思想启蒙服务之重视。

(清)陶曾佑《论小说之势力及其影响》因而就此强调道:"举凡宙合之事理,有为人群所未悉者,庄言以示之,不如微言以告之;微言以告之,不如婉言以明之;婉言以明之,不如妙譬以喻之;妙譬以喻之,不如幻境以悦之:而自来小说大家,皆具此能力者也。"这无疑是对小说教谕价值功能的极力推崇。且云:"……开智觉迷,此小说之结构,有纵有横,有次有序,且有应尽之义务也。英雄儿女,胜败兴亡,描摩意态,不惜周祥,此小说之叙事,无巨无细,惟妙惟肖也。词清若玉,笔大如椽,奇思妙想,掌开化权,此小说之内容,重慷慨悲歌,陆离光怪也。芸窗绣阁,游子商人,潜心探索,兴味津津,此小说之引导,宜使人展阅不倦,恍如身当其境,亲晤其人,无分乎何等社会也。"则是对其何以宜于利用的详细说明了。

而这一方面的思想,表达得最为充分且影响深远的,自然非当时启蒙思想阵营中的大将梁启超莫属了。他的《论小说与群治之关系》,便是在西学影响下对俗文学可助教化说的全面发扬与引申:"小说者,常导人游于他境界,而变换其常触常受之空气者也。"所以,"欲新一国之民,不可不先新一国之小说。故欲新道德,必新小说……欲新人格,必新小说。何以故?小说有不可思议之力支配人道故。"这显然已不再是传统"权教"观念多少有点无奈的心理,而是将古人为俗文学寻找人文功用、人文价值的努力推向了极端,直接以小说为道德教化、思想革新的不二利器,甚至认为"斯事既愈为大雅君子所不屑道,则愈不得不专归于华士坊贾之手。……于是华士坊贾,遂至握一国之主权而操纵之矣"。这是因为,小说对人具有如毒品一般的诱惑力与支配力:"小说以赏心乐事为目的者多,然此等顾不甚为世所重;其最受欢迎者,则必其可惊可愕可悲可感,读之而生出无量噩梦,抹出无量眼泪者也。"就审美心理满足而言,"可惊可愕可悲可感",也就是赏心乐事。最佳的审美效果确实能达到这样的程度,但这只是因为审美对象、审美内容本身具有这样的感人性质。"欲摹写其情状,而心不能自喻,口不能自宣,笔不能自传。有人焉,和盘托出,彻底而发灵之,则拍案叫绝曰:'善哉善哉,如是如是。'所谓'夫子言之,于我心有戚戚焉',感人之深,莫此为甚。"梁所描述的,作为一种传统小说的审美经验,自然是不错的。可在梁看来，似乎只要是小说，无论加入什么新道德、新思想的说教，也同样能达到这样的效果。他在其《译印政治小说序》中就这样说道："故《六经》不能教，当以小说教之；正史不能入，当以小说入之；语录不能论，当以小说论之；律例不能治，当以小说治之。"认为只要让思想观念的说教加上通俗小说的审美形式，就可以自然而然地获得这种艺术生命力和审美感染力，从而有助于整个社会的政治进步："彼美、英……日本各国政界之日进，则政治小说为功最高焉。"这可说是最为彻底的俗文学教谕价值观念了。

对通俗戏曲活动的看法同样如此。（清）佚名《论戏剧弹词之有关于地方自治》中云："以为六洲一戏场耳。……万事一说部耳。""胡琴咿呀，村姑抱子而走集……锣鼓其锽，乡人释耒。问有一村一町一区一集而无说书者乎？曰无有。问有一村一町一区一集而无演戏者乎？曰无有。事之有害于地方也，莫如戏曲；事之有益于地方也，亦莫如戏曲。……戏曲良，则风俗与之俱良；戏曲窳，则风俗与之俱窳；戏曲退步，则风俗与之俱退；戏曲进步，则风俗与之俱进。""戏剧哉！弹词哉！具一切心，具一切法，一切众生以为眼耳口鼻色声香味触发，一切众生以为脑者也。"看到了民俗艺术既为庶民俗世意识形态的表征，亦为左右其意识形态价值观的精神力量。他甚至说："支那之人，尽无脑也。甲说入，则以甲说为脑；乙说入，则以乙说为脑。""职是之故，兴一政……则劝其观新戏；创一法……则劝其听新书。……论牖民智，吾不崇拜孔、墨、耶、佛，而崇拜施耐庵、孔云亭；论育民德，吾不崇拜培（培根）、笛（笛卡儿）、边（边沁）、黑（黑智儿），而崇拜帕拉姆、比得芬。良以移人之心，换人之脑，速万倍也。"为了强调利用俗文学改造国民性、普及新思想的可行性，竟认为中国人是个无信仰、无理性精神、无人文原则、无思维能力的民族。惰性族格，被动生存，而且完全被俗文学艺术的感召力牵着鼻子走。所以权教的功用实在是太容易达到了："故不入戏园则已耳，苟其入之，则人之思想权未有不握于演戏曲者之手矣。……戏园者，实普天下人之大学堂也；优伶者，实普天下人之大学教师也。"[①]

因此，三爱（陈独秀）在《论戏曲》中说："现今国势危急，内地风气不开，慨时之士，遂创学校。然教人少而功缓。编小说，开报馆，然不能开通不

[①] 三爱（陈独秀）：《论戏曲》，《新小说》第 2 年第 2 号，1905 年 3 月。

识字人，益亦罕矣。惟戏曲改良，则可感动全社会，虽聋得见，虽盲可闻，诚改良社会之不二法门也。"刘师培《原戏》亦云："盖乐舞之制，其利实蕃，大之可以振尚武之风，小之可以为养生之助；而征引往迹，杂陈古事，则又抒怀旧之蓄念，发思古之幽情，为劝戒人民之一助，其用顾不大哉！"柳亚子《二十世纪大舞台发刊辞》因而号召道："……其感化何一不受之优伶社会哉？世有持运动社会、鼓吹风潮之大方针者乎，盍一留意于是！"

而最能体现这种急功近利的权教意识的说法，是陈去病《论戏剧之有益》："转不如牺牲一身，昌言坠落，明目张胆而去为歌伶；……逍遥跌宕，聊以自娱；亦宁非于今新学界上，灿灿烂烂，突然别起一生力军，临风飐飐，而高树一独立自由之帜乎？""……慨然舍其身为社会用，不惜垢污，以善为组织名班，或编明季稗史，而演汉族灭亡记，或采欧美近事，而演维新活历史，随俗嗜好，徐为转移，而潜以尚武精神、民族主义一一振起而发挥之，以表厥目的；夫如是，而谓民情不感动，士气不奋发者，吾不信也。"竟以从事通俗文艺活动以为启蒙宣传为堕落、为自污，尤可见这种思想教谕主张的权宜性质。

而这种在清末民初发展到极致的俗文学权教思想之所以依然值得我们研究和讨论，是因为它对于我们理解毛泽东《在延安文艺座谈会上的讲话》中可能具有的一些"权教"因素，也许会有些参考价值。

据胡乔木回忆，延安文艺座谈会后，党派何其芳、林默涵到重庆，向那里的文化人介绍座谈会情况和《讲话》内容。郭沫若、茅盾、夏衍听完介绍都发表了谈话和文章。毛泽东很注意这些谈话和文章，看后曾对胡乔木说："郭沫若和茅盾发表意见了。郭讲，凡事有经有权，这个说法好，好！"胡进一步解释道：

> 毛泽东欣赏这个说法，认为是得到一个知音。"有经有权"，即有经常之道理和权宜之计。毛泽东之所以欣赏这个说法，大概是他也确实认为他的话有些是经常之道理，普遍规律，有些则是适应一定环境和条件的权宜之计。[①]

[①] 《胡乔木回忆毛泽东》，人民出版社1994年版，第58—59页。

但《讲话》中哪些属于"经常之道理",哪些属于"权宜之计",却是一个谜,研究者只能根据自己的理解各加揣测。①

我们理解,郭之所谓经,应指文艺的一般本性。所谓权,则指基于一时需要对文艺的价值利用和功利性要求。毛认同郭的说法,显然表明他在《讲话》中对文艺的要求,有些便可能具有即时的和权宜的性质。因为当时亟须利用大众文艺形式,进行革命宣传,以图教谕、训导、指引和鼓动工农兵群众认同革命目的,信从革命理想,服从革命需要,从而全心全意地积极投身到革命斗争中去。1937年8月,毛泽东在同丁玲谈话时说:"我看新瓶新酒、旧瓶新酒都可以,只要对抗战有利。"② 因此,与其说这是对所有文艺的一般性要求,不如说是对革命文艺的工具性、功利性和实用性要求。事实上,毛泽东本人更喜欢阅读的诗文作品还是那些古代经典,更喜欢观看的戏剧还是梅兰芳、程砚秋的传统京剧。③

当然,我们不能将郭沫若所说并为毛泽东所认可的"凡事有经有权"说,等同于明代在俗文学兴盛之际出现的权教论思想,但我们依然可以思考其中的某种相关性,并且以此来反思中国传统权教论的文论价值和意义。

西方古典文论中向来有"寓教于乐"的思想,中国正统文学观念中其实也有这样的思想内涵。但权教观与这样的思想是完全不一样的。寓教于乐思想强调的是文艺本身的教育意义,因为这本是正统文学的题中之义,是它自身性质中即具有的人文担当。但从民间文学中自发产生并发展起来的俗文学并不具有这样的属性。

俗文学叙事不同于正统文学的政教叙事,它只是在人们的内视审美需要中逐渐生成的一种娱乐艺术方式,本来并无任何教谕意识。但也正是因为这一特点,使得被俗文学深深吸引的文化精英们需要为它找到一种符合主流意识形态叙事要求的合理合法性。"权教"是他们给出的一种价值解释或人文可能性。就是说,俗文学娱乐审美表面上的无关乎风教,实际上也可看作采

---

① 有关胡乔木回忆的内容文字均转引自李洁非、杨劼著《解读延安》一书,当代中国出版社2010年版,第146—147页。
② 陈明:《西北战地服务团第一年纪实》,《新文学史料》1982年第2期。
③ 毛泽东曾经很兴奋地说:"我们在延安时曾说,哪一年才能到北京看梅兰芳、程砚秋的戏,有的人怕这一辈子都看不到,可是,我们看到了。"(转引自李洁非、杨劼《解读延安》,第149页)

取了一种隐而不显的风教方式，因为那些有社会道义担当的文化精英们可以权且将其作为一种影响社会底层和广大庶众的施教策略。就是说，所谓"权教"，就是在尽量满足庶民俗众喜闻乐见的娱乐性审美之需时，因势利导，将一些基本道理和人文说教趁机纳入这种审美享乐中去，多少算是尽了一份教谕之责。但实际上，这样做的结果，往往是在世俗故事、市井人生中强行引入一些正面说教内容，成为二者的主观凑泊。这一传统后来形成较为刻板的俗文学套路，以至于诲淫诲盗之书也以教谕为名，穿鞋戴帽，用陈腐的道理装点门面。因此，权教之教，最终还是使教成了娱乐审美的伪饰和附庸。

另外，权教者，权且利用之为教耳。这样的观念在本质上依然是不认同俗文学自身具有的人文本性的。因此，权教观对俗文学采取的终究还是一种轻视的甚至是鄙视的态度。它只是利用而已，而且只是一时的权宜之计而已，骨子里并不以为然，因此终究是要放弃的。这是中国俗文学意识中所特有的一种文艺价值功能观，是专制文化试图将意识形态叙事和政教工具理性强加于通俗文艺、大众文艺的一个畸形结果。但同时，基于俗文学的生存立场，它又像是一种高明的审美策略甚至人文狡辩，可以说是为一切人文意义缺失的文学活动大开了方便之门。因此，这一观念实际上并非不具有文学理论上的某种深刻性和普适性。至少，它在潜在前提上，还是认识到了俗文学艺术的独立性和自为性的。而这一切，都值得我们在理论上深长思之。

王阳明良知视野下的道德观

汪学群

(中国社会科学院古代史研究所)

摘要：王阳明反复强调"礼以时为大"，反对片面地拘泥于古礼，而是根据时代及客观条件的变化，因时地以制其宜，反映了背后所传达的"慎终追远"之心。以良知为基础，王阳明对道德进行讨论，他认为："君子之事，敬德修业而已。虽位天地、育万物，皆己进德之事，故德业之外无他事功矣。"敬德修业体现天德，所谓道德意义上的天人合一，为人的根本任务，也可以说是人干事业的最终目的或终极关怀。王阳明把儒学讲的诸道德纳入良知范围加以考察，以为良知的纯洁无瑕为仁，得宜为义，有条理为礼，明辨为智，笃实为信，和顺为乐，妙用为神。仁义礼智信诸道德不过是良知的展现，良知是体，诸道德则是用，它们之间是体用一致。仁义礼智信诸道德是儒家的基本道德规范。

关键词：儒学 道德 王阳明思想 伦理学

儒学包括理学与心学皆以道德为思想的主轴，但把道德纳入良知范围，以良知为视角系统地分析道德则当属王阳明。也就是说王阳明思想的一个重要特色是把道德纳入良知视野，从良知意义上谈道德，凡此皆良知之用。具体表现为：良知纯洁无瑕是仁，得宜为义，条理为礼，明辨为智，笃实为信，和顺为乐，妙用为神。仁义礼智信等不过是良知的展现，具体说是良知的不同表现而已。①

一 孝弟之外无良知

按着儒家的说法作为道德范畴的仁始于孝弟，孝弟是仁的基本体现。王阳明把道德纳入良知视野，首先在于他提出孝弟之外无良知②的命题，在良知基础上详细讨论孝弟的道德价值。如他致聂豹信写道：

> 孟氏"尧舜之道，孝弟而已"者，是就人之良知发见得最真切笃厚、不容蔽昧处提省人，使人于事君处友仁民爱物，与凡动静语默间，皆只是致他那一念事亲从兄真诚恻怛的良知，即自然无不是道。盖天下之事虽千变万化，至于不可穷诘，而但惟致此事亲从兄、一念真诚恻怛之良知以应之，则更无有遗缺渗漏者，正谓其只有此一个良知故也。事亲从兄一念良知之外更无有良知可致得者，故曰："尧、舜之道，孝弟而已矣。"此所以为"惟精惟一"之学，放之四海而皆准、施诸后世而无朝夕者也。文蔚云："欲于事亲从兄之间，而求所谓良知之学。"就自己用功得力处如此说，亦无不可；若曰致其良知之真诚恻怛，以求尽夫事亲从兄之道焉，亦无不可也。③

《孟子·告子下》讲的"尧舜之道，孝弟而已"，最能真切笃实体现良知发现，事亲从兄所表现出的孝弟是良知的起点，从此出发致良知则无遗缺渗漏。良知只有一个，包括孝弟在内的致良知不过是良知本体的运用，良知本体独一无二，其运用放之四海而皆准，施诸后世而无朝夕，运用应该是全天候的，这是对《礼记·祭义》"夫孝置之而塞乎天地，溥之而横乎四海，施诸后世而无朝夕，推而放诸东海而准，推而放诸西海而准，推而放诸南海

---

① 《阳明先生遗言录下》，载吴光等编《王阳明全集（新编本）》第 5 册，浙江古籍出版社 2010 年版，第 1604 页。
② 《言行录汇辑下》，《王阳明全集（新编本）》第 5 册，浙江古籍出版社 2010 年版，第 1692 页。
③ 《传习录中·答聂文蔚》，《王阳明全集（新编本）》第 1 册，浙江古籍出版社 2010 年版，第 92—93 页。

而准，推而放诸北海而准"一段话的发挥。从工夫角度肯定聂豹所讲良知适用于事亲从兄的主张。又引用程颢的话："行仁自孝弟始。盖孝弟是仁之一事，谓之行仁之本则可，谓是仁之本则不可。"① 说明仁是本体，孝弟则是其展现，以此看良知是本体，事亲从兄等则是其表现。

根据儒家道德规范，子对父称孝，父对子称慈，王阳明强调慈与孝之间的互惠关系。正德五年（1510），他知江西庐陵，"为政不事威刑"，"慎选里正"，"使之委曲劝谕。民胥悔胜气讼，至有涕泣而归者"。这里指的是一天有父子两人发生争执并诉于他，侍者想要阻拦，他愿意倾听，后来父子相抱恸哭而去。柴鸣治不解，便问：您说了什么致使他们悔悟得如此之快？他回答道："舜是世间大不孝的子，瞽瞍是世间大慈的父。"鸣治听后愕然不解，又问。于是有以下回答：

> 舜常自以为大不孝，所以能孝。瞽瞍常自以为大慈，所以不能慈。瞽瞍只记得舜是我提孩长的，今何不曾豫悦我，不知自心已为后妻所移了，尚谓自家能慈，所以愈不能慈。舜只思父提孩我时如何爱我，今日不爱，只是我不能尽孝，日思所以不能尽孝处，所以愈能孝。及至瞽瞍底豫时，又不过复得此心原慈的本体。所以后世称舜是个古今大孝的子，瞽瞍亦做成个慈父。②

通过讲述舜与其父瞽瞍的故事旨在平息父子官司，其事见于《孟子·万章上》"父母使舜完廪。捐阶。瞽瞍焚廪。使浚井，出。从而掩之"，"舜不知象之将杀己"。以及《孟子·离娄上》"舜尽事亲之道，而瞽瞍底豫"。舜自认为大不孝所以能孝，瞽瞍也自认为大慈所以不能慈，指舜善于反思自己挖掘本心，以不孝时常警醒自己，而瞽瞍则不善于反思挖掘本心，缺乏警醒，其结果是事与愿违。以此说明父子之间的慈孝原本为良知，如后来出现的不慈不孝，则应该反省自己的不足并在此用功，自然能复归其良知、重现孝慈。

---

① 程颢：《河南程氏遗书》卷18，《二程集》，中华书局2004年版，第183页。
② 《传习录下》，《王阳明全集（新编本）》第1册，浙江古籍出版社2010年版，第123页。

孝应表现为孝之心，张思钦占卜择日将要安葬自己的父亲，请王阳明撰写墓志铭，他好久没有写这方面的文章，因此婉拒，张氏仍然坚持。他问：您要我写墓志铭是图亲人不朽，以此体现孝子之心？其实体现孝子之心并不仅仅在于此，还有其他更重要的。希望别人不如企求自己，通过别人撰写墓志铭使自己父亲的事迹传播，不如通过您自身，您如果为贤人，其父为贤人之父，为圣人，其父为圣人之父。与其寄托于别人之言，谁能超过叔梁纥（孔子之父）之名至今为不朽呢，意思是说与其让别人代写墓志铭，不如自己努力成为圣贤，以实际行动践履孝心而非文字，而且这也是光前裕后的好事。张思钦听后醒悟，急忙向他行礼致敬，认为如果不到这里来请铭，自己尚蒙在虚文当中。第二天，张思钦向他请问圣人之学，当听到试以格致之说，求格致的关键在良知之说后跃然而起，拜道：我如果不到您的门下，如何能知晓实践孝心的重要性，葬亲应体现的是孝心而非表面的仪式，这是请铭的最大收获。[①] 孝要发自内心，注重内容而非形式，王阳明居丧期间的表现也说明这一点，在此期间，有时客人没来就恸哭，有时客人来了却不哭，有人问这是为什么？他答道：凶事没有诏哀，哭贵于由衷，不以客至不至而为加减。[②] 情感发自内心而非流于外在的虚文礼仪，因此与外在变化没有必然的关系。

心性是道德视域的主题之一，王阳明论孝也体现了心与性的统一。如他说：

> 孝，人之性也。置之而塞乎天地，溥之而横乎四海，施之后世而无朝夕。保尔先世之翰墨，则有时而弊；保尔先世之孝，无时而或弊也。人孰无是孝？岂保尔先世之孝，保尔之孝耳。保先世之翰墨，亦保其孝之一事，充是心而已矣。[③]

---

① 参见《书张思钦卷（乙酉）》，《王阳明全集（新编本）》第 1 册，浙江古籍出版社 2010 年版，第 295—296 页。

② 参见《言行录汇辑下》，《王阳明全集（新编本）》第 5 册，浙江古籍出版社 2010 年版，第 1665 页。

③ 《书宋孝子朱涛昌孙教读源卷》，《王阳明全集（新编本）》第 3 册，浙江古籍出版社 2010 年版，第 1073 页。

孝是天赋予人的本性，因此才置之天地、放之四海而皆准，同时也体现家庭绵延不断，也是道德建设的根本，古语说"慎终追远，民德厚矣"体现了这一点。孝之所以绵延不断在于人内在固有的孝心，而这孝心即是人性的体现，也是良知的主要内容。

他在一篇贺寿序中认为，对父母的孝不应追求物质上的满足，也非礼仪上的繁文缛节，这些都是虚应故事。且不说儿子的心不必如此，就算儿子的心愿如此，而双亲的心愿未必如此，也一定要尊重双亲的心愿而后儿子才快乐。儿子不违背双亲的感情，孝是一颗对父母的孝心，此孝心出于天性且自愿，更重要的是遵循父母的愿望，同时也不背离情，这说明孝与血缘的密切关系。亲子相互间也有期许，如子说："吾以为孝，其得为养志乎？孝莫大乎养志。"双亲说："弘乃德，远乃犹。嘻嘻旦夕，孰与名垂简册，以显我于无尽？饮食口体，孰与泽被生民，以张我之能施？服劳奔走，孰与比迹夔皋，以明我之能教？"做到孝在于培养自己的志向，这个志向十分远大，已经超出父子的范围乃至于泽民济世，能做到这一点并不容易。也就是说双亲并不一定希望儿子都如此，双亲希望儿子，儿子做不到，不能实现愿望。儿子能做到，双亲却不以此希望儿子，同时也不能实现。当然以这个愿望希望儿子是贤能的父母，以这个愿望承接父母是贤能的儿子。[①] 父母与儿子的心灵相契实际上就是良知的一种感应。

孟子讲推恩，王阳明由孝亲引出推恩，处理家事贵在公正，但不可因劝勉从善而伤害恩情，这是最难做到的。认为，大舜以善自治，同时对其父兄加以劝勉又不伤及恩情，值得可取。[②] 要想拨去浇漓之俗而挽回淳朴之风，就必须使族人知道自身（自己的存在）。这里有一个尊祖睦族的问题。就一族而言，由自己推及父、祖、曾祖、高祖，以及于无穷。同吾身的也应同吾父、祖、曾祖、高祖、高高祖，这些后代虽然亲疏远近贫富贵贱智愚贤不肖不尽相同，但从祖宗角度讲都是子孙，也即从血缘上说他们没有亲疏远近贫富贵贱智愚贤不肖的区分。就多族言之，传统家族支分派别，一人之后繁衍

---

① 参见《恩寿双庆诗后序（戊辰）》，《王阳明全集（新编本）》第 3 册，浙江古籍出版社 2010 年版，第 915 页。

② 参见《言行录汇辑上》，《王阳明全集（新编本）》第 5 册，浙江古籍出版社 2010 年版，第 1636 页。

数十，数十之后繁衍数百，可谓千条万绪，棼如治丝，何况处于浇漓之俗，同源异流，各居其地，各宗其祖，虽然咫尺之近，也有秦越之分。王阳明认为，首先要有慎终追远的志向，使同族人知晓其本来，具体做法是各自其身推及于祖父，又自祖父推及于其所自出以及于无穷，凡是自吾身而推，乃至于推及不同的族群。遵循此道，一人亲亲长长则可以修身，一家亲亲长长则可以齐家，一国亲亲长长则可以治国，天下亲亲长长则可以平天下。天下就会出现一片和气周流、仁风霁需的景象。① 推恩从血缘关系入手，扩及族群乃至于民族，出发点是好的，但在推恩过程中随着关系的逐渐疏远，孝亲会淡化，道德意义上的爱有区别恐怕会变成政治上的爱有等级。单纯从道德层面谈孝亲，如果缺乏制度等方面的保证，操作及实现起来有一定的困难，弄不好流于空谈。

王阳明又援天入人，认为人生没有不知爱亲人、没有不知尊敬长辈的，尊祖睦族的观念由此而出。同祖有亲缘关系，同族是祖先的支流余裔，自吾亲以及亲之亲，又自吾祖以及祖之祖，更自吾祖旁及于祖之支流余裔，及即推的内涵是心，民我同胞，物皆吾与，天地间万物包括人如同一家，这是张载《西铭》里的主张。但自从圣学不明，士大夫多于熏心势利，巨室朱门耻与寒族为伍，于是各立门户，有分疆画界之私，甚至把九族亲戚视为途人，生民遭此惨烈之祸。而应看到其本心一线灵光未尝不出没隐现于父子兄弟之间，这就是所谓的良知。有人因其本心之明，动以水木之情，编辑宗谱请为序，他愿为之并肯定爱亲敬长之心依然可掬，尊祖睦族之念油然而生，这便是孟子所讲的"尧舜之道孝弟"而已。人能孝弟，就有希望成为圣人。② 孝弟源自血缘关系，它们也是人与人乃至于天与人和睦的基础，是良知的具体表现。

二 良知之条理为礼

王阳明讲的良知之条理表现为礼，他以良知诠释礼，认为宗法庙制其说

---

① 参见《池阳陈氏大成宗谱序》，《王阳明全集（新编本）》第 5 册，浙江古籍出版社 2010 年版，第 1907 页。
② 同上书，第 1905—1906 页。

甚长，后世也自有难行处，学者只是致其良知，以行其尊祖报本之诚，则所谓虽不中也不远。①顾应祥于嘉靖二年（1523）考满赴京途中作《礼论》，因害怕别人讥笑自己是为了谋求仕进而不曾拿出，只被江西士子抄录，王阳明知道后评道："近见《礼论》，足知日来德业之进，秦汉以来，礼家之说，往往如仇，皆为不闻致良知之学耳！"②肯定礼对促进道德建设的积极意义，但也要与致良知之学结合起来。

王阳明强调礼的作用，如写道："昔者孔子在陈，思鲁之狂士。世之学者，没溺于富贵声利之场，如拘如囚，而莫之省脱。及闻孔子之教，始知一切俗缘皆非性体，乃豁然脱落。但见得此意，不加实践，以入于精微，则渐有轻灭世故，阔略伦物之病。虽比世之庸庸琐琐者不同，其为未得于道一也。故孔子在陈思归以裁之，使入于道耳。诸君讲学，但患未得此意。今幸见此，正好精诣力造，以求至于道，无以一见自足，而终止于狂也。"③《论语·公冶长》："吾党之小子狂简，斐然成章，不知所以裁之。"孔子曾经批评有的弟子狂而不知以礼限制，后来的学者陷于富贵功利而不能自拔。依孔子之见，一切世俗利益并非天赋人性所本有，识得此意还需要实践加以裁断，孔子与弟子困于陈时也希望对弟子们的狂简行为有所限制，节之以礼，止于狂而进于中道；希望通过道德的力量对一些出格的行为加以限制，以维护正常的人伦秩序。

礼的背后有理，王阳明与徐爱问答探讨了它们之间的关系。问："先生以'博文'为'约礼'功夫，深思之未能得，略请开示。"答：

> "礼"字即是"理"字。理之发见可见者谓之"文"；"文"之隐微不可见者谓之"理"：只是一物。"约礼"只是要此心纯是一个天理。要此心纯是天理，须就"理"之发见处用功。如发见于事亲时，就在事亲上学存此天理；发见于事君时，就在事君上学存此天理；发见于处

---

① 参见《周道通问学书批语》，《王阳明全集（新编本）》第5册，浙江古籍出版社2010年版，第1862页。
② 《言行录汇辑上》，《王阳明全集（新编本）》第5册，浙江古籍出版社2010年版，第1652页。
③ 《传习录拾遗》，《王阳明全集（新编本）》第5册，浙江古籍出版社2010年版，第1558—1559页。

富贵贫贱时，就在处富贵贫贱上学存此天理；发见于处患难、夷狄时，就在处患难、夷狄上学存此天理；至于作止语默，无处不然，随他发见处，即就那上面学个存天理。这便是"博学之于文"，便是"约礼"的功夫。"博文"即是"惟精"，"约礼"即是"惟一"。①

礼与理的关系是礼为理的表现即文，理作为文之隐微不可见，礼属于外在，理则属于内在，内在决定外在，因此约礼即此心纯是天理，关键要在理的发见处用功，在道德实践上学习存天理，或者说存天理在道德活动中完成。《论语·雍也》讲"君子博学于文，约之以礼"，是在事物中学习存天理，博文偏于学，约礼偏于此心纯正，角度不同而一体不二。在这里把博文约礼与《尚书·大禹谟》"惟精惟一"联系起来，说明博文在于用功精深，约礼在于用心专一。

把礼与理、性、命结合起来，是从形而上学角度阐释礼，王阳明又以仁义智诠释礼，突出礼的人性本质特色。《礼记·礼器》所说的"经礼三百，曲礼三千"，反映礼仪的多样性，这些不过是仁心的表现而已，反映天赋人之性命，因此礼也体现天人合一、心性命及仁义智的合一。如他写道：

> 礼也者，理也；理也者，性也；性也者，命也。"维天之命，於穆不已"，而其在于人也谓之性，其灿然而条理也谓之礼，其纯然而粹善也谓之仁，其截然而裁制也谓之义，其昭然而明觉也谓之知，其浑然于其性也，则理一而已矣。故仁也者，礼之体也；义也者，礼之宜也；知也者，礼之通也。经礼三百，曲礼三千，无一而非仁也，无一而非性也。天叙天秩，圣人何心焉？盖无一而非命也。故克己复礼则谓之仁，穷理则尽性以至于命，尽性则动容周旋中礼矣。②

以理、性、命诠释礼，反映其内在的本质，《诗经·周颂·维天之命》

---

① 《传习录上》，《王阳明全集（新编本）》第 1 册，浙江古籍出版社 2010 年版，第 7 页。
② 《礼记纂言序（庚辰）》，《王阳明全集（新编本）》第 1 册，浙江古籍出版社 2010 年版，第 259 页。

所说"维天之命，於穆不已"，天命幽远而赋予人则表现为性，此性即道德本性，通过礼仁义智表现出来。礼又通过其他仪式表现，与它们紧密相关。在这里，理性命与仁义礼智等道德联系在一起，也反映理与礼的内外一致性。

本此，王阳明对于后儒言礼只讲器物制度和老庄不讲礼的两种片面性提出批评。后儒言礼偏于形而下，或者说离开理性命及仁义智谈礼，把礼仅限于器数制度，对礼的理解流于浮浅及表面化，这是舍本逐末，忘记《中庸》所谓"经纶天下之大经，立天下之大本"，《论语·阳货》"礼云礼云，玉帛云乎哉"、《论语·八佾》"人而不仁，如礼何"的训诫。礼背后的理或仁才是其真正意义之所在。至于老庄之徒外礼而言性，把礼视为道德之衰、仁义之失，堕于空虚浮荡。礼除本质外也表现为礼仪，此为节文，礼与其节文的关系如规矩与方圆的关系，虽说没有方圆则规矩无从表现，但不能以方圆为规矩即替代规矩，因此，执规矩才能成方圆，方圆不可胜用，离开规矩欲为方圆，于是以方圆为之规矩，规矩之用丧失。进一步说，规矩可以无一定之方圆，而方圆必有一定之规矩。联系到礼及节文，礼是规矩为本质，节文为方圆则是其末，学礼在于把握其本质，在此基础上才能灵活地运用仪式或节文。

邹守益作《谕俗礼要》请王阳明提意见，他看后认为，此书借鉴朱熹《家礼》简约明白，切近人情，体现化民成俗的真诚迫切用心。老师宿儒当年在古礼保存于世的时候都不能穷尽其说，当世之人苦于其烦且难，于是皆废置不行，因此，统治者要想导民于礼，不在于其烦琐而在于简切明白，贵在使人容易施行。另外，应注意的是人情，讲礼必须要斟酌人情，所谓"天下古今之人，其情一而已矣"，先王制礼遵循人情而为之节文是万世所奉行的准则。还应注意讲礼并非面面俱到，必须考虑到古今风气习俗的不同而因时地制其宜，有些礼虽然先王并未制定，但也可以根据具体情况而制定，三王在制礼方面有因有革，并不相袭，如果只拘泥于古，不符合人情人心而执意施行，此礼则是非礼之礼，实际上也不可能实现。后来的学者不讲心学而人失其情，很难与他们谈礼。他强调要以良知理解礼：

> 然良知之在人心，则万古如一日。苟顺吾心之良知以致之，则所谓不知足而为屦，我知其不为蒉矣。非天子不议礼制度，今之为此，非以

议礼为也，徒以末世废礼之极，聊为之兆以兴起之。故特为此简易之说，欲使之易知易从焉耳。①

良知自在人心，这是施行礼的内在根据，以我心的良知致于礼，即礼的实践，同时也要简易，使百姓大众明白易行，此礼并非古代等级地位的礼仪，这部分的礼仪为统治者所确立，而是百姓日用伦常中的道德行为规范。

他建议邹守益在冠婚丧祭诸礼之外附上乡约，体现其化民成俗的用心。至于射礼附于冠婚丧祭诸礼之间，既不切实又难知晓，恐怕影响民间对冠婚丧祭诸礼的认知与实行。朱熹《家礼》不及于射礼，最好另写一射礼来教学者，也并非单纯地求谕于俗。邹守益作为他的弟子多得益其教诲，尤其在赣州所受教诲留下深刻印象，当时数百名童子诵诗习礼，雅颂威仪，十分壮观！私下感叹：人性本善，没有不可教的，怕得是士大夫不加以提倡，作为官员应推广道德，亲自率领诸生及童子学习礼仪，虽然是童子也知晓周旋规矩，雍容可观，因此益加自信。②

王阳明反复强调"礼以时为大"，反对片面地拘泥于古礼，而是根据时代及客观条件的变化，因时地以制其宜，礼在古代是不断变迁的，没有一劳永逸而普遍适用的礼，但礼背后所传达的"慎终追远"之心及良知是不会改变的，这才是他所关注的。

儒家讲制礼作乐，王阳明分析了礼与乐之间的关系。义理是最重要的，即制礼作乐背后所反映的仁心等思想，也是贤人和学者追求的对象，即所谓学而知之、困而知之的对象。对于礼及其形式，他更重视礼本身，即其所反映的仁心，主张先成就自家的心体，以心体为主而用即包括名物度数都在其中。在心体上修养用功，未发之中而已发中节之和，养心体达到中和。相反先讲名物度数而无心体，与自己身心不相干，也不会理解名物度数。他讲的"知所先后"，指先心体而后名物度数，如此则接近《大学》讲的修己治人之道，也是由内圣开出外王。他谈及礼与诗的关系认为，感发兴起是诗，有

---

① 《寄邹谦之（丙戌）》，《王阳明全集（新编本）》第 1 册，浙江古籍出版社 2010 年版，第 215—216 页。

② 参见《言行录汇辑上》，《王阳明全集（新编本）》第 5 册，浙江古籍出版社 2010 年版，第 1624 页。

所执持是礼。和顺于道德而理于义,只是一件事,意思是说诗与礼和顺(诗)与道德(礼)、理义结合在一起。① 礼与乐结合所谓制礼作乐,二者与诗也相关,诗往往配以乐,某些时候表达的是礼,而这些都属于外在的形式,反映的是人们心中的情感,心才是背后的主因,心的核心是良知,也可以说这些都从不同侧面展现良知,是良知的表现。

三 良知上自然的条理

王阳明在良知视野下讨论道德,尤其表现在他提出"良知上自然的条理"这一命题。有人问:既然大人与物同体,《大学》又为何说"其所厚者薄,而其所薄者厚"?他说:

> 惟是道理,自有厚薄。……及至吾身与至亲,更不得分别彼此厚薄。盖以仁民爱物,皆从此出,此处可忍,更无所不忍矣。《大学》所谓厚薄,是良知上自然的条理,不可逾越,此便谓之义;顺这个条理,便谓之礼;知此条理,便谓之智;终始是这个条理,便谓之信。②

《大学》讲厚薄是从道理上说的,其实在道德层面上没有厚薄。如人身是一体的,拿手足保护头目,这难道是偏要薄手足吗?不过是道理如此。禽兽与草木同是要爱的,拿草木去养禽兽,心又忍得?人与禽兽同是要爱的,宰禽兽来养亲与供祭祀、燕宾客,心又忍得?至亲与路人同是要爱的,这是道理本该如此。如《孟子·告子上》所说:"一箪食,一豆羹。得之则生,不得则死",不能两全,宁救至亲而不救路人,心又忍得?这个道理是什么,就是"良知上自然的条理",其条理不可逾越即是义,遵循此理是礼,知晓此理是智,始终贯彻此理是信,爱的角度不同,也就是说爱的方式不同,在具体实施时有所不同,表现为义、礼、智、信。但人与天地万

---

① 参见《阳明先生遗言录下》,《王阳明全集(新编本)》第5册,浙江古籍出版社2010年版,第1604页。
② 《传习录下》,《王阳明全集(新编本)》第1册,浙江古籍出版社2010年版,第118—119页。

物一体，一体是一体之仁，一体之良知，如《孟子·尽心上》所讲"亲亲而仁民，仁民而爱物"。这实际上是发挥儒家有关爱有差等而非墨子兼爱的思想，爱有差等体现一般与特殊的统一，兼爱则消特殊于一般之中，是不现实的理想。

以良知为基础，王阳明对道德进行讨论，强调道德在人们社会生活乃至于政治当中的重要作用。道德修养是第一事，如他指出："君子之事，敬德修业而已。虽位天地、育万物，皆己进德之事，故德业之外无他事功矣。"① 敬德修业体现天德，所谓道德意义上的天人合一，为人的根本任务，也可以说是人干事业的最终目的或终极关怀。如果秉持天德而不敬德修业，一味地追求于功名事业之场，这是希高慕外。后世高明之士虽然知晓学问，如果不敬德修业，恐为才力所限，知识是为完善道德而服务的，尊德性才能道问学，或者说道问学是完善道德的学问而非纯粹的知识论。

王阳明认为，当颠沛之际而不忘与人为善，体现节的充裕；致自尽之心而欲人同归于善，这是忠之推展；不以靳知为嫌而行其教人之诚，这是仁之笃实；向贤崇德，以彰其先世之美，这是孝；明训途事，以广其及人之教，这是义。② 节（操守）、忠、仁、孝、义诸德不在说教而在实践，只有在实践中才能发挥其应有的效用。据欧阳德记：陆象山尝自笑只反对时文，反对挟功利之心且工于文艺的人。如果有志要自明其明德于天下而以举业进，像王阳明所说"修见君之赘"者，意思是说送尊长礼物表示对其尊敬的人，孔孟也十分看重，不可能加以反对。③ 道德既不能空谈，而要干实事。《论语·述而》讲"志于道、据于德、游于艺、学于文"，王阳明发挥道：

> 夫道固不外于人伦日用，然必先志于道而以道为主，则人伦日用自无非道。故志于道是尊德性主意也，据于德是道问学工夫也。依于仁者常在于天理之中，游于艺者精察于事为之末。游艺与学文俱是力行中工

---

① 《祭朱守忠文（甲申）》，《王阳明全集（新编本）》第3册，浙江古籍出版社2010年版，第1006页。
② 《言行录汇辑上》，《王阳明全集（新编本）》第5册，浙江古籍出版社2010年版，第1618页。
③ 参见《言行录汇辑上》，《王阳明全集（新编本）》第5册，浙江古籍出版社2010年版，第1628—1629页。

夫，不是修德之外别有此间事也。①

这里的道与德的关系是，道是根本，是尊德性的主意，德是道问学的工夫。游艺与学文皆属于力行中的工夫，它们都离不开人伦日用，为培养道德行为服务。因此《诗》《书》所载礼乐射御书数六艺之事都在于辅养性情而成就道德。相对于志于道来说，据于德、游于艺、学于文都是修德的工夫，做工夫要纯诚，纤悉不容放过，此为明德之事。他在回答志道、据德、依仁、游艺的提问时认为，艺就是义，即事叫"作艺"，即心叫"作义"，此为孔子自序志学之旨。② 以上孔子所说无非就是道德仁义，艺是事，也可以是心，心与事统一。

王阳明肯定以道德获得天下的意义。弟子问："孔子谓武王未尽善，恐亦有不满意。"答："在武王自合如此。"又问："使文王未没，毕竟如何？"又回答："文王在时，天下三分已有其二。若到武王伐商之时，文王若在，或者不致兴兵。必然这一分亦来归了文王。只善处纣，使不得纵恶而已。"③ "武王未尽善"出自《论语·八佾》"子谓韶，尽美矣，又尽善也。谓武，尽美矣，未尽善也。"孔子赞成文王以道德为本位，反映儒家价值观的核心。文王对纣王宽厚，如天下已有三分之二归自己还尊奉纣王，如果文王在，不至于兴兵伐纣，商民也会归顺，周得天下是顺从自然，文王也会妥善处理纣王，这是强调以德服人，以德获得天下。至于历史上的武王伐讨得天下则不在王阳明的伦理视域之中，这里讲的是道德意义上的真而非事实的真。

实践道德应做到允恭克让，如王阳明教人像《尚书·尧典》说的"允恭克让"那样，意指对人要诚实，恭敬又能够谦让，才是自己本领功夫，不管在朝市或者在山林，一日也不能离，也就是说时刻做到"允恭克让"。如果由于此而有所惊动悔改以为随时变易之道，固当如此；如果足以自信自安则终归于私而已。④ "允恭克让"作为工夫时刻要下，坚持不懈，切不可自

---

① 《阳明先生遗言录上》，《王阳明全集（新编本）》第5册，浙江古籍出版社2010年版，第1602页。
② 《稽山承语》，《王阳明全集（新编本）》第5册，浙江古籍出版社2010年版，第1609页。
③ 《传习录上》，《王阳明全集（新编本）》第1册，浙江古籍出版社2010年版，第20页。
④ 《言行录汇辑上》，《王阳明全集（新编本）》第5册，浙江古籍出版社2010年版，第1629页。

信自安，道德在于践履。邹守益待罪广德时曾请教，王阳明以赞扬古代圣人的德行回答："允恭克让"，恭勤而不信实，谦让而不能制，虽然外面矫揉安排，终非本体流行，毕竟有渗漏出来。①

义是道德的重要方面，黄省曾问：《论语·里仁》"君子之于天下也，无适也，无莫也，义之与比"，事事要如此吗？王阳明回答说：

> 固是事事要如此，须是识得个头脑乃可。义即是良知，晓得良知是个头脑，方无执着。且如受人馈送，也有今日当受的，他日不当受的；也有今日不当受的，他日当受的。你若执着了今日当受的，便一切受去，执着了今日不当受的，便一切不受去，便是"适"、"莫"，便不是良知的本体。如何唤得做义？②

事事依照道义，不问亲疏而以道义为亲，或以义为处世准绳。义即宜，要因地制宜，义即是良知，良知是个头脑，指不固执死板而灵活变通，如此才不至于执着拘泥。《孟子·公孙丑下》有"前日之不受是，今日之受非也；今日之受是，则前日之不受非也"一句，如果执着于时间，把受与不受绝对化，就不是因时地制其宜，不是良知本体，显然不符合义。总之，君子对于天下人无亲无疏，唯义之所在，与之相亲比而已。

在道德中，王阳明突显仁的特殊地位，以为仁是道德的核心。孔子提出克己复礼为仁，如《论语·颜渊》说："一日克己复礼，天下归仁。"朱熹作效验理解："极言其效之甚远而至大也。"③ 王阳明则反对道：

> 圣贤只是为己之学，重功夫不重效验。仁者以万物为体，不能一体，只是己私未忘。全得仁体，则天下皆归于吾。仁就是"八荒皆在我闼"意。天下皆与，其仁亦在其中。如"在邦无怨，在家无怨"，亦只是自家不怨，如"不怨天，不尤人"之意。然家邦无怨，于我亦在其

---

① 《言行录汇辑上》，《王阳明全集（新编本）》第5册，浙江古籍出版社2010年版，第1678页。
② 《传习录下》，《王阳明全集（新编本）》第1册，浙江古籍出版社2010年版，第112页。
③ 朱熹：《四书章句集注·论语集注》，《朱子全书（修订本）》第6册，上海古籍出版社2010年版，第167页。

中，但所重不在此。①

圣人之学重功夫不重效验，效验似有功利之嫌。仁以万物为一体，不能一体是因为有一己之私，能万物一体则天下归仁。如同东西南北东南东北西南西北这四面八方皆是我的窗户，喻指仁以万物为体、天下归仁。又如《论语·颜渊》所讲在邦与家无怨是自家无怨，《论语·宪问》"不怨天不尤人，下学而上达"，说明克己复礼为仁，首先通过自己及自家行为表现出来，道德实践使道德说教变为现实。

《论语·里仁》讲"择不处仁"，王阳明以为，这句话并不是单纯地选择居住地，而是要选择有仁的居住，或者说以仁为选择居住地的标准。②"天地皆仁之滓。天下归仁，万物皆备于我也。"仁与我一致，我为天赋人本性、本心之我，也是仁心之我，完美的道德主体。修养工夫的目的在于达到仁，"'修道之谓教'以下许多话，工夫只是'修道以仁'"③。再现或回归天赋予人的本性即仁。樊迟问仁，孔子以"爱人"相告，王阳明以为，爱字何尝不是仁，爱固然可以称为仁，但爱也有爱的是与爱的不是之别，这是以爱的是非来判断是否是仁，"须爱得是方是爱之本体，方可谓之仁"。严格地说爱的是为仁，即爱的本体是仁，而博爱似乎不论是与不是，与爱的本体有所不同。博字不如公字为尽，训释字义也只是得其大概，如果理解其精微奥蕴在于人思而自得，并非言语所能晓喻。后人多泥文着相，专在字眼上求索，这是心从法华转，被动地跟着语言走而失去自我，而应该相反，即心悟转法华，以心释经。④从我与六经的关系而言，他不赞同我注六经而主张六经注我，体现其释经的自由价值取向。

王阳明把儒学讲的诸道德纳入良知范围加以考察，以为良知的纯洁无瑕为仁，得宜为义，有条理为礼，明辨为智，笃实为信，和顺为乐，妙用为神。仁义礼智信诸道德不过是良知的展现，良知是体，诸道德则是用，它们

---

① 《传习录下》，《王阳明全集（新编本）》第 1 册，浙江古籍出版社 2010 年版，第 121 页。
② 《稽山承语》，《王阳明全集（新编本）》第 5 册，浙江古籍出版社 2010 年版，第 1609 页。
③ 同上书，第 1608 页。
④ 参见《黄勉之（甲申）》，《王阳明全集（新编本）》第 1 册，浙江古籍出版社 2010 年版，第 208 页。

之间是体用一致。仁义礼智信诸道德是儒家的基本道德规范。以前的儒家大都泛泛而论，而没有把这些道德规范与良知结合起来，使先天的良知与后天的道德相脱节，或者说心性论与道德学说之间缺乏内在的联系。王阳明则第一次系统地把它们有机地结合在一起，使先天与后天、先验与经验、观念与行为规范相统一，这既为道德提供了先验的基础，同时也完成了良知内在价值的现实转换。也可以说，王阳明把道德纳入良知视野中加以考察从一个侧面体现了儒学一般意义上的伦理学向道德形而上学的转变。

试论俺答汗对意识形态的选择[*]

吕文利

（中国社会科学院中国边疆研究所）

摘要：俺答汗一生在意识形态的选择上大体可以分为三个阶段：第一阶段从1508年到1551年，其信仰的是萨满教，以萨满意旨为主，寻求与明朝通贡；第二阶段从1552年起至1570年执送白莲教首赵全等人止，为对白莲教的试探阶段，其梦想是"夺回大统"的目标；第三阶段从1571年到1582年去世，最终选择藏传佛教格鲁派为蒙古地区的信仰和意识形态。

关键词：俺答汗　意识形态　藏传佛教

引　言

关于蒙古与藏传佛教的关系问题，很多学者进行关注并做了卓有成效的研究。以长时段视角来研究的，有妙舟的《蒙藏佛教史》[①]、札奇斯钦的《蒙古与西藏历史关系之研究》[②]、德勒格编著的《内蒙古喇嘛教史》[③] 等，

---

[*] 本文为国家社科基金特别项目《北部边疆历史与现状研究》之子课题《清初蒙藏关系研究——以蒙古诸部入藏熬茶为中心》（批准号：BJXM2010-20）结项成果的一部分。原载《学习与探索》2017年第5期。

① 妙舟：《蒙藏佛教史》，全国图书馆文献缩微复制中心1993年版。
② 札奇斯钦：《蒙古与西藏历史关系之研究》，（台北）正中书局1978年版。
③ 德勒格编著：《内蒙古喇嘛教史》，内蒙古人民出版社1998年版。

但这些通史性的著作着眼于大蒙古国时期及其之后的蒙古与藏传佛教的关系，对俺答汗引入藏传佛教格鲁派的过程及原因进行了探讨，但并未深入研究。至于以更宽广视野撰写的《佛教史》更是一笔带过。① 关于蒙藏关系研究综述，可以参看马啸的文章。② 从俺答汗个人角度来研究的著作也不少，如日本学者和田清在其《明代蒙古史论集》中，专门有《俺答汗的霸业》一章，写俺答汗是如何成就霸业的，其中对俺答汗引入藏传佛教格鲁派着墨颇多，但并未解释俺答汗为何没有选择其他宗教。杨绍猷的《俺答汗评传》③ 和蒙古国温德华的博士论文《俺答汗研究》④ 等文章也存在这样的问题，虽然从俺答汗的一生来研究，但关于其个人信仰和部族意识形态问题关注不多，主要着墨于其引进藏传佛教格鲁派的原因和过程。俺答汗引入藏传佛教格鲁派是蒙藏关系上的大事，自然引起了一些著名学者，如亦邻真⑤、薄音湖⑥等人的重视。另有很多文章也对俺答汗引入藏传佛教格鲁派的原因、过程进行了探讨。⑦ 笔者认为，俺答汗引入藏传佛教格鲁派固然有其重要意义，但还有几个问题需要进一步解决。一是在引入藏传佛教格鲁派之前俺答汗的个人信仰和部族的意识形态是什么？在这里，应该区分信仰与意识形态的概念，涂尔干认为"宗教现象可以自然而然地分为两个基本范畴：信仰和仪式。信仰是舆论的状态，是由各种表现构成的"⑧。由此可见，信仰具有群体性特征，虽然我们觉得信仰似乎是个体选择的结果，是个人的意识

---

① 杜继文主编：《佛教史》，江苏人民出版社2008年版。
② 马啸：《近三十年来蒙藏关系史研究评述》，《西北第二民族学院学报》（哲学社会科学版）2008年第3期。
③ 杨绍猷：《俺答汗评传》，中国社会出版社1992年版。关于俺答汗的研究成果综述，可参看该书的"引言"部分，见该书第1—9页。
④ ［蒙］温德华：《俺答汗研究》，博士学位论文，华中师范大学，2009年。
⑤ 亦邻真：《藏传佛教和蒙古史学（提要）》，虽然亦邻真先生也一直在思考这个问题，但可惜只有论文提要，并未成文。见《亦邻真蒙古学文集》，内蒙古人民出版社2001年版，第763—765页。
⑥ 薄音湖：《关于喇嘛教传入内蒙古的几个问题》，《内蒙古社会科学》1982年第2期；薄音湖：《十六世纪末叶西藏喇嘛教在蒙古地区的传播》，《内蒙古大学学报》（哲学社会科学版）1984年第3期。
⑦ 如［日］佐藤长《关于三世达赖喇嘛与俺答汗的会见（节译）》，梁今知译，《青海民族学院学报》（社会科学版）1989年第2期；糖吉思《仰华寺与蒙藏关系》，《中国藏学》1994年第4期；伦玉敏、刘勇、王萌《藏传佛教传入蒙古族地区的过程及原因分析》，《长江师范学院学报》2010年第4期。关于俺答汗的研究综述，可以参见刘晓梅、马晓丽《国内二十年来俺答汗研究述评》一文，《烟台大学学报》（哲学社会科学版）2016年第3期。
⑧ ［法］涂尔干：《宗教生活的基本形式》，渠东、汲喆译，上海人民出版社2006年版，第33页。

行为，但无疑，只有被一个群体信仰才能称为"信仰"，它具有主观性特征。而意识形态含义则更加广泛和复杂，它是指"在一定的经济基础上形成的，人对于世界和社会的有系统的看法和见解，哲学、政治、艺术、宗教、道德等是它的具体表现。意识形态是上层建筑的组成部分，在阶级社会里具有阶级性。也叫观念形态"①。所以，意识形态具有政治性和工具性特征。二是纵观俺答汗的一生，他一直在尝试各种宗教和意识形态为我所用，共有多少意识形态供他选择？三是俺答汗最后为什么选择了藏传佛教？

一 俺答汗信仰的第一个阶段
（1508—1551）：萨满教

俺答汗，又称为阿勒坦汗（Altan Khan），出生于1508年1月2日②，为达延汗之孙，其父为达延汗第三子巴尔斯博罗特，为右翼三万户济农。俺答汗生活的年代，正是动乱的年代。在其出生的140年前，朱元璋推翻了元朝，建立了明朝，元朝皇室北遁，建立北元。明与蒙古不断发生战争。1480年，年幼的巴图蒙克即汗位，是为达延汗。当时，东蒙古（鞑靼）主要由六万户组成，号称"四十万蒙古"，内讧和战争不断；在西部，则有卫拉特（瓦剌），号称"四万卫拉特"，"四十万蒙古"和"四万卫拉特"也是连年征战已有百余年。经过多年的努力，达延汗统一了东蒙古地区，封诸子分领六万户。

在信仰和意识形态方面，虽然元朝皇室贵族曾信仰藏传佛教，但只是在蒙古上层进行传播，并未深入民间。在元朝皇室退居蒙古地区后，萨满教重新又在蒙古地区居于统治地位。"萨满作为神的代言者，在酋邦政治生活中具有独特的作用。他们可以代表天神宣布神谕，声称某个统治者是天所选中的人间君王；也可以按照统治阶级意识和意愿占卜、解释各种天兆、异象。"③ 应该说，蒙古社会的萨满教已作为一种意识形态存在了。

1517年，达延汗去世，因达延汗长子先已去世，长孙卜赤年幼，汗位

---

① 中国社会科学院语言研究所词典编辑室编：《现代汉语词典》，商务印书馆2005年版，第1618页。
② 杨绍猷：《俺答汗评传》，中国社会出版社1992年版，第10页。
③ 孟慧英：《中国北方民族萨满教》，社会科学文献出版社2000年版，第118页。

被巴尔斯博罗特所夺。这引起了其他贵族的反对,两年后,不得不归政于卜赤汗,巴尔斯博罗特不久后即去世。巴尔斯博罗特死后,其兄弟七人继承遗产,俺答行二,领十二土默特。在这些兄弟中,以其长兄衮必里克济农势力最雄。至嘉靖十三年时,俺答汗已经27岁,经过多年的征战,他已在右翼中确立了重要地位,在这年的四月,"俺答挟众欲入贡"①。这是文献记载的俺答汗第一次要求入贡。杨绍猷分析说:"这一要求的难能可贵之处,是在于这一年正是右翼济农衮必里克(吉囊)及其弟俺答、老把都等势力强盛的时候,他们刚于头一年大败兀良哈部,又南下入援大同兵变,威震塞内外,夺得大量战利品,而俺答独能比其他领主更有远见地倡言通贡互市。"②笔者认为,按照当时蒙古人的信仰来说,凡大事必请教萨满,此事应该有萨满参与。

据时人萧大亨(1532—1612)记载蒙古萨满卜占的情形:蒙古"俗有卜筮,不与我同。有持羊膊骨火灼之,以验吉凶者;有以上弦之弓,用两指平举之,口念一咒,俟弓微动而知吉凶者;有以衣领、口袋诸器具,向内为吉,向外为不祥者"③。蒙古领袖凡遇战争、灾祸等大事时必请萨满占卜。

嘉靖二十年(1541)秋,"俺答阿不孩遣夷使肯切、石天爵款大同阳和塞求贡。言其父諲阿郎在先朝常稽颡蒙赏,且许市易。近以贡道不通,岁掠多灾。卜之神,云贡吉"④。这里的"神"就是萨满。瞿九思的《万历武功录》记载此事云:

"俺答亦不幸大札,人畜死者什二三,大惧,乃往问神官。神官,胡中善卜者。'若欲得吉,必入贡南朝乎!'先是弘治朝答父諲阿郎入贡,父老皆相传,以为盛事,俺答遂勃勃有通贡意矣。"⑤

---

① 瞿九思:《万历武功录》卷7,《俺答列传上》,载薄音湖编辑点校《明代蒙古汉籍史料汇编》(第四辑),内蒙古大学出版社2007年版,第59页。
② 杨绍猷:《俺答汗评传》,中国社会出版社1992年版,第47页。
③ 萧大亨:《北虏风俗》(附北虏世系),载薄音湖、王雄编辑点校《明代蒙古汉籍史料汇编》(第二辑),内蒙古大学出版社2006年版,第246页。
④ 方孔炤:《全边略记》卷2《大同略》,载王雄编辑点校《明代蒙古汉籍史料汇编》(第三辑),内蒙古大学出版社2006年版,第65—66页。
⑤ 瞿九思:《万历武功录》卷7《俺答列传上》,载薄音湖编辑点校《明代蒙古汉籍史料汇编》(第四辑),内蒙古大学出版社2007年版,第43—44页。

由此可以看出，俺答汗此时的信仰的确是以萨满教为主，听萨满之言，行通贡之事。而且在具体实践中，又搬出其父入贡故事，以为陈情。另外还可以反映出，此时的萨满依据内外情况，做出"入贡南朝"的决断，是符合当时俺答汗的利益的，从"父老皆相传，以为盛事"可以看出，这也是符合广大牧民的心声的。所以，正是在这样的背景下，"俺答遂勃勃有通贡意矣"，但是为了实现这一目标，明朝和俺答双方却付出了惨痛的代价。

明朝对俺答汗的这一请求，"诏兵部集议，曰：诈而贡，不可信"。并"定赏格，能斩俺酋者五百金，升三级"。这是战争的架势，俺答汗"以贡事不谐，三道并入，尽蹂秋稼"①。虽然俺答汗心中恼怒，但心中一直希望能够通贡，所以在其请求通贡时，大同巡抚史道留其使臣肯切，而把石天爵放回去了，并给以布帛，俺答汗"亦以马报之"，所以在这次的进攻中，"大掠三关而大同无恙"，但史道却被指"媚虏嫁祸""遂得罪"。②

嘉靖二十一年（1542）三月，俺答汗"送中国人李山至，请易肯切。廷议以为诈，不之许"③。紧接着又派石天爵等人再次求贡，但大同巡抚龙大有立功心切，"诱缚之，上之朝，诡言用计擒获。帝悦，擢大有兵部侍郎，边臣升赏者数十人"④。于是"磔天爵、肯切于市"⑤。这是非常遗憾的事情，明朝边臣以一己之私，损害国家利益，诚可叹也！对于明朝杀害使臣的行为，俺答汗暴怒，引兵大掠，"凡掠十卫三十八州县"。二十四年又犯大同中路铁里关等处。⑥

但是俺答汗念念不忘的仍然是入贡。二十五年，"俺答阿不孩遣使堡儿寨等三人款左卫求贡"，言"俺答选白骆驼九、白马九、白牛九，及金银锅各一，讲信誓，戒犯窃，仍如曩时石天爵所称者"⑦。这就是九白之贡，并

---

① 方孔炤：《全边略记》卷2《大同略》，载王雄编辑点校《明代蒙古汉籍史料汇编》（第三辑），内蒙古大学出版社2006年版，第66页。
② 同上书，第67页。
③ 同上。
④ 《明史》卷327《鞑靼传》第28册，中华书局1974年版，第8479页。
⑤ 方孔炤：《全边略记》卷2《大同略》，载王雄编辑点校《明代蒙古汉籍史料汇编》（第三辑），内蒙古大学出版社2006年版，第67页。
⑥ 同上书，第69页。
⑦ 同上。

有盟誓之约。据萧大亨所记,蒙古人"其最重者然诺,其最惮者盟誓。伪则不誓,一誓,死不渝也"①。但当时明朝边臣懂蒙古风俗的不多,加之前面封赏龙大有起了不好的示范作用,于是"总戎家丁董宝等值哨边,狃于前事,竟磔三夷首以攘功"②。如果任由这种事情发展下去,则俺答的使臣来一个杀一个,明朝边臣都试图邀功,则边境永无宁日。幸亏此时有个明白人,总督宣大事务的翁万达上书陈情,认为俺答汗一再请求入贡,但明朝边将辄杀使臣,"曲在我矣",董宝等"滔天之恶,真不容诛矣"。此后"部覆,姑贷各官兵罪"③。虽然兵部姑且没有治罪,但也没有论功行赏,翁万达的意见和兵部的态度是一个标志性信号,总算遏制住了边臣边将擅杀俺答汗使臣意图请功的势头。

但是这次使臣被杀,俺答汗似乎不为所动,继续派遣使臣求贡。翁万达报曰:俺答汗"遣使求通,虽已被杀,犹屡请不已"。自嘉靖二十五年(1546)至二十六年(1547),竟然"虏使络绎",但是"边臣惧庙堂有意督过之也,遂不以闻"。虽然如此,但此次俺答汗似乎铁了心,势必要通贡事成,"然虏竟以通好,散处其众,不复设备,遇哨探卒,亦不戕"。实际上,促使俺答汗痛下决心求贡的,应该还是萨满的意旨。二十六年,俺答汗"复遣夷使李天爵赍番文至,云虏中大神告,羊年利于和"。"虏中大神"即大萨满,无疑,俺答汗让萨满占卜,占卜的结果就是"羊年利于和",这与上述二十年的占卜结果如出一辙。蒙古历纪年是将五色青、红、黄、白、黑各分阴阳,以十二生肖依次搭配,组成循环顺序,以 60 为一周期,周而复始,用以纪年。④ 此处所说的羊年正是嘉靖二十六年(1547),是红羊丁未年。遵照萨满的意旨,"俺答会集保只王子、吉囊台吉、把都台吉相议,求准进黑头白马一、白骆驼七、骟马⑤三千,求白段一端为大神袍,麒蟒段件,头

---

① 萧大亨:《北虏风俗》(附北虏世系),载薄音湖、王雄编辑点校《明代蒙古汉籍史料汇编》(第二辑),内蒙古大学出版社 2006 年版,第 248 页。
② 方孔炤:《全边略记》卷 2 《大同略》,载王雄编辑点校《明代蒙古汉籍史料汇编》(第三辑),内蒙古大学出版社 2006 年版,第 69 页。
③ 同上书,第 70—71 页。
④ 珠荣嘎译注:《阿勒坦汗传》,内蒙古人民出版社 1990 年版,第 20 页注释。
⑤ 应为骟马。

目领之。内种外牧，汉夷不相害"①。这里俺答求贡，要的第一件回赐物品就是一匹白锻，蒙古人尚白，所以此白锻必然非常尊贵，果然，其用处为"大神袍"，即用于萨满身上。对于此事，瞿九思《万历武功录》记载稍详："我若得白段，即以为袍，挂大神道，它悉以自服。"②

可见俺答汗在这一时期，笃信萨满教，而萨满的"入贡"意旨亦符合俺答汗和蒙古普通民众的利益，所以俺答汗心心念念以"入贡"为要。但在这一时段，明蒙之间却形成了消极的"因果循环"关系，即：俺答遣使通贡—明朝怀疑诚意—明朝拒绝通贡—俺答派兵劫掠—明朝怀疑诚意—明朝继续拒绝通贡。这个消极的"因果循环"关系最终被逃往俺答汗处的白莲教徒给打断了。

二　俺答汗信仰的第二阶段（1552—1570）：对白莲教的试探

早在正德年间，就有汉人因为饥寒而投奔草原的记载。③ 嘉靖三年和十二年又发生了两次大同兵变，很多边将戍卒投奔俺答汗处，其中亦有一些白莲教徒众。到嘉靖三十年（1551）时，山西大同吕老祖的白莲教起事失败，大量白莲教徒遁入俺答汗处。

"妖人吕老祖以白莲教惑众，构祸于山西、大同之间，有司捕之急，叛投彼中。其党赵全、李自馨等率其徒千人从之。周元者，麻城人也，以罪戍大同，为彼所获。刘四者，老营堡戍卒也，与其徒三百人戕其主帅而叛。张彦文者，大同卫百户也。亦以通彼叛。而吕老祖之徒马西川、吕老十、猛谷王各先后亡命，俱入俺达营部。赵全魁梧雄健，多权画，李自馨颇通文字，周元善医药，刘四骁勇敢斗，俺达甚爱之。"④

---

① 方孔炤：《全边略记》卷2《大同略》，载王雄编辑点校《明代蒙古汉籍史料汇编》（第三辑），内蒙古大学出版社2006年版，第70—71页。
② 瞿九思：《万历武功录》卷7《俺答列传上》，载薄音湖编辑点校《明代蒙古汉籍史料汇编》（第四辑），内蒙古大学出版社2007年版，第47页。
③ 《明武宗实录》卷183，正德十五年二月庚申。
④ 方逢时：《云中处降录》，载薄音湖、王雄编辑点校《明代蒙古汉籍史料汇编》（第二辑），内蒙古大学出版社2006年版，第80页。

实际上，在嘉靖三十年前后，俺答汗倚仗白莲教首萧芹、丘富等人。丘富于嘉靖二十八年投奔俺答，"以妖言诱惑本夷，用为头目"①。萧芹与丘富"并亡抵于虏，自以为次王，与谋中国"②。此时的白莲教徒众还未大批到来，俺答对白莲教持将信将疑并加试探的态度。

嘉靖三十年（1551）四月，明廷开马市于大同镇羌堡。但"马市甫毕，随有虏骑犯左卫者"。明朝边将上前诘问，俺答方面"则谓中国妖逆萧芹、天源等诱致之。其党无虑百十辈，散处诸帐中，教以火食屋居，不利于虏好，则曰力能咒人喝城。俺答为之动"③。

白莲教是元代流传很广的一个教团，"在初创时期是佛教的一个世俗化教派，但在后来则演化为民间秘密社团"④，因与民间信仰高度融合，所以白莲教在民间发展迅速，并成为元末农民大起义的主要力量。白莲教徒在明朝有很大发展，教派林立，很多白莲教徒众起事，成为明廷的心头大患，山西吕老祖起事即为其中之一。起事失败后逃往草原，应该说在白莲教徒心中，其反明的态度与俺答汗在形式上是一致的。但如何取悦俺答汗，从而得到重用是个大问题。同时俺答汗也想看看这帮人的本事，于是萧芹等人以会喝城术报之，"吾有术神，咒人人死，喝城城崩"⑤。

恰好明朝边臣史道索要萧芹等，"虏请先试其术，不效，执以予我"。于是俺答汗义子"脱脱告通事曰：某日自右卫喝城，非掠也"。这个看似玩笑的通告也明确告诉我们，俺答汗等人是不信萧芹等人的喝城术的。虽然脱脱说此次只是做实验，不是劫掠，但明廷还是做了准备："会有旨，命史道遍历延、宁市事。道报曰：虏中怵于邪党，然臣已得要领，乞不以较锱铢，

---

① 《赵全谳牍》，载薄音湖、王雄编辑点校《明代蒙古汉籍史料汇编》（第二辑），内蒙古大学出版社2006年版，第109页。
② 瞿九思：《万历武功录》卷7《俺答列传上》，载薄音湖编辑点校《明代蒙古汉籍史料汇编》（第四辑），内蒙古大学出版社2007年版，第59页。
③ 方孔炤：《全边略记》卷2《大同略》，载王雄编辑点校《明代蒙古汉籍史料汇编》（第三辑），内蒙古大学出版社2006年版，第75页。
④ 杜继文主编：《佛教史》，江苏人民出版社2008年版，第446页。
⑤ 瞿九思：《万历武功录》卷7《俺答列传上》，载薄音湖编辑点校《明代蒙古汉籍史料汇编》（第四辑），内蒙古大学出版社2007年版，第59页。

坐失大机。仇鸾亦请留道于宣大，而右卫果有警报。"① 萧芹本来是有准备的，约好与张攀龙等人里应外合，他在外喝城，张攀龙等人开城，但被明军守城官兵发现，自此事败。但萧芹还不死心，要求再试一次。"于是俺答壁外边，遣轻骑三百，从芹至破虏堡。熟视芹，芹至墙下，喝，喝如此者三日夜，声已尽失，不能语，而墙不少崩也。"② 于是俺答后悔听信萧芹之言，配合明朝边将，执送萧芹等人。

嘉靖三十年开市之初，俺答方面曾言："富虏能以马易段，贫者惟有牛羊，请易菽粟。"③ 根据明朝边臣的分析，俺答汗之所以求贡，大体有几个原因，一是"所恋者中国段帛。掠之不多得，亦自有损失，不如贡市完善"④。这是嘉靖二十年俺答求贡时的分析。二是"虏甚嗜中国货，卤掠则归部落，求贡则归酋长故也"。这是嘉靖三十年时宣大总督苏祐的分析。⑤ 据萧大亨记载，当时蒙古诸部大掠而归后，"群夷上所卤获于群酋，而莫之敢匿；群酋上所卤获于虏王，而莫之敢匿。虏王得若干，余以颁群酋；群酋得若干，余以颁群夷"⑥。三是"小王子者，俺答之侄也。俺答耻为之下，兹求归顺，将假中国官爵，与其侄争雄"⑦。刨去政治因素，单从经济方面上来讲，苏祐的观点值得重视，在马市上的贸易的确有利于蒙古贵族，对底层民众来讲，需求的还是温饱，所以请求以牛羊交易粮食。当时明朝边臣也观察到："虏富者十二，而贫者十八""贫者唯有牛羊"⑧。但遗憾的是，对于俺答汗的这个要求，明廷不许，俺答汗部下遂有犯边抢掠者，于是明廷于嘉靖三十年十二月诏禁马市。明廷的这个措施，也逼迫俺答汗考虑在丰州川

---

① 方孔炤：《全边略记》卷2《大同略》，载王雄编辑点校《明代蒙古汉籍史料汇编》（第三辑），内蒙古大学出版社2006年版，第75页。
② 瞿九思：《万历武功录》卷7《俺答列传上》，载薄音湖编辑点校《明代蒙古汉籍史料汇编》（第四辑），内蒙古大学出版社2007年版，第59页。
③ 方孔炤：《全边略记》卷2《大同略》，载王雄编辑点校《明代蒙古汉籍史料汇编》（第三辑），内蒙古大学出版社2006年版，第75页。
④ 同上书，第67页。
⑤ 同上书，第74页。
⑥ 萧大亨：《北虏风俗》（附北虏世系），载薄音湖、王雄编辑点校《明代蒙古汉籍史料汇编》（第二辑），内蒙古大学出版社2006年版，第250页。
⑦ 方孔炤：《全边略记》卷2《大同略》，载王雄编辑点校《明代蒙古汉籍史料汇编》（第三辑），内蒙古大学出版社2006年版，第74页。
⑧ 《明世宗实录》卷376，嘉靖三十年八月壬戌。

发展农业，他所依赖的，还是白莲教徒众丘富等人。①

嘉靖三十三年（1554），白莲教头目赵全等人逃到草原。赵全等人吸取萧芹等用旁门左道诱惑俺答汗这种技术性失败的教训，改从思想上、意识形态上劝诱俺答汗。"此数人者，仍以老祖之术诳惑俺达，妄称天命，日见亲信用事，而彼之亲贵五奴柱、恰台吉皆屈下之。"②蒙古文史书《阿勒坦汗传》也称：赵全等人"曰：待我为汝夺回昔日失陷之大统，与尊大汗汝结交相依为命，于是宝菩萨阿勒坦汗又（与明）不和而兴兵，年年掠获之多不可数清"。③

"昔日失陷之大统"即明灭元之事，可以说，"夺回大统"勾起了俺答汗的政治雄心，从此之后，在他的脑海中，由之前信仰萨满而不断求贡一转而为"夺回大统。"他自己后来也是这么说的："我本意要进贡来，都是丘富、赵全到边哄我该坐天下。教我攻掏城堡，连年用兵，两下厮杀，不得安生。"④可以说，俺答汗由求贡到"夺回大统"是一个质的转变，他已经被这个美好愿景给迷惑住了。

经过多年的发展，丰州川的农业已经初具规模，俺答汗的经济实力越来越强，对赵全等人也越发信任。"每大举进寇，俺达必先至板升，于全家置酒大会，计定而后进。"⑤

而赵全等人，亦不断在俺答汗面前强化"夺回大统"思维。但随着形势的发展，"夺回大统"又变为构建"南北朝"的思维。

"四十年秋，锰锰赵全言于俺达曰：'自此塞雁门，据云中，侵上谷，逼居庸，朵颜居云中而全据太原，效石晋故事，则南北之势成矣。'"⑥赵全被俺答汗执送明朝后，明朝刑部审问赵全等人所形成的《赵全谳牍》亦有

---

① 关于俺答汗在丰州川发展农业的研究，请参见曹永年《阿勒坦汗和丰州川的再度半农半牧化》，载氏著《明代蒙古史丛考》，上海古籍出版社2012年版，第81—98页。
② 方逢时：《云中处降录》，载薄音湖、王雄编辑点校《明代蒙古汉籍史料汇编》（第二辑），内蒙古大学出版社2006年版，第80页。
③ 珠荣嘎译注：《阿勒坦汗传》，内蒙古人民出版社1990年版，第53—54页。
④ 高拱：《伏戎纪事》，载薄音湖、王雄编辑点校《明代蒙古汉籍史料汇编》（第二辑），内蒙古大学出版社2006年版，第60—61页。
⑤ 方逢时：《云中处降录》，载薄音湖、王雄编辑点校《明代蒙古汉籍史料汇编》（第二辑），内蒙古大学出版社2006年版，第80页。
⑥ 同上。

详细记载：

> 全与李自馨各又不合与丘富分遣奸细入边探听虚实，交通近边城堡奸逆，具贩货物贿送俺答，妄向俺答驾说伊有天分，尊礼为帝，日逐教诱各夷置造钩杆，攻取城堡。全与李自馨各又不合谋危社稷，日与俺答商说，分遣各房攻取大同、宣府、蓟州一带，与南朝平分天下。①

实际上，与明朝平分天下的思路或许更符合赵全等人的利益，他们做起了称王的美梦。所以嘉靖四十四年，赵全与李自馨、张彦文、刘天麒等人"将俺答僭称皇帝伪号，驱使被掳汉人，于大板升迤东与俺答修城一座，采打木料，于内起盖长朝殿九间"②。以上"皇帝"称号，开启"夺回大统"或"南北朝"模式的第一步。而赵全等人自己"于方城板升自为屋室，僭拟王侯，丹青金碧，照耀龙庭"③。但遗憾的是，嘉靖四十四年为俺答汗建皇宫的过程中，出现了意外。"于本年五月十五日上梁，烧纸，赞呼万礼。行礼间，上天忽起大风，将梁刮落，致将逆犯宋银儿及不知名真夷七八人打死。俺答畏惧，不敢内住。"④ 这次事故造成了俺答汗对白莲教徒众的疑惧，虽然上皇帝尊号，并且赵全等人将宫殿盖完，然而俺答汗自始至终没敢进去居住。

所以当隆庆四年（1570）俺答之孙把汉那吉降明，明朝方面提出以赵全等人交换时，俺答汗毫不犹豫地予以交换。他说：

> 今天使我孙投顺南朝，乃不杀，又加官，又赏衣服。恩厚若此，我今始知中国有道，悔我前日所为，若果肯与我孙，我愿执献赵全等赎罪。我今年老，若天朝封我一王子掌管北边，各酋长谁敢不服？再与我

---

① 《赵全谳牍》，载薄音湖、王雄编辑点校《明代蒙古汉籍史料汇编》（第二辑），内蒙古大学出版社 2006 年版，第 109 页。
② 同上书，第 112 页。
③ 方逢时：《云中处降录》，载薄音湖、王雄编辑点校《明代蒙古汉籍史料汇编》（第二辑），内蒙古大学出版社 2006 年版，第 80 页。
④ 《赵全谳牍》，载薄音湖、王雄编辑点校《明代蒙古汉籍史料汇编》（第二辑），内蒙古大学出版社 2006 年版，第 112 页。

些锅布等物为生，我永不敢犯边抢杀，年年进贡。将来我的位儿就是把汉那吉的，受天朝恩厚，不敢不服。①

于是封贡事成，明廷封俺答汗为顺义王。

应该说，此时的俺答汗一直在试探白莲教徒众构建的"夺回大统"以及"皇帝"模式能否成为一种意识形态，同时他也在利用这些汉人建造板升，发展农业。但先是萧芹的喝墙术不灵，后是赵全建的宫殿大梁倒塌，使俺答汗对白莲教建构的神话色彩大为怀疑，加之俺答汗的很多部下对赵全等人颇有微词，故利用白莲教建构的话语体系很难成为蒙古社会的意识形态。在这一阶段，应该说俺答汗还是以信仰萨满教为主的，直到其信仰藏传佛教格鲁派后，才烧毁了萨满教神偶"翁公"，② 俺答汗与白莲教徒众有二十年左右的"蜜月期"，反映了他勇于探索、一切为我所用的原则。

隆庆封贡后，俺答汗已是60余岁的老人了，其势力所及的蒙古诸部，在意识形态方面究竟何去何从，是他思考的问题。尤其是在与各种文化接触的过程中，他明显感觉到，萨满教在很多方面是落后的，尤其是殉葬习俗是其不能接受的。③ 另外，明朝封贡，实现了他多年和平通贡的夙愿，但一个和平的环境无法使其实现称霸蒙古的雄心壮志，能否有一个意识形态既能保持一个和平的环境，又能实现其称霸蒙古的愿望？

三　俺答汗信仰的第三阶段（1571—1582）：藏传佛教格鲁派

历史或许就是这样巧合，正当俺答汗踌躇之时，1571年，藏传佛教格鲁派的阿兴喇嘛来到土默特向俺答汗传教，他巧妙地利用了转世轮回的教

---

① 高拱：《伏戎纪事》，载薄音湖、王雄编辑点校《明代蒙古汉籍史料汇编》（第二辑），内蒙古大学出版社2006年版，第60—61页。
② 蒲文成：《青海佛教史》，青海人民出版社2001年版，第176页。
③ 俺答汗及其他蒙古贵族，在与三世达赖喇嘛的仰华寺大会上，痛斥殉葬习俗的弊端，并断然废除了殉葬习俗。见蒲文成《青海佛教史》，青海人民出版社2001年版，第176页。

义，说明俺答汗是忽必烈的转世，这正中俺答汗的下怀，如果以忽必烈的转世为号召，则不但可以破除察哈尔的正统大汗地位，而且在意识形态上可以统领诸部，成就自己的霸业。阿兴喇嘛不失时机地向俺答汗指出，"若想遵行薛禅汗和八思巴二人所创立的政教二道并行之制，请迎佛于西藏拉萨地方"①。

所以，当日历翻到了明万历六年（1578）时，发生了一件影响蒙藏历史的大事，就是蒙古土默特部首领俺答汗与西藏格鲁派首领索南嘉措，在青海湖边的仰华寺（察卜齐雅勒庙）进行会晤。从此，藏传佛教再度传入蒙古地区，并在蒙古民众的宗教信仰中占据主导性地位。

在这次仰华寺会晤中，索南嘉措赠予俺答汗"梵天大力察克喇瓦尔第诺们汗之号"并赐银印②，"察克喇瓦尔第诺们汗"即"转轮法王（chakravartin）"。"转轮法王"在藏传佛教中具有崇高的地位，历史上，松赞干布、忽必烈皆被视为转轮法王。③ 而俺答汗由此在法统上就继承了忽必烈的转轮法王的地位，这对俺答汗来说，"借助西藏佛教领袖神圣力量的支持，建立了新的政权模式，不仅使他在青海地区的霸权得到了承认，同时加强了他在蒙古诸部中的崇高地位和号召力"④。

综上所述可以看出，俺答汗一生在意识形态的选择上大体可以分为三个阶段：第一阶段从 1508 年到 1551 年，其信仰的是萨满教，以萨满意旨为主，寻求与明朝通贡；第二阶段从 1552 年至 1570 年执送白莲教首赵全等人止，为对白莲教的试探阶段，其梦想的是"夺回大统"的目标；第三阶段从 1571 年到 1582 年去世，最终选择藏传佛教格鲁派为蒙古地区的信仰和意识形态。当然，以上划分的阶段只是为便于理解而划分的阶段，真实的历史远比这个划分复杂，如第二阶段在俺答汗和蒙古社会来说，主导性信仰还是萨满教。

应该指出，俺答汗是一个实用主义的领袖，为达到自己雄踞蒙古甚至是与明朝一争雌雄的雄心，在前期，他请求蒙古宗主大汗——察哈尔大汗

---

① 杨绍猷：《俺答汗评传》，中国社会出版社 1992 年版，第 90 页。
② 珠荣嘎译注：《阿拉坦汗传》，第 120 页。
③ ［日］石滨裕美子：《チベット仏教世界の歴史的研究》，东方书店 2001 年版，第 1—44 页。
④ 乔吉：《蒙古族全史（宗教卷）》，内蒙古大学出版社 2011 年版，第 110 页。

博迪汗封他为"索多汗"①"土谢图彻辰汗"②等，在博迪汗去世之后，其子打来孙汗即位，俺答汗更不听其约束："小王子者（指打来孙汗——笔者注），俺答之侄也。俺答桀骜，久不听其约束，而耻为之下，兹求归顺，将假朝廷官爵，与其侄争雄。"③此后，察哈尔在俺答汗势力的逼迫下，向东迁徙，进入老哈河、大凌河及辽河一带。隆庆四年（1570），发生俺答汗之孙把汉那吉投明事件，为解决这个事件，俺答汗请求明朝封他为王，后明穆宗封俺答为"顺义王"，授镀金银印。此后俺答"以大明律绳其下，得中国锦绮巧，每以骄东房"④。"东房"即指察哈尔部。又苦于"不识文字，每书表，悉出汉人手，多为奸群所波荡，往往书辞口传背驰，多不足凭"，所以明朝派译者赴大同"译如忠孝经之类"，俺答汗大喜，令其子孙"那吉、摆腰习字焉"⑤。所以俺答汗对儒家文化也不排斥。此外，从文献记载来看，俺答汗也经常接触一些穆斯林⑥，在俺答汗之前，从西蒙古一些蒙古领袖的名字就可以看出，其有伊斯兰化的倾向，如"乩加思兰""亦思马因"等，据希都日古的研究，伊斯兰教在明代蒙古相当盛行。⑦但伊斯兰教究竟对俺答汗有无影响，影响到什么程度，根据目前的资料，我们还不得而知。

虽然俺答汗从明朝取得了"顺义王"的封号，但由于其合法性来源于明朝，所以在蒙古地区并无号召力。因此俺答汗此后又选择了藏传佛教格鲁派，其转世理论认为俺答汗是忽必烈的转世，从意识形态上可统一蒙古，俺答汗从三世达赖喇嘛索南嘉措那里获得了"转轮法王"的称号。至此，俺

---

① 珠荣嘎译注：《阿勒坦汗传》，内蒙古人民出版社1990年版，第40页。
② 《阿勒坦汗传》，第45—46页。
③ 《明世宗实录》卷371，嘉靖三十年三月壬辰条。
④ 冯时可：《俺答后志》，载薄音湖、王雄编辑点校《明代蒙古汉籍史料汇编》（第二辑），内蒙古大学出版社2006年版，第136页。
⑤ 方孔炤：《全边略记》卷2《大同略》，载王雄编辑点校《明代蒙古汉籍史料汇编》（第三辑），内蒙古大学出版社2006年版，第92页。
⑥ 如"俺答遣旁塞诸房钞鹰韶堡回子"等，见瞿九思《万历武功录》卷7《俺答列传上》，载薄音湖编辑点校《明代蒙古汉籍史料汇编》（第四辑），内蒙古大学出版社2007年版，第46页。《阿勒坦汗传》中也记载："继而从彼地前往白帽城途中，与白帽之一群百姓交战将其战胜，俘获名为塔尔毕斯巴图尔之人，旋即抵达白帽之哈密勒城。"见珠荣嘎译注《阿勒坦汗传》，第128页。
⑦ 希都日古：《关于明代蒙古人的宗教信仰》，《中国边疆史地研究》2006年第3期。

答汗集蒙古宗主大汗授予的"索多汗""土谢图彻辰汗"、明朝皇帝授予的"顺义王"、三世达赖喇嘛授予的"转轮法王"等多个称号于一身，当然，还有未公开宣传的白莲教徒众加给他的"皇帝"称号。这些称号反映了俺答汗在不同阶段的追求，以及不同阶段的雄心壮志。

通经明道：清代学术的思想进路
与乾嘉学者的价值追求

林存阳　孔定芳

（中国社会科学院古代史研究所、中南民族大学民族学
与社会学学院历史系）

摘要： 清代学术何以由宋明理学之"谈心论性"一变而为考经证史之学，晚清以来的前辈学者多有论究，迄今已形成几种主要诠释理论，分别从政治、社会和学术自身发展等层面，做了颇富启发性的解释，然而这一学术史公案并未因此而成定谳。究其原因，乃在于这些诠释理论更多地侧重于从"外缘"的视角进行观察，而对作为学术创造主体的思想家、学者的主观能动作用重视不够。其实，自清初至乾嘉，学人之所以群趋于训诂考据之途，其背后实蕴含着一套信仰和价值系统，即通过考经证史以"究明大道"。因此，欲揭示清代学术的走向与底蕴，不仅需要关注"外缘"因素，而且更应在此基础上，深入抉发一代学术自身的思想进路与一代学者自觉的价值追求这一"内缘"因素，方能建构一个自足的解释系统。

关键词： 清代思想　通经明道　道统　价值追求

一　引言

关于清代学术思想何以由宋明理学之"谈心论性"一变而为考经证史

之学，学术界的解释可谓众说纷纭、莫衷一是。晚清以降，关于清代学术思想的成因与特征，业已形成几种主要的诠释理论。其中影响最为深远的一种观点，为倡始于章太炎先生的"政治高压"说。在《清儒》中，章先生论清学曰："清世理学之言，竭而无余华；多忌，故歌诗文史枯；愚民，故经世先王之志衰。三事皆有作者，然其弗逮宋、明远甚。家有智慧，大凑于说经，亦以纾死，而其术近工眇踔善矣。"① 此说一出，影响既广且深，一度成为近人解释清代学术思想史的一个重要理论。与此观点相联系，又衍生出"反理学"说和"方法论运动"说，梁启超、胡适二先生持之最力。他们认为，因理学的空谈误国导致明亡，而自清初学者肇始，遂以清谈心性为戒而走上考经证史之路。这种解释逻辑地寓含着"方法论运动"说，由于反理学，轻玄谈，在为学方法上必然崇实黜虚，由理学之主观冥想转而为训诂考据之客观求证。同时，梁启超先生亦认为"考证古典之学，半由'文网太密'所逼成"②。

以社会史与思想史相结合为取径，从对 18 世纪中国社会状况的剖析入手分析清学的成因，是侯外庐先生持之甚坚的学术立场，也是他超迈前贤的重要建树。关于形成乾嘉汉学的直接原因，侯先生的着眼点主要在两个方面：一是社会的相对稳定，二是清廷的文化政策。他说："到了十八世纪，所谓汉学成为风靡一时的专门之学。这和清封建统治势力之进入相对稳定时期有密切关系，特别是和康熙以来的反动文化政策有密切关系。"③ 所以他认为："对外的闭关封锁与对内的'钦定'封锁，相为配合，促成了所谓乾嘉时代为研古而研古的汉学，支配着当时学术界的潮流……专门汉学就是在这样钦定御纂的世界中发展起来的。"④

与"政治外缘"或"社会外缘"论观点相异趣，钱穆先生则另辟蹊径，从学术思想承前启后的视角，对清代学术思想的成因做了深入剖析。钱穆先生力主"每转益进"说，认为清代考据学实乃宋明理学发展演变的必然结果。他强调："窃谓近代学者每分汉宋疆域，不知宋学，则亦不能知汉学，更无以平汉宋

---

① 章太炎：《訄书重订本·清儒第十二》，《章太炎全集》，上海人民出版社 2014 年版，第 154 页。
② 梁启超：《中国近三百年学术史》，夏晓虹、陆胤校，商务印书馆 2011 年版，第 30 页。
③ 侯外庐：《中国思想通史》第 5 卷，人民出版社 1956 年版，第 410 页。
④ 同上书，第 411—412 页。

之是非。"① 又说:"理学本包孕经学为再生,则清代乾嘉经学考据之盛,亦理学进展中应有之一节目……抑学术之事,每转而益进,途穷而必变。"②

毋庸置疑的是,以上诸说各于一定层面或角度解释了清代学术思想史的成因。但是,这些诠释理论究属"外缘"的视角;即或所谓"内在理路"说,因其并非从作为思想学术创造主体的思想家、学者的主观能动作用立论,故而亦是一种"外缘"性的解释。从历史唯物主义的观点而言,在事物的形成和发展过程中,内因是事物存在的基础,也是事物发生、发展的源泉和动力,规定着事物运动和发展的基本趋势。以此而言,一代学术思想的形成,外缘的因素固然重要,但思想家、学者的思想进路、价值追求,更是不容忽视的重要因素。一般地说,人文学者之为学,或多或少与其对生命的体悟、人生遭际和命运有所联系,而与社会科学所强调的"精确性"和价值中立尚有歧异。所以,从学人的思想进路、价值追求入手观察清代学术思想的发展变迁,或许是一个具有探索价值的视角。有鉴于此,我们认为,清代学术思想乃"外缘"和"内缘"双重因素共同作用而致;对其成因与特征的解释,需要在已有的"外缘"解释基础上,深入抉发"内缘"因素,方能构建一个自足的解释系统。

二 "通经明道"的为学宗旨

乾嘉学人的学术主张、治学专长容或有异,但以经史考证为致力所在则为一时主流学术思潮。究竟是一种什么力量促使当时学人群趋于此种学术取向?显然非文字狱威迫之单一外因所能解释。欲深探其因,则其时学人所秉持的价值和信念,应为不可忽视的重要因素。

长期以来,学者每诟病于清学专事偏枯之考证,而缺失义理思想之阐发,更无信念和价值之支撑,平情而论,未免偏颇。事实上,在乾嘉学者考证学的背后实蕴藏着一套信仰和价值系统,即对儒学道统的关怀。然而究竟在什么确定的意义上,才能肯定清代学人以道统为中心关怀?我们可从历史

---

① 钱穆:《中国近三百年学术史·自序》(上册),商务印书馆1997年版,第1页。
② 钱穆:《清儒学案序目·序》,《中国学术思想史论丛》(八),九州出版社2011年版,第544—545页。

和逻辑两方面进行考察。以历史的观点，检视自清初至乾嘉时期学人的为学实践不难发现，对"圣人之道"的追寻及对儒家道统赓续的关怀，实为他们致力于经史考证的根本动力，也是其信念的最后归宿。以逻辑的观点，学术思想固然具有时代性特征，但也有其承传演绎的内在逻辑，钱穆先生所谓"不识宋学，即无以识近代也"①，即视宋学与清学为前后相承之关系。然而学术界多有学者将宋明理学与清代考据学作对立观，则无疑割断了学术思想发展的内在逻辑。事实上，在宋学与清学之间，始终有一个系统将二者统贯起来，这就是以道自任的终极关怀。所以钱穆先生说："理学道统之说，既不足餍真儒而服豪杰，于是聪明才智旁进横轶，群凑于经籍考订之途。而宋明以来相传八百年理学道统，其精光浩气，仍自不可掩，一时学人终亦不忍舍置而不道。故当乾嘉考据极盛之际，而理学旧公案之讨究亦复起。"②

清代考据学自清初遗民学人发皇，迄于乾嘉而蔚为大观，乃乾嘉与近代学人之共识。诚然，自明中叶以降即有一股以杨慎、陈第等为代表的考据学伏流，在阳明心学主潮下潜滋暗长，至清初而愈益显豁，但乾嘉考据学的"典范"实为顾炎武所开创，所以乾嘉学人多推尊顾炎武为"清学之开山"。要而言之，顾炎武之于乾嘉考据学的开山之功，至少表现为如下诸端：首先，标举出"经学即理学"（全祖望概括语）这一对清学具有深远影响的命题，并在此一题旨下为乾嘉考据学奠定了方法论基础，即："读九经自考文始，考文自知音始。"③ 其次，擘画出乾嘉考据学基本的治学范围，顾氏之后，文字、音韵、训诂、名物、典制等遂成为乾嘉学人究心之所在；最后也是最重要的是，为考据学确立了"明道救世"的为学宗旨。钱穆先生尝揭示道："治音韵为通经之钥，而通经为明道之资。明道即所以救世。亭林之意如是。乾嘉考证学，即本此推衍，以考文、知音之工夫治经，即以治经工夫为明道，诚可谓得亭林宗传。"④ 此论可谓深得清学三昧。

作为一种治学方法，考据学由来已久，但作为一种"通经明道"的手

---

① 钱穆：《中国近三百年学术史》（上册），商务印书馆1997年版，第1页。
② 钱穆：《清儒学案序目·序》，《中国学术思想史论丛》（八），九州出版社2011年版，第544—545页。
③ 顾炎武：《亭林文集》卷4《答李子德书》，《顾亭林诗文集》，中华书局1959年版，第73页。
④ 钱穆：《中国近三百年学术史》（上册），商务印书馆1997年版，第148页。

段，则为乾嘉学人所最重，而以训诂考据为"通经明道之钥"则实启自清初大儒顾炎武。顾氏为学以"明道救世"为鹄的，他倡言："君子之为学，以明道也，以救世也。"① 其语境中之"道"，常常被表述为"儒家之道"或"圣人之道"；所谓"救世"，乃较之"救国"更进一层的"保天下"。缘此以与其"保国"乃"肉食者谋之""保天下"为"匹夫之贱与有责焉"的话参互以求，则知其所谓"道""世""天下"，实乃"文化"的同一指喻。顾炎武亲历明清易代，有国破家亡之痛，遂终身不仕清廷，以遗民自居。明亡之初，他以"治统"为怀，举义抗清；待到复明无望，转而以"道统"为归依，以复兴和延续"儒家之道"为己任。与顾炎武同时的遗民学人，就对清学的影响而言，较之顾氏或有不及，然以"儒家之道"自任并无二致。黄宗羲认为，明亡后"天地之所以不毁，名教之所以仅存者，多在亡国人物"②。所以他说："遗民者，天地之元气也。"③ 王夫之以"六经责我开生面"④自期，"孤行而无所待"以"保其道"⑤。费密则作《弘道书》以明其志。明遗民的"任道"之笃，从遗民陆世仪的言说或可见一斑："学道贵能自任，盖既自任，则便有一条担子，轻易脱卸不得。"⑥ 黄宗羲甚至以"医国手"自期，"视天下事以为数著可了，断头穴胸，是吾人分内事"⑦。而与"医国"在同一语境下的"保天下""存天下"，则被遗民学人视为当仁不让之责。王猷定为《广宋遗民录》作序，借"论宋"而自道："古帝王相传之天下，至宋而亡，存宋者，遗民也。"⑧ 屈大均循王氏之意直言："嗟夫，逸民者，一布衣之人，曷能存宋？盖以其所持者道，道存则天

---

① 顾炎武：《亭林文集》卷4《与人书二十五》，《顾亭林诗文集》，中华书局1959年版，第98页。
② 黄宗羲：《南雷诗文集·万履安先生诗序》，《黄宗羲全集》第10册，浙江古籍出版社2005年版，第49页。
③ 黄宗羲：《南雷诗文集·谢时符先生墓志铭》，《黄宗羲全集》第10册，浙江古籍出版社2005年版，第422页。
④ 王夫之：《姜斋诗余·鼓棹初集·鹧鸪天》"注"，《王船山诗文集》（下册），中华书局1962年版，第546页。
⑤ 王夫之：《读通鉴论》卷15《文帝》（中册），中华书局2013年版，第441页。
⑥ 陆世仪：《陆桴亭思辨录辑要》卷1第1册，中华书局1985年版，第9页。
⑦ 黄宗羲：《南雷诗文集·陆文虎先生墓志铭》，《黄宗羲全集》第10册，浙江古籍出版社2005年版，第349页。
⑧ 王猷定：《四照堂文集》卷1《广宋遗民录序》，《四库未收书辑刊》第5辑，北京出版社2000年影印本，第27册，第166页上栏。

下与存。"① 如此言说，与顾炎武所倡言显属同一思路。

学术流变，后海先河。清代考据学自清初发皇，中经阎若璩、胡渭发扬光大，至乾嘉而蔚为大观。其间血脉相贯的不仅有顾炎武所倡"读九经自考文始，考文自知音始"的考经证史方法、"治经复汉"的典范确立，更有"通经明道"的为学宗旨。乾嘉学人不管师出何门、分属何派，也不管学术专长何在，其考经证史的背后，实蕴含着一套以"明道"为指归的"信仰和价值系统"。就乾嘉时期被尊为"汉学领袖"的戴震而言，他自17岁即有志闻道，其后更以"君子务在闻道"② 为终极追求。《原善》《绪言》《孟子字义疏证》等"义理之作"，即戴震"闻道"追求的学术实践，亦是其"凡学始乎离词，中乎辨言，终乎闻道"③ 学术主张的具体化。与戴震"通经以明道"的学术取径不同，章学诚则属于"以文史明道"。身处乾嘉经学训诂以明道的主流学术氛围中，章氏无疑是一个孤独的求道者，然其《校雠通义》首章，即以《原道》开宗明义，以示"著录先明大道"之旨；其《文史通义》亦在"求古人大体"之"道"，在他看来，"史学不明，经师即伏、孔实薄，只是得半之道。《通义》所争，但求古人大体，初不知有经史门户之见也"④。尽管戴、章分属乾嘉时期之经学"训诂明道"和"以史明道"两大阵营，且章氏本不以考据学见长，反以文史明道而与戴震通经明道相抗，但二者正可分别代表其时考经证史以"明道"为归趣的学术总趋向。不过，乾嘉时期考据史家更主流的观念则是"经""史"同为明道之具，钱大昕即力主经史并重，而对宋明以来学者所持的"经精而史粗""经正而史杂"观念大为不满，认为"经与史岂有二学哉！"并强调：《尚书》《春秋》"实为史家之权舆"，《史记》《汉书》"其文与六经并传而不愧"⑤。即或与汉学考证相对峙而以义理解经的桐城派，亦好述"因文见道"之言，

---

① 屈大均：《翁山文抄》卷8《书逸民传后》，《屈大均全集》（三），人民文学出版社1996年版，第394页。
② 《戴震集》文集卷9《答郑丈用牧书》，上海古籍出版社2009年版，第186页。
③ 《戴震集》文集卷11《沈学子文集序》，上海古籍出版社2009年版，第210页。
④ 章学诚：《上朱中堂世叔》，《章学诚遗书》，文物出版社1985年版，第315页下栏。
⑤ 赵翼著，王树民校证：《廿二史札记校证》附录二《钱大昕序》，中华书局1984年版，第885—886页。

"以孔、孟、韩、欧、程、朱以来之道统自任,而与当时所谓汉学者互相轻"①。胡培翚更论经、史、文之于"明道"的关系曰:

> 夫经者,制行之准,然非寻章摘句之谓,必体验乎圣贤修己治人之道,以淑身心,而求为约,先求为博。史者,经世之资,然非一知半解之谓,必参究乎古今因革损益之宜,以裕猷为,而识其大,勿识其小。至文也者,本经史所得,发为词章,达则润色鸿业,穷亦修辞明道,岂区区以帖括争能哉!②

要之,以求道为终极追求,实乃自明遗民至乾嘉学人一脉相承的价值信念。

清代学人何以汲汲于"道"的追寻?从一般意义上来说,无疑源于"道"实为儒者一种超越性的关怀、安身立命之所在。儒家创始人孔子一生即以弘道为己任,"志于道,据于德,依于仁,游于艺"(《论语·述而》),把心之向道置于首位;以为"君子谋道不谋食""忧道不忧贫"(《卫灵公》),甚至"守死善道"(《泰伯》)、"朝闻道,夕死可矣"(《里仁》),把闻道视为超越生死的大事。可见在传统儒学中,"道"作为存在的最高根据,总给人一种终极意义上的满足。是故"造次必于是,颠沛必于是"(《里仁》)。

相对于"道","道统"为一晚出观念。自唐代韩愈首创道统论,建构出儒学圣圣相传的道统谱系,经宋代程朱理学家推波助澜,道统观念遂在儒家士大夫心目中根深蒂固。自此以往,"以身担道"便成儒者义不容辞之责。宋明儒者,无论程朱抑或陆王,学术主张虽异,而以道统传人自任之意趣则同。他们都自信其学独得孔孟真传、"六经"真义,即或力主"心即理"的陆九渊,攻评朱子时,亦以"学不见道,枉费精神"③为言,认为

---

① 梁启超:《清代学术概论》,朱维铮校订,中华书局2011年版,第102页。
② 胡培翚:《研六室文抄补遗·惜阴书院别诸生文》,《绩溪胡氏丛书》本,清光绪四年世泽楼重刻本,第1页 b—第2页 a。
③ 《陆九渊集》卷34《语录上》,中华书局1980年版,第414页。

"晦翁之学，自谓一贯，但其见道不明，终不足以一贯耳"①。在宋明儒学史上，程朱与陆王之间久争不决、相持不下者，形式上是"道问学""尊德性"之争，实则乃二者究竟谁更"得道"而已。

明清易代，满洲贵族入主中原，身处"异朝"的明遗民学人，更视儒家之道为其灵魂的安顿之所，尤其是当治统已被"夷狄""窃去"，以孟子所谓"天下溺，援之以道"（《孟子·离娄上》）的儒者情怀道济天下，更是遗民们"苟活"于世的价值意义之所在。在儒学传统里，"道"不仅是恢复世界秩序的凭依，也因其疏离于治统的超越性而有可能成为"师儒"据以抵抗"异族"政权的文化武器。遗民们相信道统可以不随治统的转移而转移，如陆世仪认为：

道乃天下后世公共之物，不以兴废存亡而有异也。②

王夫之亦强调：

天下无道，吾有其道；道其所道，而与天下无与。然而道之不可废也，不息于冥，亦不待冥而始决也。③

但是，清初统治者为建构其统治的合法性，不仅一再宣示其"得统之正"，更刻意在文化上将自己形塑成汉文化的正统传承者，以建构其道统的合法性。以清圣祖确立程朱理学为官方意识形态为标志，清廷完成了其道统合法性的建构。在传统儒学的道统谱系里，孔子以前的传道者"德""位"兼有，孔子而后，传道的事业则专属"有德无位"的"师儒"，道统与治统遂分为两橛。但是，清圣祖却合二为一并统摄于"有位"之君主，这不仅在一般意义上统摄了先秦以来以道自任的"士"所拥有的批判权和义理上的合理性，对于身处新朝、持不合作态度的汉族士人更是釜底

---

① 《陆九渊集》卷34《语录上》，中华书局1980年版，第419页。
② 陆世仪：《陆桴亭思辨录辑要》卷20第3册，中华书局1985年版，第205页。
③ 王夫之：《读通鉴论》卷16《东昏侯》（中册），中华书局2013年版，第488页。

抽薪。于是，与清廷争夺道统解释权和拥有权便成为汉族士人的一项学术文化使命。前揭陆世仪、王夫之关于道统不依治统而立的言说，即显为争道统而发。

乾嘉之世，其时儒者固然未有易代的家国之痛，清廷作为"异族"统治者的治统和道统合法性也得到了一些汉族士人的认同，但对以道自任的儒家士大夫来说，不仅对"异族"文化从来都心存戒备，甚至拒斥，而且对文化上的"以夷变夏"更绝无回旋的余地。然鉴于当时文网的威逼，学人的民族意识，只能以"隐语曲言"或借评骘史事而隐晦表达。而考据学家对宋明理学的群攻，虽多以理学"杂入释老""异学害道"为立论基础，但程朱理学毕竟是官方意识形态，所以反程朱即意味着与清廷争夺道统的权威。学者们的研究业已揭明，被奉为乾嘉考据学领袖的戴震，其考据乃以明道为究极，以义理为归趋，动机和目的在于以"自得之义理"取代宋儒义理而建立一种新"道统"。[①] 而面对种种困境，士大夫们不得不寻求新的转向，在对儒家经典的考据和训诂中寻求新的道统立足点和精神归依。

总之，自先秦原始儒家以来，"弘道"的观念即成为儒学发展历程中一脉相承的精神纽带，而唐宋以降，道统意识的成长则为学术思想一以贯之的内在生命。尽管不同时代的儒者有关"道"之内涵的体认，以及"体道"的"从入之途"，各有异趣，但以"求道""弘道"和"行道"为终极追求，则是儒学内部一个永恒的主题，而且制度化为"孔庙从祀"之制，抽象化为一个普遍的学术命题，内化为儒家士大夫的价值信念。

三 "道在六经"的价值预设

乾嘉学人的"明道"诉求何以要凭借考经证史的考证学来实现？这是因为他们共有一个基本的价值预设，即三代以上的"圣人之道"载于六经。戴震曾强调："经之至者道也。"[②]"六经者，道义之宗而神明之府也。"[③] 焦

[①] 参见孔定芳《论戴震学术思想之三期变化》，《哲学研究》2014年第1期。
[②] 《戴震集》文集卷9《与是仲明论学书》，上海古籍出版社2009年版，第183页。
[③] 《戴震集》文集卷10《古经解钩沉序》，上海古籍出版社2009年版，第191页。

循认为，"先王之道，载在六经"①。阮元亦主张："圣贤之道存于经。"② 史学家亦作如是观，钱大昕认为"夫六经皆以明道"③，"夫六经定于至圣，舍经则无以为学；学道要于好古，蔑古则无以见道"④。王鸣盛亦认为"经以明道，而求道者不必空执义理以求之也"⑤。由此可见，"六经为载道之书""圣人之经即圣人之道"洵为乾嘉诸大师之共识，同时也进一步佐证了乾嘉学者的求道之笃。

当然，如所周知，倡言"六经皆史"的章学诚虽主"由文史以明道"，但其"六经皆史"命题中逻辑地寓含着"经为载道之具"的意涵，只是他认为六经不足以尽之而已。因为在他看来，"夫道备于六经，义蕴之匿于前者，章句训诂足以发明之；事变之出于后者，六经不能言，固贵约六经之旨，而随时撰述，以究大道也"⑥。"经师即伏、孔实薄，只是得半之道"，即其六经不足尽道之说的绝好注脚；而且尽管文史校雠之学在晚清成为显学，但在乾嘉时代章氏之说究属异类，而不为时流认同，所以其《原道》篇初出，一时学人斥之为"陈腐取憎"⑦。章氏自己亦说："学诚从事于文史校雠，盖将有所发明。然辩论之间，颇乖时人好恶，故不欲多为人知"⑧；"仆之所学，自一二知己外，一时通人，未有齿仆于人数者。"⑨ 可见其时经学考证与文史校雠显晦之鲜明。大体而言，"道在六经"乃乾嘉学人的主流共识，章学诚"文史不在道外"不过空谷足音而已。

有别于章学诚，同样以史学鸣世的王鸣盛不仅认同"经以明道"的基

---

① 焦循：《孟子正义》卷14《离娄章句上》，中华书局1987年版，第474页。
② 阮元：《揅经室二集》卷7《西湖诂经精舍记》，《揅经室集》（上册），邓经元点校，中华书局2006年版，第547页。
③ 钱大昕：《潜研堂文集》卷33《与晦之论尔雅书》，《潜研堂集》（上册），吕友仁校点，上海古籍出版社2009年版，第605页。
④ 钱大昕：《潜研堂文集》卷24《经籍籑诂序》，《潜研堂集》（上册），上海古籍出版社2009年版，第393—394页。
⑤ 王鸣盛：《十七史商榷·序》，黄曙辉点校，上海书店出版社2005年版，第1页。
⑥ 章学诚：《文史通义》卷2《原道下》，《章学诚遗书》，文物出版社1985年版，第12页上、中栏。
⑦ 章学诚：《文史通义》卷2《原道下》邵晋涵跋语，《章学诚遗书》，文物出版社1985年版，第12页下栏。
⑧ 章学诚：《上钱辛楣宫詹书》，《章学诚遗书》，文物出版社1985年版，第332页中栏。
⑨ 章学诚：《章学诚遗书佚篇·答邵二云书》，《章学诚遗书》，文物出版社1985年版，第646页。

本共识，而且认为经与史"小异而大同"。以"同"而言，"经以明道，而求道者不必空执义理以求之也，但当正文字，辨音读，释训诂，通传注，则义理自见而道在其中矣……读史者不必以议论求法戒，而但当考其典制之实；不必以褒贬为与夺，而但当考其事迹之实，亦犹是也，故曰同也"。以"异"而论，"治经断不敢驳经，而史则虽子长、孟坚，苟有所失，无妨箴而贬之，此其异也。抑治经岂特不敢驳经而已，经文艰奥难通，若于古传注，凭己意择取融贯，犹未免于僭越，但当墨守汉人家法，定从一师而不敢佗徙。至于史则于正文有失，尚加箴贬，何论裴骃、颜师古一辈乎？其当择善而从，无庸偏徇，固不待言矣，故曰异也"。王氏经史兼治而尤以史学见长，自谓"束发好谈史学，将壮，辍史而治经，经既竣，乃重理史业"[①]，因此其"经史小异而大同"实为有得之见。

因为"道"载之六经，故"明道"必赖"通经"，"通经明道"遂成为其时学人所共奉的为学宗旨。在经学史的发展历程中，"通经"无外乎"义理"与"考据"二途，缘此而有经学流派的分野。今文经学尚义理，古文经学重考据。迄于乾嘉，又有宋学与汉学的分际，大抵宋学偏重经典义理的阐发，汉学偏重经典文本的考据，义理与考据，本为两种不同的治经"从入之途"。全祖望调停朱陆之争，曾有言曰："斯盖其从入之途，各有所重，至于圣学之全，则未尝得其一而遗其一也。"[②] 全氏此番评价朱、陆的话移用于观察理学和考据学也很适合。虽然程朱理学家以义理为尚，然"道在六经"亦为其所持之信仰，且因主穷理致知而终不废经典的依据，即或倡言"六经注我"[③] 的陆九渊也称其儒家义理得之于《孟子》，而且理学家亦认为其体认到的孔孟之道符合儒家经典的真义。但是，入清以后，自明遗民学人迄于乾嘉学人，无不攻诋宋明理学为"空谈心性""异学害道"，由此而兴起一股批判理学思潮。既然宋儒和清儒皆以求道为究极，且义理与考据皆为求道的"从入之途"，何以义理求道的宋儒不能见容于考据求道的清儒？究其缘由，在清儒的学术视野下，认为宋儒以谈心论性、离经言道为"从入之

---

① 王鸣盛：《十七史商榷·序》，黄曙辉点校，上海书店出版社2005年版，第1—2页。
② 全祖望：《鲒埼亭集外编》卷14《淳熙四先生祠堂碑文》，朱铸禹汇校集注《全祖望集汇校集注》，上海古籍出版社2000年版，第1003页。
③ 《陆九渊集》卷34《语录上》，中华书局1980年版，第399页。

途",其所求之道,与六经所载的圣人之道颇有轩轾。

学术流变,与时消息。因所处历史时代不同,宋儒和清儒遂各有其所面临的时代理论课题。宋代儒学必须应对的主要挑战来自释、道,所以当时的理学家不仅需要建构一个儒家的道统谱系以抗衡佛教的"法统",而且需要吸取释、道的理论思辨去建构一个本体论的"理"(即"道")的理论体系,以使儒学在与释、道的较量中获得理论上的合法性。如朱熹所谓"理"即"得之于天而具于心"的"别为一物"①,具有明显的超越性。程颢称:"吾学虽有所受,天理二字却是自家体贴出来。"② 陆九渊言:"韩退之言:'轲死不得其传。'固不敢诬后世无贤者,然直是至伊洛诸公,得千载不传之学。"③ 这些皆为宋儒离经言道之明证。而清儒则处于明清易代的特殊时势下,最大的挑战不是旧的释、道,而是新的"以夷变夏"的"异族",这在明遗民学人那里尤其明显。乾嘉学人或已不似清初遗老对"异族"文化那样心存危机,但对民族文化纯洁性的要求则未尝稍减,所以他们对于宋儒"杂入释、老"之口诛笔伐,不假辞色,毫不逊于清初诸儒。

在"道在六经"的观念下,要探寻、保存和延续纯洁的儒家文化,以免为"异族"文化所杂染,则通过文字、音韵和名物制度的训诂考据,以溯及和挺立载之六经的"圣人之道",尤有其必要。因为六经乃由古代的语言文字所构成,而古文字音韵随时而变,不识古音则不能通经。顾炎武对此深有会心,指出:"三百五篇,古人之音书也……自秦、汉之文,其音已渐戾于古,至东京益甚……于是今音行而古音亡,为音学之一变。下及唐时,以诗赋取士,其书一以陆法言《切韵》为准……于是宋韵行而唐韵亡,为音学之再变。"④ 有鉴于此,他遂强调"读九经自考文始,考文字知音始"的治经方法。乾嘉诸儒治经重训诂考据,即以此为滥觞,而后来戴震将此方法论发挥到极致。戴震认为:"经之至者道也,所以明道者其词也,所以成词者字也。由字以通其词,由词以通其道,必有渐。"⑤ 经由自清初以来学

---

① 黎靖德编:《朱子语类》(第7册)卷98《张子之书一》,中华书局1986年版,第2514页。
② 《河南程氏外书》卷12,《二程集》(上册),王孝鱼点校,中华书局2004年版,第424页。
③ 《陆九渊集》卷35《语录下》,中华书局1980年版,第436页。
④ 顾炎武:《音学五书叙》,《音学五书》,中华书局1982年版,第2—3页。
⑤ 《戴震集》文集卷9《与是仲明论学书》,上海古籍出版社2009年版,第183页。

人的大力倡导,"训诂以明道"遂成乾嘉学人之共识,唱为同调者,所在多有。阮元被视为考据学之殿军,其学术思想已初现汉宋兼采端倪,主张"崇宋学之性道,而以汉儒经义实之",然而他仍认为:"圣人之道,譬若宫墙,文字训诂,其门迳也。门迳苟误,跬步皆歧,安能升堂入室乎?学人求道太高,卑视章句,譬犹天际之翔,出于丰屋之上,高则高矣,户奥之间未实窥也。或者但求名物,不论圣道,又若终年寝馈于门庑之间,无复知有堂室矣。"① 可见他并非认为圣道可以舍训诂而得,而是主张"圣贤之道存于经,经非诂不明"②。他进而强调:"圣贤之言,不但深远者非训诂不明,即浅近者亦非训诂不明也。就圣贤之言而训之,或有误焉,圣贤之道亦误矣"③;"舍经而文,其文无质;舍诂求经,其经不实。为文者尚不可以昧经诂,况圣贤之道乎!"④ 阮元的信念依然是:欲求圣贤之道或经书义理,必从文字、音韵、训诂入手,舍此别无他途。乾嘉时期,不独治经者以考据为尚,治史者亦然。钱大昕、王鸣盛等史家即承经学家惠栋、戴震之绪,主张通过训诂考订史籍以阐明史学的义理。钱大昕认为:"有文字而后有诂训,有诂训而后有义理。训诂者,义理之所由出,非别有义理出乎训诂之外者也。"⑤ 进而强调:"夫六经皆以明道,未有不通训诂而能知道者!"⑥ 尚征实而黜议论,流风所被,遂为一时潮流。清儒此种"训诂明道"的治学方法,与宋儒形成鲜明反差。如宋儒程颐即视训诂为"趋道"之障,他说:"今之学者有三弊:一溺于文章,二牵于训诂,三惑于异端。苟无此三者,则将何归?

---

① 阮元:《揅经室一集》卷2《拟国史儒林传序》,《揅经室集》(上册),邓经元点校,中华书局2006年版,第37—38页。
② 阮元:《揅经室二集》卷7《西湖诂经精舍记》,《揅经室集》(上册),邓经元点校,中华书局2006年版,第547页。
③ 阮元:《揅经室一集》卷2《论语一贯说》,《揅经室集》(上册),邓经元点校,中华书局2006年版,第53页。
④ 阮元:《揅经室二集》卷7《西湖诂经精舍记》,《揅经室集》(上册),邓经元点校,中华书局2006年版,第548页。
⑤ 钱大昕:《潜研堂文集》卷24《经籍籑诂序》,《潜研堂集》(上册),上海古籍出版社2009年版,第392—393页。
⑥ 钱大昕:《潜研堂文集》卷33《与晦之论尔雅书》,《潜研堂集》(上册),上海古籍出版社2009年版,第605页。

必趋于道矣。"所以他认为:"欲趋道,舍儒者之学不可。"① 职是之故,清儒遂不以宋儒离经言道能得圣道之真。

乾嘉学人"道在六经"的基本假设,蕴含着一个内在的理论逻辑,那就是圣道之真建基于六经本义之上。但是,儒家经典在漫长的传承和诠释过程中,因各种"糟粕六经"行为而出现淆乱,这无疑是以"求道"为终极价值的学术工作所必须要解决的一大问题。

经学之乱,在唐宋以下尤烈,特别是宋儒,其疑经、改经、删经、补经,以及以己意说经,成一时风气,而尤为清人所不满。钱大昕引宋儒王应麟之言曰:

> 自汉儒至于庆历间,谈经者守训诂而不凿。《七经小传》出,而稍尚新奇矣。至《三经义》行,视汉儒之学如土埂。

并申论道:

> 宋初儒者,皆遵守古训,不敢妄作聪明……其后王安石以意说经,诋毁先儒,略无忌惮。而轻薄之徒,闻风效尤,竞为诡异之解。②

既然唐宋以下之经注不可从,而汉"去古未远",其训诂较能得六经之真,所以乾嘉经学以"治经复汉"为旨归,遂情有必至。惠栋曾自谓:"自先曾王父朴庵公以古义训子弟,至栋四世,咸通汉学,以汉犹近古,去圣未远故也。"③ 钱大昕说:

> 穷经者必通训诂,训诂明而后知义理之趣。后儒不知训诂,欲以向

---

① 程颐:《伊川先生语四》,《河南程氏遗书》卷18,《二程集》(上册),中华书局2004年版,第187页。
② 钱大昕:《十驾斋养新录》卷18《宋儒经学》,陈文和、孙显军校点,江苏古籍出版社2000年版,第385页。
③ 惠栋:《松崖文抄》卷1《上制军尹元长先生书》,刘世珩辑《聚学轩丛书》(上册),广陵书社2009年影印本,第479页中栏。

壁虚造之说求义理所在，夫是以支离而失其宗。汉之经师，其训诂皆有家法，以其去圣人未远。魏晋而降，儒生好异求新，注解日多，而经益晦。①

江藩是第一位系统总结清学的乾嘉学者，其《国朝汉学师承记》所持也是"治经复汉"的观念：

> 秦并天下，燔诗书，杀术士，圣人之道坠矣。然士隐山泽岩壁之间者，抱遗经，传口说，不绝于世。汉兴，乃出……自兹以后，专门之学兴，命氏之儒起，六经《五典》，各信师承，嗣守章句，期乎勿失。②

而认为"经术一坏于东、西晋之清谈，再坏于南、北宋之道学，元明以来，此道益晦"③。乾嘉学派的殿军阮元也认为：

> 后儒说经，每不如前儒说经之确。何者？前儒去古未远，得其真也。故孔、贾虽深于经疏，要不若毛、郑说经之确；毛、郑纵深于《诗》《礼》，更不若游、夏之亲见闻于圣人矣。

所以他主张复兴"古学"："《易》《书》《诗》皆有古学。古学者何？商周之卿大夫、鲁邹之诸圣贤、秦汉之诸儒是也。"④ 阮元之为学实践，正是循着由宋而唐而汉的路数不断上溯的。

从实质而言，"治经复汉"是一种回归元典的工作。诚如戴震所言："以六经、孔、孟之恉，还之六经、孔、孟，以程、朱之恉还之程、朱，以陆、王、佛氏之恉还之陆、王、佛氏。俾陆、王不得冒程、朱，释氏不得冒

---

① 钱大昕：《潜研堂文集》卷24《左氏传古注辑存序》，《潜研堂集》（上册），上海古籍出版社2009年版，第387页。
② 江藩：《国朝汉学师承记》卷1，中华书局1983年版，第3页。
③ 同上书，第5—6页。
④ 阮元：《小沧浪笔谈》卷4，中华书局1985年版，第123页。

孔、孟。"① 可见乾嘉经学之以汉学为蕲向，旨在回归儒家元典，而其最终目标则在求圣道之真。

四 "究明大道"的学术实践

本于考经证史以明道的学术宗旨，乾嘉学人在探寻圣人之道的过程中，其治学领域或各有擅长，学术成绩或各有高下，但以"究明大道"为治学的最后旨归则具有共性。为达成这一最高目标，乾嘉学人分途以进而同归于"道"。此一特征，由其学术实践更为清晰地展现出来。

首先，通过经典文献的整理和考辨以恢复原始儒学和圣人之道的本来面貌。从逻辑上而言，要探求圣道之真，首要的工作是进行经典的净化，亦即判定经典的真伪；在此基础上，考文知音的"训诂明道"才有其必要。所以明清之际学人多以经书的辨伪为重心，而乾嘉学人则以考文知音为究心所在。自清初以迄乾嘉，其时学人在经典辨伪与整理方面成绩颇丰，其中关于《古文尚书》真伪的考辨即一显例。阎若璩在《尚书古文疏证》中罗列出128条证据，从文字、音韵、典制、地理、历法和史实等方面，对《古文尚书》之来源，梅赜所献与孔安国作传之《古文尚书》篇数、篇名之异，梅赜所献《古文尚书》与孔传和《今文尚书》之凿枘难通等，条分缕析，疏通证明。前修未密，后出转精。阎若璩而后惠栋继续考辨而成《古文尚书考》，其举证较阎氏更为严密。王鸣盛曾说：《古文尚书》之伪"自唐贞观以后，无一人识破，直至近时，太原阎先生若璩、吴郡惠先生栋，始著其说，实足解千古疑团。予小子得而述之，既作《后案》，遂取注、疏、《释文》及《史记》《汉书》等胪列于卷首而辨之，学者从是考焉，可以霍然矣"②。而戴震对《古文尚书》的辨伪尤所致意，其《尚书义考》虽非专门辨伪之作，然于《古文尚书》之伪亦多有考辨，且在考证其他古书时每每涉及《古文尚书》之证伪。

---

① 段玉裁：《戴东原先生年谱》，《戴震集》附录三，上海古籍出版社2009年版，第480页。
② 王鸣盛：《蛾术编》卷4《〈尚书〉古、今文》，顾美华标校，上海书店出版社2012年版，第63—64页。

辨伪固然为学术求真之基，然而清代学人之辨《古文尚书》更有深刻的思想史意义。因为《古文尚书》自唐初修《正义》以来即居经典正统地位，且为宋明理学理论体系的根基。理学家的"人心道心""天理人欲""虞廷传心"之说便建基于其上，而《大禹谟》所谓"人心惟危，道心惟微。惟精惟一，允执厥中"即其所本。缘此程朱遂有"人心""道心"二分之说，并进而以《礼记·乐记》的"天理""人欲"概念来解释"人心"与"道心"。如程颢强调："'人心惟危'，人欲也。'道心惟微'，天理也。'惟精惟一'，所以至之。'允执厥中'，所以行之。"[1] 朱熹虽对《古文尚书》的真实性质疑，但《大禹谟》的"虞廷传心十六字"却被其奉为尧舜相传"心法"，而成其"私立道统"（费密语）的经典依据。王阳明更是笃信"十六字心传"为"尧舜正传""孔氏心印"。但在清儒的考辨下，理学赖以建构其理论基地的经典依据却成了向壁虚构，这无疑是致命一击。作为经典，《古文尚书》成为研究对象，本身即是对其经典地位的动摇，更遑论直接证其为伪了。对《古文尚书》的证伪，实际上也就连带否定了程朱理学的道统论及其在传道谱系中的正统地位。换言之，从思想史的眼光来看，清代学人对经典文献的考辨，形式上属于恢复经典文本的学术事业，而在本质上却是一项净化道统或"道统还原"的工作。

其次，以博实的经典考证来抉发儒家元典的确切含义。这项学术工作在逻辑和义理上的合理性，亦源于求圣道之真的需要。而元典本义的精确阐发有一项必要而基础性的工作，就是通过文字、音韵、训诂的手段，疏释元典中的关键字和关键词。乾嘉学人有关经典关键词的探究，可谓成绩斐然。集考据学之大成的戴震，虽以汉学领袖而为时人所共尊，然其为学的终极目标则在阐发儒家经典之义理而求道，文字、音韵、训诂不过是求道的工具而已。段玉裁曾记戴氏之言曰：

> 六书、九数等事，如轿夫然，所以舁轿中人也。以六书、九数等事尽我，是犹误轿夫为轿中人也。[2]

---

[1] 《河南程氏遗书》卷11《师训》，《二程集》（上册），中华书局2004年版，第126页。
[2] 段玉裁：《戴东原集序》，《戴震集》附录二，上海古籍出版社2009年版，第452页。

可见戴氏绝不以语言文字和"九数"自限,而要做探明"大道"的"轿中人""乘舆之大人"。故中岁以后的戴震以全副精力致力于《绪言》《原善》《孟子字义疏证》等求道之作,尤视《孟子字义疏证》为其平生著述之最大者。而他之所以选择《孟子》进行字义的疏证,乃遵韩愈"求观圣人之道,必自孟子始"[①] 之教。故而段玉裁评价说:"师之隐然以道自任,上接孟子意可见矣。"[②] 凌廷堪也认为:"至于《原善》三篇,《孟子字义疏证》三卷,皆标举古义,以刊正宋儒,所谓由故训而明理义者,盖先生至道之书也。"[③] 可见戴震的终极关怀在"道"。不过,同为求道,戴氏的"从入之途"却绝不类于宋儒的离经言道,因为他坚信儒家经典之义理或"道"不能仅凭胸臆凿空而得,而有赖于"故训"。[④] 所以他一生学术思想虽几经变化,而对"由字以通词,由词以通道"的为学路径则谨守不移;其治学虽以求道为究极,然对于作为求道工具的语言文字之考据绝不轻易放过。[⑤]

正因视语言文字如渡江河之舟楫、登高之阶梯,所以他读书"每一字必求其义⋯⋯一字之义,必贯群经、本六书以为定诂"[⑥]。在《孟子字义疏证》一书中,戴震正是借由"一字之义"的确诂来发覆《孟子》的义理,也阐发他自己关于"道"的体认,进而以"自得之义理"展开对宋儒的批判。

与戴震择取程朱理学范畴的关键词不同,阮元则着眼于与圣贤之道最为"实者、近者、庸者"的关键词加以考释。进入其考证视野的,正是"古人最称说之恒言要义"的关键词。其代表性著作如《论语论仁论》《孟子论仁论》《性命古训》《大学格物说》《论语一贯说》等,就"仁""性""敬""顺""格物"等经典常见关键词,穷源竟流,一一考论。之所以斤斤于此,

---

[①] 戴震:《孟子字义疏证序》,《戴震集》,上海古籍出版社2009年版,第264页。
[②] 段玉裁:《经韵楼集》卷7《答程易田丈书》,钟敬华校点,上海古籍出版社2008年版,第183—184页。
[③] 凌廷堪:《校礼堂文集》卷35《戴东原先生事略状》,王文锦点校,中华书局1998年版,第316页。
[④] 详参《戴震集》文集卷11《题惠定宇先生授经图》,上海古籍出版社2009年版,第214页。
[⑤] 段玉裁:《戴东原先生年谱》,《戴震集》附录三,上海古籍出版社2009年版,第455页。
[⑥] 洪榜:《戴先生行状》,载杨应芹、诸伟奇主编《戴震全书》(第7册),黄山书社2010年版,第6页。

乃因在他看来，"古圣人造一字必有一字之本义，本义最精确无弊"①。尽管如此，阮元的学术关怀非止于文字考证，而是建基于此进而抉发经典文献的确切原意和圣人之道的原貌。他曾说："孔子之道，当与实者、近者、庸者论之，则春秋时学问之道显然大明于世而不入于二氏之途。"②可见其文字考证的背后，实蕴含着对经典和圣道纯洁化的价值诉求。

最后，对儒家道统纯洁性的要求，推拓至极势必解构理学道统论的理论体系，并在最终打破程朱理学对道统垄断的同时，建构起一个新儒学道统论的理论系统。经典文献的整理和考辨、元典本义的溯源，固然是儒学道统净化的重要工作，但同样重要的工作则是剔除杂入正统儒学中的释老等"异端"，即凌廷堪所谓"扞御异端，不使侵我六经"③，不使异端"害道"，而宋明理学恰恰是在吸收了释老思辨哲学后建立起来的。尽管无论程朱还是陆王，主观上对释老持有某种自觉的警戒，甚至以"杂于禅"相互攻讦，然而事实上他们皆浸淫于释老，并采用其思辨和思想以建构理学的理论体系。程颢即曾"泛滥于诸家，出入于老、释者几十年，返求诸六经而后得之"④，而朱熹于释氏之说，亦尝师其人、尊其道，至于阳明心学更有"阳明禅"之讥。所以，对于身处"异族"政治统治和文化氛围之下，从而更为看重本民族文化纯洁性的清代学人而言，其视宋明理学为杂入释老的儒学异端，显然有其深意。

顾炎武以"经学即理学"立帜，主张"以经学济理学之穷"而视理学为禅学。他说：

> 理学之名，自宋人始有之。古之所谓理学，经学也，非数十年不能通也。故曰："君子之于《春秋》，没身而已矣。"今之所谓理学，禅学也。不取之五经而但资之语录，校诸帖括之文而尤易也。⑤

---

① 阮元：《揅经室续一集》卷1《释敬》，《揅经室集》（下册），邓经元点校，中华书局2006年版，第1016页。
② 阮元：《揅经室一集》卷8《论语论仁论》，《揅经室集》（上册），邓经元点校，中华书局2006年版，第177页。
③ 凌廷堪：《校礼堂文集》卷16《好恶说下》，中华书局1998年版，第143页。
④ 《河南程氏文集》卷11《明道先生行状》，《二程集》（上册），中华书局2004年版，第638页。
⑤ 顾炎武：《亭林文集》卷3《与施愚山》，《顾亭林诗文集》，中华书局1959年版，第59页。

凌廷堪认为：

> 自宋以来，儒者多剽袭释氏之言之精者，以说吾圣人之遗经。其所谓学，不求之于经，而但求之于理，不求之于故训典章制度，而但求之于心。①

又说：

> 洛、闽之后名为圣学，其实皆禅学也。②

钱大昕则以为东晋之所以"日衰"，乃因"二氏"之盛行，"当时士大夫好尚迂怪"③ 所促成；"魏、晋人言老、庄，清谈也；宋、明人言心性，亦清谈也"④，皆非圣悖道之言。由此可见，乾嘉学人之所以有"治经复汉"的主张，除了汉儒"去古未远"，更能得圣道之真的因素而外，亦因为汉时儒家经典尚未为"二氏"所杂染而更能保有其原貌。阮元在为江藩《国朝汉学师承记》所作序中强调："两汉经学所以当尊行者，为其去圣贤最近，而二氏之说尚未起也……吾固曰：两汉之学纯粹以精者，在二氏未起之前也。"因此他认为，为学只当严守汉儒家法，笃学实证，则"大义微言，不乖不绝，而二氏之说亦不攻自破矣"⑤！乾嘉学人以宋学为"禅障""禅学"的言说，屡见不鲜，以上诸人外，像朱筠、洪亮吉、武亿、洪榜等，皆有"辟二氏"的言论。这表明，在清儒的为学实践中，"辟异端"是其中的一项重要工作。早在清初"辟二氏"就是清算理学运动的重点，乾嘉时期钱大昕的《十驾斋养新录》尚专辟"攻乎异端"条，显见"辟异端"是贯穿清学的一个时代课题。

以汉学领袖戴震而言，其治学既以"志在闻道"为终极目标，则"辟

---

① 凌廷堪：《校礼堂文集》卷35《戴东原先生事略状》，中华书局1998年版，第312页。
② 凌廷堪：《校礼堂文集》卷24《复钱晓征先生书》，中华书局1998年版，第221页。
③ 钱大昕：《十驾斋养新录》卷18《释道俱盛于东晋》，江苏古籍出版社2000年版，第396页。
④ 钱大昕：《十驾斋养新录》卷18《清谈》，江苏古籍出版社2000年版，第393页。
⑤ 江藩：《国朝汉学师承记》卷首，中华书局1983年版，第1页。

异端"以求圣道之真,自是情理中事。毋庸讳言,早年的戴震因尚未形成其关乎"道"的"自得之义理",故持守"尊宋述朱"立场,犹视"义理"与"考据"皆为闻道的"从入之途"。但随着"闻道"的深入,晚年的戴震终于有了"自得之义理"后,则几乎将全副精神贯注于揭批宋儒的援佛入儒、污圣乱道。乾隆二十八年(1763),戴震作《原善》三篇,三年后扩充为《原善》三卷。① 据段玉裁《戴东原先生年谱》乾隆三十一年条记:"盖先生《原善》三篇、《论性》二篇既成,又以宋儒言性、言理、言道、言才、言诚、言明、言权、言仁义礼智、言智仁勇,皆非六经、孔、孟之言,而以异学之言揉之。"所以特作《原善》三卷以"开示","使人知'人欲净尽,天理流行'之语病"。可见戴震之为《原善》,明显是冲着主张"存理灭欲"的程朱理学而发。在《原善》中,戴震通过经典关键词的考释,揭明宋儒之学"皆非六经、孔、孟之言,而以异学之言揉之"的本质,这在此前的著作中是未曾有的,显然是其"自得之义理"已经到手,才敢发此言论。段玉裁曾记戴震之言曰:"作《原善》首篇成,乐不可言,吃饭亦别有甘味。"② 正隐微地透露出戴氏初悟"自得之义理"后的兴奋之情。

《原善》三卷撰成后又三年,戴震"伪病者十数日",实则"非真病,乃发狂,打破宋儒家中《太极图》耳",遂有《绪言》之作。③ 在《绪言》中,戴震就"人伦日用"以论"道",并处处以"宋儒""程子""朱子"为集矢而抨击其"失道"之言。乾隆四十二年(1777),戴震临殁前在《绪言》的基础上,又撰成《孟子字义疏证》。书成,戴震尝致书段玉裁说:

> 仆生平著述,最大者为《孟子字义疏证》一书,此正人心之要。今人无论正邪,尽以意见误名之曰理,而祸斯民,故《疏证》不得不作。④

---

① 段玉裁《戴东原先生年谱》将戴震于乾隆三十一年所作误记为《孟子字义疏证》,钱穆先生考订是年戴氏所作实为《原善》三卷,并考定《原善》三篇和三卷的成书时间分别为乾隆二十八年和三十一年[《中国近三百年学术史》(上册),商务印书馆1997年版,第358—361页]。
② 段玉裁:《戴东原先生年谱》,《戴震集》附录三,上海古籍出版社2009年版,第467、465页。
③ 段玉裁:《经韵楼集》卷7《答程易田丈书》,钟敬华校点,上海古籍出版社2008年版,第184页。
④ 段玉裁:《戴东原先生年谱》,《戴震集》附录三,上海古籍出版社2009年版,第481页。

同年，在致彭绍升函中，戴震亦强调，程朱出入于释氏，以释氏解六经、孔、孟，又以六经、孔、孟解释氏，与陆、王、释氏无异致，鉴于此，故"不得已而有《疏证》之作也"①，希望借此还原六经、孔孟、程朱、陆王、佛氏之真貌，以使彼此不得相混冒。由此不难看出，戴震之作《绪言》《孟子字义疏证》，实是基于"辟异端"以净化儒学道统的诉求。

戴震而外，被时人誉为"一代礼宗"的凌廷堪无疑是以"辟异端"而建构新道统的一员健将。凌廷堪私淑戴震，其学以《仪礼》为究心所在，有《礼经释例》之作。他之所以选择《仪礼》为研究对象，则基于一个根深蒂固的理论："圣人之道，一礼而已矣……礼之外，别无所谓学也。"② 所以他才提出"以礼代理"这一别开生面的主张。这一思想主张也是生发于他"辟异端"的为学实践。遵循乾嘉汉学"由字以通词，由词以通道"的学术路径，凌廷堪通过检视《论语》《大学》等经典，发现"《论语》及《大学》皆未尝有'理'字，徒因释氏以理事为法界，遂援之而成此新义……无端于经文所未有者，尽援释氏以立帜"，而"鄙儒遂误以理学为圣学也"③。又强调：

> 圣人之道，至平且易也。《论语》记孔子之言备矣，但恒言礼，未尝一言及理也……彼释氏者流，言心言性，极于幽深微眇，适成其为贤知之过。圣人之道不如是也。其所以节心者，礼焉尔，不远寻夫天地之先也；其所以节性者，亦礼焉尔，不侈谈夫理气之辨也……圣人之道所以万世不易者，此也；圣人之道所以别于异端者，亦此也。

所以他断言："圣学礼也，不云理也。"④

本于这一理念，凌廷堪遂致力于《仪礼》的研究，试图通过对古代礼制和经典文献的疏证，以抉发元典本义，"扞御异端，不使侵我六经"⑤，最

---

① 《戴震集》文集卷8《答彭进士允初书》，上海古籍出版社2009年版，第168页。
② 凌廷堪：《校礼堂文集》卷4《复礼上》，中华书局1998年版，第27页。
③ 凌廷堪：《校礼堂文集》卷16《好恶说下》，中华书局1998年版，第142页。
④ 凌廷堪：《校礼堂文集》卷4《复礼下》，中华书局1998年版，第31—32页。
⑤ 凌廷堪：《校礼堂文集》卷16《好恶说下》，中华书局1998年版，第143页。

终实现道统还原。在《礼经释例》一书中，凌廷堪从礼的本经《仪礼》入手，考镜源流，条分缕析，分类归纳出通例、饮食之例、宾客之例、射例、变例、祭例、器服之例和杂例等八类仪节，并引据经典，一一疏通证明，从而为其"以礼代理"的学术主张奠定坚实的经典依据和理论基础。在他看来，"所谓道也，即君臣、父子、夫妇、昆弟、朋友，五者天下之达道也"，而"仁义者，礼之质干；礼者，仁义之节文也。夫仁义非物也，必以礼焉为物；仁义无形也，必以礼焉为形"，所以他断言：

> 圣人正心修身，舍礼末由也。故舍礼而言道，则杳渺而不可凭；舍礼而言德，则虚悬而无所薄。民彝物则，非有礼以定其中，而但以心与理衡量之，则贤智或过乎中，愚不肖或不及乎中，而道终于不明不行矣。①

从这些话不难看出，凌廷堪是怎样借由学术研究以解构理学的道统论，并建构其"以礼代理"的新道统论的。

从清初顾炎武的"经学即理学"，到乾嘉时期戴震以"自得之义理""夺朱子之席"，再到凌廷堪的"以礼代理"，其间学术思想的发展流变始终贯穿着一条一脉相承的主线，即通过文字、音韵和典制的训诂考证，以恢复元典之本义与圣道之真，而这种"道统还原"的逻辑结果必然是打破宋儒对道统的垄断，并最终实现一种新道统的建立。为达成建立新道统的目标，除上述几方面之外，清初以降的学统重建运动可视为道统重建的一个重要环节。因为在传统文化里，"道之所存，师之所存"，道在六经，藉师以传，既是一个根深蒂固的观念，也是道统传承的实际情形。阮元即说："儒以六艺教民……道与艺合，兼备师、儒"②，"绝无所谓独得道统之事也"③。所以，清代学者孜孜矻矻为自身学脉定位，辨章学术，考镜源流，学案体著述

---

① 凌廷堪：《校礼堂文集》卷24《复钱晓征先生书》，中华书局1998年版，第221页。
② 阮元：《揅经室一集》卷2《拟国史儒林传序》，《揅经室集》（上册），邓经元点校，中华书局2006年版，第36页。
③ 阮元：《揅经室一集》卷2《曾子十篇注释序》，《揅经室集》（上册），邓经元点校，中华书局2006年版，第46页。

遂踵继而出，而且考证孔子以降的经书授受脉络，凡孔门弟子、秦汉经生、两汉家法师承等，皆细究其流脉传承，成一时风尚。窥其意旨，则在厘清师承、争取正统、延续道统。

乾嘉考据学之形成固然是多元合力共同影响所致，如政治上，清廷"文字狱"的威逼；学术上，宋明以来学术思想内在逻辑的发展，皆为重要造因。然清代学人自明遗民儒者至乾嘉诸儒对于儒家之道的价值认同和信仰，亦是不容忽视的重要内在因缘。正是本于考经证史以明道的学术宗旨，在"道在六经"的价值预设下，一代学人谨守"由字以通词，由词以通道"的为学路径，借由文字、音韵、训诂的考据手段，抉发元典本义，以为求圣道之真提供真实文本，由此而形成传统学术史上以考据学为中坚的清代学术。尽管此一学术取向以今天的眼光来看未免有其时代或思想的局限，但从学术承继、文化脉络传衍的走势而言，则无疑是值得关注的。道光、咸丰以降，内忧外患接踵而至，学风亦应时而变，汉宋兼采成一时风气，但"穷经求道"[①]的为学宗旨则一脉相承而余音不绝。

[①] 朱壬林（1780—1859）在《与顾访溪征君书》中说："窃以为汉学、宋学不宜偏重，夫学以穷经求道，一而已矣。"（《小云庐晚学文稿》卷2，《清代诗文集汇编》第532册，上海古籍出版社2010年版，第694页）

魏源"别开阃域"的公羊学

郑任钊

(中国社会科学院古代史研究所)

摘要：魏源以"为《公羊春秋》别开阃域"为职志，以推动社会变革为目标，对公羊学进行了创造性的发挥。他的"三世"说虽有背于公羊"三世"的传统说法，但其中"拨乱反治"的追求与历史进化的观念却与公羊"三世"说是一致的。他的"三统"说注重制度的"因革损益"，注重对不同制度与文化的吸收，主张学习西方制度。他在夷夏观上提出夷狄不仅可以进于诸夏而且可超越诸夏，更主张不以夷狄视西方。他的"大一统"说没有了"尊王"之义，而是把视野放到了全世界，向往环球一家、万国同风。

关键词：三世 三统 夷夏观 大一统 西学

魏源与龚自珍都是推动清代公羊学说在嘉道年间产生巨大飞跃的功臣。魏源"把公羊学者的兴趣从微言大义的阐发推进到实际政制的兴革"[1] 上来，他以"为《公羊春秋》别开阃域"为职志，以推动社会变革为目标，对公羊学进行了创造性的发挥，从而使公羊学出现了许多前所未有的内容。公羊学家的最可贵之处是与时俱进，他们不是"述而不作"，而是"述而且作"，他们虽然继续围绕经传阐发义理，但并不是一成不变，固守旧说，而是因应时代变化，每有增益，每有创新。

---

[1] 孙春在：《清末的公羊思想》，台湾商务印书馆股份有限公司1985年版，第55页。

魏源师从刘逢禄学公羊学，但与刘逢禄推重何休不同，魏源认为董仲舒的学说才是公羊学的精华所在。他在《董子春秋发微序》中盛赞《春秋繁露》"三科九旨灿然大备，弘通精淼，内圣而外王，蟠天而际地，远在胡母生、何邵公章句之上"，并说"抉经之心，轨圣之权，冒天下之道者，莫如董生"。①

《董子春秋发微》可谓是魏源的公羊学专著，魏源述说自己的写作意图道："《董子春秋发微》七卷，何为而作也？曰：所以发挥《公羊》之微言大谊，而补胡母生《条例》、何邵公《解诂》所未备也。……今以本书为主，而以刘氏《释例》之通论大义近乎董生附诸后，为《公羊春秋》别开阃域，以为后之君子亦将有乐于斯。"② 从篇目来看，《董子春秋发微》一书就是以公羊义例来解说董仲舒之书。相对刘逢禄的《公羊何氏释例》而言，魏源此书其实就是一部《公羊董氏释例》。只不过刘书是以例设篇，而魏书是本《春秋繁露》旧篇来总结诸例。

魏源将清代公羊学的研究重点上溯到董仲舒，与他主张恢复西汉经学，强调西汉经学的正统地位是一致的。《董子春秋发微》里到底是不是如他所标榜的那样都是依董仲舒说来阐发的，因原书已佚，只余序言，所以无法获知。然而，从魏源其他著作中所见之公羊学思想，可以看出魏源的公羊学中，他自己创发的部分实际更多，不仅董仲舒那里找不到，连何休那里也是找不到的。他推重董仲舒，也可能就是为了摆脱何休严密的公羊义例，有利于自己更随心所欲地依据需要而发挥吧。他所说的"为《公羊春秋》别开阃域，以为后之君子亦将有乐于斯"，倒很可能正是他的真实意图之所在。

一 "拨乱反治"的"三世"说

生活在清朝迅速走向衰落、变乱丛生的年代，魏源汲汲于拯救时弊，拨乱反治，强调"文资乎救时"③，主张《春秋》是"拨乱返治"④之书。魏

---

① 《董子春秋发微序》，《魏源集》，中华书局2009年版，第135页。
② 同上。
③ 同上。
④ 同上。

源同龚自珍一样，都是依托公羊学来阐发自己改革现实社会的主张，因此非常重视公羊学中的"变易""改制"的思想。但与龚自珍重视公羊"三世"说不同，魏源似乎对公羊"三世"说有所保留。虽然从《董子春秋发微》目录中可以看到"张三世例"，但在目前留存的魏源文字中，几乎看不到公羊学"据乱""升平""太平"的"三世"说，而只能找到其他形式的"三世"说。

《国朝古文类钞叙》中用了"升平""太平"，却以"治平"取代"据乱"："矧我圣清皡皡二百载，由治平、升平而进于太平，元气长于汉，经术盛于唐，兵力、物力、幅员雄于宋，列圣御制诗文集、康熙《图书》、乾隆《四库》官书尤富轹万古。"① 此篇为代陶澍所作，此言亦纯属歌功颂德，而非公羊学"三世"说本义。

《论老子二》中则借解释老子"无为"提出了"太古""中古""末世"的"三世"说：

> 今夫赤子乳哺时，知识未开，呵禁无用，此太古之无为也；逮长，天真未漓，则无窦以嗜欲，无芽其机智，此中古之无为也；及有过而渐喻之，感悟之，无迫束以决裂，此末世之无为也。②

又说：

> 气化递嬗，如寒暑然。太古之不能不唐、虞、三代，唐、虞、三代之不能不后世，一家高曾祖父，子姓有不能同，故忠质文皆递以救弊，而弊极则将复返其初。③

魏源这里主张，人类社会由"太古"递嬗到"中古"，最后到"弊极"的"末世"，而"弊极则将复返其初"，所以"末世"之后就会又回到"太

---

① 《董子春秋发微序》，《魏源集》，中华书局2009年版，第135页。
② 同上。
③ 同上。

古"，开始新的一轮三世的递嬗。他举例说："夫治始黄帝，成于尧，备于三代，歼于秦；迨汉气运再造，民脱水火，登衽席，亦不啻太古矣。"① 即以黄帝时为"太古"，尧、舜及夏、商、周三代为"中古"，至秦朝则为"末世"，到了汉代，"气运再造"，开始另一历史气运的"太古"。

魏源还进一步明确了汉后"气运"的递嬗："三皇以后，秦以前，一气运焉；汉以后，元以前，一气运焉。"② 他显然有所顾忌而没有继续往下推衍，但文字之后的意思我们完全可以推出，那就是明代以后又是一新"气运"兴起，而当前已然面临"末世"，如不能救弊，则必然会陷于"弊极"，将迎接下一个"太古"治世的到来。

魏源虽然说"太古"至"末世"的递嬗"如寒暑然"，"太古之不能不唐、虞、三代，唐、虞、三代之不能不后世"，说这种递嬗如同自然规律一样，是一种必然，但是他又提出：

"天下之生久矣，一治一乱"；治久习安，安生乐，乐生乱；乱久习患，患生忧，忧生治。……真人逆精以反气，圣人逆情以复性；帝王逆气运以拨乱反治。逆则生，顺则夭矣；逆则圣，顺则狂矣。③

一阴一阳者天之道，而圣人常扶阳以抑阴；一治一乱者天之道，而圣人必拨乱以反正。④

也就是说，这种规律是可以打破的。统治者只要及时改制救弊，拨乱反治，就可以逆转气运，迎来新的生机。否则"气数与人事合并，沉溺而不可救"⑤。《毛诗大序义》里他还提出了"治世""乱世""亡国"的发展模式："治世之音安以乐，其政和；乱世之音怨以怒，其政乖；亡国之音哀以思，其民困。"⑥ 显然，如果不改制救弊，结局只能是亡国，然后新的气运再起。

---

① 《董子春秋发微序》，《魏源集》，中华书局2009年版，第135页。
② 同上。
③ 同上。
④ 同上。
⑤ 同上。
⑥ 《诗古微·毛诗大序义》，《魏源全集》第1册，岳麓书社2005年版，第192页。

魏源还说：

> 虽古之圣王，不能使甲兵之世复还于无甲兵，而但能以甲兵止甲兵也；不能使刑狱之世复还于无刑狱，而但能以刑狱止刑狱也；不能使歌舞之世复还于无歌舞，而但能以歌舞为礼乐也。刑狱甲兵归于歌舞，歌舞归于礼乐，礼乐归于道德，则不肃而严，不怒而威，不侈靡而乐。是以圣王之治，以事功销祸乱，以道德销事功；逆而泯之，不顺而放之，沌沌乎博而圜，豚豚乎莫得其门，是谓反本复始之治。①

拨乱反治，复返其初，不是倒退，不是也不可能回到上古朴陋的世界去，而是以新的制度取代旧的制度，以好的制度取代坏的制度，积极作为，革除弊政，最终返回到依靠道德而少用兵刑、礼乐的治世状态。

魏源这种"三世"说，与主张进化的公羊"三世"说有着明显的差距，倒同龚自珍曾经的那种"治世—衰世—乱世"的退化说有些类似，把带有强烈进化论色彩的"三世"说变成了一种"退化论"，再用一种"循环论"来加以协调，实现由"乱"到"治"的转化。

乍看上去，魏源没能摆脱中国传统政治思想中那种治乱循环的思维。但是这种议论也是有为而发，因为无论龚自珍和魏源都敏锐地感觉到晚清社会发展正处于停滞、倒退的状态，出于一种忧患意识，他们给社会敲响警钟，告诉大家现在社会可能面临的危险，也因此他们的论述不能不带有一种"危言耸听"的性质。而话锋一转，魏源又提出人事可以推动社会由乱到治，强调人的主观能动性在历史发展进程中的作用。并且，这也是对鼓吹社会变革、改变现实最为有用的内容，如果气运一定，人事不可为，对统治者还有什么吸引力呢？

从"太古""中古""末世"的"三世"说中，历史似乎只是由治变乱，再由乱变治，循环往复，不断地"复返其初"。当社会历史发展处于上升阶段，会显现出社会由乱变治的规律；当社会历史发展处于衰落阶段，会显现出社会由治变乱的规律。两千年的中国历史正是在这种一治一乱的循环

---

① 《董子春秋发微序》，《魏源集》，中华书局 2009 年版，第 135 页。

中发展。当然这种循环不是简单的循环，而是递进性的循环。以前的公羊家如何休只讲由乱变治的规律，不讲由治变乱的规律。从一个长的历史时期而言，社会应当是由乱而治上升发展，但从一个较短的历史阶段而言，则并非如此。处在晚清时期的龚自珍、魏源显然并不能照搬何休的"三世"说，而要能提出能解救当时"危局"的新"三世"说。而且，对于公羊"三世"说的精神实质，应该说魏源确是把握到了。一是在他那里，自然界和人类社会时刻处于变化之中："故气化无一息不变者也，其不变者道而已，势则日变而不可复者也。"① 二是人类历史是向前进化的："三代以上，天皆不同今日之天，地皆不同今日之地，人皆不同今日之人，物皆不同今日之物。"②

二 "相嬗相师""因革损益"的"三统"说

魏源在社会历史观上确实秉持一种进化的观点：

> 后世之事，胜于三代者三大端：文帝废肉刑，三代酷而后世仁也；柳子非封建，三代私而后代公也；世族变为贡举，与封建之变为郡县何异？三代用人，世族之弊，贵以袭贵，贱以袭贱，与封建并起于上古，皆不公之大者。虽古人教育有道，其公卿胄子多通六艺，岂能世世皆贤于草野之人？

> 租庸调变而两税，两税变而条编。变古愈尽，便民愈甚。虽圣王复作，必不舍条编而复两税，舍两税而复租庸调也；乡举里选变而门望，门望变而考试，丁庸变而差役，差役变而雇役，虽圣王复作，必不舍科举而复选举，舍雇役而为差役也；丘甲变而府兵，府兵变而𬴂骑，而营伍，虽圣王复作，必不舍营伍而复为屯田为府兵也。……是以忠、质、文异尚，子、丑、寅异建，五帝不袭礼，三王不沿乐，况郡县之世而谈封建，阡陌之世而谈井田，笞杖之世而谈肉刑哉！③

---

① 《董子春秋发微序》，《魏源集》，中华书局 2009 年版，第 135 页。
② 同上。
③ 同上。

魏源认为，数千年来，刑法、国体、赋役、选举、兵制等各种制度都在进步，后世远胜前代。所以在他的叙述里，黄帝时的"太古"俨然是治世，但却不是理想社会。虽然末世气运再起，还会"复返其初"，但只是返回"太古"治世的状态，人类社会其实一直在向前发展。那么这种发展是怎么实现的呢？"忠、质、文异尚，子、丑、寅异建，五帝不袭礼，三王不沿乐"，人类社会正是借由一次次的不断改制，不断变革，实现不断进步。

魏源还提出，数千年间的这些制度变革，实际上孔子在经典中早都做出了安排：

> 穆王《甫刑》……夫子录之于《书》，则知圣人用世，肉刑必当变。匪直此也，《春秋》讥世卿，恶其以贵族妨贤路，则知选举必当变；《春秋》合伯、子、男为一等，使国无过大过小，以杜兼并，则知封建必当变。录《费誓》《秦誓》于篇末，示费将代鲁，秦当代周。①

魏源所说，其实就是公羊学所宣称的孔子为后世立法。只不过传统的公羊家，是说孔子托《春秋》立新王之法以俟后圣，而魏源受刘逢禄以《公羊》统摄群经学风的影响，则认为不唯《春秋》，孔子借《尚书》的编订也在为后世立法。孔子不仅为后世预立制度，魏源居然还说孔子能预知季氏立费、秦代周统一六国之事，则颇显汉儒之风。此种论述方式，在今日看来颇嫌无稽，但在当时，魏源人微言轻，不借孔子之神圣权威很难立论。

魏源试图证明，孔子为后世立法之说，不是一句空话，历史确确实实是按照孔子的设想在改制、在进步。而孔子为后王立法的微言大义就在董仲舒所传的"三统"之义中。魏源又说：

> 至于帝王三统古谊，莫精于董生。……此七十子所口受于夫子微言大谊，传之董生，与《书大传》"舜乃称王而入唐"，与尧、舜独称"曰若稽古"若合符节，明为周初"乃命五史"所书"五帝之盅事"，

---

① 《书古微·甫刑篇发微》，《魏源全集》第 2 册，岳麓书社 2005 年版，第 352—353 页。

皆所谓由百世之后，等百世之王。①

历史在改制中进步，"忠、质、文异尚，子、丑、寅异建，五帝不袭礼，三王不沿乐"，这是公羊学"通三统"说的内容。孔子为后王立法，"等百世之王"，这也是公羊学"通三统"的内容。这些内容对心系"拨乱反治"、欲以"经术为治术"的魏源而言，不啻为"求道而制事"②的最佳资源。因此魏源对公羊学"三统"说有很多的阐述，如说：

> 孔子自卫返鲁，正《礼》《乐》，修《春秋》，据鲁、新周、故殷，运之三代。是以列鲁于《颂》，示东周可为之志焉；次商于鲁，示黜杞、存宋之微权焉；合鲁、商于周，见三统循环之义焉。故曰："我观周道，幽、厉伤之，吾舍鲁何适矣！"又曰："杞不足征也。吾学殷礼，有宋存焉。"圣人之情见乎辞，微董生、太史公书，其孰明之？③

魏源一再强调"三统"说是孔子口传的微言大义，有赖董仲舒而明于后世。这里他虽不言"王鲁"而言"据鲁"，但既以鲁次周，以鲁与商、周并列而称"三统"，则"讬王于鲁以立新王之法"之义已然俱在。魏源还接绪刘逢禄以三《颂》说"三统"：

> 君子读三《颂》而知圣人存三统之谊，非于《商颂》见之，而即于《周颂》见之也；非于《振鹭》《有客》见之，而即于《有瞽》见之也。……虞宾，让之裔也；周宾，胜国之孽也。其让不忘，其胜不惭，嫌疑悉捐而胥于一，帝王之通理也。三统之谊，更相嬗者更相师，故后王之于前王，犹弟子之于先师，有恭让之美，敬其所尊，斯爱其所亲焉。俱为帝皇之裔，同受皇天之胙，德相逮如手授焉，功相及如武接焉。通揖让征诛之变而视犹一致，人之所从，神之所钦，大礼大乐之所

---

① 《书古微·甫刑篇发微》，《魏源全集》第2册，岳麓书社2005年版，第352—353页。
② 《董子春秋发微序》，《魏源集》，中华书局2009年版，第135页。
③ 《诗古微·毛诗大序义》，《魏源全集》第1册，岳麓书社2005年版，第192页。

洽，无不一焉。①

这里魏源主要讲的是"通三统"中"同"的一面。王者"存二王后"，师法之义，恭让之礼，"与己为三"，但终究是要"嫌疑悉捐而胥于一"，归为"一统"。改制不是重起炉灶，而是在尊重旧有传统的基础上进行的，最终追求的是不同的制度与文化融为一炉。

又进而以《风》《雅》说"三统"：

> 董生明《春秋》三统之义者也，曰："今汉继大乱之后，若宜稍损周之文致，用夏之忠者。"是故《禹贡》《小正》二书外，于《诗·笃公刘》，见夏世彻田、军旅、宗法、燕饮、度邑、居民之制；于《七月》，见夏世养民、养老、昏姻、蒐狩、学校、藏冰、力役之制。而《豳》《王》居变《风》之终，明"《诗》亡，而后《春秋》作"，后有王者，救文之弊莫若忠，《豳》者忠之准，而《王》者文之敝也。②
>
> 《七月》，公刘豳国之民风也。③ 其时则夏时，其政则夏政也。王道通三统以建三正，必于三微之月，故曰"一之日""二之日""三之日"，以明三统之义。周正建子，阳气始施黄泉，万物始养根株，微而未著，故言天正者，其数常先。夏正建寅，万物相见，孚达而出，人得加功，故言人正者，其数恒后。先者尚文，则以夜半为朔，凡事皆溯其始。后者尚忠，则以平旦为朔，凡事皆要其成。④

这里魏源主要讲的是"通三统"中"异"的一面。王者受命，各据其统，制定不同的历法、不同的制度、不同的礼乐，各有所尚以救前代之弊。虽然对前代有所继承，但终究是不同的新制度。由此，魏源"三统"说的主题也就出来了：一是注重制度的"因革损益"，二是注重对不同制度与文化的吸收。

---

① 《诗古微·毛诗大序义》，《魏源全集》第1册，岳麓书社2005年版，第192页。
② 同上。
③ "公刘"二字，原书上属为句，不从。
④ 《诗古微·毛诗大序义》，《魏源全集》第1册，岳麓书社2005年版，第192页。

面对清王朝迅速地衰落、西方列强对中国的侵略，魏源心急如焚，他渴望能早日唤醒这昏昏沉沉的社会，及早裁汰那些庸碌无能的官员，革除弊政。他提炼出"通三统"之中"因革损益"的内核：

> 以三代之盛，而殷因于夏礼，周因于殷礼，是以《论语》"监二代"，荀卿"法后王"，而王者必敬前代二王之后，岂非以法制因革损益，固前事之师哉！①
>
> 三代之得天下以仁，其道本无不同，而三统之治若循环者，势之所极，互相为救，不得不然。夫子告子张以夏、殷、周礼，因革损益，百世可知，其祖述宪章可知矣。②

魏源高扬起改制的大旗，他说："天下无数百年不弊之法，无穷极不变之法，无不除弊而能兴利之法，无不易简而能变通之法。"③ 世界在变化，社会在发展，再好的制度如果拘泥守旧，也会导致弊端丛生，必须及时变革，除弊兴利。魏源强调，社会变革是历史大势所趋，"运会所趋，即祖宗亦不能不听其自变"④，任何人都无法阻挡，将矛头直接对准了那些持"祖宗之法不可变"论调的顽固派。

魏源对各种有关制度的变迁、沿革及相关论议非常关注，他编辑《皇朝经世文编》《明代食兵二政录》《圣武记》《海国图志》，莫不如此。在《海国图志》中他更是详细介绍西方各国制度沿革，主张学习西方制度。魏源还引经据典地论证了西方工艺亦是合乎圣人之制的。他说：

> 古之圣人，刳舟剡楫以济不通，弦弧剡矢以威天下，亦岂非形器之末？而《暌》《涣》取诸《易》象，射御登诸六艺，岂火轮、火器不等

---

① 《董子春秋发微序》，《魏源集》，中华书局2009年版，第135页。
② 《古微堂四书》卷6《曾子发微卷下》，《魏源全集》第2册，岳麓书社2005年版，第633页。按，此段文字原书上属为魏源引"蓝田吕氏"之语，实吕大临之语只至上句"和之末至于不恭也"止。吕氏原文可参见陈俊民辑校《蓝田吕氏遗著辑校·礼记解》，中华书局1993年版，第324页。
③ 《董子春秋发微序》，《魏源集》，中华书局2009年版，第135页。
④ 《书古微·甫刑篇发微》，《魏源全集》第2册，岳麓书社2005年版，第352—353页。

于射御乎？指南制自周公，挈壶创自《周礼》，有用之物，即奇技而非淫巧。今西洋器械，借风力、水力、火力，夺造化通神明，无非竭耳目心思之力，以前民用，因其所长而用之，即因其所长而制之。①

用圣人、用经典来解说西方工艺，同时又为西方工艺在儒家经典中找到了根据，此亦为公羊学派以西学释经之始。康有为后来将西方的民主制度附会到儒家经典中，大量吸收西学来对经典作出新的诠释，实受魏源之启发。康有为叙述自己"讲西学之基"②时，就明确提及魏源的《海国图志》。晚清之"西学化的经学"，魏源实可谓开先河者。

魏源意识到中学有不如西学之处，明确主张学习西方国家的长处，不仅希望"尽转外国之长技为中国之长技"③，还看到了制度层面。在当时人们"绝不承认欧美人除能制造能测量能驾驶能操作之外，更有其他学问"④的社会环境之下，他鲜明地提出："（英夷）岂专恃船坚炮利哉？无其节制，即仅有其船械，犹无有也；无其养赡，而欲效其选练，亦不能也。"⑤中国不仅要引进西方的坚船利炮，还要学习西方先进的军事制度。更为令人赞叹的是，魏源还认识到西方政治制度的优越性。他叙述美国的民主政治说：

> 呜呼，弥利坚国非有雄才枭杰之王也，涣散二十七部落，涣散数十万黔首……二十七部酋，分东西二部，而公举一大酋总摄之，匪惟不世及，且不四载即受代，一变古今官家之局，而人心翕然，可不谓公乎！议事听讼，选官举贤，皆自下始，众可可之，众否否之，众好好之，众恶恶之，三占从二，舍独徇同，即在下预议之人亦先由公举，可不谓周乎！⑥

---

① 《董子春秋发微序》，《魏源集》，中华书局2009年版，第135页。
② 康有为：《我史》，江苏人民出版社1999年版，第9页。
③ 《圣武记·道光洋艘征抚记下》，《魏源全集》第3册，岳麓书社2005年版，第486页。
④ 梁启超：《清代学术概论》，上海古籍出版社1998年版，第97页。
⑤ 《董子春秋发微序》，《魏源集》，中华书局2009年版，第135页。
⑥ 《海国图志·外大西洋墨利加洲总叙》，《魏源全集》第4—7册，岳麓书社2005年版，第1585页。

向往之情溢于言表。他甚至认为美国"以部落代君长,其章程可垂奕而无弊"①。"不设君位,惟立官长、贵族等办理国务","无暴主苛政"的瑞士,更被他推崇为"西土之桃花源"②。可见,在他心目中,西方民主制度是一种近乎完美的制度,较之君主专制制度实有很大的优越性。

虽然魏源要求变革的心情是非常急迫的,高呼"变古愈尽,便民愈甚"③,"小革则小治,大革则大治"④,然而他一直保持着难得的理性。他担心"求治太速,疾恶太严,革弊太尽,亦有激而反之者矣"⑤,并不主张采取激烈的变革,而是强调变革要尽量缓和,并且一定注意不能在条件不成熟的时候贸然实施革新。他比喻说:

> 禾未熟而登场,获者弃之矣;果未熟而登盘,食者吐之矣。是故治之因者,政之熟者也;俗之庞者,化之熟者也;功之成者,虑之熟者也;名之归者,德之熟者也。政未熟而急求治,治必乱;化未熟而急变俗,俗必骇;虑未熟而急图功,功必阻;德未熟而急知名,名必辱。⑥

魏源的这种谨慎立场,与公羊学"治之渐也"⑦ 的一贯主张是一致的。他主张条件成熟再革新,显然也是看到当时已经病入膏肓的清朝承受不起一场失败的革新。渐次地、和缓地推动变革,当然对社会的冲击最小,社会代价最小。但魏源显然没有进一步想到,社会发展是处在上升时期,还是衰落时期,不仅其变革的难度和方式有所不同,其复杂性与危险性也是非常不同的。魏源没有预料到,在守旧势力的顽固阻挠之下,在西方列强瓜分中国的野心之下,任何和风细雨的改良都注定没有出路,一场惊天动地的大地震终将不可避免。

---

① 《海国图志·外大西洋墨利加洲总叙》,《魏源全集》第 4—7 册,岳麓书社 2005 年版,第 1585 页。
② 同上。
③ 《董子春秋发微序》,《魏源集》,中华书局 2009 年版,第 135 页。
④ 《圣武记·道光洋艘征抚记下》,《魏源全集》第 3 册,岳麓书社 2005 年版,第 486 页。
⑤ 《董子春秋发微序》,《魏源集》,中华书局 2009 年版,第 135 页。
⑥ 同上。
⑦ 浦卫忠整理:《春秋公羊传注疏》,北京大学出版社 2000 年版,第 518 页。

三 "天下一家"的夷夏观与"大一统"说

"不披海图海志,不知宇宙之大,南北极上下之浑圆也。"① 魏源是近代中国睁眼看世界的第一人,他对全球地理、世界各国情势的了解,使他的公羊学出现了许多之前未曾有过的内容。同时,公羊学不以血缘、地域区分夷、夏的观念,也使魏源能以一种更为理性的态度看待西方世界。

魏源完全认同公羊学"进夷狄"的思想。他在《诗古微》中评论春秋五霸说:

> 宋襄不足道,秦穆悔过已晚,最隽者其楚庄乎!围郑服而舍之,讨陈罪而封之,虽齐桓存三亡国,不是过也。围宋可取而卒践盟,虽晋文之服原,不是过也。胜晋于邲,不忍蹙民于河而还师佚之,虽王者之师,不是过焉。至从巫臣之谏而却夏姬,殆桓、文之溺色所不能焉;讨陈诛逆,陈其风于王朝,尤荆舒所未有焉。故尝谓楚庄之功,不亚桓、文,而贤过桓、文。为中夏之桓、文易,为用夏变夷之楚庄难。《春秋》始书荆,继书楚;始书人,继书子。进于中国,则中国之,而夫子用世之志,自鲁、卫外,惟思用齐、用楚,圣人之不终夷楚章章矣。②

魏源不仅阐述了"夷狄进于中国则中国之"的观念,而且给予了楚庄王极高的评价。这是历史上不曾有过的。在魏源看来,楚庄王用夏变夷,德进行修,比齐桓、晋文更值得夸赞。之前公羊家称许楚庄王,也就是"卓然有君子之行""同于诸夏",但魏源认为,楚庄王的行为甚至已经超过了诸夏,其身为夷狄而能做出比诸夏更有礼有德之行,显然要比诸夏更为值得表彰,所以最终孔子在《春秋》中已不再以夷狄视楚。魏源这里提出,夷狄不仅可以进于诸夏,而且是可以超越诸夏的,这是对公羊学夷夏观的一个重

---

① 《海国图志·外大西洋墨利加洲总叙》,《魏源全集》第4—7册,岳麓书社2005年版,第1585页。
② 《诗古微·毛诗大序义》,《魏源全集》第1册,岳麓书社2005年版,第192页。

大发展。

魏源从公羊学不以血缘、地域区分夷、夏的观念出发,进一步对"夷狄"之称进行了正名。他提出"由于情欲者,入自禽门者也;由于礼义者,入自人门者也",认为只要明礼行义,即当为人类,与中国人无异。因此,"夷狄"之称绝不能用在有文化有礼义的人身上:"夫蛮狄羌夷之名,专指贪虐性情之民,未知王化者言之。故曰'先王之待夷狄,如禽兽然,以不治治之',非谓本国而外,凡有教化之国皆谓之夷狄也。"明确夷夏之辨绝不在地域,而在文化礼义,颠覆了当时人们将外国人都视为夷狄的思维。他进而明确说:

> 远客之中,有明礼行义,上通天象,下察地理,旁彻物情,贯串今古者。是瀛寰之奇士,域外之良友,尚可称之曰夷狄乎?①

西方人不但不是夷狄,而且是奇士,是良友。奇士是品行、智慧皆超群的人,良友是可以助我进步的人。欧洲"民人才能敏慧,文艺、理学、政治、彝伦,靡弗攻修,以臻其至"②,不用说在很多方面已经超过了中国,值得中国学习。这种以公羊学"进夷狄"为基础的夷夏观念,使魏源在对待西方人和西方文化时能站在一个高于时人的位置上,同时也使魏源的"大一统"说有了一个巨大的飞跃。

> 圣人以天下为一家,四海皆兄弟。故怀柔远人,宾礼外国,是王者之大度。旁咨风俗,广览地球,是智士之旷识。彼株守一隅,自画封域,而不知墙外之有天,舟外之有地者,适如井蛙蜗国之识见,自小自菲而已。③

---

① 《海国图志·外大西洋墨利加洲总叙》,《魏源全集》第4—7册,岳麓书社2005年版,第1585页。
② 《海国图志》卷37《大西洋各国总沿革》,《魏源全集》第6册,第1102—1103页。按此语引自玛吉士《新释地理备考》卷4《欧啰吧州全志》:"人民才能既高,敏慧超群,遂文艺、理学、政治、彝伦,靡弗尽心攻修,以臻其至。"见潘仕成编《海山仙馆丛书》,道光丁未(1847)刊本。
③ 《海国图志·外大西洋墨利加洲总叙》,《魏源全集》第4—7册,岳麓书社2005年版,第1866页。

我们看到，魏源把"大一统"的视野放到了全世界。他不认为西方人与中国人之间有什么绝对的隔阂，主张"天下为一家""四海皆兄弟"，充分反映了魏源眼界的宽广和胸怀的广博。在这种"大一统"的新视野下，魏源鲜明地主张向西方学习，不仅要学习西方的工艺，还要借鉴西方的制度。中国人与西方人既无隔阂，那中国吸收西方的知识技术与制度，应该也不会有障碍，他相信："风气日开，智慧日出，方见东海之民犹西海之民，云集而鹜赴，又何暂用旋辍之有？"①

他预见西方的制度和文化必然将在中国产生重大影响，中国和世界也终将融汇到一起："岂天地气运自西北而东南，将中外一家耶！"② 魏源这里可能也含蓄地表达了在中国终结君主制度的愿望。魏源曾说："'天地之性人为贵'，天子者，众人所积而成，而侮慢人者，非侮慢天乎？人聚则强，人散则尪，人静则昌，人讼则荒，人背则亡，故天子自视为众人中之一人，斯视天下为天下之天下。"③ 他把天子从"至尊"的宝座上拉了下来，放在了众人之中，把天下视为众人的天下，已经有了思想启蒙的意义。因此，"大一统"中的"尊王"之义在魏源那里几乎消失了。

在诗作中，魏源更是设想了环球一家、万国同吭的宏伟愿景：

四远所愿观，圣有乘桴想。所悲异语言，笔舌均悦惘。聪谁介葛卢，舌异公冶长。所至对喑聋，重译殊烦怏。若能决此藩，万国同一吭。朝发旸谷舟，暮宿大秦港。学问同献酬，风俗同抵掌，一家兄弟春，九夷南陌党。绕地一周还，谈天八纮放，东西海异同，南北极下上。直将周孔书，不囿禹州讲。④

这个世界里，没有语言的隔阂，便利的交通把世界紧密地联系在一起，文化交融，彼此和睦。这完全可以视作康有为"大同世界"的先声。

---

① 《董子春秋发微序》，《魏源集》，中华书局2009年版，第135页。
② 《海国图志·外大西洋墨利加洲总叙》，《魏源全集》第4—7册，岳麓书社2005年版，第1585页。
③ 《董子春秋发微序》，《魏源集》，中华书局2009年版，第135页。
④ 同上。

魏源秉持经世之志，常叹"几人忧乐关天下"[①]，抨击官员与学者"穷天下之乐而不知忧天下之忧"[②]。魏源二十岁即入岳麓书院学习，湖湘学派经世致用的学风与岳麓书院"通晓时务物理"的学规要求给了他很大的影响。魏源认为，"俾天下后世得以求道而制事，谓之经"[③]，真正的经学应该是通经致用，走"以经术为治术"[④]之路。在这样的学术路线指引下，魏源、刘逢禄、龚自珍都崇尚公羊学，主张经世致用。相比刘逢禄与龚自珍，魏源经历了鸦片战争前后的两个时期以及太平天国起义，目睹了中国社会的巨大变化，对清室之衰败、制度之腐朽、民族之危机、世界之形势有着更为深刻的认识。因此，魏源公羊学的现实意味尤强，更多了全球视野和向学习西方的内容。

魏源希冀拨乱反治，进行社会变革，他站在全世界的高度来阐述公羊学的夷夏观和"大一统"说，以西方制度作为改制的参考目标，大大推动了公羊学向前发展，是公羊学近代化转向的开始。公羊学在他手里也显现出了与近代社会接轨的巨大能量，并启发后来的公羊学家投身到改变中国君主专制制度、推动中国迈向近代化的社会变革浪潮中去。魏源的公羊学可以说是为晚清的维新运动吹响了号角。

---

① 《董子春秋发微序》，《魏源集》，中华书局2009年版，第135页。
② 同上。
③ 同上。
④ 同上。

中国近代"民族复兴"话语下"中华民族精神"的讨论

郑大华

（中国社会科学院近代史研究所）

摘要： 中国最早以"民族精神"为题的文章，是1904年发表在留日学生创办的《江苏》杂志第7、8期上的《民族精神论》一文。但在清末民初，"民族精神"一词并没有得到广泛使用，人们更多的是受明治维新日本的影响，用"国魂""国粹""国性""立国精神"等来表达"民族精神"的含义。中国知识界比较多地使用"民族精神"一词是在五四时期。1924年初，孙中山在"三民主义"的系列演讲中，提出了我们"要恢复民族的固有地位，便要首先恢复民族的精神"的思想，第一次将"民族精神"与"民族复兴"联系了起来，认识到"民族精神"对于"民族复兴"的重要意义。"九•一八"后，随着中华民族复兴思潮的兴起，知识界在讨论中华民族有无复兴的可能和如何实现中华民族的复兴之问题时，就民族精神与民族复兴的关系展开了充分讨论，认为要实现中华民族的复兴，就必须恢复和弘扬中华民族的民族精神，尽管他们对中华民族的民族精神的认识各有不同，但都是从正面认识和肯定中华民族之民族精神的，尤其是他们有感于中华民族精神日渐颓废甚至消失，而提出了种种恢复或复兴中华民族精神的主张或措施，这些主张或措施不仅是针对他们当时所生存的时代而提出来的，有很强的针对性和现实意义，就是今天看来，其中许多观点仍然有可资借鉴的历史价值，值得我们认真地思考和吸取。

关键词: 中国近代　民族精神　民族复兴　中国知识界

长期以来,人们在研究中国近代思想史,特别是近代中华民族复兴思潮时,对知识界在近代"民族复兴"话语下有关"中华民族精神"的讨论很少涉及,检索知网,没有找到一篇相关的专题论文,有的只是研究者对近代中国人民所表现出来的民族精神的提炼和研究。① 这不能不说是中国近代思想史研究的一大缺失。有鉴于此,笔者不揣冒昧,就近代"民族复兴"话语下中国知识界有关"中华民族精神"的讨论作一探讨,不当之处,欢迎批评指正。

一

"民族精神"一词最早出现于18世纪的德国。当时,由于法兰西文化的大规模涌入,德国知识分子感觉到民族认同和民族自尊受到外来文化的严重挑战,为了捍卫民族尊严,于是他们大力提倡德意志文化,并提出了"民族精神"(Volksgeist)的概念。他们认为,Volksgeist指的是一个民族的禀赋,它伴随着民族与生俱来,每一民族自身的文化、特性、气质即是Volksgeist的体现。在他们看来,每个民族都有自己的特质,这些特质由民族精神所决定,并且反映在以语言、文学、艺术、风俗为代表的民族文化上。在此思想指导之下,德意志知识分子开始致力于从德意志历史、文学、民间艺术中探求德意志民族精神的源泉,以此来展示德意志民族的独特性与优越性。他们的努力不仅为德意志国家的统一奠定了文化基础,同时也为世界上其他民族争取民族解放、独立和统一提供了思想资源,对19—20世纪的世界民族主义运动产生过深刻影响。②

---

① 如宋志明《中国近代民族主义民族精神的觉醒》,《史学月刊》2006年第5期;李帆《近代中国的民族认同与民族精神的弘扬》,《史学集刊》2008年第1期;焦润明《中华传统民族精神及其在近代的弘扬和发展》,《安徽史学》1997年第4期;赵江涛、霍雯《五四精神与中国共产党对民族精神的现代化变革》,《西安政治学院学报》2009年第4期;等等。

② 参见唐海涛《近代中国对民族精神的探索》,载郑师渠、史革新主编《近代中国民族精神研究读本》,北京师范大学出版社2006年版,第303—304页。

就目前发现的资料来看，中国最早以"民族精神"为题的文章，是1904年发表在留日学生创办的《江苏》杂志第7、8期上的《民族精神论》一文。该文在谈到"欧人今日之振兴"的原因时写道："彼所以能振兴如今日者，实自当时种种不可思议之原因而来。其结果之最早乃生民族之精神，其结果之最终遂成民族之膨胀……谓欧人技艺之精，则当日所谓蒸汽、电线、独未有所发明，而火车、轮船、军舰、枪炮以及杀人灭种之法，犹一切未闻于世也。而欧人之所以能致此者何哉？则以彼有一种如痴如狂不可思议之民族精神在也。"由欧人"而反观吾国今日之现状，则可谓腐败空虚，种种奇异谬悠之态，几无足自存于大地"，究其原因，"虽谓吾族之精神已死可也"。该文认为，既然民族精神的有无是欧洲"所以能振兴"和中国"几无存于大地"的原因，那么中国要在"凄风苦雨之中"实现"早自振臂"，作为"后来之师表"和"同胞之干城"的青年，就应"振其气，坚其志，固其操，不以富贵撄其心，不以生死挠其志，不以目前之小小成败挫折其目的，夫如是亦可以称民族之牺牲者乎！"① 但在清末民初，"民族精神"一词并没有得到广泛使用，人们更多的是受日本明治维新的影响，用"国魂""国粹""国性""立国精神"等来表达"民族精神"的含义。比如，梁启超就先后有《中国魂安在否》（1899年）、《国性篇》（1912年）等谈民族精神的文章发表，但用的都不是"民族精神"，而是"国魂""国性"等源于日本的词汇。中国知识界比较多地使用"民族精神"一词是在"五四"时期。

1919年12月，《东方杂志》第18卷第12号发表"隐青"的《民族精神》一文，作者认为："凡人种、语言、文字、宗教、地理等关系，皆不足为建设民族之根本条件。为今日之民族计，人种之化合澌灭不足忧也，语言文字之灭亡不足忧也，宗教之盛衰变迁之不足忧也，国土之存亡亦不足忧也，所可忧者，其唯民族精神之有无乎！"在作者看来，所谓"民族精神"，既非"以血族为根据"的"人种之意思"，也非"重统治重命令"的"国家之意思"，更非"各个独立"的"个人意思之集成"，而是"自然发生浑然一体之民族自觉的精神而已"。它的形成，必须具备两个条件，即"外受

---

① 佚名：《民族精神论》，《江苏》第7、8期，1903年10月20日、1903年11月19日。

强敌之压迫,内感生活之困难"。只有在这两个条件下,民族才会有"努力向上之运动",并在长期的"共同防御、共同生活"中,形成一种"特立不可同化之精神"。民族精神一旦形成,其民族"虽丧地灭国,离散而之四方,其形式上特征遗亡殆尽,而彼国固有之文化与民族的精神,终不能湮没也"。据此作者指出,第一次世界大战后,尤其是美国总统威尔逊发表"十四点宣言"后,"民族自决"思潮和运动兴起,"世界各殖民地之民族,咸跃跃欲试;而列强之对付殖民地也,亦不得不一变其方针"。但实际上"彼列强对殖民地之政策,非真心服人道主义而自愿改变也,亦权其利害之轻重,然有不得不然耳"。所以,广大殖民地之民族,尤其是"吾东亚诸民族",要想实行"民族自决",真正获得自由,就必须"扩大其同类意识而努力此民族精神之培养",否则,所谓"民族自决",只能是一句空话而已。[1] 一年后,陈嘉异在《东方杂志》第18卷第1、2号上连载《东方文化与吾人之大任》一文,认为与西方文化比较,东方文化具有四大优点,其中第三点:"东方文化(此亦单就中国言),在有调节民族精神与时代精神之优越性,而尤以民族精神为根底,最能运用发展者也。"他和"隐青"一样,也认为一个民族能否成立,"所恃者非仅血统、语言、地理、宗教等关系使然",而在于能否"形成浑然一体之民族精神"。而民族成立之后,要善于运用民族精神,否则,"则易流为固性的传统思想,而不克随时代之变易以适应其环境,则此精神或且为一时代之障碍物",这也就是所谓的"时代错误"。各国之所以会发生革命,原因就在于民族传统思想与其新时代思想之间的严重冲突。而我国自戊戌变法后西方的新思想新学说纷纷传入,社会思潮发生突变,旧政治和旧思想犹如"落叶之扫",在西方新思想新学说的进攻面前败下阵来。人们以为这是西方的新思想战胜我国的旧政治旧思想的结果。但实际上我国的旧政治旧思想之所以败得"如是之易且速",根本原因在于"此等自身已腐朽,早不适于时代之新要求,即无外来之新思想,亦当归于淘汰者,而具有此淘汰作用之根本潜伏力",便是中国文化所具有的"调节民族精神与时代精神之优越性,而尤以民族精神为根底"。比如,"三王不沿乐,五帝不袭礼","周虽旧邦,其命维新","天行健,君子自强

---

[1] 隐青:《民族精神》,《东方杂志》第16卷第12号,1919年12月15日。

不息"等传统和精神,就是这种优越性的体现。就此而言,陈嘉异强调指出,"吾民族精神之伟大,实有未可妄自菲薄者"①。

隐青和陈嘉异等人虽然讨论了"民族精神",但他们并没有将"民族精神"与"民族复兴"联系起来,认识到"民族精神"对于"民族复兴"的重要意义。"五四"时期,真正认识到"民族精神"对于"民族复兴"重要意义的是伟大的革命先行者孙中山。1924年初,亦即国民党第一次全国代表大会不久,孙中山应邀到广州国立师范学校礼堂作"三民主义"的系列演讲,在讲演中他指出:中国以前是一个很强盛很文明的国家,是世界首屈一指的强国,其地位比现在的列强,如英国、美国、法国和日本还有高得多,因为那个时候的中国是"世界独强"。然而进入近代以后,中国的地位则"一落千丈",从"世界独强"沦为了"次殖民地",而"次殖民地"的地位"还不如殖民地",其原因"是由于我们失去了民族的精神"。所以,我们要"恢复民族的固有地位",实现中华民族的伟大复兴,就必须先"恢复民族的精神"②。

那么,什么是"民族精神"呢?孙中山认为,"民族精神"主要体现为"固有的道德""固有的知识"和"固有的能力"三个方面。首先就"固有的道德"而言,他指出,中国"固有的道德","首是忠孝、次是仁受、其次是信义、其次是和平"。虽然历史在发展,社会在进步,但以"忠孝""仁受""信义""和平"为其内容的"固有的道德",并不像"醉心新文化的人"所说的那样过时了,要加以"排斥",相反,我们要将它们恢复起来,发扬光大起来。比如"忠",有的人以为,忠是"忠君",现在是民国,没有了皇帝,也就不要再讲什么"忠"了。"这种理论,实在是误解。"因为"忠",不仅仅是"忠于君",也可以作"忠于国、忠于民、忠于事"来解。现在没有了君主,我们"不忠于君"了,但我们还"要忠于国,要忠于民,要为四万万人去效忠。为四万万人效忠,比较为一人效忠,自然高尚得多。故忠字的好道德还要保存"。其他如"孝""仁爱""信义""和平"也是一样,都是没有过时的"好道德"。尤其是"和平",是"驾乎外国人"

---

① 陈嘉异:《东方文化与吾人之大任》,《东方杂志》第18卷第2号,1921年1月25日。
② 《三民主义·民族主义》,《孙中山全集》第9卷,中华书局1986年版,第242页。

的"一种极好的道德","是我们民族的精神。我们以后对于这种精神不但要保存,并且要发扬光大,然后我们民族的地位才可以恢复"①。其次,从"固有的知识"的来看,他指出,所谓"固有的道德",也就是"人生对国家的观念",具体来说,"就是《大学》中所说的'格物、致知、诚意、正心、修身、齐家、治国、平天下'的那一段话"。这段话"把一个人从内发扬到外,由一个人的内部做起,推到天下为止",是一种"精微开展的理论"。无论外国的什么政治哲学都是没有这样的理论,它是"我们政治哲学的知识中独有的宝贝"。然而"自失了民族精神之后,这些知识的精神当然也失去了"。所以,我们要"齐家、治国,不受外国人的压迫,根本上便要从修身起,把中国固有知识一贯的道理先恢复起来,然后我们民族的精神和民族的地位才都可以恢复"②。再次,来看"固有的能力"。他指出,现在西方的机器发达,科学昌明,而中国与西方比较要落后得多,因此,"中国人现在的能力当然不及外国人"。但在古代,在几千年之前,"中国人的能力还要比外国人大得多。外国人现在最重要的东西,都是中国从前发明的"。如指南针、印刷术、火药等。只是"后来失去了那种能力",民族的地位也因而"逐渐退化",乃至成了比殖民地还不如的"次殖民地"。因此,我们要恢复民族"固有的地位,便先要把我们固有的能力一齐恢复起来"③。

孙中山强调,我们要"恢复民族的固有地位",就必须大力恢复和弘扬"民族精神",也就是"我们固有的道德、知识和能力"。但在大力恢复和弘扬"民族精神"的同时,我们"还要去学欧美之所长,然后才可以和欧美并驾齐驱。如果不学外国的长处,我们仍要退后"。孙中山还提出,我们学习外国,不是要"向后跟着他学",而是要"迎头赶上去"。比如,学习外国的科学,不是亦步亦趋的从头再来,而是直接学习外国最先进的东西,这样"便可以减少二百多年的光阴"。"向后跟着他学",我们永远都会落在别人的后面,只有"迎头赶上去",我们才有可能"后来居上",赶上和超过欧美和日本等发达国家,也才有可能使我们的国家"恢复到头一个地位"。④

---

① 《三民主义·民族主义》,《孙中山全集》第 9 卷,中华书局 1986 年版,第 243—247 页。
② 同上书,第 247—250 页。
③ 同上书,第 250—251 页。
④ 同上书,第 251—253 页。

孙中山提出我们要"恢复民族固有的地位",必先"恢复我们民族的精神"的思想,尤其是他对什么是民族精神、恢复和弘扬民族精神对于民族复兴的重要意义,以及如何处理好恢复和弘扬民族精神与向外国学习的关系等问题的阐述,是对民族复兴思想的重大发展。因为如前所述,此前虽然有人讨论过中华民族的民族精神,但并没有把它与中华民族的复兴联系起来,没有认识到恢复和弘扬中华民族的民族精神,是实现中华民族伟大复兴的必要前提。此后,尤其是"九·一八"后,随着中华民族危机的日益加深,民族复兴思潮的兴起和形成,知识界在讨论中华民族有无复兴的可能和如何实现中华民族的复兴之问题时,就民族精神与民族复兴的关系问题展开了充分讨论。

二

"九·一八"后,推动知识界讨论民族精神与民族复兴之关系的关键人物是张君劢。张君劢早年追随梁启超,参加清末立宪运动。后因国民党迫害,于1929年去了德国,直到"九·一八"事变前一天,他才回到北平。回到北平不久,张君劢即着手翻译德国哲学家费希特在法国拿破仑军队占领德国时发表的《对德意志国民的演讲》之摘要本。在译稿前面的"引言"中,张君劢写道:"数千年之历史中,大声疾呼于敌兵压境之际,胪举国民之受病处,而告以今后自救之法,如菲希德氏之《对德意志国民之演讲》,可谓人间正气之文字也。菲氏目的在提高德民族之自信心,文中多夸奖德人之语,吾侪外国人读之者,原不求必之一字一句之中,故取倭伊铿氏关于菲氏演讲之摘要本译之,繁重处虽删,而绝不影响于菲氏真面目……呜呼!菲氏之言,既已药亡国破家之德国而大收其效矣,吾国人诚有意于求苦口之良药,其在斯乎。"[①] 他认为费氏在演讲中阐述了民族复兴的三个重要原则:第一,在民族大受惩创之日,必须痛自检讨过失;第二,民族复兴,应以内心改造为重要途径;第三,发扬光大民族在历史上的成绩,以提高民族的自信力。"此三原则者,亦即吾国家今后自救之方策也。世有爱国之同志乎!

---

① 张君劢:《菲希特〈对德意志国民演讲〉摘要》,《再生》第1卷第3期,1932年7月20日。

推广其意而移用之于吾国，此则菲氏书之所译也。"① 1932 年 7 月 20 日起译稿分 5 期（即从第一卷第三期到第一卷第七期）在《再生杂志》上连载，并于年底集结成书，由再生杂志社正式出版。《菲希德对德意志国民讲演节本》出版后颇受人们欢迎，不久即销售一空。翌年春夏，又两次再版。正是在张君劢的推动下，当时出现了一个介绍费希特《对德意志国民的演讲》的小高潮，初步统计，仅《东方杂志》《国闻周报》《时代公论》《教育杂志》《再生杂志》和《大公报》等报刊发表的费希特《对德意志国民的演讲》之译文（节译或摘译）或介绍费希特《对德意志国民的演讲》之思想的文章就达 23 篇之多。费希特的《对德意志国民的演讲》之节本，还被收入 1934 年出版的《中学国文特种课本》第二册（高中用书）。该课本的文后"题解"写道："普鲁士之抵抗强敌，复仇雪耻，端赖以是（指费氏的《菲希德对德意志国民演讲》——引者）。全书凡十四讲，纵论日耳曼民族之特质，自精神方面所见民族与祖国爱之意义，新国民教育之出发点，达到目的之方法等，极其透辟详尽。""现在日寇夺去我东北四省之地，我所受之耻辱，不减当年普鲁士之败，我爱国青年，读斯文其亦将有所感动于中而毅然兴起乎？"

费希特《对德意志国民的演讲》的大量介绍，促进了"九·一八"后知识界对民族精神与民族复兴之关系的讨论。陈茹玄指出，"普鲁士败于法兰西以后，几不能自立；而其国内学者，如黑智尔（即黑格尔——引者）、菲希特等，以民族主义号召国人，竭力表扬其日耳曼民族之伟大与优秀。使其人民爱其国而自尊其种，养成刚健雄沉的民族精神"。因此，"吾人今日不愿中国民族趋于灭亡"，就应该向黑智尔（即黑格尔——引者）、费希特等人那样，"设法挽回这颓败的民族精神"。② 雷震认为，"一个国家之强弱，要视形成此国家之民族精神之兴盛与否以为断，民族精神若是兴旺，这个国家一定强盛，不然一定衰微，故一国之民族精神如何，可视为测度此国强弱之寒暑表也。……中国之所以一蹶不振者，亦由于民气消沉，民族精神颓唐衰废之故耳……所以我们今日要排除国难，要挽救中国，须先从恢复民族精

---

① 张君劢：《菲希特〈对德意志国民演讲〉摘要》，《再生》第 1 卷第 3 期，1932 年 7 月 20 日。
② 陈茹玄：《我国民族精神颓败之原因及其挽救方法》，《时代公论》第 28 号，1932 年 10 月 7 日。

神做起"①。奋勇认为费希特所强调的两点，即（一）"体力和武备绝不能获得最后的胜利，只有大无畏的精神，才能胜过一切"；（二）"认民族为永远不朽的团体，要将这种认识用精神的训练，培植于民众心理里面"，正是中国目前所需要的。② 也就是说，要救中国，实现民族复兴，费希特所说的自省的精神、爱国的精神是中国所必需的。陈兴高更是明确指出，"在固有民族精神未丧失以前"，我中华民族是世界上"最文明最优秀之民族"，其先民"于困难之中，披荆棘，斩草莱，辟疆殖土，征服异国，成东亚一富强无比之大帝国"。但自"民族精神消失后"，中华民族在世界上的地位一落千丈，"近来外人更以半开化之民族，无组织之国家等侮辱语，公然加之于吾国家民族之上矣"。因此，"欲复兴中华民族，必先恢复中国之固有民族精神"③。天津《大公报》的一篇名为《民族复兴之精神基础》的"社评"也认为，"重唤起中国民族固有之精神"，这是"实现民族复兴之必要的原则"④。邱楠在《复兴民族与复兴民族精神》一文中写道：历史上去看，没有一个民族的灭亡不是因为民族精神的衰落，也没有一个民族的复兴不是由于民族精神的振刷。为什么印度会灭亡，为什么德意志经过上次欧战的大失败，现在还能够抬头？也都是由于民族精神的关系。"因为精神是一个民族的灵魂，一个民族的核心。只要核心健全，就会发生很大的抵御力。"我们要实现民族复兴，就必须复兴民族精神。⑤ 寿昌指出，中华民族正处于帝国主义与帝国主义火并的时代，天灾人祸、内忧外患，交相攻袭，我们欲挽救这衰颓的局面，内政外交的整顿固然重要，但更重要的或最基本的则"在民族精神的复兴"⑥。在林景尹看来，一个国家文化的构成，是历史长期演进的结果，而非一朝一夕形成的。民族精神之所寄者此，国家命脉之所托者亦在于此。"故欲求国家复兴，臻于强盛之途，非发扬固有文化，振作民族精神，实不以为功。"⑦ 作为左翼学人的郭沫若同样强调，"复兴民族是要复兴

---

① 雷震：《救国应先恢复民族精神》，《时代公论》第29号，1932年10月14日。
② 奋勇：《费希德演说什么叫爱国心》，《国闻周报》第9卷第12期，1932年3月8日。
③ 杨兴高：《恢复中国固有民族精神与吸收外来文化》，《新文化》月刊第6期，1937年6月25日。
④ 《民族复兴之精神基础》，天津《大公报》1934年5月15日"社评"，第3版。
⑤ 邱楠：《复兴民族与复兴民族精神》，《华北月刊》第1卷第3期，1934年。
⑥ 寿昌：《中华民族精神之复兴与亚洲的未来》，《建国月刊》第9卷第4期，1933年。
⑦ 林景尹：《发扬固有文化振兴民族精神》，《黄青周刊》1937年第1期。

我们中华民族的精神"①。

"复兴民族是要复兴我们中华民族的精神",这可以说是当时知识界的基本共识。但什么是中华民族的"民族精神"呢?对此,人们的认识有各有不同。王鲁季指出,一个民族之所以能生存于世界并得到发展,"要在其有不可磨灭之民族精神",如英国民族的保守沉着,德国民族的尚武图强,日本民族的崇尚侵略,"此皆其民族固有之精神,亦即一民族与其他民族不同之点"。作为有着几千年悠久历史的中华民族,也有自己的民族精神。中华民族的民族精神主要表现在"大同主义""民本主义""德治主义""和平主义"和"中庸主义"等方面。在清代以前,中华民族的民族精神"甚为焕发",这是中华民族和中华文化能够长盛不衰的重要原因。然而自清入关后,尤其是鸦片战争后,中华民族的民族精神逐渐丧失了,中国因此而遭受列强的侵略,甚至面临亡国灭种的危险。所以"吾人诚欲乞求中华民族之生存",就必须向费希特所说的那样,"非努力发扬固有之民族精神不可"②。郑贞文认为,"我民族固有的精神是忠孝仁爱信义和平"。具体来说,如尧舜好察迩言追求至善的精神,大禹平治九州之水公而忘私的精神,周公一沐三握发、一饭三吐哺求贤致治的精神,孔子口诛笔伐、诲人不倦的精神,以及历史上每当外侮凭凌、中原板荡的时候,不论在朝的士大夫还是在野的庶民,或破敌致果视死如归,或杀身成仁舍生取义,其不屈不挠的精神,大义凛然的气节,都足以表明中华民族之精神的伟大。③

寿昌认为,中华民族的精神主要体现在"同体同心成仁取义的精神""格物致治参赞化育的宏愿""修齐治平世界大同的理想"三个方面。首先就"同体同心成仁取义的精神"而言。孔子曾教导我们:"志士仁人,无求生以害仁,有杀身以成仁。"孟子也说过:"生亦我所欲也,义亦我所欲也,二者不可得兼,舍生而取义者也。"所谓仁义,即人我合一,我物平等的大德。"仁义的至极,即求成己成物,与理合一,以达于普遍圆满的境界。"

---

① 郭沫若:《复兴民族的真谛》,《中国现代思想史资料简编》第4册,浙江人民出版社1983年版,第11页。
② 王鲁季:《论中国民族之精神》,《军需杂志》1935年10月第33卷,载郑师渠、史革新主编《近代中国民族精神研究读本》,北京师范大学出版社2006年版,第149—154页。
③ 郑贞文:《发扬民族精神》,《现代青年》(福州)1940年新1卷第3期。

古圣先贤对于此项解释,不计其数,而见诸实践方面,更能举出不少例子。它已成为中华民族精神的一部分。其次,从"格物致治参赞化育的宏愿"来看。中华民族的理想,一向是文质彬彬,体用兼备。换句话说,即理想与实践并重。上述所谓仁义之极,本含有积极性,本是行动的,非特推己及人,更须推己及物。其及物的结果,自非探究天地的奥妙,穷尽世间的物理不可。易言之,即非参赞化育不可。故所谓"能尽物之性,则可以赞天地之化育;可以赞天地之化育,则可与天地参矣"。最后,来看"修齐治平世界大同的理想"。《礼记》上说:"大道之行也,天下为公。"仅此一语,就已体现出了中华民族伟大高尚的博爱精神。"此种博爱的精神,退足以铲除社会的不平,进足以拯救天下的陷溺。"所以自古以来,中华民族追求的是己所不欲,勿施于人;而已所欲,更施于人。如果能将中华民族的这一精神发扬光大,"是则资本主义罪恶,帝国主义的侵掠,既无从发生,而国际长治久安的基础,岂不随之树立"。总之,寿昌指出:"中华民族的精神,分则为正德利用厚生三项,合则为格物致知诚意正心修身齐家治国平天下一以贯之的理想了。"[①]

郭沫若将中华民族的精神概括为:"一、富于创造力;二、富于同化力;三、富于反侵略性。"他指出,我们的民族创造了五千年的文明的历史,直到今天,我们所固有的文化,仍然在在世界上焕发着灿烂的光辉,无论是语言、文字、思想,还是文艺、产业、生活,其中都有我们民族的特征。中华民族在创造文化的同时,还想方设法把自己先进的文化推广到四周比较落后的少数民族地区,使"我们的后进的兄弟民族得到了丰饶的享受",通过文化的同化,这些落后的兄弟民族也进入了"文明的畛域"。中华民族不仅善于创造文化,还善于吸收其他民族文化的精华,如印度的佛法、西域的音乐、斯基泰的艺术、希腊的星历等,都曾为我们民族所吸收,并"化为了我们自己的血、自己的肉",成了我们民族文化的一部分。中华民族尤其具有反侵略的优良传统,"我们不曾以武力去侵略过别人,但遇着别人以武力来侵略我们的时候,我们总是彻底地反抗,纵使绵亘至二三百年,非常侵略者消灭或同化,我们永不中止"。然而中华民族的上述精神,在清王朝统治的

---

① 寿昌:《中华民族精神之复兴与亚洲的未来》,《建国月刊》1933年第9卷第4期。

二百多年间,"无可讳言"地遭到了重大"损失",中华民族也因此"由进取变而为保守,由坚毅变而为懦弱,由生动变而为僵化,由自信自力变而为自暴自弃",从世界上的先进民族变而成了落后的民族,并面临着空前严重的民族危难。因此,我们要复兴中华民族,首先就必须复兴我们的民族精神,"尽量地发挥我们的创造力、同化力和反侵略性"[①]。

在吴坤淦看来,民族精神是伴随着民族道德而生长、形成的,两者相得益彰,互相影响,所以我们"要考究什么是民族精神,便先明了什么是民族道德"。那么什么是中华民族的民族道德呢？中华民族的民族道德可以用"忠孝""仁爱""信义""和平"八字来概括。与中华民族的民族道德相伴而生、相伴而长的中华民族的民族精神,也可以用八个字来概括,这就是"勇武""博大""勤奋"和"坚忍"。这八个字,就"是中华民族的精神,也就是中国的国魂"。我们要恢复民族的地位,实现民族的复兴,就必须恢复"勇武""博大""勤奋""坚忍"的"民族精神",使之"焕发于东亚,弘扬于宇宙"[②]。刘琦强调,民族精神是一个民族适应环境或改变生活的能力,所以民族的生活环境对民族精神的形成具有决定性的作用,换言之,有什么样的生活环境,就会产生什么样的民族精神。就中华民族来看,我们的祖先最先活动的区域是在山东、河南、安徽的北部、河北、山西的南部一带。这一带土地肥沃,气候温暖,所以生存方式虽然简单幼稚,但生活资料的获得并不十分困难,在这样的自然环境下,中华民族的创造力就显得特别旺盛。早在殷周时代,当欧美还过着原始人的野蛮生活时,中华民族就创造出了灿烂的文化,无论哲学、政治、经济、伦理各科学,还是天文、气象、历算和制造,都处于世界的前例,所以"创造精神"是中华民族精神的表现之一。中华民族精神的表现之二是"战斗精神"。中国历史上曾发生过无数次的民族斗争。"中国民族每经一次斗争,民族势力就扩张一次,终造成今日融合汉、满、蒙、回、藏、苗的大中华民族,这就是战斗精神的成果。"然而清代以后尤其是近代以来,中华民族的"创造精神"和"战斗精神"

---

① 郭沫若：《复兴民族的真谛》,《中国现代思想史资料简编》第4册,浙江人民出版社1983年版,第11—13页。

② 吴坤淦：《民族道德与民族精神之二》,载郑师渠、史革新主编《近代中国民族精神研究读本》,北京师范大学出版社2006年版,第224—231页。

都逐渐"消失了",中国也"因而陷于今日的危殆境地"。因此,"我们返本求源,要解放民族,复兴国家",就必须恢复和大力弘扬中华民族的"创造精神和战斗精神"①。

三

知识界在讨论什么是中华民族的"民族精神"时,还分析了中华民族的"民族精神"到清代以后尤其是近代以来会逐渐颓废甚至消失的原因。杨兴高认为原因有二,一是受"世界主义"思想的影响;二是"被异族征服之结果"。首先就"世界主义"思想的影响而言,他指出,中国成为东亚强国后,为了安抚四邻诸国,则采取了一系列的"世界主义之政策",这些政策虽然有利于"消灭"被征服民族的"民族思想",实现国家的长治久安。但行之既久,本国民族亦会受到影响,而变为满含世界主义思想之民族。"世界主义思想既盛行于全国,则固有民族之精神与意识自然归之于消灭。"这是中华民族的民族精神之所以会逐渐衰落甚至消失的原因之一。其次从"被异族征服之结果"来看,一些少数民族入主中原后,"欲使中国多数民族,受其少数民族统治,且永远受其统治而无反抗复国之思想发生",则想方设法消灭多数民族的民族意识,如焚毁含有民族思想的书籍,使其忘却自己民族的光荣历史;大兴文字狱,使人不敢宣传民族主义思想;设科举,以消灭其人民之心思才力;对亲近者透之以爵禄,对反抗者,威之以杀戮;等等,其结果,中华民族的民族精神,"遂为之消灭殆尽"。这是中华民族的民族精神之所以会逐渐衰落甚至消失的原因之二。②

吴鼎第强调,民族精神简单地讲,就是一个国家"和一的情感",这种情感足以联系国民对内的团结和同仇敌忾的觉悟。就中华民族精神而言,它主要表现为"至刚"和"至大"这两个方面。在古代,由于中国长期处在世界的先进地位,中华民族的自尊心和自信力是很强的,所以,尽管有"异

---

① 刘琦:《民族道德与民族精神之四》,载郑师渠、史革新主编《近代中国民族精神研究读本》,北京师范大学出版社2006年版,第245页。
② 杨兴高:《恢复中国固有民族精神与吸收外来文化》,《新文化》月刊1937年6月25日第6期。

族为患",也有印度文化的东来,但中华民族之"至刚"和"至大"的精神"仍嬗衍未替"。然而自鸦片战争后,面对帝国主义的入侵,"初则中国尚存自大,终以睡狮被人家看破,乃由自傲一变而为自卑,自卑再变为媚外"。举凡外国的一事一物,皆盲目崇拜,以为中国的一切都不如别人,"驯至自信力失去","'刚'、'大'的精神荡然无存",再加上清代吏治腐败,节操不讲,舆论不顾,对外国的侵略"已麻木不仁","民族精神"也因而"丧失殆尽"。[①] 在刘琦看来,中华民族的民族精神的消失"自有其历史和社会的背景"。中国自商周以后,多次受到异民族的危害,尤其是满族建立清朝后,起初采用暴力政策,大肆屠杀,以震慑人民,继又采取以汉制汉的阴谋,使一般高等知识分子受利禄的诱惑,心甘情愿地为清朝服务。"这样经过长期统治,民族意识,因以完全消沉了。"再加上受老庄虚无思想和印度佛教出世思想的影响,尤其是近代以来西化、奴化思想的影响,"使中国民族道德堕落了,民族精神消失了"[②]。

陈茹玄认为,造成"我国民族精神的颓败"的原因主要有两种,"第一种是醉心西洋文化的结果";"第二种是受频年内战的影响"。他指出:西洋文化有它的长处,尤其是物质文明的进步,我们应当效法。但自欧风东渐以来,国人震于西方的物质文明,盲目崇拜,认为西方的一切都好,而中国的一切都不好,以至于将一切国粹完全抹杀,旧有道德、旧有礼教都要打倒,甚至连汉字都主张废弃不用,而改用西方的罗马文字,见洋货即欢迎,遇洋人即崇拜,人民如此,官吏如此,男女老幼莫不如此,无论是物质,还是精神,都一味地迷信洋人,在这样的情况下,中华民族的民族精神又怎么能得到保存呢?自民国成立以来,尤其是近"二十年来,无年不战,无地不战,和平两字,更不复存于脑海"。而内战的结果,使"民族精神,日见枯萎"。因为,内战"即是自相残杀,兄弟可成寇仇,骨肉皆成冰炭,益以循环报复,反复无常,亲爱团结的精神,因以摧残净尽;中国固有的忠孝仁爱信义和平各种美德,因之亦斩丧无余"。而"忠孝仁爱信义和平诸美德,乃是中

---

① 吴鼎第:《综论民族精神》,《复兴月刊》1937年4月15日第5卷第8号。
② 刘琦:《民族道德与民族精神之四》,载郑师渠、史革新主编《近代中国民族精神研究读本》,北京师范大学出版社2006年版,第245页。

华民族精神所寄,今以内战而全被摧毁,民族精神自然日即颓败"[1]。在俊荣看来,除了"受频年内战之影响"外,"民族间之隔膜"也是造成"民族精衰退之最大原因"之一。他在《复兴民族精神问题之探讨》一文中写道:中华民族由多民族组成,而各民族间由于历史地理等原因,发展的程度有快有慢,居于中原地区的汉族发展得相对快些,而其他居于边疆的民族发展得相对慢些,汉族因而自尊自大,自称天朝上国,而称四周其他民族为"东夷、西戎、南蛮、北狄",对这些民族实行所谓的"羁縻政策,未得治本之方,仅言治标之策,致各民族间猜忌相生,隔膜日增",尤其到了近代以后,各民族"不能团结一致,以共救国,是以五族之整个前途,为外人得乘间诱惑",民族之精神也因而"颓废日成"。[2]

钟焕臻的《怎样恢复中华民族精神》一文,从"远因"和"近因"两个方面分析了"中华民族精神的消沉"的原因。他指出:中国自战国以来,诸子百家,学术横行,一般人民受邪说蛊惑,缺少固有思想,以坚其信念,而民族精神从此开始动摇。汉唐时,佛教传入中国,"寂静无为"的思想,深入人民脑际,此亦影响民族精神甚大。至东晋、南宋时,朝野人士,崇尚清谈,苟安求全,竟酿成怀愍二帝与徽钦二宗被掳的惨剧。当是时程朱之学盛行,功利之毒,深入人心,一般社会,只知有利,不知有义,只知有物欲,不知有廉耻,此种空虚不合实际的学理,遂造成千余年来物欲横流的恶习。迄至清代,统治者对我们民族性的摧残,无所不至,二百年的高压,中华民族屈于威力之下,只知道对清廷歌功颂德,表现出的是一种敷衍妥协的精神。尤其是在鸦片战争后,清朝在历次对外战争中的失败,使中华民族仅存的一点民族自信力也因而丧失殆尽。这是"中华民族精神的消沉"的"远因"。"中华民族精神的消沉"的"近因"又可以从"外因"和"内因"两个方面来分析。"外因"主要指的是帝国主义的侵略,所导致的民族危机的日益加深,而"内因"主要指的是中华民族本身所具有的一些"通病",如无团结心、无责任心、缺乏毅力、自私自利、不重实际等,而这些"通病"的"病根",在于中华民族自古以来就缺乏民族意识,故民族思想淡

---

[1] 陈茹玄:《我国民族精神颓败之原因及其挽救方法》,《时代公论》1932年10月7日第28号。
[2] 俊荣:《复兴民族精神问题之探讨》,《突崛》1934年第1卷第3期。

薄，受其影响，对外缺乏抵抗力，对内缺乏团结力。因此，中华民族不图复兴则已，如图复兴，则"非着手复兴民族精神的工作不可"。①

笔名为"觉群"的作者重点分析了"帝国主义的压迫"对"中华民族精神消沉"的影响。他指出，"帝国主义的压迫"主要表现在三个方面。一是"天然淘汰力的压迫"。中华民族之所以"常为同化他族的主体，而能遗流繁盛到现在"，除了"高尚的文化"外，一个重要原因就是人口众多，因此那些人口较少的民族尽管有时占领了中国，甚至建立起了自己的政仪，但最后都被中华民族所同化，成了中华民族的一分子。然而现在侵略中国的东西方列强，不仅文明程度高，而且人口增长很快，"较之百年以前，德增两倍半，俄增四倍，英日三倍，美十倍"，而反观我国，因受天灾人祸的影响，人口增长很慢，乾隆时统计是四万万，前年（1932年）统计是四万万五千万，200多年间才增加五千万人口。正如孙中山所担忧的那样，两相比较之下，中华民族在天然淘汰力的压迫之下至多仅可支撑100年。二是"政治上的压迫"。自鸦片战争以来，中国被迫与东西方列强签订了一系列不平等条约，主权丧失，领土被分割不少，民族地位一落千丈，已完全沦为"次殖民地"的国家，民族危机日益加重。三是"经济上的压迫"。帝国主义凭借不平等条约给予的优势地位和自身经济上的优势，向中国倾销商品，输出资本，掠夺中国人民的财富，不仅严重阻碍了中国资本主义的发展，而且更造成了中国农村经济的破产，中国人民的生活日益贫困化。正是在帝国主义这三方面的压迫之下，一些人产生了"仰慕敬惧外人的心理"，认为中国万事不如人，民族自信力自尊心因而丧失。"最可痛心的，即'惧外'之不足，更加之以'媚外'；'媚外'之不足，又加之以'恃外'。这样一来，惧外媚外恃外三种心理同时并存，民族精神更丧失净尽了。"而民族精神的丧失净尽，又导致了人们的民族意识和国家观念的薄弱，只追求个人欲望的满足，而丝毫不关心民族国家的前途，大多数人抱着苟且偷安的心理，遇事持一种畏难敷衍的态度。凡此种种说明："中华民族的固有民族精神很显然的是消沉了。"②

---

① 钟焕臻：《怎样恢复中华民族精神》，《觉是青年》1934年第1卷第2期。
② 觉群：《中华民族精神消沉之原因及其恢复之我见》，《警醒》半月刊1934年第2卷第1期。

除了分析中华民族的"民族精神"之所以会逐渐颓废甚至消失的原因外,知识界还重点探讨了如何恢复或复兴中华民族的民族精神的问题。吴鼎第认为,民族精神和民族意识关系非常紧密,"我们要能复兴民族,使民族精神健全,须先有民族意识。有了民族意识,然后才有健全的民族精神"。而"要有民族意识,须先具备国家的印象;有了国家印象,更需有复兴民族的自信力,这样健全的民族意识才能完成"。所谓"国家印象",也就是国民要关心国家,要热爱国家,要知道"现在民族兴衰怎样,未来的邦国前途怎样"。但仅有"国家印象"还不够,还需要有"民族自信力",要相信自己能复兴民族,并担负起复兴民族的责任。总之,吴鼎第强调:"民族意识由国家的印象发动,由自信力推进,终乃形成健全的民族精神。由环境的刺激,反省诸己,谋取民族的出路——于此情状下产生的民族精神才是切实的,正确的,远大的,积极的,乐观的,勇敢的。"①

张君劢也特别强调民族意识的有无对于民族精神的形成乃至民族复兴的重要意义。他1933年在广州中山大学演讲《中华民族复兴之精神的基础》时指出:民族犹如个人,个人生于天地间,不能离开物质与精神,民族亦然。人之所以不同于动物,就在于人有意识。民族之所以为民族,亦在于民族有意识。"民族意识,乃民族之第一基本。"而民族意识,又具体表现在"民族情爱""民族智力"和"民族意力"三个方面。所谓"民族情爱",亦即作为民族一分子的个人对本民族的感情;"民族智力",亦即民族要有自己的思想和具有民族特点的独立学术;"民族意力",亦即民族的统一意志力或执行力。我们要恢复和弘扬民族精神,实现民族复兴,就"先则须从教养入手",使国民的"民族情爱、民族智力乃能逐渐提高,其后乃由意志之统一,终则为行动之统一。如是民族可以自存,国家可以独立矣"。

雷震对于费希特以国家高于个人,为谋求祖国的独立与生存而限制个人自由、舍身赴难的精神非常赞赏,在谈到如何恢复民族精神时,他特别肯定"菲希特以为唤起民族感情,涵养爱国热情之方法,莫过于从奖励教育着手"的主张,认为"我们要恢复民族精神,根本要从人格教育做起,无论

---

① 吴鼎第:《综论民族精神》,《复兴月刊》1937年4月15日第5卷第8期。

何人，不能否认。不过我们过去的教育，不但没有养成健全的人格，连知识方面都不能满足，真是惭愧。我们今后以努力教育，尤其要注意人格教育，才能恢复民族精神，才能真正挽救中国"①。陈茹玄认为，我们要恢复或复兴中华民族的民族精神，关键在于"认清使民族精神颓败的两点重要原因，根本矫正"。具体来说，一方面，要尽力消弭内战，以不合作的方法来对待那些兴风作浪的军阀政客，人人以参加内战为可耻，恢复"忠孝仁爱信义和平诸美德"；另一方面，要养成民族自尊自重的精神，自尊自重并非妄自夸大，更不是要故步自封，拒绝学习他人，而是"自信其本能，自尊其人格"，学习他人的目的，是取人之处，以为己有，"断非自残自弃，投降他人"②。俊荣指出，我们"欲从事于民族复兴之道，首先必认清民族精神衰颓之重要原因，根本矫正"。如前所述，在他看来，民族精神衰颓的主要原因，一是"受频年内战之影响"，二是"民族间之隔膜"。因此，他认为恢复民族精神，就必须"一方面便尽力消弭内战，使人人以参加内战为可耻；另一方面为谋五族整个之团结，连五族为一家，化仇敌为兄弟，共同担任挽救颓败民族之精神，恢复仁爱忠信诸美德，以养成民族自信自重之精神，爱国爱民之仁心，民族精神恢复，则不患列强之加于我也"③。

顾养元就"如何复兴中华民族精神"提出了三点建议。第一，"转移家族观念发挥民族意识"。他指出：中国人的家族观念、乡土观念非常浓厚，而民族意识则向不发达，影响所及，使四万万人民成了一盘散沙，没有团结，每个人都只知道个人的重要，而不知道自己和民族的密切关系，更没有自己的民族和他民族不同的思想，同族间的关系因而十分浅薄，感情不深，没有树立起同民族存则俱存、亡则俱亡的民族观念来。因此，我们要复兴中华民族精神，就必须从家族观念发展出民族意识，有了民族意识，民族思想才会发达，民族团结才能坚固，同时才肯牺牲自己的利益，努力图谋民族的生存。第二，"培养民族美德铲除不良特性"。每个民族都具有自己特殊的民族性，这种特性，有的不仅要保持，并且要发扬光大，有的则要设法铲

---

① 雷震：《救国应先恢复民族精神》，《时代公论》1932 年 10 月 14 日第 29 号。
② 陈茹玄：《我国民族精神颓败之原因及其挽救方法》，《时代公论》1932 年 10 月 7 日第 28 号。
③ 俊荣：《复兴民族精神问题之探讨》，《突崛》1934 年第 1 卷第 3 期。

除，不使遗留。我们中华民族的特性应当保存和发扬光大的，是忠孝仁爱信义和平诸美德，应当培养和鼓励的，是豪侠牺牲勇敢爱群诚实纪律等风尚，应当设法铲除的，是优柔寡断浪漫消沉自私自利的观念，只有当人人都能与民族共生存、同休戚，为民族利益牺牲自己的一切时，民族精神才能从颓废走向复兴。第三，"坚强自信能力祛除畏外心理"。鸦片战争战争之前，国人的自信力是满满的。但鸦片战争以后，国人对外心理几经变迁，每变迁一次，民族精神即堕落一次，民族自信力也随之降低，以至于对外人怀一种畏惧心理，自认为中华民族为劣等民族，欧美民族为优等级民族，中华民族的一切文明制度和思想学说都不值一顾，而不管适合中国需要与否，欧美民族的文明制度和思想学说都是极有价值的宝贝。如此，民族精神哪有不颓废之理。故人说"哀莫大于心死"，只要人心不死，无论民族精神如何颓废，都可以复兴起来，关键要看民族自信力如何。所以，我们要复兴民族精神，就必须"祛除民族畏外心理，坚强民族的自信力"①。

蔡衡溪认为，"复兴民族精神必先提倡乡土教育"。因为所谓民族精神，是一个民族所具有的一种特性，而民族特性的形成，则与某一地方的物质条件和历史的关系非常密切，乡土教育便可以将此种物质和历史的关系介绍给国民，使他们能认识其特点，发现其价值，并加以维持和发扬，从而为民族的生存和发展提供不竭的动力。这是"复兴民族精神必先提倡乡土教育的第一个理由"。除了物质条件和历史外，民族精神的形成与乡土风习也有非常密切的关系，比如乡土有俭约的风习，便可以形成民族节制而不浪费的精神，乡土有劳动的风习，便可以形成民族勤苦耐劳的精神，所以我们要复兴民族精神，必先设法保存和发扬乡土固有的优良风习，而欲保存和发扬乡土固有的优良风习，则必须实施乡土教育。这是"复兴民族精神必先提倡乡土教育的第二个理由"。此外，乡土信念为民族自信力之母，一个民族只有在了解乡土信念的基础上，才可以培养起民族的自信力。而乡土教育则可以帮助人们更好地了解乡土信念，从而为民族自信力的养成奠定坚实的基础。这是"复兴民族精神必先提倡乡土教育的第三个理由"。如果说乡土信念是民族自信力的基础，那么，乡土观念则是民族意识的基础。中国人民的乡土观

---

① 顾养元：《如何复兴中华民族精神》，《江苏教育》1934 年第 3 卷第 1、2 期合刊。

念素重，无论何人，对于本乡本土总是觉得十分眷念，肯去卫护，甚至对于乡土之一草一木，都怀有深厚的感情。这种乐于乡土的情怀，就是一种乡土的观念，将这种观念扩大起来，便就成了民族的意识。所以说民族意识的形成，是由乡土观念发展而来的。乡土观念既然是民族意识的根本，那么我们要培养民族意识，就只能从培养乡土观念始，而要培养乡土观念，就离不开乡土教育。这是"复兴民族精神必先提倡乡土教育的第四个理由"。尤其重要的是，中华民族的一些旧的道德观念，如忠孝仁爱信义和平等，虽在城市中多已消失得无影无踪，但它们在乡土人民的心目中还"遗留着不少的痕迹"，"这种潜在于乡土间的旧道德，我们如果给以相当教育的指导，也必定可以作为民族精神复兴之基础，这更是复兴民族精神应从提倡乡土教育做起之重要的理由"。总之，蔡衡溪指出，乡土内容与民族精神的关系极深，民族精神的形成大半基于乡土之习惯及观念，如不谋乡土之习惯及观念的维护和发展，而只图民族精神之唤起，那不过是空洞的口号而已。"也就是说，如果讲复兴民族，而不谈乡土教育之实施，则民族精神也是终无复兴之一日，所以我说，复兴民族精神，必先提倡乡土教育。"[1] 曹中权则主张加强师范教育，充分发挥师范教育在"复兴民族精神"中的作用。因为教育为立国之本，是民族精神的原动力，师范教育尤为一般教育之基础，征诸各国教育的发展，无不以师范教育为实现其目的之工具，"其民族之兴替，其国民思想行动之方向，大都视师范教育为转移"[2]。

1939年，"民意周刊社"曾以"民族道德与民族精神"为题向全国征文，讨论民族道德与民族精神之间的关系问题。同年11月，获征文前五名的文章由独立出版社结集出版。吴锡泽指出，民族道德是民族精神的最高表现，民族精神之所以涣散，原因就在于民族道德的堕落，历史上民族精神最消沉的时期，也是民族道德最堕落的时期，所以，"欲发扬民族精神须先提高民族道德"[3]。吴坤淦通过具体考察民族道德与民族精神形成的历史后得出结论：民族精神初出于民族道德，但是出生以后便伴着民族道德共同发

---

[1] 蔡衡溪：《复兴民族精神必先提倡乡土教育》，《河南教育月刊》1934年第5卷第2期。
[2] 曹中权：《民族精神与师范教育》，《江苏教育》1934年第3卷第1、2期合刊。
[3] 吴锡泽：《民族道德与民族精神之一》，载郑师渠、史革新主编《近代中国民族精神研究读本》，北京师范大学出版社2006年版，第212—221页。

展。翻开中外历史,任何国家都逃不出这个规律。所以,自从封建政治发生以来,一个国家的道德愈良好,则民族精神亦愈焕发;民族精神愈焕发,则民族道德也愈高尚。"二者乃互为影响,互为益彰,如车辅之相依,实相需而相成。"因此,我们要恢复或复兴民族精神,就须同时恢复或复兴民族道德。[①] 周明道认为,民族精神,含蓄于民族道德之中;而民族道德,又寄托在个人的人生观和全体的社会气节之中。不同的人生观和社会气节,形成不同的社会道德,产生不同的民族精神,最后影响到整个国运的盛衰、民族的盛衰。所以,我们要完成"抗战建国"的使命,实现中华民族的伟大复兴,"须当发扬我们的民族精神;要发扬民族精神,当培植社会道德;首先应当做的工作,便是培植我们的人生观和社会气节"[②]。

四

民族精神是一个民族凝聚力的核心,是一个民族奋发向上的力量之源,是民族发展进步的精神支柱。它能对该民族的成员产生巨大的感召力,能够唤起一个民族的自尊心、自信心和自豪感,能够激励该民族的成员为本民族的解放和发展而团结奋斗。随着"九·一八"后民族复兴思潮的兴起,中国知识界认为,要实现中华民族的伟大复兴,就必须恢复和复兴中华民族的民族精神,尽管由于政治取向和文化取向的不同以及知识结构方面的差异,他们对中华民族的民族精神的认识各有不同,但都是从正面认识和肯定中华民族之民族精神的,尤其是他们有感于中华民族精神日渐颓废甚至消失,而提出了种种恢复或复兴中华民族精神的主张或措施,如培养民族意识,去掉洋化心理,追怀本民族的光荣历史,重视教育尤其是人格的教育,树立民族的自尊自信,消弭内战,处理好民族道德与民族精神的关系,"欲发扬民族精神须先提高民族道德",等等,这些主张或措施不仅是针对他们当时所生存的时代而提出来的,有很强的针对性和现实意义,就是现在看来,其中许

[①] 吴坤淦:《民族道德与民族精神之二》,载郑师渠、史革新主编《近代中国民族精神研究读本》,北京师范大学出版社2006年版,第224页。

[②] 周明道:《民族道德与民族精神之三》,载郑师渠、史革新主编《近代中国民族精神研究读本》,北京师范大学出版社2006年版,第234—235页。

多观点仍然有可资借鉴的历史价值,值得我们认真地思考和吸取。尤其需要指出的是,"九·一八"后的知识界在讨论民族精神时,他们中已有人认识到,"民族复兴运动,并不是回复到旧的民族精神,而是旧的民族精神之展开,换句话说,即是根据旧的民族精神为新的民族精神的创建"[①]。这一认识对于今天实现中华民族伟大复兴的"中国梦"更是弥足珍贵。

---

① 罗敦伟:《中山文化与本位文化》,《文化建设》1935年7月10日第1卷第10期。

民国初年共和派与帝制派的论争

邹小站

（中国社会科学院近代史研究所）

摘要：由于社会条件不成熟，辛亥革命后建立的共和政治出现了种种问题，引发人们的批评。袁世凯及其拥护者利用此种批评，否定共和，鼓吹帝制复辟。由此引发共和派与帝制派的思想论争。在论争中，共和派揭破了帝制派假立宪、真专制的真面目，捍卫了共和民主的价值，并提高了自身对共和政治的认识，对共和政治试验中出现的问题，能给予理解，对中国建立共和民主的艰巨性、长期性，也有了明确的认识。

关键词：共和乱象　君主制　共和制　中国国情　世界潮流

辛亥鼎革而帝制覆灭，共和以建。然中国的共和政治自诞生伊始，就遭到一些人的反对与批评。反对者主要是清朝的遗老遗少，他们鼓吹清室复辟。但他们力量分散，没有掌握实际的军政权力，缺乏复辟的实质能力。其时，清末政治腐败留给国人的印象仍在，革命思潮所造成的影响还在人心田，清室复辟得不到多少支持。批评共和政治的主要是原立宪派人士如梁启超、吴贯因等，他们深信在缺乏政治转型条件的中国，唯有开明专制才能为宪政准备条件。武昌起义后，此派人士接受共和政治的现实，但一直不曾放弃开明专制的梦想。他们对民国初建时出现的种种乱象甚为不满，乃对共和政治试验进行了言过其实的批评，以为开明专制论张目。此派人士虽幻想开明专制，但也渴求和平与政治革新，不赞成帝制复辟。国会解散后，因开明专制论易为帝制复辟论利用,他们暂抛弃开明专制论,转而为共和政治辩护。对共和政治构成实质威胁的是袁世凯操纵下的帝制复辟。正是在袁世凯的纵容与操纵下,帝制复辟论由幕后走向台前。筹安会成立后,帝制派以学术研究的名义"探讨"国体问题,发表了种种言论。随后,帝制派又推动"国民"请愿,吁请袁大总统顾念天下苍生,恢复帝制。各种请愿书、推戴书亦就帝制与共和的问题,提出种种意见。由此,捍卫共和的共和派与鼓吹复辟的帝制派的论争趋于激烈。

这一论争,自其发生以来,学界多是共和派而非帝制派。近年来,有学者或将民国成立后政局的长期动荡归因于政治权威的缺失,或脱离历史环境,只见帝制派的言论,而置民初共和派的言论于不顾,置帝制复辟产生的恶果于不顾,对帝制派的威权主义政治理念颇多同情。那么,民初共和派与帝制派的争议,内容如何?应当怎样看待这场争论呢?作者不揣谫陋,试就这一似乎老生常谈的问题再作梳理与探讨。

一 共和"乱象"与人们对共和的批评

武昌起义后,共和迅速成为时代的选择,虽有一些清室王公贵族以及忠君思想深厚的人物如康有为、劳乃宣等,还希望保全清室,行虚君共和之制,但君主立宪的机会已然过去。一般由君主制向共和制过渡的国家,会出现长期的共和派与保皇派的争斗。武昌起义后,中国的保皇派不成气候,主要是由满汉矛盾以及革命思潮造成的。吴贯因在函劝梁启超放弃虚君共和主张时曾指出,君主立宪之时机已逝,"夫因一人一姓之无道,遂使举国涂炭,今仍欲倡议保全其皇位,其势实不顺。使在古代,犹曰借君臣之名义,以激发人之忠爱之心。今则国家主义大昌,为国而死者,则人乐从之,若夫为君而死,则晏子所谓非其私昵,谁敢任之?况今日又有所谓民族主义之说出焉。故昔之为君效死者,人皆称之忠臣,今日为君效死,人则字之汉奸"[①]。

共和初建,不少人对共和信奉过猛,冀望过奢。信奉过猛者"对于共和绝无疑虑,甚者视之不啻全能全智之神,足拯生民于水火。于是一倡百和,

---

① 丁文江、赵丰田:《梁启超年谱长编》,上海人民出版社2009年版,第386—387页。

如鼓应桴"。然而共和告成,而生灵涂炭如故,产业凋敝如故,干戈不绝如故,虐政未革如故,金融停滞如故,经济衰败如故,于是向之希望共和而讴歌共和者,乃大失所望,由迷信共和而转为厌恶共和。① 冀望过奢的是一般本不赞成共和的人士如康有为、梁启超等,他们持高调的共和观,共和政治试验出现的问题,被他们放大,成为彰显其先见之明,用为鼓吹君主复辟或开明专制的证据。②

由君主专制向近代政治过渡,理想的方式是当权者顺应社会要求,主动变革,实行君主立宪。若当权者昧于时势,或社会矛盾尖锐而当权者处理不当,造成革命,就会出现共和政治。久行君主专制,而初入共和,自然会出现诸多问题。但民初批评共和政治的人士,多不能理解这一点。民国初建,政党刚刚起步,其结合往往不重党纲,而重人际关系,"各党以图取势力故,遂不能不于稍有势力者,皆牢笼之,至其人之清流浊流,不暇计也。中央尚仅罗及官僚,地方则宝及鱼鳖,刁生劣监,奸胥土豪,但肯投诚,无不倒屣,正人敛迹而自晦,愚懦者潜忍以受辱"③。各党党纲雷同,党争多意气之争,而少政策之争。议会选举屡现种种不法事件,而诸多传统政治精英,或囿于传统政治理念,未曾参选,或因不明近代政治游戏规则,未曾入党,而没有当选。当选者似乎多不学之徒,地位、人望不及一些传统政治精英。这很引发一般社会人士尤其是传统政治精英的反感,以为选举政治何能得英才治国,不过热衷利禄的少年新进,结党朋分政权而已。康有为即认为,政治本应以贤治不肖,从政应是少数才民、富民的专利;共和政治虽取决于多数,然其实行,必赖少数有道德、有学问、有知识、有财力者以为维持,否则必流为暴民专制。中国条件不备而强行共和,所谓共和、民权、平等、自由,不过十数万之暴民得之耳。④ 一些进步党人直接称平民政治、多数政治为"众愚政治",中国的共和政治是"众乱政治""众恶政治"。⑤

---

① 张东荪:《中国共和前途之最后裁判》,《正谊》1914年3月15日第1卷第3号。
② 秋桐:《共和平议》,《甲寅》1915年7月10日第1卷第7号。
③ 黄远庸:《不党之言》,《黄远生遗著》卷1,商务印书馆1938年版,第16—17页。
④ 康有为:《中国以何方救危论》(1913年3月),《康有为全集》第10集,中国人民大学出版社2007年版,第30—37页。
⑤ 吴贯因:《平民政治与众愚政治》,《庸言》1913年5月1日第1卷第11号。

清末，国人曾对国会充满期盼，然国会成立后，因陷入党争窠臼，议事效率低下，累日不能成一案，累月不能颁一律；又因政治精英不熟悉近代议会议事规则，而致议场秩序不佳，甚且在诸多重大议程尚未进行之时，议员就忙于自定薪俸，卒以每年五千元成案，遭舆论嘲讽。不但议场内争斗不已，各党议员又往往将议场内的政党之争通电社会，希望得到社会舆论的支持。手握大权的袁世凯一派势力，对于议会议事，动辄指使地方军政大员通电干预。一般社会人士对于军人干政的危害认识不足，在军人通电干政之时，不去维护议会，反指责议会不能体恤政府，致使行政立法两部不能和衷共济，要求国会反省。更有人组织"监督国会团"，要监督国会之活动。又有一些议员为金钱权势收买，甚至身跨数党，领取数党之津贴，又奢侈无度，以"卖身"所得，挥霍于花天酒地之中，气度之豪，不让石崇、邓通。诸如此类，不一而足。至于社会上一些人误解自由平等，借自由平等的名义做出不尊长上的事来，更被保守派看作共和政治毁灭纲常伦纪的显证。中央地方关系紧张，也被习惯于传统政权运作模式的人士看作共和的必然恶果。其实，从各国立宪史看，共和初立，出现此类情况，极为正常。国人不理解这一点，以民主先进国家数百年始得之成效，求之于新生的共和政治，自然只有批评与失望，而较少理解与同情了。

批评共和的人士，往往据高调的共和观以否定中国的共和政治。康有为说，共和之美，在其能达民意、伸民权。又说只有大事由人民共议之，才称得上民意，选择则有权，才称得上民权。而人心各异，父子师弟亦难强同，代议制最多只能做到民举，不能达民意。中国地域辽阔，山川绝隔，人民无识，交游未盛，选举不习，连"民举"也做不到。他批评中国的共和政治，"不过欺民而已，不过豪猾之士欲攘夺国政，借民权、民意以欺人而已"。"我今质问四万万人，汝有何权，所选举者，谁为汝意，议员所陈，谁得汝心？……夫既非民意、民权，非代民议，则今之国会，大声疾呼曰代议者，岂不大谬哉！代金钱而议则有之矣，代势力而议则有之矣，代民议则未之见也。"他又给政党定下很高的标准，称政党肩负一国政治重责，党人应德识学俱优，而中国之政党员类多无赖，其在乡里则恃多数而横行乡里，夺乡村士夫之权，其在政府，则控制行政司法，"以贿赂相争，以诈伪相倾，以势胁相劫，以骂詈相攻，皆视为固然"①。

吴贯因梦想开明专制，称中国未经开明专制而行共和，只能得"众愚政治""暴民"政治。他攻击国会"于国家之大本大计，则未闻有所建白，其能踊跃议定者，则在于索取六千元之岁费，而匠心独运于岁费之外，发明万国所无之出席费，以为朘削民脂民膏之口实。国会之为害于政治既如此。而且投票视金钱为从违，卖身等牛羊之论价，以败坏天下之廉耻也"。又批评议员沉溺赌博、奢侈成风，败坏社会风气，国民自然视议员如禽兽，自然对国会不寄希望，而寄希望于政府。国会之权威，全赖国民为后盾，今国民对于国会观感如是，"使政府而师克伦威尔之手段，以铁骑蹂躏国会，则国民亦浮白称快，谓议员死有余辜已耳"②。言辞过火，甚非理性论政者所宜出。梁启超也批评国会建立"未及三月，而天下之望殆已尽去。八百议员头颅攒动如蚁，汹汹扰扰，莫知所事，两旬不能举一议长，百日不能定一院法。法定人数之缺日有所闻，逃席之举成为故实，幸而开会，则村妪骂邻，顽童闹学……国家大计百不一及，而惟岁费六千是闻"。于是有所谓监督国会团出现，有北京各团体对于岁费问题之声讨，有某都统以军人资格、某都督以地方官资格通电指斥，如严师之施楚于子弟，"举国且闻之而称快"。③

在缺乏代议制传统的国家行共和政治，建立国会的政治权威十分关键，这需要国民支持国会。但开明专制论者对"特别势力"打压、诽谤国会，不做批评，而专责国会不能尽其责；对共和政治初建时出现的种种问题，不做客观的分析，将其原因一概归结为"暴民"不守规则，以抹黑同盟会和国民党，而对于袁世凯为首的旧军阀官僚势力之不遵守共和政治的游戏规则，他们虽有批评，却能够容忍，甚至将维持秩序的希望寄托于此派势力，幻想此派势力能够听从立宪派的引领，走上宪政的轨道。

此外，一些激进民主主义者，也心存"民王"（peuple-roi）理念，将主权在民理解为"唯民为王"，④ 以为共和已建，就当行普选制，国民之多数

---

① 《中国颠危误在全法欧美而尽弃国粹说》（1913年7月），《康有为全集》第10集，中国人民大学出版社2007年版。
② 吴贯因：《今后政治之趋势》，《庸言》1913年8月1日第1卷第17号。
③ 梁启超：《国会之自杀》，《庸言》1913年7月1日第1卷第15号。
④ 秋桐：《民国本计论》，《甲寅》1915年10月10日第1卷第10号。

应当参政，不但是要参与选举，而且要参与行政、立法，乃至于司法，并且强调国民多数意见的绝对合理性。基于此种观念，他们以民国建立后，人民参政不广，议会权力屡受行政当局摧残为由，批评初建的共和政治为伪共和。其尤激烈者则鼓吹以暴力革命打倒袁世凯，重建共和政治。这更刺激了怀疑共和政治、恐惧于暴民专制的温和派，他们认为，正是共和政治人人自主、人人自由平等的理念造成了纲纪沦丧，使人皆不愿服从权威与长上，有力者更欲以武力争大总统之位的现状，造成了再度革命的言论；长此以往，中国将日日在革命之中，永无安定之日。

一时间，批评共和似乎成了时髦。舆论对于共和的批评，不惟造成一般国民对于共和、国会、政党的厌恶，也为艳羡帝王大位者以及那些心存攀龙附凤之心的投机政客攻击共和、鼓吹帝制复辟造就了舆论氛围。

二 帝制复辟论

民初鼓吹复辟者有两类人。第一类是清室的遗老遗少，其中一部分是清皇室成员，一部分是不忘旧主的旧朝武人如张勋之流，还有一部分，"就是旧式士大夫，饱读经书，满脑子忠君守道的思想，对新制度、新人物、新思想，一切看不惯，对旧朝旧君，恋恋不忘，如劳乃宣、于式枚、刘廷琛、沈曾植、郑孝胥等人。这些人，因能恪守旧道德，思想尚称一贯，既不侍新朝，亦不为袁世凯所利诱。所以，尽管其复辟主张是错误的，但其人格尚能保持独立"[1]。这几类人，情况各异，未能真正结合，但在鼓吹清帝复辟上是一致的。

这类复辟言论的代表性人物是劳乃宣。武昌起义之后，劳氏陆续撰有《共和正解》《续共和正解》《君主民主平议》。这三篇文字"总其辞旨，不外于主张帝制复兴，清命再续"[2]。劳氏历引文献，称"共和"一词源于周召共和，"其本义为君幼不能行政，公卿相与和而修政事。故曰共和乃君主

---

[1] 耿云志：《近代中国文化转型研究导论》，四川人民出版社2008年版，第254—255页。
[2] 逵宦：《辟劳乃宣〈共和正解〉〈续共和正解〉〈君主民主平议〉三书》，《雅言》1914年12月5日第11期。

政体，非民主政体也"，故宣王长成，共和即罢。① 今既言共和，则当在宣统成年后，还政于他，这才是共和正解。若从"共和"一词的古义来说，劳氏的说法并没有错。但近代使用的"共和"一词，乃来自西文之 republic，其含义"乃民主立宪之称名，而非泥成周之旧事"。② 劳乃宣又称："欧美以工商立国，希腊罗马早有市府之政，其人民即有法律之智识，渐摩服习，垂数千年，几于人人有自治之能力，民政久有基址，而各国君主沿酋长之余习，暴虐有甚于中国之桀纣者，激而成反抗之力，相推相演，乃成今日民主之制。其所由来者渐矣，非一朝一夕之故也。"若不具备工商立国、自治传统、君主暴虐的历史条件，而欲行民主制度，必至大乱，法国、南美就是前车之鉴。中国古来农业立国，并非工商立国；国人缺乏自治能力，从未闻民主之说，多数人仍习惯于君主制度，其读书明理者，多笃守旧道德，极端反对无君之说；况朝廷本无虐政，德泽犹在人心，虽近日当轴不得其人，致滋民怨，然怨者政府，非怨君上，与欧洲革命之怨毒生于其君者，迥不相侔，尤不可同日语也。他认为中国缺乏实行共和民主的历史与条件，今日的共和民主纯粹是少数喜新之徒煽动起来的，故所得不过"大权集于一人，外虽有民主之名，而内实有君主之实"的伪共和；将来更必有骁桀之徒以武力争大总统之位的战乱，给外人瓜分中国之机。③ 他说，真共和应是清帝居正统之名，以镇服天下之人心；政府握大权之实，以担负行政之责任；又有国会处于监察之地位，使不致有跋扈之虑，有周、召之事功，无伊、霍之流弊，此今日救时之要道。④ 劳乃宣对于近代共和政治需要一定的经济、社会条件的看法，有相当的道理；对于由君主专制转向共和之初，会有相当时期的动荡，甚至出现武力争夺总统的情况的说法，也是实情。一般地，保留君主制，和平地实现近代政治转型，是较为理想的选择。但在革命已然发生，共和政治已立，旧皇室因为种族问题、政治格局变动、人们思想观念变化等因素，而失去复辟可能的情况下，欲以复辟旧皇室来去除革命之后的种种弊

---

① 劳乃宣：《共和正解》，《桐乡劳先生遗稿》卷1，丁卯冬桐乡卢氏校印。
② 逵寄：《辟劳乃宣〈共和正解〉〈续共和正解〉〈君主民主平议〉三书》，《雅言》第11期；秋桐：《复辟平议》，《甲寅杂志》1915年5月10日第1卷第5号。
③ 劳乃宣：《共和正解》《续共和正解》，《桐乡劳先生遗稿》卷1。
④ 劳乃宣：《续共和正解》，《桐乡劳先生遗稿》卷1。

端，已然行不通，徒增扰乱而已。①

对于劳乃宣等人的清室复辟论，袁世凯下令严厉查办，坚守共和政治理念、奉行民族主义的革命党人激烈批判，而温和派则相对宽容一些。谷钟秀说，复辟论者有良心派、迎合派与传染派。良心派指劳乃宣、于式枚等人，他们反对共和，大多从其真诚的见解出发，所谓见仁见智，未可厚非。② 张东荪说，劳乃宣等鼓吹清室复辟，其动机在立宪，其心可原。③ 章士钊指出，今日主张清室复辟者，多忠于清室而主张君主立宪，今共和行之不善，彼等愤恨于今日共和其名、专制其实的伪共和，回想清政府所宣布之十九信条，以为其所给予的自由参政之地，相比今日政府之专制，不啻天渊，因发为噬脐无及之嗟，追恨革命党之为谋未臧，不接受清室之立宪，而一意孤行搞什么共和。此"大抵为感情所中，理想所朦，未见其有当于事实也"。对于劳乃宣等人所称今日共和其名、专制其实的言论，政府"狼狈不敢一辩"，对"隐中一部分人心之说，不深惟其终始，不熟察其变迁，而徒以束缚驰骤之思，发为虔刘蕴崇之论，诋曰叛逆，詈作禽兽，恣怒极骂，不留余词"，不过显露政府之色厉内荏而已。④

共和派真切地看到，帝制复辟氛围是当局有意制造的。⑤ 各种为袁世凯复辟制造舆论的文字不少，提出了种种拥戴袁世凯称帝的理由，比如袁大总统德隆功伟，应居天子之位；拥戴出于民意，大总统不接受拥戴，如天下苍生何。革命以来，伦纪扫地，非恢复帝制，以重整纲纪，则茫茫人类将如散沙，社会失其联系，国家何由存在。国家数千年来，君统未尝终绝，革命以来，群龙无首，变故迭生，邦基杌陧，非改共和为帝制，国家何由安定。共和以来，竞争元首，致国家不安，教育实业军事无由发达，立宪无由推进，非改国体，不能立宪，等等。⑥ 有些拥戴书、请愿书，讲不出帝制复辟的道

---

① 逖宦：《辟劳乃宣〈共和正解〉〈续共和正解〉〈君主民主平议〉三书》，《雅言》第 11 期。
② 谷钟秀：《论政治复古》，《正谊》1914 年 4 月 15 日第 1 卷第 4 号。
③ 张东荪：《复辟论之评判》，《正谊》1914 年 12 月 15 日第 1 卷第 6 号。
④ 秋桐：《复辟平议》，《甲寅》1915 年 5 月 10 日第 1 卷第 5 号。
⑤ 张东荪：《复辟论之评判》，《正谊》1914 年 12 月 15 日第 1 卷第 6 号。
⑥ 《顾鳌就帝制运动经过给各省将军咨文》，章伯锋、李宗一主编《北洋军阀》（2），武汉出版社 1990 年版，第 933—939 页；杨度：《参政院代行立法院第二次推戴书》，《杨度集》（二），湖南人民出版社 2008 年版，第 597—602 页。

理，黔驴技穷之余，就用阴谋论来攻击共和派。比如，段芝贵、龙济光等十九省将军吁请袁世凯称帝的呈文即称："共和国体不适国情，有识之士心忧久矣。国体不能定一，人心靡所适从。内之暴徒安冀总统数年一易，彼得乘机恣其扰乱；外之他族利我国家根基不同，使得伺隙奋其侵略。在彼等心理所最忌者，尤以我国家元首得人，若久于其位，国本大定，彼将无所藉手以逞其阴谋。故利我之长，用共和名义使国本不定，以便其扰乱侵略之图。一闻有人倡言君主国体，不惜百端反对，必期破坏而后已。"①

真正像样的鼓吹袁世凯称帝的文字，只有杨度的《君宪救国论》与古德诺的《共和与君主论》，此外如刘师培的《国情论》《唐虞禅让与民国制度不同论》等，其他都算不上像样的文字。

杨度是个国家主义者，又持威权主义的立宪思路，共和之后出现的种种问题更坚定了他的信念。杨度在清末进入宪政编查馆后，即与袁世凯关系密切，对袁颇有期待。入民国后，杨度似受制于袁世凯，在看清袁世凯有称帝意图后，乃于1915年4月抛出《君宪救国论》。从国家主义的理念出发，杨度认为："富强者，国家之目的也。立宪者，达此目的之方法也。"但由专制而立宪，须有和平的政治环境，需执政者有系统的规划并有执行规划的能力，通过至少一二十年的努力，才可以逐步实现立宪。共和政治以人民为主体，欲其不乱，"必须多数人民有普通之常德常识"，否则必因竞争元首而引发动乱，丧失立宪所需的和平政治环境；必因人民误解自由平等之说，使政府难以执行其远大规划。他称，就为宪政创造条件而言，君主制具有共和制无法比拟的优越性。（1）君主制是终身制、世袭制，政府虽可更，但君统不轻更。这样，国家可有长期的、一贯的规划，去为立宪政治准备条件。共和之下，元首有任期，久者不过连任，最多不过终身，难有为国家树立百年大计，确立立宪政治的雄心壮志。即便有为者有此心，其继任者能否赓续其志，亦未可知。（2）中国虽名义上确立了共和制度，但落实之途正长，当选的元首或者内阁总理，因其权力已具备表面上的合法性，其施政重心必在维持共和其名而混乱其实的政治现状，而非以宏大的志向、坚毅的魄力去

---

① 《段芝贵、龙济光等十九省将军呈文》，载章伯锋、李宗一主编《北洋军阀》（2），武汉出版社1990年版，第1062—1063页。

为立宪创造条件。若规复君主制，则君主之位非由继承而来，乃以立宪为号召而获得，故当政后不能不顺应人民要求，实行立宪，以收拾人心，建立其权力的合法性；继任的君主，为子孙万世之计，亦不能不落实立宪，以图君位永续。（3）以中国的政治传统与国人的政治观念而言，续行共和制，必造成武力竞争元首之位的活剧，难以为政治的立宪转型提供和平的社会环境，难以提供政治转型所需的政治权威。而君主制则可免除因竞争元首而引发的内乱，可为政治转型提供和平的环境，又可利用君主的威灵，提高政府执行立宪规划的能力。对于改君主为共和的负面影响，如共和派的武力反抗以及由此引发的内战，当局为打压共和派而压制而取缔共和派的政治组织与言论机关，造成政治的大倒退，甚至使国家长期处于军政状态，等等，杨度根本不提。他把改共和为君主说得很轻巧，似乎只要改定宪法，恢复君主制就可以了。对于恢复君主制之后的政治体制，他主张：采用普鲁士的制宪方法而略加变通，即宪法由君主提出，而由议会承认。君主有紧急财政处分、紧急命令之权；宪法上关于人民权利、国会权限，"宁可少与，不可欺民"。"少与权利，尚不足为祸害，若夫视作具文，并无实行之意，则人民以为欺己，即怨毒之所由生"，易引起变乱。若将来人民要求更多的权利，则政府可视人民之程度不妨稍增与之，免成反抗之祸。① 他提出的元首大权、人民权利有限、国会权力有限的政治架构，很合袁世凯的胃口。

古德诺是美国著名行政法学家。1913 年 3 月，他应聘为袁世凯的法律顾问，"襄办宪法编定事宜"。1915 年 8 月，他抛出《君主与共和论》。文章称，君主制之下，元首自然继承，不必选举；而共和制之元首由选举产生，若人民"平日未尝与知政事，绝无政治之智慧"，其元首继承必不能妥善解决，共和政府易变为军政府。军政府为维持权力，往往实行高压统治和愚民政策，此必妨碍人民能力之提高。迨军政强人老病殂谢，压制之力弛，攘夺大柄之徒，乃纷纷并起，国家又将陷入武力争夺权力的乱局。因人民程度不足，中国的共和政治已致结果不良，将来更恐酿武力争夺政权之祸而陷入军政时代。欲求独立发展，中国必须立宪，而从历史习惯、社会经济状况及中国际环境看，"中国之立宪，以君主制行之为易，以共和制行之则较难也"。

---

① 杨度：《君宪救国论》，《杨度集》（二），湖南人民出版社 2008 年版，第 563—581 页。

与杨度只谈改共和为君主的好处不同,古德诺还顾忌一点学者的体面,在谈了一通中国目前不宜共和政治的高论之外,他还提出改共和为君主的三个前提:不引起列强之干预与国民之革命;君主继承问题必明定于法律,否则易召乱;政府须有系统的计划,使人民知政府为造福人民之机关,人民可以监督政府。①

古德诺此文发表后,帝制派不顾其中论及的条件,将其奉为至宝,国际上的著名法学权威,都说君主制优于共和制,大大提振了他们的"理论勇气"。1915 年 8 月杨度、孙毓筠等即发起筹安会,宣称中国改君主为共和,是人民基于情感的决定,非深思熟虑的选择。改政以来,国家经历种种危险,人民感受种种痛苦,是时候重新思考共和国体是否适合中国了。又以古德诺所论元首继承问题为据,说程度不足之国家如中南美洲各国,总统更迭,莫不始于党争,终成战祸。中国欲免乱,当改共和为君主。又将古德诺个人看法夸饰为各国明达之士的共识。②

三 思想界对帝制复辟论的批判

帝制派的种种言论与活动,引起共和派的强烈反对。袁世凯的帝制复辟活动,不但促成中华革命党与欧事研究会的团结,也促成原国民党人与原进步党人的联合。在反对帝制复辟的问题上,民主力量在经过民初的严重分歧之后,又重新走到一起。在北洋军阀内部,因担心革命之再起,或不甘再为人臣,也有不少人对反对复辟,但他们的言论,主要并非要捍卫共和国体,而多从帝制复辟会造成动荡,又违背大总统过往拥护共和的誓言等角度立论。

共和派在批驳帝制的言论时,所阐发的主要见解如下。

第一,中国求立宪当以君主制还是共和制。

共和派承认,君主制与共和制都可以立宪,但中国求立宪,则当以共和制而不当以君主制,他们认为:

(1) 帝制派称人民程度不足而行共和,将导致武力竞争元首和军人政

---

① 古德诺:《共和与君主论》,《北洋军阀》(2),武汉出版社 1990 年版,第 946—952 页。
② 杨度:《发起筹安会宣言书》,《杨度集》(二),湖南人民出版社 2008 年版,第 582—583 页。

府，不利于立宪，若改行君主制，则可避免此种局面。共和派指出，共和制或君主制，"皆足以致治，皆足以致乱。治乱之大原，十九恒系于政象，而不系于国体"①。南美各国行共和而出现种种混乱，不过政制初更时的偶然现象，其乱源在当权者违背共和原理，而非共和制度本身。② 中国长期行君主制，然数十年一小乱，百年或二百年一大乱，"皆野心家争夺帝王之劫杀史也"③。君主制可以免乱，而共和制生乱的说法，在道理上、事实上，均不能成立。

（2）帝制派称中国人久受君主统治，信从君主权威，恢复君主制，可以利用君主的威权维系人心，恢复秩序。共和派指出，行君主制而能定天下人心，有赖于历史、习俗形成的对于君主似魔非魔的君主神圣的观念，但经过思想界对于君主制度的批判，君主神圣的魔念已经祛除，"尊神而入溷牏之日久矣"，欲借君主权威定天下人心，不过痴人说梦。④

（3）帝制派称，改共和为君主后，可以立宪。于此，梁启超说，中国现在不能立宪，原因甚多，比如说上自元首，下至各级官吏，皆无服从法律之心；人民无政治兴味，无政治知识、能力、政治道德，等等，"此诸原因，非缘因行共和而始发生，即不能因非共和而消灭"。说一旦去除共和，恢复君主，即可扫除此等障碍，非常人所能理解。他质问："吾欲问论者挟何券约，敢保证国体一变之后，而宪政即可实行而无障？如其不然，则仍是单纯之君主论，非君主立宪之论也。"⑤ 章士钊提出，君主而能立宪，"求之于累叶相承之君主可得，求之于狄克铁特（dictator）之君主则不可"。因为改共和为君主，必激起共和派的强烈反对，为维持秩序，君主不能不以高压统治维持秩序，根本没有开放言论、党禁，以为立宪准备条件的可能。⑥ 章士钊

---

① 梁启超：《异哉所谓国体问题者》，《饮冰室合集·专集之三十三》，中华书局1989年版，第93页。
② 谷钟秀等：《共和维持会宣言书》（1915年8月25日）；《留美学生联合会上袁世凯书》，李希泌、曾业英、徐辉琪编《护国运动资料选编》上，中华书局1984年版，第36—40、64—66页。
③ 《中华革命党党务部为驳斥筹安会谬论通告》（1915年9月20日），《北洋军阀》（2），武汉出版社1990年版，第1012页。
④ 梁启超：《异哉所谓国体问题者》，《饮冰室合集·专集之三十三》，中华书局1989年版，第94页。
⑤ 同上书，第90—91页。
⑥ 秋桐：《帝政驳议》，《甲寅》1915年9月10日第1卷第9号。

质问:"今苟改立君制,孰敢保吾宪政可见实行。果可实行,胡乃不为之于民主之时,而必留以有待立君之日?"①

(4) 共和派指出,中国绝无恢复帝制的可能。一般国家,改专制为共和,会经历一段时期的动荡,甚至出现暴民专制,于是渴望安定的人们又怀念旧朝,各国的帝制复辟也都是旧朝复辟。但中国的清室因种族嫌疑,已无复活的可能。若欲立新朝,只有两种情况。一是今大总统神圣威武,有魔法迅速实现国家富强,遇有机缘,对外一战而霸,功德巍巍,亿兆敦迫,受兹大宝,传诸无穷。二是经过大规模的内乱之后,大总统剪灭群雄,凭借武力称帝。前者不可能,后者乃亡国之途。② 当然,还有一种可能,国家灭亡,有伟人起,领导国人完成国家独立大业,功勋卓越,国人推戴之以为君主。

(5) 帝制派认为,国命存亡为重,而国体之更变为轻。若共和不改,将致国家灭亡,则共和之虚名毫不足惜。③ 共和派则很看重共和虚壳的价值。这又分两层。第一层,共和派认为,变更国体就是革命,是需要付出代价的。梁启超说得很俏皮,"今当开国承家伊始,而首假途于犯法之举动以为资,譬诸欲娶妇者,横挑人家闺阃,以遂苟合,曰但求事成,而节操可勿沾沾也,则其既为吾妇之后,又有何词责其不贞者?今在共和国体之下,而曰可以明目张胆,集会结社,以图推翻共和,则他日在君主国体之下,又曷为不可以明目张胆集会结社,以图推翻君主!"④ 章士钊说,求长治久安之道,首在避免革命,而推翻共和、创设帝政,本身就是革命,且认革命为宪法之权利。自来论革命,只许其为道德上之权利,而不许其法律上之根据。今筹安会不但欲革命,且欲以革命为法律上之权利,此为造乱,何能谓"筹安"?⑤

---

① 秋桐:《共和平议》,《甲寅》第 1 卷第 7 号。
② 梁启超:《异哉所谓国体问题者》,《饮冰室合集·专集之三十三》,中华书局 1989 年版,第 94—95 页。
③ 《阮忠枢呈文》(1915 年 9 月 19 日),章伯锋编《北洋军阀》(2),武汉出版社 1990 年版,第 1084—1090 页。
④ 梁启超:《异哉所谓国体问题者》,《饮冰室合集·专集之三十三》,中华书局 1989 年版,第 96 页;汪凤藻:《致筹安会与杨度论国体书》,见白蕉《袁世凯与中华民国》,《近代稗海》(3),第 152—157 页。
⑤ 秋桐:《帝政驳义》,《甲寅》1915 年 9 月 10 日第 1 卷第 9 号。

第二层，共和派肯定共和虚壳的价值。章士钊说，今共和虽徒有其名，但"饩羊犹存，礼终可复"；又说："夫政治变迁之最合于理想者，亦舍其新之必要，而存其旧之不必改作者耳。若彻底推翻之，则非常之原，其不大伤国本，甚且亡国者几希。……故共和虽失其实，而尚能保存中华民国之名义，则他日革新，其因或出于今之政局中人，或有异军苍头特起，亦就原体而损益之已耳。"① 也就是说，存共和虚壳，一方面可避免大乱，另一方面也为此后人民循名责实，落实共和，提供法律与制度的依据。张东荪说，共和民主虽遭遇挫折，但业已确立的共和民主体制会留下一个权力制衡（Check and Balance）的制度架构。"此为专制国所无，亦立宪国所以超卓者也。"他认为此制度架构意义重大：

> 此制限与平衡（Check and Balance）之发生，源于法者半，源于人者亦半。无论人与法，必其国先有基础的机关，分权之胚胎，然后始得使制限与平衡逐渐而生也。英之国会在今日视之，孰不知其操无上之大权，然在昔日（亨利第三之朝）不过为咨询之机关，由王召集，由王解散，不啻前清之资政院，民国之政治会议也。顾何由一跃而跻于立宪乎？应之曰，无他，有机关分权之基础，运以人民真实之能力，则得之矣。详言之，利用机关分权之外形，而内部附以充足之能力优秀之人才，于是无往而不敌，况区区一专制帝王哉？故机关分权，法也，充足之能力，人也。法与人相合，则事举矣。吾请以此理验诸中国之现状。当局者既不能全灭此机关分权之胚胎，惟有立五光十色世界未有之条规以防闲之，以杜绝之，而未尝一翻阅英国之历史，又安知今日无自主性之参政院，不变为英之上院，非代表民意之立法院不变为英之下院乎？要之，能力与权限不必相应也。有能力者欲限之而不能减其能力，无能力欲张之而亦不能增其能力。普鲁士之内阁本无权也，俾斯麦入之，则有权，非惟有权而已，德皇乃为其左右之。英吉利之国会本有权也，而克伦威尔蹂躏之。当华盛顿之在位，行政部之信用深于立法部，近则自杰费逊以来，立法部之权乃渐张矣。凡此皆能力足以自然变更权限者也。吾敢正告政

---

① 秋桐：《共和平议》，《甲寅》1915 年 7 月第 7 号。

府曰，参政院所以为无自主性者，以能力不充足耳，他日立法院所以非代表民意者，亦以能力不充足，非有所畏于五光十色之法律也。

他强调，通过分权制衡的基本架构，人们可逐步发达社会，养成能力，养成优容异己之政治道德，以逐步落实共和民主。① 这很有见地。盖所谓民主政治，首先是形式的政治，没有形式，民主精神即无所寄。通过流血牺牲换来的"伪共和"有其重要的价值，以"伪共和"为借口，而抛弃共和民主的形式，是很愚蠢的。

第二，关于国情与历史。

近代中国政治变革中，一直存在应当尊重国情历史派与强调应当追随世界潮流的逻辑派的争论。民初的革命派属于逻辑派，帝制派、复古派属于历史派，而原立宪派，则一方面主张效法列强，建立宪政，又以为中国国情特殊，需经过开明专制，需以强有力的政府领导国家逐步向宪政过渡。

1913年11月国会解散后，望风承旨之士大倡国情特殊论。约法会议给袁世凯的咨文即称，"夫国法者，社会心理之所胚胎，而社会公同之心理，又纯由一国之历史地理风俗习惯所铸造而成，制定国法而与一国之历史地理风俗习惯过相违反，则华雨箕风之未协，势将南辕北辙而无功"②。约法会议即以国情特殊，给予总统专制君主一般的权力。古德诺否定近代西方民主的普适性，称政治原理非可随处适用，而必须与一定的经济状况、社会状况、历史习惯相适应。《临时约法》的制定者偏于理想，无审察与实验之功夫，"于中国人民所不习之国会，则与以大权；于中国人民所熟习之政府，则限制其权"。这根本违背中国国情，"盖中国数千年来集权于天子一人，天子依惯例以为治，而人民无立法之习惯，亦无国会议事之经验。其自然结果，则成一不竞之国会。国会能力薄弱，遂不能举其旧约法所规定之国家重任"。中国现当存亡一发之际，需要强大的行政权力，绝不可将大权集中于国会，从这个角度看，《临时约法》是一部恶法；而袁世凯制定的约法，将总统变成权力的中心，其地位类似前朝天子，而立法部之职权，"则为顾问

---

① 圣心：《三年中政治经验之大暗示》，《中华杂志》1914年11月1日第1卷第11号。
② 白蕉：《袁世凯与中华民国》，《近代稗海》（3），第93页。

性质，非主辖性质，处于被商地位，非处于自由建议地位"，更符合中国之历史、国情。① 此后，杨度的《君宪法救国论》、古德诺的《共和与君主论》等鼓吹帝制复辟的文字，也无不以中国国情特殊，只宜威权统治，不宜共和民主为辞。

帝制派所说的历史问题，是说中国有悠久的君主专制历史，人民习惯于服从威权统治，代议制反乎数千年政治之习惯，将见中央统治无术，全国瓦解，为今之计，只有顺应中国的历史传统，恢复君主制，才可重建秩序，逐步实现立宪。于此，共和派主要从以下三点来阐述其主张。

其一，所谓国情，固包括历史，但更重要的是现实。现实主要包括两部分，一是一定国家面对的历史趋势与世界潮流，二是一定国家新近发生的重大变动，尤其是人们思想所发生的变动。漠视现实，必生内乱，甚至有亡国之祸。还在二次革命之前，蓝公武即指出，国体变迁乃时势所逼，不得不变，无所谓适与不适。时势才是最大的国情，明智者当顺应时势，努力完成变革，不能畏难而走回头路。② 光升则指出，所谓国情，不只是历史，还包括一国所面对的世界潮流以及现实中人民的思想观念。他说，政治制度之优劣，并无绝对的标准，能与当时一般人民相安，能适应当时人民生活需要与其知识思想之程度，得大部分人之承认或默认，即为适宜之政治。若社会思想渐进，人们欲望递增，而当政者不随社会思想之变迁而改其施政，则冲突必起。今日已非各国家各民族孤陋自安，不相融通的时代，而是一个万国棣通，大有洪大冶而铸于一炉之势的时代。当此时代，为政设制必须明确两点。（1）一国之存亡取决于其政制能否与世界万国共进退。（2）人类富于模仿性，中西交接势不可免，国人见各国以立宪、共和而兴，必摒弃传统的政治体制，而思改从近代列强之制以求国家之兴。危机愈深，变革欲求愈烈。若当权者"惟欲扩张巩固其威权地位"，不顺应世界潮流与人民追逐世界进步潮流之意愿，则人民必"日激于世界进步之潮流，挟持其不可必达之目的与现政府积不相安，驯至内乱相寻，未有宁日，而国之危亡随之"③。

---

① 古德诺：《中国新约法》，《北洋军阀》（2），武汉出版社1990年版，第939—945页。
② 蓝公武：《中国之将来》，《庸言》1913年2月1日第1卷第5号。
③ 光升：《政治与民意》《评决今日政治上之大疑问》，《中华杂志》1914年6月16日、8月1日第1卷第5号、第8号。

李大钊指出，历史是发展的，对于政治改革来说，过往已久的历史固然重要，但新近造成的变动，既是现实，也是影响当前最大的历史。不顾政治与人们思想已经发生的重大变革，欲以过往已久的历史否定新近发生的变革，试图开历史倒车，是完全错误的。①

其二，历史传统固然要尊重，但人在历史进程中不是木偶，而是可以有所作为的。近代中国思想界长期存在特殊主义与普遍主义的争论，前者强调变革必须尊重中国的特殊国情与历史，后者强调历史发展的应然（逻辑），强调人在历史变革中可以发挥主观能动性。民初的帝制派属于前者，共和派则属于后者。在历史与逻辑之间，光升大体上持一种折中于"理想学派"（普遍主义）与"历史学派"（特殊主义）之间，而倾向于普遍主义的"稳和之立宪主义"的立场。他认为，法国大革命到1848年欧洲革命的六七十年，"为人智与历史激战之时代"，"徇人智者，欲扫荡历史陈迹，而咸与维新，如法国革命后急进民权主义之流演各国是也。守历史者，欲扑灭人智潮流而万事复旧，如欧罗巴大同盟征讨法之民党及神圣同盟之干涉策是也。卒之，两败俱伤"。经过两派的反复较量，既肯定"人智"在历史发展中的作用，又尊重各国历史的"稳和之立宪主义"逐步形成，世界各国政治乃形成大本相同，细目与形式有别的形态。所谓大本相同，即为政设制必以谋大多数人利益为前提，必符合世界趋势，符合一般人民的现实需要与知识思想程度。所谓细目及形式有别，是指主治者及民意机构是否全由民选，以及政制之集权分权，政策之放任与干涉略有差别。就中国而言，他既反对当局以国情特殊为由，排斥世界潮流，事事复古，也反对激进派之欲"举吾固有之典章法度风俗习惯而扫荡之"。他相信，运用理性，人类可从众多的经验事实中抽象出具有普遍指导意义的科学学理，这种学理在人类历史进程中有其独特作用：

> 科学之定义曰，凡人对于宇宙间灿列之现象而憬然有所悟解，是为知识。就各种所得之知识，求其原理、原则、因果关系，而一以贯之，是为科学。科学者，即有统系之知识也。……知识由经验而得，科学由

---

① 李大钊：《国情》，《甲寅》1914年11月10日第1卷第4号。

学理而成。古之人非有社会之种种经验，则一切制度设备何由而立？然使无学问之理想以运用之，又何能发明改进，以有今日哉！欧洲当十七八世纪之交，所谓理想学派，类以个人自由意思取万事万物而武断之，其理想所极，往往迂远而阔于事情。自历史学派兴，排去一切空想，胪列事实，求其贯通之点，以期适用，谓之归纳学派，或径称之曰经验学派。故今日进步之学理，未有不包括经验以成立者。一物也，必求其原因结果，一事也，必求其过去现在未来。理所难通，证之以例，体所既具，推之于用。所谓闭门造车，不能出而合辙者，岂今之实用科学而犹有此？

并且他相信，随着科学的发展，科学学理对于人类指导作用会越来越大，将来"一切政治渐受学问之支配而莫能外"。世界大势不可违，科学之学理不可漠视。中国的政治变革业已起步，就当因时变迁，继续前行，万不可重回老路。对于变革来说，传统只能"为资料之采掇，而非根柢之因循"。①

章士钊也说，政治革新不能离开历史，但也"不可过为历史见象所缚"。他认为："历史者，人类思想之表征也。思想不进步，即历史不进步。""思想一有变迁，苟善用之以形诸政治，则新社会之于旧历史，犹蛾之于蛹焉，由之脱体而出，非能以之自缚而死也。"中国历史上治乱相循，无有进步，就是因为思想未有变迁；近代民主在西方形成，与近代西方的思想变迁有密切关系。无论英国的政党内阁，还是美国的三权分立、司法独立之制，皆非自然生成、不可移植之物，而是生于匠心，充满人类智慧的创制。今国人思想已有巨变，此正创建新制，变革政治的良机；若罔顾人们思想已经发生的变化与国体已经变革的现实，以历史否定现实，实为不智。②

人民程度问题是中国近代政治改革中常被提及的问题。与清末的立宪派一样，民初的帝制派认为，行共和政治，需要全体国民或者说至少多数国民，具备自治能力、法律意识，略晓共和民主的基本规则。共和派则指出，所谓共和民主，首先是为少数精英构建一个参与政治，以民主规则运作政治

---

① 光升：《评决今日政治上之大疑问》，《中华杂志》第 1 卷第 8 号。
② 陈蓬白：《政治与历史——致甲寅杂志记者》，《甲寅》第 1 卷第 2 号"通信"所附章士钊回复。

的平台，不能以高调的民主观去要求初建的民主。他们强调，民主是随时随地可以开始的，民主范围与程度的扩大提高，只有在民主政治生活的过程中才能逐步实现。

近代以来，因为中国国际地位的低落，中国人的国际形象逐渐滑落，一些欧美学者怀疑中国人的政治能力，认为中国人是政治上的劣等民族。比如，民初人士经常提到的美国学者柏哲士（Burgess）即称，世界各民族，或以宗教见长，或以技艺、艺术、学术、哲理见长，或以政治法律见长，其中条顿民族是政治民族，而希腊、斯拉夫、凯尔特人以及亚细亚民族则非政治的民族。照他的说法，非政治的民族必为政治的民族所支配。① 辛亥革命后，对中国人能否行共和政治，国际上颇有些悲观的意见，这曾深深刺激了中国知识界。古德诺断言中国国民程度不足，不能行共和民主，也被中国知识界认为是种族歧视。黄远庸说，所谓中国国情特殊，当用特别之法治之，其含义是惟文明人能自治，中国人决不能自治，惟文明人能受文明教化，中国人决不能受文明教化；惟文明人能受法治，中国人非朴做教刑不可耳。此为中国人之大耻。若信而从之，甚且津津乐道，以为专断政治之根据，则中国在天演上当永劫为奴。② 黄尊三说，所谓中国国民性与法治相反对，就是说中国国民永无法治之希望，将生生世世子子孙孙长为专制君主之奴隶而供文明国民之驱遣。③ 这类言辞确有民族主义情绪在内。但国内的特殊主义者，拾人牙慧，以中国国情特殊，不能建共和民主政治，为其固守权势之借口，实是自甘堕落，自居于劣等民族。

1913 年 2 月，蓝公武即对西方人的中国民族为劣等民族、中国社会卑污的说法提出明确的批评。④ 1914 年光升特地撰文指出，柏哲士所谓政治民族与非政治民族之分，有两个明显的缺失：其一，忽视进化，没有认识到人类的经济、社会、政治生活都是进化的，并非一成不变的；其二，忽视了人类的学习与模仿能力，尤其是随着经济社会的发展，各民族间交流日趋紧

---

① 见光升《读柏哲士论民族所有政治上之性质并讨究中国人之政治特性》，《中华杂志》1914 年 10 月 1 日第 1 卷第 10 号。
② 远生：《论衡》（一），《庸言》1914 年 5 月 5 日第 2 卷第 5 号。
③ 黄尊三：《法治与复古》，《中华杂志》1914 年 7 月 16 日第 1 卷第 7 号。
④ 蓝公武：《中国之将来》，《庸言》1913 年 2 月 1 日第 1 卷第 5 号。

密,"一切文化风习,互相濡染补益,骎骎乎有洪大冶而铸一炉之势",各民族各国家间取长补短,互相学习是大势所趋,所谓不长于政治法律的民族,其政治已有日新之势。光升指出中国人政治观念有三大缺陷:知有国家而不知有个人,知有官治而不知有自治,知有独治而不知有共治。同时,他又强调中国人有学习能力,能够实行共和民主政治。①

帝制派好以中南美洲共和为例,来说明若人民程度不足,则与其行共和而得伪共和与内乱,不如行真专制而得和平安定。《筹安会宣言》即称:"近者南美中美二洲共和各国,如巴西、阿根廷、秘鲁、智利、犹鲁卫、芬尼什拉等,莫不始于党争,终成战祸。其最扰攘者,莫如墨西哥,自爹亚士逊位之后,干戈迄无宁岁,各党党魁,拥兵互竞,胜则据土,劫掠屠戮,无所不至,卒之五总统并立,陷国家于无政府之惨象。我国亦东方新造之共和国家,以彼例我,岂非前车之鉴乎!"② 这颇能迷惑一些不明实情的人们。章士钊指出,此乃"国人不学,以道听途说自安,而淫邪无耻之政治家,遂敢利用其弱点,妄设似是而非、常识莫究之外国政例,以欺惑邦人诸友"。他以普徕斯(Bryce)所著《南美》为据指出,南美各国独立后行共和政治,从表面上看,"一世复一世,共和之花,仍委顿而不开,所见惟革命相续,狄克铁特相承而已",实际上,"南美之共和国凡十一,综其全而论之,其政况远良于六十年以前,断无疑义。凡诸国者,大都军政之原素益益减,宪政之原素益益增"。中南美洲之共和,绝非尽恶,只是其品级有优劣,然即便其最劣者,也远非今日中国所号共和可比。"而乃骂倒全体,指为殷鉴,借作推到共和之资,斯诚妄人之谈。"③ 有力地揭破了帝制论者的谎言。

其三,关于民初民主政治的试验。共和民主试验中出现的诸多问题,是帝制派非难共和、鼓吹复辟的重要口实。那么,究竟应如何看待民初共和民主的试验呢?

共和派指出,相对于专制政治,共和民主具备无可比拟的优越性。共和民主包括形式与精神两个方面,共和政治的形式易立,而其精神之涵养必假

---

① 光升:《读柏哲士论民族所有政治上之性质并讨究中国人之政治特性》,《中华杂志》第1卷第10号。
② 《筹安会宣言书》,《北洋军阀》(2),武汉出版社1990年版,第969页。
③ 秋桐:《帝政驳义》,《甲寅》1915年9月10日第1卷第9号。

以岁月。张东荪说，国家初由人治向法治过渡，因缺乏法治的习惯与传统，易出现造法者为秉持法治理念的新派人物，而执法者为崇奉人治理念的人治派的情况。当法治派与人治派发生冲突时，一般国人对人治派之犯法往往熟视无睹，这就会造成民主政治的挫折。他强调："夫法者民族之精神之结晶也，必有数十年之蓄养，使之渐成固定之习惯，父母以此训其子弟，朋友以此诫其侪侣，于是幼焉者习于斯，长焉者履于斯，其制裁深入乎人心，而不可拔，虽有奸人不敢畔，虽有枭雄亦不敢玩弄也。"① 但这需要长时间的涵养。与民国元年、二年社会上存在的乐观主义情绪相比，张东荪对于涵养共和民主政治信条的长期性与民主政治出现挫折的可能性，有着清楚的认识。

章士钊指出，辛亥革命后，中国只是确立了共和的形式，但共和之精神还远未确立。即便共和政治之精神已经确立，人们也不能指望共和政治立刻能发挥挽救民族危机的功效。以在专制势力压迫之下的国会不能在短时间内发挥作用，从而说共和不适合中国，国会不应存在，"天下不平之事，宁复过兹？"他强调即便国会再开，而效果与民国二年召开的国会相同，也不能以此为推倒国会、否定共和的理由。因为立宪政治富于生机，是政治进步的希望所在，而实行专制政治则政治永无进步之望。② 他指出，凡制皆有其弊，重要的是在实行中精心防止弊端的发生，并逐步积累经验，逐步完善制度。中国的共和试验出现了种种问题，人们可以总结教训，不再犯类似错误，但不可因此说共和不适合中国。对于颇为帝制派集矢的国会，章士钊说：

> 叫嚣躁突者，国会之恒态也。英之巴厘门，可谓高矣，愚曾观之，而其争不已。日本之帝国议会，亦经训练二十余年矣，今年开会犹几不免于挥拳。吾开第一次国会，相持之激，所传者亦不过拍案掷墨盒而止。则一翻各国议会史，此类之事，岂得云无？一在吾邦则仿若已犯天下之大不韪，为五洲万国之所无者然。何师心自用之为害一至于斯是也？岁费六千，即为议员应受死罪之证，内外攻诘，使无完肤，而今之参政所受实同，不闻其非，转嫌其少，情实相督，竟乃若斯，不可谓非

---

① 圣心：《三年中政治经验之大暗示》，《中华杂志》第1卷第11号。
② 秋桐：《政治与社会》，《甲寅》第1卷第7号。

古今之所希闻也。议员品性之不齐，此宁可讳，然当彼贿赂遍地兵威四逼之时，天坛宪法草案犹能从容就稿，主张不变；总统选举困议员于一室而饥渴之，刃露于墙，兵噪于外，而自朝至暮票仅足焉。其事之是非曲直不论，而国会能有此节操以上，决不得谓其绝无存立之价值。①

吴贯因一度猛烈抨击国会，但国会解散后，他追忆国会，态度大变。他称国会初开，颇遭指摘，今日看来，指摘过当。当时之国会，"所以未能克举其职者，实缘于院外种种之影响，以妨碍其院中之进行"。又说，与各国国会初开时之程度比较，民国初元的国会并不差。任何制度都有缺陷，任何国家机关都其优缺点，"今世东西各国，其非难立宪政体之书，几于汗牛充栋，并世诸强国，未有敢废止立宪政体者。诚以今日尚未能发明一种政体焉，较立宪政体为优，而两害相权取其轻，两利相权取其重，故不能不循立宪政治而行也"②。相对此前以高调的民主观要求国会，此时的吴贯因已不再要求国会议员有何等高尚的道德品格，对于议员的不当行为也能理解，强调要预防议员腐败与滥用权力，但不能因议员个人的不当行为而否定国会制度。

民初共和派与帝制派的论争，并非纯粹的思想论争，而是严重的政治斗争。帝制派肆意抨击民初共和政治的试验，片面解释中国国情，罔顾世界潮流，罔顾中国政治与国民思想已发生的巨变，鼓吹恢复帝制，并以君主立宪的前景诱骗国人，而其根本目的实为袁世凯的子孙帝王万事之业。在论争中，共和派揭破了帝制派伪立宪真专制的面目，提高了自身对于共和政治的认识。他们对共和的认识比从前更加务实，不再持高调的共和政治观。他们肯定共和虚壳的价值，不因共和政治试验中出现的种种问题而否定共和政治的价值，对中国初行共和政治出现的种种问题也能持一种理解的态度。这是值得肯定的进步。杨度等人鼓吹帝制复辟，虽主要出于攀龙附凤的心理，但他们鼓吹帝制时提出的种种问题，如共和制是否适合中国，如何看待中国的历史与国情，如何看待共和制与君主制，如何重建政治权威，等等，也不能不引发共和派的思考。

---

① 秋桐：《共和平议》，《甲寅》第 1 卷第 7 号。
② 吴贯因：《追评民国初元国会之程度》，《大中华杂志》1915 年 8 月 20 日第 1 卷第 8 号。

民国时期中华民族共同体意识的成长

俞祖华

（鲁东大学历史文化学院）

摘要：民国时期虽然处于内部分裂割据、外患频仍的状态，但内忧外患进一步激发了中华民族共同体意识的成长。民国时期中华民族共同体意识的内涵主要体现在四个方面：一是各族人民共御外侮的意识，中华民族共同体首先是共御外侮、共同反对帝国主义的共同体，是中国境内各民族共同反对帝国主义的联合体；二是各族人民以中华故土为共有家园的意识，各族人民对中华民族所赖以生存的辽阔版图深感骄傲自豪，对维护维护中华民族的领土完整深感"守土有责"；三是共各族人民为炎黄子孙的意识，各族体认"你中有我，我中有你"，有着共同的祖先认同，共同组成一个中华民族大家庭；四是各族人民共同认同中华文明的意识，各族各界人士都重视中华文化认同在中华民族融合过程中所发挥的作用。

关键词：民国时期　中华民族共同体意识　成长

1911 年辛亥革命与 1912 年中华民国成立，是中国从传统王朝国家到现代民族国家转型的重要节点，也构成了中华民族共同体建构、中华民族共同体意识成长的全新起点。民国时期虽然处于内部分裂割据、外患频仍的状态，但内忧外患进一步激发了中华民族共同体意识的成长。

中国自古以来就是统一的多民族国家，民族共同体意识的萌生、形成由来已久。不过，中华民族共同体意识的成长，经历了从古代类型转向现代类型、从"自在"状态转向"自觉"状态的过程。古代时期,在"大一统"思想的指导下,在"王朝天下"的政治框架之中,统一的、多民族的封建国家得到形成、发展,"清朝最终完成了汉、唐、元、明以来的民族融合事业,今天中国境内的 56 个民族,在清代即已最终形成了一个联系紧密的共同体"①,中华民族整体观念已然深入人心。到了清末,西方民族主义传入中国,现代民族概念被引入,尤其值得注意的是,"基于各子民族间全方位'一体性'的强烈体认,还形成了一个共同拥有和一致认同的民族总符号或名称——'中华民族'";民国建立以后,在民族主义思想的指引下,在建设现代民族国家的进程中,中华民族共同体意识更趋自觉,更为明晰,更加深入人心,并被赋予了现代性内涵,从而与封建大一统格局之下的民族整合有了根本性的不同,"其中最为重要的区别就在于:同样作为广义的族群共同体,组成它的各子民族除了数量、构成不尽相同外,其成员一则为'臣民'或'藩民',一则为'国民'或'公民',也是根本的不同"②。

对民国时期中华民族共同体意识的成长,已有学者从不同角度做过一些探讨,主要涉及中华民族观念的嬗变,辛亥革命、抗日战争对中华民族共同体构建的影响等内容。有的学者提到了中华民族共同体意识的内涵、表现,如关健英根据斯大林民族定义提出民族共同体是由共同语言、共同区域、共同经济生活和共同文化联系起来的人类群体,郭小靓等认为构建中华民族共同体需要形成政治共识、情感共识与价值共识,沈桂萍则将抗战时期中华民族整体利益的一致性概括为"四个一",即:共有一个身份——中国人,共有一个家园——中国,共有一个目标——维护国家领土完整,共有一个敌人——日本帝国主义。③

---

① 罗福惠:《中国民族主义思想论稿》,华中师范大学出版社 1996 年版,第 83 页。
② 黄兴涛:《民族自觉与符号认同:"中华民族"观念萌生与确立的历史考察》,《中国社会科学评论》(香港) 2002 年 2 月创刊号。
③ 关于"中华民族共同体"的成果有:郝时远《中华民族:从中央民族工作会议的论述展开》(《黑龙江民族丛刊》2016 年第 1 期),杨鹍飞《中华民族共同体认同的理论与实践》(《新疆师范大学学报》2016 年第 1 期),郭小靓、陶磊《论构建中华民族共同体的三种基本共识》(《学术交流》2016 年第 10 期),张会龙、冯育林《试论中华民族共同体建设的几个着力点》(《湖北民族学院学报》2016 年第 5 期),关健英《夷夏之辨与中华民族共同体意识的形成》(《船山学刊》2016 年第 1 期),等等。关于民国时期中华民族共同体建构、中华民族共同体意识成长的成果有:罗福惠《辛亥革命与中华民族共同体精神的演进》(《史学月刊》2011 年第 4 期),彭南生《辛亥遗产:中华民族共同体建构的新开端》(《史学月刊》2011 年第 4 期),张健《抗日战争时期党推动中华民族共同体构建的理论突破与实践探索》(《思想战线》2017 年第 1 期),沈桂萍《筑牢中华民族命运共同体——纪念抗日战争胜利》(《湖南省社会主义学院学报》2015 年第 3 期),孟凡东、王秀娟《抗日战争时期中华民族共同体意识的三大核心特征》(《中国民族报》2017 年 3 月 31 日),等等。

本文根据民国时期的具体情况,从共御外侮(共有一个敌人)、共有疆域(共有一个家园)、共为炎黄子孙(共有一个身份)、共同缔造并体认中华文明(共同文化联系)四个方面,梳理这一时期中华民族共同体意识的发展脉络与基本内涵。

一 共御外侮:同仇敌忾抗击外敌

　　历史上的夷夏之辨,促进了中华民族共同体意识的萌生。到了近代,帝国主义侵华更成为唤起中华民族觉醒、促进中华民族认同、激发中华民族共同体意识生长的关键因素。1901 年,梁启超在《国家思想变迁异同论》中指出:"知他人以帝国主义来侵之可畏,而速养成我所固有之民族主义以抵制之,斯今日我国民所当汲汲者也。"[①] 帝国主义入侵激发了"合国内本部属部之诸族""以对于国外诸族"的中华民族共同体意识。次年,梁启超即在《中国学术思想之变迁之大势》最早使用了"中华民族"一词。因而近代中华民族共同体意识所体现的一致性、共同性,首先表现在全体华夏儿女要共御外侮、"合族"对外、共同反对外部敌人——帝国主义。也就是说,中华民族共同体首先是共御外侮、共同反对帝国主义的共同体,是中国境内各民族共同反对帝国主义的联合体。

　　民国前期,针对各帝国主义"协同侵略"中国的局面,国共等政治力量号召反对帝国主义。当时国共两党中华观念的形成、民族共同体意识的生成,都是与反对帝国主义联系在一起的。

　　民国成立以后,孙中山的民族主义之国内面向上从革命"排满""光复汉族"调整为"五族共和""民族统一"。在对外面向上,五四运动以前,孙中山一直对帝国主义抱有幻想。他在 1912 年 1 月 5 日的《对外宣言书》中首次使用"中华民族"一词:"盖吾中华民族和平守法,根于天性,非出于自卫之不得已,决不肯轻启战争。"[②] 该宣言书宣示清政府与各国缔结之条约继续"有效",并承诺偿还赔款。1919 年 10 月《中国国民党规约》恢

---

① 《国家思想变迁异同论》,《梁启超选集》,上海人民出版社 1984 年版,第 192—193 页。
② 《对外宣言书》,《孙中山全集》第 2 卷,中华书局 1982 年版,第 8 页。

复"三民主义"提法以后,孙中山对民族主义进行了新的思考,开始在《八年今日》《三民主义》《在国民党党部特设驻粤办事处的演说》《〈国民党恳亲大会纪念册〉序》等演讲或文章中多次使用"中华民族"一词,也使用"中国民族""我民族"等词。与此同时,其反对帝国主义的态度也日益鲜明。他在1924年1月6日发布的《关于建立反帝联合战线宣言》中号召世界弱小民族共同"反抗帝国主义国家之掠夺与压迫"[①];在1月23日通过的《中国国民党第一次全国代表大会宣言》痛斥帝国主义"武力的掠夺与经济的压迫,使中国丧失独立,陷于半殖民地地位",提出国民党之民族主义"其目的在使中国民族得自由独立于世界",内则"中国境内各民族一律平等",外则"中国民族自求解放","盖民族主义对于任何阶级,其意义皆不外免除帝国主义之侵略"[②];在《民族主义》的演讲中批评列强"正用帝国主义和经济力量来压迫中国,所以中国的领土便逐渐缩小,就是十八行省内也失了许多地方"[③]。

中国共产党人中华民族观念的形成与反对帝国主义纲领的提出几乎是同步的,其中华民族意识与反帝意识可以说是形影不离。1922年7月,中国共产党二大通过的《宣言》,提出了反帝反封建的民主革命纲领。该文献在中国历史上最早使用了"中华民族"一词,就与反帝思想联系在一起的,它提出"推翻国际帝国主义的压迫,达到中华民族完全独立"。宣言还批评帝国主义者"口口声声唱什么民族平等、民族自决"等好听的名词,中国人民根据自己的被压迫经验,"最易了解帝国主义者所宣称的平等和自决是什么意义","了解只有打倒资本帝国主义之后,才能实现平等和自决"[④]。其后党的文献、党的领导人提及"中华民族",也常常与反帝的语境联系在一起,如在1922年9月的《向导》发刊词中称"我中华民族为被压迫的民族自卫计,势不得不起来反抗国际帝国主义的侵略,努力把中国造成一个完全

---

① 《关于建立反帝联合战线宣言》,《孙中山全集》第9卷,中华书局1982年版,第23页。
② 《中国国民党第一次全国代表大会宣言》,《孙中山全集》第9卷,中华书局1982年版,第114—119页。
③ 《民族主义》,《孙中山全集》第9卷,中华书局1982年版,第200页。
④ 《中国共产党第二次全国大会宣言》,《中共中央文件选集》第1册,中共中央党校出版社1989年版,第115、107页。

的真正独立的国家"①；同年 10 月，蔡和森在其发表的文章中批评"国际帝国主义何等妒忌中华民族独立的外交运动"，称赞孙中山是"中华民族独立运动的革命家"，其"所持的主义""就是要使中华民族解脱国际帝国主义的压迫，做到中华民族的独立与自由"②；1925 年 12 月为郭松龄倒戈而发布的文告中，强调只有政权在人民手里，才能"解除帝国主义对我中华民族八十余年之压迫与剥削"③；等等。中国共产党建党初期党的文献中更多情况下使用"中国民族"一词，也每每与反对帝国主义提法并列，如 1922 年 11 月《对于目前实际问题之计划》中要求运用民主的联合战线与反对帝国主义的联合战线两个战略，"以消除为中国民族发展的两大障碍物——军阀及国际帝国主义"④；1923 年 6 月中国共产党三大通过的《中国共产党纲领草案》指出，"中国民族要求政治经济独立的革命"有世界性意义，"此种反对帝国主义反对军阀反对宗法社会的国民革命，其意义实在就是中国无产阶级反对世界资产阶级的阶级争斗"⑤；1925 年 6 月在五卅惨案发生后发布的文告中，称"我们中国民族的被屠杀亦非始于今日"，近代史是"一部外国外国强盗宰割中国民族的血书"，称赞五卅运动是"中国民族反抗帝国时期（主义）之第一页"⑥ 等。

　　九·一八事变发生后，日本帝国主义成为侵略中国的主要国家，聚焦于反对日本帝国主义成了中华民族共同体意识的重要内容。中华民族共同体意识的增强，为全民族团结抗战局面的形成，为最终战胜日本帝国主义奠定了基础。

---

① 《本报宣言——〈向导〉发刊词》，《中共中央文件选集》第 1 册，中共中央党校出版社 1989 年版，第 569—570 页。
② 蔡和森：《中德俄三国联盟与国际帝国主义及陈炯明之反动（一九二二年十月）》，《蔡和森文集》，湖南人民出版社 1979 年版，第 88、90—91 页。
③ 《中国共产党中国共产主义青年团告全国民众》，《中共中央文件选集》第 1 册，中共中央党校出版社 1989 年版，第 529 页。
④ 《中国共产党对于目前实际问题之计划》，《中共中央文件选集》第 1 册，中共中央党校出版社 1989 年版，第 120 页。
⑤ 《中国共产党纲领草案》，《中共中央文件选集》第 1 册，中共中央党校出版社 1989 年版，第 140 页。
⑥ 《中国共产党为反抗帝国主义野蛮残暴的大屠杀告全国民众（1925 年 6 月 5 日）》，《中共中央文件选集》第 1 册，中共中央党校出版社 1989 年版，第 419 页。

在日本侵华不断加深的背景下，中国共产党一再发出通电、宣言、指示，倡导建立抗日民族统一战线，呼唤增强中华民族共同体意识、为抗日救国而共赴国难，号召捍卫中华民族（中国民族）的自主独立。在这些通电、宣言中，"中华民族"一词被越来越频繁地使用，同时也还使用"中国民族"等词；在1935年"八一宣言"发布后到抗战全面爆发，几乎所有涉及抗日的通电、宣言与全局性的党内指示中都使用了"中华民族"一词。1931年11月5日中共中央指示即将通过的《中华苏维埃共和国宪法大纲》"宣布中国民族的完全自主与独立，不承认帝国主义在华政治上经济上一切特权"①。1932年元旦发表的《中国共产党对于时局的主张》号召"用民族的革命战争去打倒帝国主义"，"争取中国的统一，中国民族的独立解放"②。1934年4月中国共产党以"中国民族武装自卫委员会筹备会"名义发布《中国人民对日作战的基本纲领》，指出日本侵华使"全中国的民众，不管是汉人或是其他民族（蒙古，回族，满洲，西藏，苗猺［瑶］，等等），都处在一个非常危险的生死关头"，提出"中国人民唯一自救与救国的方法，就是大家起来武装驱逐日本帝国主义，就是中华民族自卫"，纲领以"中华民族反日自卫战争万岁""大中华民族解放万岁"的口号作为结尾③。在1935年8月1日发出的"八一宣言"中，痛陈日寇侵华与卖国贼出卖领土主权"是中华民族的无上耻辱"，"中国民族就是我们全体同胞"，不能"坐视国亡族灭而不起来救国自救"，号召"中国境内一切被压迫民族（蒙、回、韩、藏、苗、瑶、黎、番等）的兄弟们"，"为民族生存而战"，战胜日本帝国主义。该宣言也以"大中华民族抗日救国大团结万岁"作为结尾④。1936年1月25日，红军致书东北军将士，号召其揭起抗日反卖国贼的义旗，"为中国民族争一口气"，"为中华民族的独立解放而奋斗到底"，倘若如此，

---

① 《中央给中央苏区第7号电》，《中共中央文件选集》第7册，中共中央党校出版社1989年版，第493页。
② 《中国共产党对于时局的主张（1932年1月1日）》，《中共中央文件选集》第8册，中共中央党校出版社1991年版，第5页。
③ 《中国人民对日作战的基本纲领》，《中共中央文件选集》第10册，中共中央党校出版社1991年版，第681—686页。
④ 《中国苏维埃政府、中国共产党中央为抗日救国告全体同胞书（八一宣言）》，《中共中央文件选集》第10册，中共中央党校出版社1991年版，第518—524页。

"哪一个有热血的中国男儿不愿意投效东北军,共同杀贼,为中华民族伸义愤,争光荣"①。3月1日,发布《中国人民抗日先锋军布告》,宣示:"我中华最大敌人为日本帝国主义,凡属食毛践土之伦,黄炎华胄之族,均应一致奋起,团结卫国……中华民族之不亡,日本帝国主义之必倒,胜败之数,不辨自明。"② 4月25日,中共中央发出《为创立全国各党各派的抗日人民阵线宣言》,发出呼吁:"不管我们相互间有着怎样不相同的主张与信仰,不管我们相互间过去有着怎样的冲突与斗争,然而我们都是大中华民族的子孙,我们都是中国人,抗日救国是我们共同的要求。"③ 8月24日,在"中央关于内蒙工作的指示信"中指出:"在目前阶段上,中国一切民族在日本帝国主义侵略前面都发生亡国的危险,一切民族应当在平等自愿的原则上最亲密地团结联合起来,反对共同的敌人。"④ 1937年4月15日,中共中央在"告全党同志书"中,要求全党同志"认定中华民族的最大敌人是日本帝国主义",把"争取中华民族的彻底解放"当作"在目前的唯一任务"⑤。

1937年七七事变爆发之后,中国共产党于7月8日发表通电,宣告"平津危急!华北危急!中华民族危急!只有全民族实行抗战,才是我们的出路",并通电呼吁全国各族同胞团结起来。⑥ 7月23日,中国共产党再次发表通电,号召"所有中华儿女的儿女们""所有不愿当亡国奴的同胞们"联合起来,"拼着我们民族的生命去求得我们民族的最后胜利","只有坚决抗战,才是中华民族的出路"⑦。1938年10月,毛泽东在《论新阶段》中指

---

① 《红军为愿意同东北军联合抗日致东北军全体将士书》,《中共中央文件选集》第11册,中共中央党校出版社1991年版,第6—7页。
② 《中国人民红军抗日先锋军布告》,《中共中央文件选集》第11册,中共中央党校出版社1991年版,第10—11页。
③ 《中国共产党中央委员会为创立全国各党派的抗日人民阵线宣言》,《中共中央文件选集》第11册,中共中央党校出版社1991年版,第18页。
④ 《中央关于内蒙工作的指示信》,《中共中央文件选集》第11册,中共中央党校出版社1991年版,第71页。
⑤ 《中国共产党中央执行委员会告全党同志书》,《中共中央文件选集》第11册,中共中央党校出版社1991年版,第195—199页。
⑥ 《中国共产党为日军进攻卢沟桥通电》,《中共中央文件选集》第11册,中共中央党校出版社1991年版,第274页。
⑦ 《中国共产党为日本帝国主义进攻华北第二次宣言》,《中共中央文件选集》第11册,中共中央党校出版社1991年版,第297—298页。

出："自从九·一八事变以来，中华民族的敌人日本帝国主义，经过侵略东四省的第一步骤，进到准备并实行向全中国侵略的第二步骤"，但"日本帝国主义灭亡全中国的侵略步骤，遭遇了前所未有的全民族的反抗"[①]。

在日本发动九·一八事变、一二·八事变之后，国民党最初奉行了"不抵抗""攘外必先安内"的政策。随着日本侵华的不断加深，国民党政策由"不抵抗"转向抵抗。1937年七七事变发生十天后，蒋介石发表"庐山谈话"，表示："中国民族本是酷爱和平"，"如果临到最后关头，便只有拼全民族的生命，以求国家生存"[②]。

二 共有疆域：维护中华民族的领土完整

"凡蒙藏回疆各地方同为我中华民国领土"[③]，"满、蒙、回、藏各方域原与汉土同一区域"[④]，"东渐于海，西被于流沙，朔南暨声教，近则汉、满、蒙、回、藏五族一家，又地球之最大国也"[⑤]，中华故土是各族人民的共同家园。祖国的锦绣河山、广袤疆域养育了中国各族人民，各族人民共同开拓了祖国辽阔的版图，他们也在不同历史时期共同保卫了祖国的边疆，共同保卫着各族人民的家园，共同维护着中华民族版图的完整。民国时期，各族人民在致力于建设现代国家的同时，为保持帝国时代的疆域版图做了不懈努力。各方人士在论述中华民族观念时，对中华民族所赖以生存的辽阔版图都深感骄傲自豪，对维护维护中华民族的领土完整都深感"守土有责"。

中华民国继承了清王朝的疆域、版图、全部领土，保持中国历史的延续性。对此，鼎革之际的清王朝、袁世凯、革命派三方都表达过同样的立场。

---

① 毛泽东：《论新阶段》，《中共中央文件选集》第11册，中共中央党校出版社1991年版，第559—560页。

② 蒋介石：《对卢沟桥事变之严正声明》，《革命文献》第69辑，台湾"中央"文物供应社1976年版。

③ 《裁撤藩属名称文》，《袁大总统书牍》初编卷上，新中国图书局1913年。

④ 《姚锡光等发起组织五族国民合进会启及简章》，《中华民国史档案资料汇编（政治）》，凤凰出版社1999年版，第920页。

⑤ 刘人熙：《〈船山学报〉叙意》，《船山学报》1915年8月第1期，收入《船山学刊百年文选：传统文化卷》，岳麓书社2015年版，第1页。

1912年2月12日颁布的、仅有319字的《清帝逊位诏书》提出："宜有南北统一之方"，"仍合满、汉、蒙、回、藏五族完全领土为一大中华民国"。孙中山在是年元旦发布的《临时大总统宣言书》中也明确宣示了保持国家领土完整、保持各民族团结统一的愿望。"宣言书"提出："国家之本在于人民，合汉、满、蒙、回、藏诸地为一国，即合汉、满、蒙、回、藏诸族为一人，是曰民族之统一。武汉首义，十数行省先后独立，所谓独立，对于清廷为脱离，对于各省为联合，蒙古、西藏意亦同此，行动既一，决无歧趋，枢机成于中央，斯经纬周于四至，是曰领土之统一。"① 3月11日，南京临时政府公布《中华民国临时约法》，其中规定：中华民国领土，为二十二行省，内外蒙古、西藏、青海。4月22日，《临时大总统袁世凯命令》强调："现在五族共和，凡蒙、藏、回疆各地方、同为我中华民国领土，则蒙、藏、回疆各民族，即同为我中华民国国民，自不能如帝政时代再有藩属名称。此后蒙、藏、回疆等处，自应统筹规划，以谋内政之统一，而冀民族之大同。"② 1914年5月1日，袁世凯公布了《中华民国约法》，其中第三条规定"中华民国之领土，依从前帝国所有之疆域"。

此后，历届民国政府一直维护中华民族固有疆域版图的法律地位。1923年10月10日公布的《中华民国宪法》规定："中华民国国土，依其固有之疆域。国土及其区划，非以法律，不得变更之。"③ 1931年6月1日，南京国民政府颁布的《中华民国训政时期约法》规定："中华民国领土为各省及蒙古、西藏"，"蒙古、西藏之地方制度，就地方情形，另以法律定之"④。1947年公布的《中华民国宪法》指出："中华民国领土，依其固有之疆域，非经国民大会之决议，不得变更之。"⑤

1912年12月，在沙俄的策动与支持下，外蒙古王公拥立哲布尊丹巴称帝"独立"，企图策动内蒙古各盟旗响应。蒙古族人民与汉族人民一起进行

---

① 《临时大总统宣言书》，《孙中山全集》第2卷，中华书局1982年版，第2页。
② 《临时大总统袁世凯命令》，《东方杂志》第8卷第12号。
③ 中国第二历史档案馆、中国藏学研究中心：《民国治藏行政法规》，五洲传媒出版社1999年版，第17页。
④ 同上书，第18页。
⑤ 同上书，第20页。

了维护中华民族统一的斗争。各盟发表通电，"忠告库伦取消独立"。1913年1月23日，内蒙古西部22部34旗王公、札萨克在归绥召开会议即"西盟会议"，决议"联合东蒙，反对库伦"。"西盟会议"，乌、伊两盟发出"劝告库伦文"，声明："蒙古疆域与中国腹地唇齿相依，数百年来，汉蒙久为一家……现在共和新立，五族一家，南北无争，中央有主，从前各省独立，均已取消。我蒙同系中华民族，自宜一体出力，维持民国。"① 这个通电中，"不仅是'中华民族'一词在政治文告中第一次作为代表中国各民族共同体的称谓符号出现，它同时也反映了国内少数民族本身对同属中华民族一部分的确认"②。

1931年九·一八事变发生后，国民党一度奉行"不抵抗"政策并因此使东三省沦陷。随着日本侵略加深，国民党表现出了维护中华民族领土完整的态度。1937年2月，蒋介石在国民党第五次全国代表大会上表示："中央对于外交所抱的最低限度，就是保持领土主权的完整。"③ 1937年7月17日，蒋介石在"庐山谈话"中表示："如果放弃尺寸土地与主权，便是中华民族的千古罪人"，"任何解决不得侵害中国主权与领土完整"④。1943年，蒋介石在《中国之命运》一书中表示，"我们中华民族在自然成长的过程中，由于共御外侮以保障其生存"，中华民族因其宗支不断融合、人口不断繁衍，"国家的领域亦相随扩张，然而中华民族从来没有超越其自然成长所要求的界限"，"如有外来侵略的武力，击破我们国家的防线，占据我们民族生存所要求的领域，则我们中华民族，迫不得已，激于他所受的耻辱和他生存的要求，乃必起而誓图恢复，达成其复兴的目的"⑤。

中国共产党人一直坚持维护中华民族固有疆域统一、完整的立场。在国内民族关系上，党的民族观虽然经历了从"民族自决"到"民族自治"的

---

① 西盟王公招待处编辑：《乌伊两盟各札萨克劝告库伦文》，《西盟会议始末记》，商务印书馆1913年版，第46—47页。
② 张晨怡：《中国近代文化十二讲》，中央民族大学出版社2012年版，第265页。
③ 《蒋介石对外关系演词》，《国闻周报》1935年11月25日第12卷第46期。
④ 蒋介石：《对卢沟桥事变之严正声明》，《革命文献》第69辑，台湾"中央"文物供应社1976年版。
⑤ 蒋介石：《总统蒋公思想言论总集》卷4，中国国民党中央委员会党史委员会1984年版，第1—2页。

演变，但维护国家统一的立场则始终如一。建党初期，中国共产党承认少数民族自决以至独立的权利，但希望以联邦制的形式维护中华民族的完整。中国共产党二大通过的《宣言》提出"尊重边疆人民的自主，促成蒙古、西藏、回疆三自治邦，再联合成为中华联邦共和国"[1]。抗日战争时期后，中国共产党转向在维护国家统一的前提下承认少数民族实行"民族自治"的权利。1938年10月，毛泽东在《新阶段论》的报告中提出"允许蒙、回、藏、苗、瑶、夷、番各民族与汉族有平等权利，在共同对日原则之下，有自己管理自己事务之权，同时与汉族联合建立统一的国家"[2]。

在对外政策上，中国共产党坚决反对外国势力瓜分、分裂中华民族的图谋。1931年9月九·一八事变发生后，中国共产党发布了《中国共产党为日本帝国主义强暴占领东三省事件宣言》《中央关于日本帝国主义强占满洲事变的决议》等宣言、决议，提出了以神圣的民族自卫战驱逐日寇出中国，保持中国领土主权完整的主张。1933年3月，针对日寇在"轰炸上海与席卷东北之后"发动"征服热河的战争"，中央发出"告群众书"，号召"为中国民族之自由，统一与领土之完整"而斗争[3]。1934年4月，由中国共产党提出，经宋庆龄等1779人签名，发布了《中国人民对日作战的基本纲领》，呼吁中华民族武装自卫，"不仅能收复东三省，热河，察哈尔和一切失地，而且我们能够把日本帝国主义从中国赶出去"[4]。1937年七七事变发生后，中共在通电中号召"全民族实行抗战"，"不让日本帝国主义占领中国寸土"[5]。

针对日本扶植伪满洲国、策划内蒙古独立，中共在有关通电、宣言中坚决揭露、谴责了日本帝国主义以"民族自决"为名分裂、割占中华民族的图谋。1934年1月8日，在《"一二八"两周年运动的决议》中揭露"日本

---

[1] 中共中央统战部编：《民族问题文献汇编》，中共中央党校出版社1991年版，第5—8页。
[2] 毛泽东：《论新阶段》，《中共中央文件选集》第11册，中共中央党校出版社1991年版，第619页。
[3] 《中共中央、共青团中央为日本帝国主义进攻热河与华北告全国工农劳苦群众书》，《中共中央文件选集》第9册，中共中央党校出版社1991年版，第101页。
[4] 《中国人民对日作战的基本纲领》，《中共中央文件选集》第10册，中共中央党校出版社1991年版，第686页。
[5] 《中国共产党为日军进攻卢沟桥通电》，《中共中央文件选集》第11册，中共中央党校出版社1991年版，第275页。

帝国主义强盗现在加紧进攻察哈尔，准备把'满洲国'扩大为'满蒙国'，而使察绥与华北，也完全成为日本的殖民地"①。在德王等组织所谓内蒙独立政府后，1936年8月24日中央发出《关于内蒙工作的指示信》，揭露"日本帝国主义占领内蒙，是打着内蒙'独立自治'的旗帜"，"利用中国国民党政府对内蒙的压迫和内蒙的不满"，"其目的在变整个内蒙为日本殖民地"，"这种奴役内蒙的政策确是一个恶毒的阴谋"②。1937年七七事变发生后，中央再次对蒙古工作发出指示，提醒不要幻想"日寇进攻绥蒙会缓和下来"，要求"发动蒙古民族抗日运动高潮"，包括争取德王等上层人士抗日，号召"绥蒙当局与蒙汉人民"做好充分准备迎击日寇新的进攻，号召"蒙汉联合抗日"，号召"蒙古民族，不分盟旗，不分上下，团结一致，抗日援绥！保卫绥远，保卫蒙古！"③ 11月太原失守后，八路军出兵内蒙抗日，中央要求以"蒙汉两民族团结一致抗日"等口号，共同抗日。

少数民族人士也认同中国是中华民族各族人民的共同家园。1938年7月广为传布的《康藏民众代表慰问前线将士书》写道："中国是包括固有之二十八省、蒙古、西藏而成之整个国土，中华民族是由我汉、满、回、藏及其他各民族而成的整个大国族。日本帝国主义肆意武力侵略，其目的实欲亡我整个国家，奴我整个民族，凡我任何一部分土地，任何一部分人民，均无苟全幸存之理。"④

三　共为炎黄子孙：中华民族一家亲

中国是一个多民族国家，汉族与少数民族血缘相通，"你中有我，我中有你"，有着共同的祖先认同即都自认为是炎黄子孙，各民族共同组成一个中华民族大家庭，中华民族和各民族的关系，是一个大家庭和家庭成员的关

---

① 《"一二八"两周年运动的决议》，《中共中央文件选集》第10册，中共中央党校出版社1991年版，第12页。
② 《中央关于内蒙工作的指示信》，《中共中央文件选集》第11册，中共中央党校出版社1991年版，第68—69页。
③ 同上书，第282—283页。
④ 《康藏民众代表慰问前线将士书》，《新华日报》1938年7月12日。

系，各民族的关系是一个大家庭里不同成员的关系。清末梁启超提出"中华民族"一词时，就指出中华民族"实由多民族组合而成"。古代中国民族关系就体现出"华夷如一""无分尔疆此界"的和谐一面，清末又提出过"满汉融合""五族大同"的主张，如杨度在《金铁主义说》中使用了"五族合一""五族一家"等提法。"五族一家"、各族一体的思想到了民国时期得到了进一步的确认、阐发。

民国初期的相关文件、政令、宣言，以不同形式规定了"不分种族""五族一家"、民族平等的原则。1912年3月公布的《中华民国临时约法》规定："中华民国人民一律平等，无种族、阶级、宗教之区别"①；1914年公布的《中华民国约法》也有相似条文。1912年4月13日，北洋政府颁布了《豁除五大民族婚姻禁令》，提到："现在国体改定，联合五族，组织新邦，必宜使畛域胥除，情谊日洽，查旧例于汉满蒙回藏皆有擅通婚之禁令，而回藏两族与汉族结婚者也少，近年屡议豁除旧禁，疏通习俗，或颁布而尚少奉行，或劝告而犹多疑阻刻下共和伊始，五族一家，若仍于婚姻一节，有此疆彼界之拘，则暌隔殊多，何以免参差而昭联合？为此用劝汉满蒙回藏五大族，各宜互通婚姻，一以除异同之迹，一以期情谊之孚……敦睦新欢，行联合之实，使我五大民族相爱于无极。"② 4月25日，袁世凯在《裁撤藩属名称文》中宣布民国成立后"蒙藏回疆各民族即同为我中华民国国民"，要通过内政之统一实现"民族之大同"。

各界人士分别阐述了"五族一家""中华民族一家亲"的观念，他们希望同为中华民族成员的汉族与少数民族人民一道，共同参加国家管理，"共享共和之幸福"，共同抵御外敌入侵，共同捍卫中华民族的完整统一，共同传承中华优秀文化，共同承担"使中国进于世界第一文明大国"之大责任。

民国初期，孙中山多次阐发了"五族共和"思想，主张五大民族平等相处，实现"五族一家"、天下一家。在《临时大总统宣言书》中提出"民族之统一"的主张后，孙中山又多次表达了五族一家、五族一体的民族平

---

① 《中华民国临时约法》，《孙中山全集》第2卷，中华书局1982年版，第221页。
② 《豁除五大民族婚姻禁令》，载张伯锋、李宗一主编《北洋军阀1912—1928》第2卷，武汉出版社1990年版，第1351页。

等、民族团结思想。1912年1月20日，他在《致黎元洪电》中表示："满、蒙、回、藏之待遇，与汉人平等。"① 2月3日，他在《致何宗莲电》中说："共和民国，系结合汉、满、蒙、回、藏五大种族，同谋幸福，安有自分南北之理，更安有苛遇满族之理。"还说："国家之事，由五族人共组织之。"② 4月1日，在"解职辞"中提到："今日中华民国成立，南北统一，五族一家。"③ 9月1日，他在蒙、藏同胞的欢迎会上指出："今我共和成立，凡属蒙、藏、青海、回疆同胞，在昔之受压制于一部者，今皆得为国家主体，皆得为共和国之主人翁，即皆能取得国家参政权。"④ 9月3日，他在演说中称"民国成立，五族一家，地球上所未有，从古所罕见"，以前五族中"满族独占优胜之地位"，种族不平等，政治也不平等，经过革命，"今者五族一家，立于平等地位"，"所望者以后五大民族同心协力，共策国家之进行"⑤。9月7日，孙中山在演说中宣传了"汉、满、蒙、回、藏五族合为一体"，"族无分汉、满、蒙、回、藏，皆得享共和之权利，亦当尽共和之义务"⑥的理念。他还说过："今者民国成立，政尚共和，合汉、满、蒙、回、藏而成一家，亦犹是一族。"⑦

黄兴等其他革命党人与其他民国政要也致力于倡导五族一家、民族大同的思想。1912年3月19日，黄兴、刘揆一等发起成立"中华民国民族大同会"，后改称"中华民族大同会"。该会"会启"称："今既合五大民族为一国矣，微特藩属之称，即种类之界，亦将渐归融化。"⑧ 孙中山作了批示，称"该会以人道主义提携五族共跻文明之域，使先贤大同世界之想象实现于

---

① 《致黎元洪电》，《孙中山全集》第2卷，中华书局1982年版，第29页。
② 《致何宗莲电》，《孙中山全集》第2卷，中华书局1982年版，第60—61页。
③ 《在南京参议院解职辞》，《孙中山全集》第2卷，中华书局1982年版，第318页。
④ 《在北京蒙藏统一政治改良会欢迎会的演说》，《孙中山全集》第2卷，中华书局1982年版，第429—430页。
⑤ 《在北京五族共和合进会与西北协进会的演说》，《孙中山全集》第2卷，中华书局1982年版，第438—439页。
⑥ 《在张家口各界欢迎会的演说》，《孙中山全集》第2卷，中华书局1982年版，第451页。
⑦ 孙中山：《在广州孙氏家属恳亲会的演说》，陈旭麓、郝盛潮主编《孙中山集外集》，上海人民出版社1990年版，第56页。
⑧ 黄兴：《与刘揆一等发起组织中华民国民族大同会启》，《黄兴集》，中华书局2011年版，第147页。

二十世纪，用意实属可钦"①。黄兴、蔡元培等革命党元老还参加了同年 5 月 12 日成立的"五族国民合进会"，该会有民国政要及各族代表性人士数十人参与。"会启"中称，"夫我国国民原同宗共祖之人，同一血统，所谓父子兄弟之亲也"，的确是"你中有我，我中有你"，先秦"现居各行省之汉种，原从西北高原从黄河流域东来，故迄今欧罗巴尚称汉人为蒙古种"，秦汉以后少数民族"入边掠去汉民动以万计，而东西北汉民，历代逃亡入各部落者，又不知凡几"，两晋之际少数民族"其民族之遗留中土，而中土汉民，相随出边者，又不知凡几"。从民族、地理、宗教三者看，"则我满、蒙、回、藏、汉五族国民固同一血统，同一枝派，同是父子兄弟之俦无可疑者"。由于实行一人一家之专制，使得"本是同宗共族之人，势不得不同室操戈"，"久遂并其为同宗共祖之兄弟而忘之"，五族"互视为外族"。现在中华民国成立，扫除专制，实行五族共和，"将合五族国民向为同宗共祖之父子兄弟者，仍为同宗共祖之父子兄弟"，"举满、蒙、回、藏、汉五族国民合一炉，以冶之成为一大民族"②。另"我五族国民以外，西北尚有哈萨克一族，西南尚有苗猺各族，俾求得其重要人员随时延入本会"③。类似组织还有同年 4 月 10 日在北京成立的"五大民族共和联合会"，同年 5 月雷震等在上海发起成立的"五族少年同志保国会"，等等。

在"五族一家"思想的基础上，有的政党、团体或人士进而提出了将五族一体化、将五族同化为一个"大民族"的"种族同化"主张。如 1912 年 3 月 3 日制定的《中国同盟会总章》将"实行种族同化"④列为 9 条政纲之一。8 月 13 日，中国同盟会等五政党联合改组为国民党，政纲内容仍包括"厉行种族同化"。吴贯因于 1913 年初发表了《五族同化论》一文，提出："汉、满、蒙、回、藏五民族，其初固非单纯之种族，而实由混合而成之民族也。夫人种相接近，由种族之事故，而融合交通，世界历史上实数见

---

① 《批黄兴等呈》，《孙中山全集》第 2 卷，中华书局 1982 年版，第 331 页。
② 《姚锡光等发起组织五族国民合进会启及简章》，《中华民国史档案资料汇编（政治）》，凤凰出版社 1999 年版，第 919—922 页。
③ 《五族国民合进会简章》，《中华民国史档案资料汇编（政治）》，凤凰出版社 1999 年版，第 923 页。
④ 《中国同盟会总章》，《孙中山全集》第 2 卷，中华书局 1982 年版，第 160 页。

不鲜，固非独中国而已。而我中国先民，既能融合汉土诸小族，而成一汉族；融合满洲诸小族，而成一满族；融合蒙疆诸小族，而成一蒙古族；融合回部诸小族，而成一回族；融合藏地诸小族，而成一西藏族，况今日国体改为共和，五族人民负担平等之义务，亦享受平等之权利，既已无所偏重，以启种族之猜嫌，自可消灭鸿沟，以使种族之同化。则合五民族而成一更大之民族，当非不可能之事。今后全国之人民，不应有五族之称，而当通称为中国民族 chinese nation，而 nation 之义既有二：一曰民族，一曰国民，然则今后我四万万同胞，称为中国民族也可，称为中国国民也亦可。"①

时人很快意识到了"五族""五族共和"提法存在缺陷、不合时宜，转而探索以新名号作为民族共同体的名称。清季已出现的"中华民族"一词这时成了人们的选择，"五族一家"思想进而发展为"中华民族一家亲"观念。民国元年出版的《共和国历史教科书》较早表述了"中华民族一家亲"的思想："我中华民族本部多汉人，苗瑶各土司杂居其间。西北各地，则为满蒙回藏诸民族所居，同在一国之中，休戚相关，谊属兄弟。"② 1913 年 1 月，内蒙古王公在《乌伊两盟各札萨克劝告库伦文》使用了"中华民族"一词。袁世凯在致哲布尊丹巴的电文中也提到："外蒙古同为中华民族，数百年来，俨如一家，现在时局阽危，边事日棘，万无可分之理。"③

李大钊、孙中山等人还进一步提出了将国内各族同化为一个中华民族的思想。1914 年 4 月 16 日，光昇在《中华杂志》创刊号发表《论中国之国民性》一文，认为"合满汉蒙回藏之民谓之为五族，毋宁谓之为大中华民族可也"。1917 年 2 月，李大钊在《新中华民族主义》一文中指出："吾国历史相沿最久，积亚洲由来之数多民族冶融而成此中华民族，畛域不分、血统全泯也久矣，此实吾民族高远博大之精神有以铸成之也。今犹有所遗憾者，共和建立之初，尚有五族之称耳。五族之文化已渐趋于一致，而又隶于一自由平等共和国体之下，则前之满云、汉云、蒙云、回云、藏云，乃至苗云、

---

① 吴贯因：《五族同化论》，《庸言》第 1 卷第 8 号。
② 傅运森编撰，高凤谦、张元济校订：《共和国教科书·新历史》（高等小学用）第 4 册第 20 课"民国统一"部分。另黄兴涛《重塑中华——近代中国"中华民族"观念研究》一书对该条材料出处进行了详尽说明，三联书店（香港）有限公司 2017 年版，第 125 页。
③ 程道德编：《中华民国外交史资料选编》（一），北京大学出版社 1988 年版，第 86 页。

瑶云，举为历史上残留之名辞，今已早无是界，凡籍隶于中华民国之人，皆为新中华民族矣。"① 从1919年起，孙中山对"五族共和"说进行了检讨，多次谈到了将国内各族融合为中华民族的设想。1919年，他在《三民主义》的讲演里谈道："汉族当牺牲其血统、历史与夫自尊自大之名称，而与满、蒙、回、藏之人民相见于诚，合为一炉而冶之，以成一中华民族之新主义。"② 1921年，孙中山又指出："吾国今日既曰五族共和矣，然曰五族，固显然犹有一界限在也。欲泯此界限，以发扬光大之，使成为世界上有能力、有声誉之民族，则莫如举汉、满等名称尽废之，努力于文化及精神的调洽，建设一大中华民族。"③

九·一八事变发生后，随着日本侵华加深，中华民族认同进一步增强。1936年，以官方名义编辑的《绥蒙辑要》提到："中华民族，都是黄帝子孙。因为受封的地点不同，分散各地，年代悠久，又为气候悬殊，交通阻隔，而有风俗习惯之不同，语言口音之歧异，虽有汉、满、蒙、回、藏等之名称，如同张、王、李、赵之区别，其实中华民族是整个的，大家好像一家人一样。因为我们中华，原来是一个民族造成的国家。孙总理说，中华民族，就是国族。"还谈道：蒙古族就是历史上的匈奴，《史记》说"匈奴之祖先名曰淳维为夏后氏之苗裔"，而"夏后氏的祖先是夏禹，大禹乃是黄帝子孙"，"所以今之蒙古同胞，实与本部十八省同胞同一血统"④。

1937年七七事变发生后，蒋介石发表"庐山谈话"，指出中华民族"不能不保持我们民族的生命，不能不负起祖宗先民所遗留给我们历史上的责任"，"如果战端一开，那就是地无分南北，年无分老幼，无论何人，皆有守土抗战之责任，皆应抱定牺牲一切之决心"⑤。在外部压力之下，中华民族共同体意识大大增强。人们纷纷强调中华民族是祖先相同、血缘相通的命

---

① 李大钊：《新中华民族主义》，朱文通整理编辑《李大钊全集》第2卷，河北教育出版社1999年版，第494—495页。
② 《三民主义》，《孙中山全集》第5卷，中华书局1982年版，第187页。
③ 孙中山：《〈国民党恳亲大会〉纪念册序》，陈旭麓、郝盛潮主编《孙中山集外集》，上海人民出版社1990年版，第29页。
④ 蒙古联合自治政府地政总署：《绥蒙辑要》，满洲日日新闻社印刷所1940年版，第1页。
⑤ 蒋介石：《对卢沟桥事变之严正声明》，《革命文献》第69辑，台湾"中央"文物供应社1976年版。

运共同体。1938年春，熊十力在《中国历史讲话》中阐发了"五族同源""五族一家"论，提出："中华民族，由汉满蒙回藏五族构成之。故分言之，则有五族；统称之，则唯华族而已。如一家昆季，分言之，则有伯仲；统称之，则是一家骨肉也。"① 中华书局出版的大型辞书《辞海》对"中华民族"做了这样的解释："合汉、满、蒙、回、藏、苗等人而成整个之中华民族。人口共约四万万七千余万。"1939年2月13日，顾颉刚在《益世报·边疆周刊》第9期发表《中华民族是一个》，该文提出"我们只有一个中华民族，而且久已有了这个中华民族"，"中国之内决没有五大民族和许多小民族，中国人也没有分为若干种族的必要（因为种族以血统为主，而中国人的血统错综万状，已没有单纯的血统可言）"②。该文的发表，在学界产生了广泛共鸣，也引发了热烈讨论。在学界围绕"中华民族是一个"展开讨论之后，蒋介石明确提出了中华民族宗族论。1941年2月2日，蒋介石在"训词"中指出："中华民族是蒙回藏和汉满五族合一的民族，我们常常说蒙回藏，是就我国的土地而言的名词，并不是讲我们人种有什么不一样。可以说自汉代以来，在这两千多年的历史中，我们的血统和我们全部文化，本就没有什么不同的地方。"③ 1942年8月27日，蒋介石发表《中华民族整个共同的责任》，宣称："中华民族乃是联合我们汉、满、蒙、回、藏五个宗族组成的一个整体的总名词。我们说我们是五个宗族而不说五个民族，就是说我们都是构成中华民族的分子，像兄弟合成家族一样。《诗经》上说，'本支百世'，又说'岂伊异人，昆弟甥舅'，最足以说明我们中华民族各单位融合一体的性质和关系。我们集许多家族而成宗族，更由宗族合成为整个中华民族。国父孙先生说：'结合四万万人为一个坚固的民族'。所以我们只有一个中华民族，而其中单位最切当的名称，实在应称为宗族。"④ 1943年，蒋介石在《中国之命运》的小册子中重申了"我们中华民族是多数宗族融和

---

① 熊十力：《中国历史讲话》，《民国学术文化名著·中国历史讲话（外1种）·中国历史纲要》，岳麓书社2011年版，第4页。
② 顾颉刚：《中华民族是一个》，原载《益世报·边疆周刊》第9期，1939年2月13日，《顾颉刚全集》第4卷，中华书局2010年版，第94—106页。
③ 《委座对蒙藏回训词：五族原是一家》，《边疆通信报》1941年5月10日。
④ 《中华民族整个共同的责任》，《总统蒋公思想言论总集》卷19，中国国民党中央委员会党史委员会1984年版，第217页。

而成的"之中华民族宗族论。由于蒋介石的政治影响力,中华民族是由不同宗族组成一个民族的观点得到了广泛的传播。

中国共产党一再申明大义,强调中国各族儿女同为炎黄子孙,理应携手合作,共赴国难,共同致力于中华民族的解放事业。1937年2月10日,中共中央致电国民党五届三中全会,表示值此"日寇猖狂,中华民族之存亡千钧一发之际","我辈同为黄帝子孙,同为中华民族儿女,国难当头,惟有抛弃一切成见,亲密合作,共同奔赴中华民族最后解放之伟大前程"[1]。抗日战争全面爆发后,中国共产党人对团结各民族共同抗日的重要性、紧迫性有着充分的认识。七七事变发生不久,在8月12日有关指示中,中共中央要求"组织与武装全体韩民、蒙民、回民参加抗战","争取这些少数民族的动摇上层分子(如德王之类)到抗战中来,汉人的政府与军队,应该同少数民族的上下层建立良好关系,反对大汉族主义,使他们自愿的同我们亲密的联合"[2]。8月25日公布的《抗日救国十大纲领》的第三条为"全国人民的总动员",其内容包括"动员蒙民回民及其他一切少数民族,在民族自决和民族自治的原则下,共同抗日"[3]。另第十条为"抗日的民族团结"。12月25日发表的《中国共产党对时局宣言》认为,全面抗战以来中国军民英勇抗战,"表现出我中华民族空前未有的觉醒,造成了我民族力量空前未有的团结"[4]。1938年10月,毛泽东在《论新阶段》的报告中提出"团结各民族为一体,共同对付日寇",提出要"纠正存在着的大汉族主义,提倡汉人用平等态度和各族接触,使日益亲善密切起来,同时禁止任何对他们带侮辱性与轻视性的言语,文字,与行动"[5]。1941年6月22日,《解放日报》发表题为《实行正确的民族政策》的社论,指出:实行正确的民族政策,以

---

[1] 《中共中央给国民党三中全会电》,《中共中央文件选集》第10册,中共中央党校出版社1991年版,第157—158页。

[2] 《中央关于抗战中地方工作的原则指示》,《中共中央文件选集》第11册,中共中央党校出版社1991年版,第320页。

[3] 《抗日救国十大纲领》,《中共中央文件选集》第11册,中共中央党校出版社1991年版,第328页。

[4] 《中国共产党对时局宣言》,《中共中央文件选集》第11册,中共中央党校出版社1991年版,第410页。

[5] 毛泽东:《论新阶段》,《中共中央文件选集》第11册,中共中央党校出版社1991年版,第619—620页。

团结国内各少数民族共同抗日图存,就是当前抗战中的严重任务之一。

随着中华民族观念的确立,中国共产党对中华民族的内部结构、内部关系做出了更为准确的说明。1939年,毛泽东在《中国革命和中国共产党》一文中对"中华民族"做了阐述,指出:中国是世界上最大的国家之一,"拥有四亿五千万人口,差不多占了全世界人口的四分之一。在这四亿五千万人口中,十分之九以上为汉人。此外,还有蒙人、回人、藏人、维吾尔人、苗人、彝人、壮人、仲家人、朝鲜人等,共有数十种少数民族,虽然文化发展的程度不同,但是都已有长久的历史"①。1939年由八路军政治部所编的《抗日战士课本》这样界定:"中国有四万万五千万人口,组成中华民族。中华民族包括汉、满、蒙、回、藏、苗、瑶、番、黎、夷等几十个民族,是世界上最勤劳,最爱和平的民族。中国是一个多民族的国家,中华民族是代表中国境内各民族之总称。"②

四 共同体认中华文明:促进各民族的文化认同

文化是民族之魂。中华民族各族人民共同创造了悠久、灿烂的中华文化,也共同体认、传承着中华文明。清末,杨度在1907年发表的《金铁主义说》一文就认为中华民族其民族命名"实采合于文化说,而背于血统说","非一血统之种名,乃为一文化之种名"③。他把中华民族看成是一个文化共同体,而非血缘共同体。民国时期各界人士同样重视中华文化认同在中华民族融合过程中所发挥的作用。1935年12月15日,傅斯年在《独立评论》发表《中华民族是整个的》一文,指出:自从春秋战国以来,"大一统思想深入人心","我们中华民族,说一种话,写一种字,据同一的文化,行同一伦理,俨然一个家庭。世界上的民族,我们最大,世界上的历史,我们最长。这不是偶然,是当然。'中华民族是整个的'一句话,是历史的事实,更是现实的事实"④。1939年2月,顾颉刚在《中华民族是一个》一文

---

① 毛泽东:《中国革命和中国共产党》,《毛泽东选集》第2卷,人民出版社1991年版,第622页。
② 《民族问题文献汇编》,中共中央党校出版社1991年版,第807—808页。
③ 《金铁主义说》,《杨度集》,湖南人民出版社1986年版,第372页。
④ 《中华民族是整个的》,《傅斯年全集》第4卷,湖南教育出版社2002年版,第125页。

中认为，"中华民族不组织在血统上"，"也不建立在同文化上"，"现在汉人的文化"，"早因各种各族的混合而渐渐舍短取长成为一种混合的文化了"，"现有的汉人的文化是和非汉的人共同使用的，这不能称为汉人的文化，而只能称为'中华民族的文化'"①。1943年，蒋介石在《中国之命运》中指出，中华民族由宗族融合而成民族，"融和的动力是文化而不是武力，融和的方法是同化而不是征服"，"中国全体的国民，都有他'四海之内皆兄弟也'的崇高的伦理观念，与博大的仁爱精神"，到秦汉时代，"由于生活的互赖，与文化的交流，各地的多数宗族，到此早已融和为一个中华大民族了"，魏晋南北朝时期"所有全领域的宗教、哲理、文学、艺术、天文、术数、法律、制度、风俗、民情，亦已网罗综合而冶于一炉"，于是有了民族大融合、隋唐大统一，后来契丹、女真、蒙古、满族等"未能完全同化的宗族"虽然入据中原，"然他们仍先后浸润于中原的文化之中"，我们中华民族"能以我悠久博大的文化，融和四邻的宗族，成为我们整个民族里面的宗支。简言之，我们中华民族对于异族，抵抗其武力，而不施以武力，吸收其文化，而广被以文化"②。

现代中华国族的建构、中华民族的整合也离不开中华文化认同的支撑。为了促进境内各民族的团结、联合，促进中华民族共同体意识的成长、发展，近代先哲希望通过中华文化的传播，增进民族感情，扩大文化认同，消弭种族区分，促进民族团结。李大钊在《新中华民族主义》一文中指出，"五族之文化已渐趋于一致"，我们的责任是进一步增进各族对中华文化的认同，以促进民族融合、促进"新中华民族"的建构，"今后民国之政教典刑，当悉本此旨以建立民族之精神，统一民族之思想"③。孙中山也主张从文化认同入手促进中华民族的同化，提出"努力于文化及精神的调洽，建设一大中华民族"④。1924年，他在《民族主义》的讲演中指出，民族的造成

---

① 顾颉刚：《中华民族是一个》，原载《益世报·边疆周刊》第9期，1939年2月13日，《顾颉刚全集》第4卷，中华书局2010年版，第94—106页。
② 蒋介石：《总统蒋公思想言论总集》卷4，中国国民党中央委员会党史委员会1984年版，第2—3页。
③ 《新中华民族主义》，《李大钊全集》第2卷，河北教育出版社1999年版，第495页。
④ 孙中山：《〈国民党恳亲大会〉纪念册序》，陈旭麓、郝盛潮主编《孙中山集外集》，上海人民出版社1990年版，第29页。

"不能不归功于血统、生活、宗教、语言和风俗习惯这五种力","就中国的民族说,总数是四万万人,当中参杂的不过是几百万蒙古人,百多万满洲人,几百万西藏人,百几十万回教之突厥人,外来的所以就大多数说,四万万中国人,可以说完全是汉人。同一血统,同一语言文字,同一宗教,同一习惯,完全是同一民族"。宗教、语言和风俗习惯都是文化,可见文化在中华民族建构中的巨大作用。基于此,他主张"结合四万万人成一个坚固的民族""便要提倡民族主义,用民族精神来救国"①。

各界人士倡导各民族对中华文化的认同,但又求同存异,主张尊重各民族创造的独特文化。民国初年的五族国民合进会主张"民族同化",但仍主张"五族国民宗教不同,语言文字各异,今共和建国,自应信教自由,语言文字各从其便"②。毛泽东在《论新阶段》的报告中就指出:"尊重各少数民族的文化、宗教、习惯,不但不应强迫他们学汉文汉语,而且应赞助他们发展用各族自己言语文字的文化教育。"③

五　结语

培育中华民族共同体意识是促进民族团结、维护国家统一的思想基础,是增强中华民族凝聚力、实现中华民族伟大复兴中国梦的必然要求。因此,习近平总书记在党的十九大报告中强调:"全面贯彻党的民族政策,深化民族团结进步教育,铸牢中华民族共同体意识,加强各民族交往交流交融,促进各民族像石榴籽一样紧紧抱在一起,共同团结奋斗、共同繁荣发展。"④

中华民族共同体意识是在中华民族五千年发展史中形成的,而民国时期是其由传统形态转换为现代形态、由专制大一统转换为现代共同体的重要枢纽,不仅确立了"一个共同拥有和一致认同的民族总符号或名称——'中

---

① 《民族主义》,《孙中山全集》第9卷,中华书局1986年版,第188—189页。
② 《五族国民合进会简章》,《中华民国史档案资料汇编(政治)》,凤凰出版社1999年版,第922页。
③ 毛泽东:《论新阶段》,《中共中央文件选集》第11册,中共中央党校出版社1991年版,第620页。
④ 习近平:《决胜全面建成小康社会　夺取新时代中国特色社会主义伟大胜利——在中国共产党第十九次全国代表大会上的报告》,人民出版社2017年版,第40页。

华民族'",也形成了现代中华民族共同体意识以共御外侮、共有疆域、共为炎黄子孙、共同缔造并体认中华文明为基本内容的框架。民国时期,在内忧外患的刺激下,现代中华民族共同体意识得以成长和增强,为国家恢复独立、走向统一,发挥了重要作用。同时也为我们在新时代培育、铸牢中华民族共同体意识提供了有益的历史启示:各族人民要在共同应对外部挑战、共同面对外部压力中培育和牢固中华民族共命运的意识,要在维护中华民族版图完整、增强中华故土情结中培育和牢固中华民族共命运的意识,要通过各族人民都是炎黄子孙、中华民族一家亲理念的教育培育和牢固中华民族共命运的意识,要通过增强中华文化认同、实施华夏文化纽带工程培育和牢固中华民族共命运的意识。

近代史上激进与保守的和同

——以全盘西化派与中国本位文化派为例

张太原

[中共中央党校（国家行政学院）中共党史教研部]

摘要：激进与保守一向被视为研究近代思想史的一种范式，在此视角之下，纷繁复杂的思想往往被"一分为二"。全盘西化派与中国本位文化派就是其中比较典型的两种代表。但是，深入二者论争发生的思想语境里，探究各自的言说本意及言外之意，则可发现本来被认为对立的两派竟有难得的相"和"之境，趋"同"之实，并且彼此也认同各自的弦外之音。可以说，曾被过分渲染的所谓论争，只是发生在名词层面，实际上的思想则是难得的一致。个中意味更加凸显了近代思想演进的主流：只有"激进"，而没有"保守"。"保守"只是一种变相的"激进"。由此，可以更好地理解近代历史为何总是在不断地发生巨变。

关键词：激进　保守　全盘西化　中国本位

对于近现代思想史，以往的研究大都以对立、斗争的眼光审视各种思潮流派，由此不仅容易夸大不同思潮的差异，而且容易忽略各种思潮之中普遍的意识和认知。激进与保守是长期以来研究思想史被普遍采用的一种范例。既然能成为范例或模式，当然有其方法论的意义，但这一模式不能概括所有的思想流派，也很难解释具体的思想。如果屏蔽这一视角，就会发现近代中国的思想在众说纷纭中也有共通的东西，即普遍地为各方所接受的甚至已化为无意识的知识和信仰。从对立中如何发现"同一",本是问题的另一面,如果回归本相,揭开障蔽,似乎可以由故辙开出新途。

无论当时的批评者还是后来的研究者,大都把20世纪30年代的中国本位文化派看作保守的代表,"十教授口口声声舍不得那个'中国本位',他们笔下尽管宣言'不守旧',其实还是他们的保守心理在那里作怪"[①];"所谓'选择折衷'的议论,看去非常有理,其实骨子里只是一种变相的保守论"[②];"尽管十教授的《宣言》因得到官方的支持而轰动一时,但由于它的保守主义的文化取向","使它失去人心"[③]。与之相对,人们通常把西化派或全盘西化派看作激进的代表,有"激进西化论"的说法。[④]其实,激进与保守并不能完全概括二者内部的思想,尤其不能表现中国本位文化派的思想;二者除了形式上的对立之外[⑤],在同一舆论空间中也存在着有意无意流露出的共识。

一 不同之"和"

20世纪30年代,苏联的成功,欧美的变动,国难的激荡,使中国的思想界特别复杂,其中,"计划""独裁"和"统制"成为几个重要的关键词和流行语。究其原因,主要是苏俄的影响,"苏俄实行五年计划而后,统制之潮,弥漫全球,国内之务新者,亦欲及时而动,以尝统制之滋味"[⑥]。有人就提出:"举凡政治、经济、教育、法律、文化等方面都应加以统制,隶属于一个总的机关之下,这样,新的文化必能一天天地确立而完成,复兴民

---

① 胡适:《试评所谓"中国本位的文化建设"》,《独立评论》1935年4月7日第145号。
② 胡适:《充分世界化与全盘西化》,《大公报》1935年7月21日。
③ 郑大华:《30年代的"本位文化"与"全盘西化"》,《湖南师范大学社会科学学报》2004年第33卷第3期。
④ 蔡渊絜:《抗战前国民党之中国本位的文化建设运动(1928—1937)》,博士学位论文,台湾师范大学历史研究所,1991年,第265、279页。
⑤ 若干年前,已有学者指出,当时的文化论争不仅仅是二者的对立,"把30年代中期的这场文化讨论,概括为'中国本位文化'论和'全盘西化'论之争,是名实不符的"。参见陈崧《30年代关于文化问题的论争》,《历史研究》1991年第2期。
⑥ 《论中国本位文化》,《西京日报》1935年1月20日,载马芳若编《中国文化建设讨论集》上编,龙文书店1935年版,第27页。

族也可指日而待了。"① 尤其是"谋文化之复兴，必须实施文化之统制。盖复兴中国之急务，在于统一，而统一之根本在于思想"②。当时的国民党因势利导，不但鼓动舆论机关大肆宣传各种"统制"，而且采取了许多具体的措施。其中，比较有代表性的是1934年成立了"中国文化建设协会"，以陈立夫为理事长，发行《文化建设》月刊，"引组织三民主义之文化战线为己任"；旨在"确认三民主义为中国文化建设运动之最高原则"。③ 十教授的《中国本位的文化建设宣言》就是在陈立夫的直接策划下发表的。④《宣言》"是其时国民党在'复兴民族文化'的幌子下，推行思想文化统制政策的产物"⑤；"尽管运动发起人力图以一种超然的学人姿态来提倡建设所谓'中国本位的文化'，但其运动背后"存在着"派系运作及其党治文化统制的企图"；⑥ 国民党"希望以此统一整个思想文化界。十教授的《文化宣言》反映的就是国民党的这种加强思想统治的要求"⑦。其实，当时有人更明确地指出过，"中国本位文化的建设运动就是独裁政制建设运动"⑧。国民党不但从正面大树特树"三民主义"，而且还采取各种措施禁止其他主义或思想。有当事人回忆：

> 1935年春，陈立夫、潘公展在国民党中央宣传委员会的下面，设立了一个"中央图书杂志审查委员会"。名为中央机关，而会址却设在上海。因为上海是图书杂志出版的中心地，设到上海，便于执行这种反动业务。由潘公展、方治、丁默邨等为审查委员会的委员，潘公展任主任委员。一位姓项的秘书驻在会内，秉承潘公展办理业务。下面设文艺

---

① 艾湦：《现阶段的中国文化建设运动》，《读书青年》1936年8月1日第1卷第3期。
② 培天：《文化统制问题》，《新文化》月刊创刊号，1934年版。
③ 《中国文化建设协会创立缘起与各项章则》，载中国第二历史档案馆编《中华民国史档案资料汇编》第5辑第1编文化（2），江苏古籍出版社1994年版，第766页。
④ 陈立夫：《我的创造、倡建与服务——九十忆往》，台北《传记文学》1989年第54卷第6期。
⑤ 郑师渠：《"中国本位"与"全盘西化"的论争》，《史学月刊》1988年第3期。
⑥ 王奇生：《党员、党权与党争——1924—1949年中国国民党的组织形态》，上海书店出版社2003年版，第239页。
⑦ 郑大华：《30年代的"本位文化"与"全盘西化"》，《湖南师范大学社会科学学报》2004年第33卷第3期。
⑧ 张奚若：《全盘西化与中国本位》，《国闻周报》1935年第12卷第23期。

组、社会科学组两组，各组设正、副组长各一人，审查员 10 余人。凡是上海各书局、各出版社出版的书刊，有关文艺的和社会科学的，都要事先把原稿或印好的大样送会审查，经批准发给审查许可证，依照审查意见删改，才可付印出版。出版后还要把印好的书刊送会核对。……依照审查条例，出版的有关文艺或社会科学的书刊，都要经过审查，印有审查许可证字号，才能发行。没有经过审查的文艺或社会科学的图书杂志，一律不准发行，如果私自发行，要受到相当的处罚，执行得非常严厉。审查文字内容，是很严格的。"稍有不妥，就要删改。宁可多删多改，不可放松过去。"这是潘公展讲的。所以审查人都吹毛求疵，多方挑剔。不但对共产党或共产主义立论稍有公正语气的地方要删去，即使一般性有关马列主义的理论也要删去。[①]

不过，国民党当政后，尽管试图控制一切，但实际上远没有达到它想要达到的目的。具有讽刺意味的是，当时它最反对的马克思主义，反而"日益成为巨大的潮流"[②]，追逐社会主义竟成为思想界的一种风气[③]、知识界的一种思潮[④]。其他主义或思想更难说"统制"了。国民党虽然利用国家的名义，颁布了严格的制度、法律和规范，但是并没有具有强烈信仰的忠实执行人员。因此，所谓"统一""统制"大都停留在纸面上，而"独裁"和"专制"则是在一定程度上反对者给它塑造的形象。当然，这其中也包含着国民党的策略因素。对于没有"武器批判"的思想，国民党常常采取容忍的态度，甚至故意使之装点门面。比如，这次中国本位文化建设运动是国民党暗中发动的，又是以一种自由讨论的面目出现的，并未禁止来自体制外的各种批评，相反却表现出优容的雅量。"中国本位的文化建设宣言发表后，中国文化建设协会总会和各省市分会，都先后举行研究式的座谈会，很虚心

[①] 戴鹏天：《CC 的文化特务活动》，《河北文史资料选辑》，河北人民出版社 1998 年版。
[②] 胡秋原：《一百三十年来中国思想史纲》，台北学术出版社 1983 年版，第 43 页。
[③] 参见张太原《自由主义与马克思主义：〈独立评论〉对中国共产党的态度》，《历史研究》2002 年第 4 期。
[④] 参见郑大华、谭庆辉《20 世纪 30 年代初中国知识界的社会主义思潮》，《近代史研究》2008 年第 3 期。

征求各方面的意见,并且在文化建设月刊上尽量转载赞成和反对的各方文字,他们不加以主观地排拒与迎合,这可使一部分怀疑中国文化建设协会是本党的外围组织,用来做统制中国文化界的思想的不安观念扫净了。"①

虽然这给人以"此地无银"之感,但也不完全是虚言。就拿其组织的文化座谈会来说,按一般之常情,本是应该唱赞歌的,而实际上却是各言其是:

> 刘湛恩先生一面看到民族自信心的重要,一面却也提出"基督教本位"的意见;欧元怀先生提出的是"科学化、标准化、普通化"的"三化原则";俞寰澄先生主张以农村为本位;黎照寰先生也申说"科学化"的重要;叶青先生则主现代化;黄任之先生很看重中国旧有文化因素的分析与选择;李浩然先生注意的是城乡的平衡发展;陶百川、何西亚、谢俞三先生都主张以三民主义为最高的原则;邰爽秋先生又以为应特别注重三民主义中的民生主义;吴子敬先生特别提出纪律化与脚踏实地的两点;……这第一次座谈会的结果,似乎教我们对于"本位"二字的意义,越看越糊涂起来。许多发言人中间,有的就压根儿没有顾到它;有的把它和原则,标准等事物混为一谈;有的似乎于中国的大本位之外,又提出了一些小本位来;有的并且发为和"本位"观念根本上相冲突的议论。②

再如,《文化建设》月刊关于中国本位文化讨论的文章自然以赞成与附和的为主,此外,也确实刊登或转载了许多批评甚至尖锐批评的文章,像陈序经、胡适等"激进的西化论"甚至提倡社会主义的,都未曾"排拒"。有人还谈到自己的亲身感受,"出版界教育界名士何炳松、陶希圣等最近发表了一个中国文化建设宣言。《文化建设》的编者,要我对这个宣言作一个批评发表在《文化建设》上。他给我的信说:'请勿徇情,赞成与反对,敝刊

---

① 方钟征:《三民主义文化的建设》,《福建文化半月刊》1935年10月1日第2卷第2期。
② 潘光旦:《谈"中国本位"》,《华年周刊》第4卷第3期,载马芳若编《中国文化建设讨论集》上编,龙文书店1935年版,第47—48页。

俱所欢迎。'"果然，他也不客气，写了批评文章，《文化建设》仍照样刊登。① 就这一点来说，国民党的意旨似乎重在引领问题，重在引起知识界的关注，而不在硬性的统制。

　　从整个文化领域来看，国民党似乎也并未强力推行三民主义文化，乃是靠提出时代和众人所关注之问题，以转移视听，以达到令人不知不觉中入其圈套。果真如此，自然高明。但这需要一个长期稳定执政的环境，而国民党却始终面临着执政危机。更严重的问题是，它的内部也从来没有真正"统一"过。所以，自以为一些高明之举就很难达其目的。比如，当时思想界似乎是各种思想都有表现的舞台："这里，有孔孟偶像的复活；这里，有释迦香烟的缭绕；这里，有德谟克拉西思想的憧憬；这里，有法西斯蒂理论的酝酿；这里，更有布尔希维克学说的流行。"② "复古呢？英美化或苏俄化？中体西用化呢？""中国的思想界，早成为这三种主张的血战场。"③ "分析今日中国智识界对于东西文化的态度，大约可以分为四种倾向或派别：（一）复古派；（二）折衷调和派；（三）辩证的唯物论倾向的社会主义派；（四）全盘西化派。"④ "任何一种都还没有定形化。而且任何一种都在奋斗，以图取得生长繁荣的机会，因此，在文化界呈出了五花八门，莫衷一是的样子"⑤；"一般社会中坚人物，犹复各是其是，各非其非。"⑥

　　十教授宣言的本意是要"确立一个比较可以维系人心的公共信仰！"⑦但是，结果却又变成了不同中国本位的"竞走"赛场。每个人每个派别都

---

① 李麦麦：《评〈中国本位的文化建设宣言〉》，《文化建设》第1卷第5期，载马芳若编《中国文化建设讨论集》上编，龙文书店1935年版，第38页。
② 李立中：《中国本位文化建设批判总清算》，《文化建设》第1卷第7期，载马芳若编《中国文化建设讨论集》上编，龙文书店1935年版，第86页。
③ 王懋和：《中国到那里去？》，《晨报》1935年4月14日，载马芳若编《中国文化建设讨论集》下编，龙文书店1935年版，第63页。
④ 卢观伟：《趋于"全盘西化"的共同信仰》，载冯恩荣编《全盘西化言论续集》，岭南大学青年会1935年版，第167—168页。
⑤ 叶青：《读〈中国本位的文化建设宣言〉以后》，《文化建设》第1卷第5期，载马芳若编《中国文化建设讨论集》上编，龙文书店1935年版，第33—34页。
⑥ 《论本位文化》，《武汉日报》1935年4月6日，载马芳若编《中国文化建设讨论集》上编，龙文书店1935年版，第29页。
⑦ 马千里：《评中国本位文化建设宣言》，《大美晚报》1935年3月1日，载马芳若编《中国文化建设讨论集》上编，龙文书店1935年版，第74—75页。

试图做出自己对本位文化的解释，人们谈论中国本位，各取所需，自说自话。"学者们现在正在提倡'中国本位文化'，但是提倡'中国本位文化'而使人摸不着'中国本位文化'的头脑也是事实。"①"大家发表一个意见，大家都说自己所发表的才是本位的意见，本位的意见是如此之多，这不是一件太滑稽的事情吗？"②"'中国本位'四字即一十宣言之莫大贡献，而十教授在一十宣言中所欲贡献于国人者恐亦惟有此点。"③只贡献一个"名词"，这不能不说是对"一十宣言"的莫大讽刺。那么，"在此种各是其是，各非其非之观念下，而欲产生统一之中国文化体系，实等缘木而求鱼！"④所以，中国文化领域仍是一片乱象，一般人仍感到无所适从，"无论新的旧的，都在失去魂魄，盲目扮演，背道而驰，相互冲突"⑤；"无一适当的可循之道，徘徊彷徨，成为中国文化当前最苦闷的问题。"⑥

这种状况说明，自五四以来，思想界已形成了一种怀疑、批判的习惯，对于"立"和"建设"还不具备认同的心理。细察当时人们的态度，责言远远多于赞语，整个社会似仍笼罩在不满的情绪之中。"破"起来，大刀阔斧；"立"起来，举步维艰。更值得注意的是，批评当政者已经成为人们的一种嗜好，而当政者的举措则很难深入人心。从一个广阔的视野看，各种观念和学说能够一起"奋斗"、竞争，本身也能说明一个问题，即在此之上存在着一个可以容纳的公共空间和一个共存的环境。由此可以说，全盘西化派和中国本位文化派在其对立之外，又具一种不同之"和"，即"和"于一定的时空之中：是那个特定的舆论场的两种互相突出对方的声音，是那个背后多种力量在较量的思想场域的两种彼此照亮对方的存在；也可以说，它们是

---

① 公页：《从握筷谈到"本位文化"》，《中国新论》第 2 期，载马芳若编《中国文化建设讨论集》下编，龙文书店 1935 年版，第 119 页。
② 刘絜敖：《中国本位意识与中国本位文化》，《文化建设》第 1 卷第 9 期，载马芳若编《中国文化建设讨论集》下编，龙文书店 1935 年版，第 235 页。
③ 许性初：《从五四运动说到一十宣言》，《文化建设》第 1 卷第 5 期，载马芳若编《中国文化建设讨论集》上编，龙文书店 1935 年版，第 45 页。
④ 《论中国本位文化》，《西京日报》1935 年 1 月 20 日，载马芳若编《中国文化建设讨论集》上编，龙文书店 1935 年版，第 27 页。
⑤ 于炳文：《我之中国本位文化观》，《福建文化半月刊》创刊号，1935 年 2 月 15 日，第 25 页。
⑥ 漆琪生：《中国本位文化运动的历史意义与实质》，《文化建设》第 1 卷第 5 期，载马芳若编《中国文化建设讨论集》上编，龙文书店 1935 年版，第 53 页。

一个舞台上众多演员中的两个比较特别的角色,其中一个是有意要扮演的主角,而为了突显自己,则自然乐意容纳一个鲜明的反面角色。但是,二者的关系还不只如此。

二 异中之"同"

通观中国本位文化派和全盘西化派的论争①,其不同主要是在字面上和心理上,而在内容上却相差不远。十教授的宣言中说:"中国本位的文化建设,是创造,是迎头赶上去的创造;其创造目的是使在文化领域中因失去特征而没落的中国和中国人,不仅能与别国和别国人并驾齐驱于文化的领域,并且对于世界的文化能有最珍贵的贡献。""我们的文化建设就应是:不守旧;不盲从;根据中国本位,采取批评态度,应用科学方法来,检讨过去,把握现在,创造未来。"② 不难看出,中国本位乃是一种抽象的说辞,在很大程度上是面对"没有了中国"而寻求的一种心理安慰,而"迎头赶上""应用科学方法",则是具体的、不得不去努力的事情。其实,当时就有人发现了这种矛盾,"按'宣言'的第一种精神,结论应该是而且已经是:中国应'迎头赶上去'";对"中国的社会政治经济作彻底的改造'。就是说,中国文化应当欧化近代化。按'宣言'的后一种精神,结论是:'中国的政治社会和思想都具有中国的特征。'这就是说中国应保留东方文化。然则中国文化运动究应欧化近代化呢?抑应保留其东方文化特色呢?"③ 从十教授的论说来看,对保留"东方文化特色"并没有多少说明,而对"欧化近代化"却言之凿凿。

这里可以把主张"全盘西化"的陈序经与署名十教授之一的《文化建设》主编樊仲云的文化言论作一比较。在陈序经看来,不同地域的文化发生广泛联系之前,是以一个一个圈围的形式存在的;每一个文化圈围都包含着

---

① 当事人也把两派看作彼此论争的对手,比如陈高佣就认为,中国本位文化的"反对者以主张'全盘西化'的人为主,陈序经、胡适之两位即系此派代表"。参见陈高佣《中国文化问题研究》,商务印书馆1937年版,第308页。

② 王新命等:《中国本位的文化建设宣言》,《文化建设》第1卷第4期,载马芳若编《中国文化建设讨论集》上编,龙文书店1935年版,第4—6页。

③ 李麦麦:《评〈中国本位的文化建设宣言〉》,《文化建设》第1卷第5期,载马芳若编《中国文化建设讨论集》上编,龙文书店1935年版,第40页。

很多的成分。① 欧洲文化作为一个文化圈围，正在成为世界的文化；世界上的其他文化正趋于被它所代替的"一致"。"试把十六世纪以后的世界地域一看，除了中国本部和其藩属的暹罗、安南、朝鲜以及中国文化上的弟子日本以外，所有其他的种族土地，差不多通通都在欧洲文化的势力范围之下。"并且以后，世界上的一切地方包括日本和中国等，也都被欧洲文化所染指，或者主动西化，或者被迫西化，或者自甘绝灭。这是文化发展的必然趋势。如果识"时务"，就该顺应这种趋势；即使不主动地顺应，也会被迫拉到这种趋势中去。否则，就可能像印第安人那样陷于绝灭的境地。所以，"假使中国要做现代世界的一个国家，中国应当彻底采纳而且必须全盘适应，这个现代世界的文化"②。

而樊仲云的看法竟然与陈序经极其相似："世界文化的地域的区别，便是所谓文化圈"；"一大文化圈之内，实包含有若干小圈"，"今后文化发展的动向，凡是地方的色彩必将渐归消灭，而汇纳于世界的巨大文化圈中。所以我们具有四五千年历史的中国文化，若于此时不谋刷新，殊不免如非澳的野蛮人民一样，为西洋文明的巨浪所吞没。倘其如此，那实是世界文化的损失，因为这当中将缺乏代表东方文明的中国民族的贡献。综上所述，可知中国今后文化的建设，其路径是很明白，我们必须与世界合流。但在我们要从宗教的道德的阶段，走上科学的步道，这时候，必须注意我们民族的需要。我们的民族所需要的是什么呢？那便是生命的保存、延续与扩大。而现今则保存尚成问题；所以这时候的文化工作，必须能实现我图存救亡的要求者：第一须世界化，即不能再行闭关主义，思想文化上的义和团，实最要不得；第二须科学化，即一切当以合理的精神为本，盲目的信仰与感情的附和，也是在所当去。唯当此时，我们应该注意，这种工作应以民族生命的保存为前提，即应以现世界的文化倾向为我们所用，而不当反客为主，反为所吞没。这是中国本位的文化建设"③。谁代表"世界的文化倾向"呢？"世界化"和"科学化"的参照又在哪里呢？大概是当时稍

---

① 陈序经：《文化学概观（三）》，商务印书馆1947年版，第38页。
② 陈序经：《东西文化观（下）》，《岭南学报》第5卷第3、4期，1936年。
③ 樊仲云：《由文化发达史论中国文化建设》，《文化建设》第1卷第6期，载马芳若编《中国文化建设讨论集》下编，龙文书店1935年版，第14—15、23—24页。

有常识的人都能心领神会的。

　　1935年6月11日，在文化讨论方兴未艾的时候，有148位作家和学者又发表了一个宣言即《我们对于文化运动的意见》。这次的队伍更为壮观，其中主要是左翼知识人，但樊仲云竟也名列其中。而"意见"似乎也与其一贯的主张一致。主要是反对复古，反对读经救国，认为"复古运动是不会有前途的"，"近来弥漫各地的复古的呼声"，是"愚妄运动"。"复古运动发展的结果，将是一服毒药，对于民族前途，绝对没有起死回生的功效！""我们不愿做帝国主义的奴隶，我们要从现在的次殖民地的政治局面挣扎出来，我们要完成民族解放的功业"；"我们以为民族的自救，除了向'维新'的路上走去，再没有别的办法了。凡伟大的民族差不多都吸收外来的文化。……民族的自救，贵乎知新而不贵乎温故"①。有人根据这个《意见》的内容，称联名人是"主张西化的又一群"，"是主张全盘西化的"②。即使陈序经也认为，他们"明明白白地承认全盘西化的可能，而表同情于全盘西化的主张了"③。作为"中国本位文化派"的中坚人物的实际思想倾向竟是如此，或被认为如此，这样言说之下的"中国本位"大概真的就成了一种虚名。

　　再从《中国本位的文化建设宣言》的其他署名人来看，"西化"的程度似乎也不亚于樊仲云。何炳松说，"中国'本位'，就是中国'此时此地的需要'。我们要根据这个本位，用科学方法，来淘汰固有的文化，来吸收外来的文化"④。陈高佣的解释更为具体，他说，孙中山所谓"'明乎世界趋势与中国国情'，即可说是中国本位文化的建设"⑤。"盖中西文化接触之后，中国文化之不能与西洋文化相抗衡，中国文化之必遭破坏，此为必然之事，因西洋近代文化是资本主义文化，而中国固有文化者仍为封建的色彩，就历

---

　　① 文学社等：《我们对于文化运动的意见》，《时事新报》与《新生》周刊1935年6月11日第2卷第21期，载马芳若编《中国文化建设讨论集》下编，龙文书店1935年版，第42—44页。
　　② 徐北辰：《主张西化的又一群》，《晨报·晨曦》1935年6月24日，马芳若编《中国文化建设讨论集》下编，龙文书店1935年版，第48页。
　　③ 陈序经：《一年来国人对于西化态度的变化》，《国闻周报》1935年第13卷第3期。
　　④ 何炳松：《论中国本位文化建设答胡适先生》，《文化建设》第1卷第8期，载马芳若编《中国文化建设讨论集》上编，龙文书店1935年版，第67—68页。
　　⑤ 陈高佣：《中国文化问题研究》，商务印书馆1937年版，第280页。

史的阶级来言，西洋文化固比中国文化先进了一步，资本主义文化与封建文化相遇，资本主义之占优势固为历史法则所决定，我国当然不能有外此例。时至今日，固有的旧文化已被破坏了，输入来的新文化又未能适应人生，而人民的生活又不能不找一个安身立命之所，于是文化建设运动乃应时而生。"①"人类的历史，无论任何民族都是在同一的路向上前进，即由原始社会而民族社会，由民族社会而封建社会，由封建社会而资本主义社会，由资本主义社会以至近来的社会主义社会，这是任何民族不能自外于此种进化法则的。""中国本位的文化建设宣言中处处提到此时此地的需要者，就是要用辩证法的观点，从文化的历史性与地理性之对立统一中把握住一个现实问题。甚么是我们此时此地的现实问题？即争求民族的独立自由。"② 陈高佣所着意的不但是西洋文化的进化法则，而且明显受了马克思学说的影响，甚至是用马克思的社会形态演进说分析了中国文化的发展方向。

署名人陶希圣在运用马克思主义观点上似乎更胜陈高佣一筹，"'一十宣言'的主要意思，在要求大家，为了现在的中国，重新估定一切。……现在的中国，为大家所公知的，是一个次殖民地或半殖民地的国家……半殖民地的基本特征，是交换经济的发达，促进社会的发达，社会的发达，不由于生产的发达，由于交换的发达。因此形成这样的现象，都市发达，乡村却与相反，陷于破坏的地位。久而久之，乡村的破坏又影响到都市，都市也破坏了，外国的工业品甚至于农产物，把中国的发达给杜绝了……在这种情形之下，中国屡次的自救，都没有大的成功，或是想模仿欧美，或是想走社会主义的路，没有不带有民族运动的。……经济政治以及思想的方向，必须向（一）独立自主的，（二）反列强资本主义的，（三）有组织有计划的方向上走，中国才可保救。这一方向非独与科学没有抵触，在生产后进的国家非有组织有计划地进行，科学是不能发达，发达也应用不来的，这是我们要求重新估定一切的一点意思"③。如果单看这段话，很像马克思主义者对中国社

---

① 陈高佣：《教育统制与文化建设》，《大上海教育》1935 年 1 月第 2 卷第 2、3 期合刊，第 53 页。
② 陈高佣：《怎样了解中国本位的文化建设》，载马芳若编《中国文化建设讨论集》中编，龙文书店 1935 年版，第 230—231 页。
③ 陶希圣：《对于〈中国本位文化建设宣言〉的补充说明》，《教育短波》1935 年 5 月 21 日下册第 27 期，第 4—5 页。

会的分析，朝"组织有计划的方向上走"，这显然已经超越一般意义上的"西化"而要"苏俄化"了。

署名人章益则似乎仍然坚持"五四的传统"，他在《宣言》发表之前的一篇文章中指出："西洋文化的两大特点，是科学与民主政治，这是大家久已公认的。……正当而合理的出路是，把西洋人对于物的人生态度，爽性全部接收过来，不要只学他提高享用，而亦学他征服自然，学他科学的精神和方法……西洋人第二特点，是民主政治。民主政治里，人民的政权和政府的治权，界限划分清楚，彼此不准越出范围。规定这界限的是宪法。……中国人羡慕西洋的民主政治，于是也要求成立一个宪法。在前清末造就产生立宪运动，民国以来，又历次有制宪运动。我们虽有过好几次的宪法和约法，但是纸面上虽说得天花乱坠，事实上政府从来未把宪法的规定放在心上。……所以中国人必须仿效西洋人到底，觉悟到自己的权力，才能监督政府，反抗强暴者的侵略和压迫。只知争得宪法，而后面没有决心拥护这宪法的民众，宪法只是一张废纸而已。唤起人民认识自己的权力，这又是一种人生态度的改造。……说生计解决，才能自尊，才知有权。如此说来，造成'权'的人生态度，必以解决民生问题为先决条件。在教育里，故应唤醒人民'权'的观念，而尤不得不以采用西方征服自然的态度以增进民生了。"① 通篇都在论述如何来真正地学习西洋，特别是提出对于西洋的人生态度要"爽性全部接收"，及"仿效西洋人到底"，尤能提示他与全盘西化派的异中之"同"。

从《中国本位的文化建设宣言》署名者个人背后的思想和公开的解释，似乎看不出什么"中国本位"，倒表现出各种不同的西化、世界化的论调。其中，很难感受到十教授的观点"保守"，反而给人一种"激进"的味道。有的时人也发现了这一点："十教授的立场，并不是保守的，而是革命的。"② 西化论者无论如何"激进"大概也是不能与"革命"媲比的。按此，认定"本位文化派"为"保守"，是多么地远离于其本身。

---

① 章益：《教育与文化》，《教育研究》第49期，1934年2月号。
② 曾建屏：《读了〈我们的总答复〉以后》，《晨报·晨曦》1935年6月4日，载马芳若编《中国文化建设讨论集》中编，龙文书店1935年版，第207页。

三 互引"同道"

全盘西化派力图给中国本位文化派扣上"复古"的帽子，或涂上"复古"的色彩，本位文化派则力图摆脱，结果争来论去，在西化问题上两者竟相差无几。其实，"所谓复古，则除过一部分根本不感觉中国文化问题的军阀官僚外，似乎在今日的文化界亦没有人敢这样主张"[1]。十教授的总答复说："复古的企图不但是抱残守缺，简直是自寻死路！我们倘认现代的中国人不容再营封建时代的生活，那就不应当持保守的态度来阻止文化的演进，还必须扶着时代的大轮，努力踏上日新又日新的前程。唯其如此，我们的文化建设方针之一，应是不守旧，对于任何复古的企图，都採排斥的态度。"此外，十教授还明确地表示不认同"折衷"，"所谓'中体西用'的主张，也在我们摒弃之列"。"中国人民的生活，非常贫乏，物质方面不消说是不如人，精神生活，亦何尝丰富"，"物质和精神是一个东西的两方面，根本不能分离。我们不能说中国仅有精神的文明，亦不能说西方仅有物质的文明。说到体用：有什么体便有什么用，有什么用必有什么体；说什么中体西用，那简直是不通！"[2] 在陈序经看来，"这种理论，本是我们主张全盘西化的理论"，那么"十教授不但承认在文化的物质方面，我们要西化，而且承认在文化的精神方面，我们也要西化了。物质与精神两方面都要西化，岂不是成为全盘西化吗？"所以，"他们对于全盘西化论，表面上虽加以批评，骨子里已经有意或无意的趋在这条路上"[3]。由此他还指出，"西化这个问题，经过这一次的讨论之后，已有相当的共同信仰。这就是：我们应该全盘西化"[4]。值得注意的是，在话语方面，"西洋""世界""现代"的优势要远远大于"中国""本位""固有"。

---

[1] 陈高佣：《中国文化问题研究》，商务印书馆1937年版，第251页。
[2] 王新命等：《我们的总答复》，《文化建设》1935第1卷第8期，载马芳若编《中国文化建设讨论集》中编，龙文书店1935年版，第181—182页。
[3] 陈序经：《读十教授〈我们的总答复〉后》，《大公报》1935年5月20日，载马芳若编《中国文化建设讨论集》中编，龙文书店1935年版，第192、194页。
[4] 陈序经：《从西化问题的讨论里求得一个共同信仰》，《独立评论》1935年5月5日第149号，第8—13页。

十教授的总答复中还说:"中国此时此地的需要就是:充实人民的生活,发展国民的生计,争取民族的生存。故中国本位的文化建设,是一种民族自信力的表现,一种积极的创造而反帝反封建也就是这种创造过程中的必然使命。"① 对此,梁实秋不禁指出:"如何'充实人民的生活',如何'发展国民的生计',如何'争取民族的生存',没有一样不可效法西人,没有一样我们能完全抛开西方的成规而另创造出新的办法来的。我们既不能超越西洋文化的现阶段而另创造出更高的文化,我们便该急起直追先把自己提高到与西洋文化平等的地步。"② 胡适则更明显地看到了其中的共同点:"这三件事又恰恰都是必须充分采用世界文化的最新工具和方法的,那么,我们在这三点上便可以欢迎'总答复'以后的十教授做我们的同志了。"③ 引为"同志",提示彼此之间存在着何等的一致。

其实,全盘西化派对于事实上的"中国本位""折衷"或"中西合璧"何尝没有认同。陈序经说,"所谓百分之九十九或九十五的情形之下,还可以叫做'全盘'"。④ "我并不以为西洋文化之在今日已臻完美之善的地位,所以我不会'没有条件'的赞美他。我只是说:比较上,西洋文化是优胜于中国的文化,而且从现代文化趋势及其他的理由,我们应该全盘西化。"对于"糟粕","西洋人也何尝提倡?主张全盘西化的人,又何尝提倡?"⑤ "假使"十教授所说的"这种中西合璧的办法而能谓为中国本位的文化,那么,全盘西化,也可以叫做中国本位的文化了!"⑥ 显然,陈序经着意的是西方的先进文化,所谓全盘西化主要是一种见贤思齐的主观态度,究竟结果是否"全盘",似乎并不在意。这一点,对于胡适来说似乎更为明显,甚至作为一种策略了然于胸:"全盘西化的结果自然会有一种折衷的倾向","旧

---

① 王新命等:《我们的总答复》,《文化建设》第1卷第8期,载马芳若编《中国文化建设讨论集》中编,龙文书店1935年版,第183页。
② 梁实秋:《自信力与夸大狂》,《独立评论》1935年6月23日第156号,第13页。
③ 胡适:《充分世界化与全盘西化》,《大公报》1935年7月21日。
④ 陈序经:《全盘西化的辩护》,《独立评论》1935年7月21日第160号,第15页。
⑤ 陈序经:《从西化问题的讨论里求得一个共同信仰》,《独立评论》1935年5月5日第149号,第9、12页。
⑥ 陈序经:《读十教授〈我们的总答复〉后》,《大公报》1935年5月20日,载马芳若编《中国文化建设讨论集》中编,龙文书店1935年版,第193页。

文化的惰性自然会使他成为一个折衷调和的中国本位新文化"①。"将来文化大变动的结晶品,当然是一个中国本位的文化,那是毫无可疑的。如果我们的老文化里真有无价之宝,禁得起外来势力的洗涤冲击的,那一部分不可磨灭的文化将来自然会因这一番科学文化的淘洗而格外发辉光大的。"② 其实,经过讨论,在主观上,胡适也认同本位文化派的一些看法,"西洋文化确有不少的历史因袭的成分,我们不但理智上不愿采取,事实上也决不会全盘采取。你尽管说基督教比我们的道教、佛教高明的多多,但事实上基督教有一两百个宗派,他们自己就互相诋毁,我们要的是哪一派?"③

对胡适的见解,署名十教授之一的何炳松似乎"心有灵犀","在胡先生固亦具有苦心"④。而对本位文化宣言表示"绝对赞同"的李绍哲则更明确地说,"这样的论解,所谓全盘西化还不过是中国本位的手段而已。其极端拼命的目的,还是归到折衷调和上来"⑤。"换言之,全盘西化不过是达到'中国本位'的手段而已。"而陈序经也"显然是从西化的路线回到'中国本位'了"。"其实胡、陈二氏主张全盘西化的动机固是在反'中国本位',但其自身理论的矛盾已否定其动机,一方面暴露出他们反'中国本位'理论的薄弱和错误,一方面显示出他们结论的归宿还是逃不出'中国本位'的范畴。""陈胡二氏的主张似乎是反'中国本位'而实在还是归到'中国本位'。"⑥ 看来本位文化派甚信贡献一名词之意义,可纳全盘西化派于内。两派都在力图通过求"同"存"异",来标明自己的正确。不过,这也只是在"名词""称谓"上打官司,各自的思想基底很难用"激进"和"保守"来分野。

总之,如果拂去彼此之间的意气之争,中国本位文化派与全盘西化派在

---

① 胡适:《编辑后记》,《独立评论》1935年3月17日第142号,第24页。
② 胡适:《试评所谓"中国本位的文化建设"》,《独立评论》1935年4月7日第145号,第7页。
③ 胡适:《充分世界化与全盘西化》,《大公报》1935年7月21日。
④ 何炳松:《论中国本位文化建设答胡适先生》,《文化建设》1935年第1卷第8期,载马芳若编《中国文化建设讨论集》中编,龙文书店1935年版,第67页。
⑤ 李绍哲:《全盘西化论检讨》,《晨报·晨曦》1935年4月5日,载马芳若编《中国文化建设讨论集》中编,龙文书店1935年版,第41、43页。
⑥ 李绍哲:《全盘西化论再检讨》,《晨报·晨曦》1935年4月26日,载马芳若编《中国文化建设讨论集》中编,龙文书店1935年版,第86—87页。

对待西洋文化的态度上反而是趋于难得的一致。从这一点上说，当事人所热衷的、后来人所强化的彼此之间的"论争"，其意义要大打折扣。20世纪初，美国《展望周报》的总编辑阿博特（Lyman Abbott）引他父亲的话说："自古以来，凡哲学上和神学上的争论，十分之九都只是名词上的争论。"而阿博特本人到了晚年则进一步认识到："其实剩下的那十分之一，也还只是名词上的争论。"① 在很大程度上，全盘西化派与中国本位文化派之间的论争似也在此列。进一步看，中国本位文化派与全盘西化派之"同"乃是不对称的，主要是"本位"向"西化"的趋同，"本位"是"虚"，"西化"是实，"中国"彰而不显，"世界"无处不在。究其实质，可以说，两者之中没有"保守"，只有"激进"。其实，近代以来，"激进"一直是中国思想界的主流，真正的"保守"并没有市场，即使被指保守者，也往往暗藏激进。维新、激进、革命、"左"倾、进步和现代化，这些话语几乎成为绝对不可动摇的价值，可谓群趋如潮，无论哪种力量都有意无意地持之在身和追逐不已，这自然推动近代中国发生了天翻地覆的变革。但是，"激进"是否就能带来历史的"进步"，历史进程中的人显然是很难自知的。

---

① 胡适：《充分世界化与全盘西化》，《大公报》1935年7月21日。

革命文化的属性、内涵与价值

于化民

(中国社会科学院近代史研究所)

摘要：革命文化是中国新民主主义革命的重要武器，在战胜旧文化的斗争中发挥了不可替代的作用，也是社会主义先进文化最主要最直接的来源。从文化属性上看，革命文化是马克思主义与中国优秀传统文化结合的产物，既有鲜明的时代特征，也被刻上了深深的民族印记。共产主义信念、爱国主义情怀、人民至上原则、艰苦奋斗作风、自我牺牲精神是革命文化蕴含的基本价值。革命文化的核心价值与社会主义先进文化血脉相通，有着无法割裂的内在联系。

关键词：革命文化 马克思主义 文化价值 社会主义先进文化

革命文化，或称红色文化，通常是指中国共产党领导中国人民在推翻帝国主义、封建主义和官僚资本主义统治的斗争中创造和形成的一种文化形态。它不但作为新民主主义革命的有力武器，在战胜腐朽落后的旧文化的斗争中起到了无可替代的作用，而且还是社会主义先进文化最主要最直接的来源。"文化自信，是更基础、更广泛、更深厚的自信，是更基本、更深沉、更持久的力量。"[①] 我们的文化自觉和文化自信，既包含了对中华优秀传统文化的自信，也包含了对党领导人民在革命、建设、改革中创造的革命文化和社会主义先进文化的自信。在新时代条件下发展中国特色社

---

① 《要有高度的文化自信》，《习近平谈治国理政》第2卷，外文出版社2017年版，第349页。

会主义文化，应当重新审视、认识和发掘革命文化的精神内涵与时代价值，使革命文化在构筑中国精神、中国价值、中国力量的进程中得到更好的继承和弘扬。本文拟就革命文化的几个基本问题，即革命文化的基本属性，革命文化中蕴含的核心价值，革命文化与社会主义先进文化的关系等，做一些初步的探讨。

一　革命文化的政治和民族属性

任何文化都不是一个孤立的存在，而是与所处时代的政治、经济、社会等条件紧密相连的。发端于20世纪初的中国革命文化，既不是天上掉下来的，也不是凭空产生的。它植根于中国新民主主义革命的土壤之中，沐浴着中国革命的风雨成长壮大。从政治属性上看，作为中国新民主主义革命事业的一部分，革命文化不但需要服从和服务于新民主主义革命的总目标和总任务，还主要承担了在文化战线上打倒帝国主义、封建主义文化的任务。从文化属性上看，它是马克思主义与中国优秀传统文化相结合的产物，是马克思主义中国化的过程中孕育出来的新的文化形态。文化包含着一个民族的情感和价值、理想和信仰，是民族精神品格的外化表现。

马克思主义是革命文化的当然灵魂。马克思主义是指导无产阶级及一切被压迫阶级、被压迫民族实现自身解放的理论。在马克思之前，社会上占统治地位的理论都是为统治阶级服务的。马克思主义第一次站在人民的立场探求人类自由解放的道路，为最终建立一个没有压迫、没有剥削、人人平等、人人自由的理想社会指明了正确方向。在封建腐朽统治和西方列强侵略的双重压迫下，近代中国国运愈益蹇促，国家愈益贫困，人民愈益痛苦。为了挽救沉沦中的国家和民族，几代先进的中国人开始向西方寻求救国之道，他们的所有方案和努力都失败了。俄国十月革命后，马克思主义在中国得到广泛传播，一批先进知识分子迅速转化成马克思主义者。中国共产党成立后，把马克思主义确立为自己的指导思想。在经过与以复古守旧为特征的文化保守主义、以全盘西化为特征的自由主义，以及形形色色的文化思潮的论战和较量中，马克思主义显示了其所独有的科学和真理的力量。"自从中国人学会了马克思列宁主义以后，中国人在精神上就由被动转入主动。"① 马克思主义一经为觉悟的中国人民所掌握，便成为改造中国社会、挽救中国命运的强大思想武器。中国共产党人在把马克思主义应用于中国革命的同时，坚持把马克思主义同中国的实际相结合，在革命实践中持续不断地探索和创新，形成了马克思主义中国化的第一个重大理论成果毛泽东思想，创造性地解决了中国革命的一系列重大问题，指导中国革命战胜一切艰难险阻，直到取得最后胜利。马克思主义和毛泽东思想既是中国革命的指导理论，也是与中国革命相伴始终的革命文化的指导理论，是革命文化的当然灵魂。马克思主义文化观，构成了革命文化赖以建立和发展的理论基础。马克思主义的世界观、人生观、价值观，则是处在革命文化核心地位起支配和决定作用的因素。这也正是革命文化之区别于中国历史上的其他文化形态的显著标志。

反帝反封建的人民革命是革命文化的时代主题。文化从来都是一定社会政治和经济在观念形态上的反映。从一开始，革命文化就有着鲜明的政治性和革命性，与中国革命的中心任务紧紧联系在一起。"文化革命是在观念形态上反映政治革命和经济革命，并为它们服务的。"② 革命文化出现以前，在旧中国，占统治地位的是封建主义文化、帝国主义文化、半封建半殖民地文化，文化掌握在少数人手里，为统治阶级的利益服务。广大劳动人民不仅没有政治、经济地位，在文化上也处于被压迫被奴役的地位，他们要么完全没有文化，要么受着统治阶级文化的支配，鲁迅笔下愚昧落后的阿Q，成为那个时代下层劳动群众的标志性符号。近代中国无产阶级领导的人民大众的反帝反封建革命，是一场广泛而深刻的社会革命。反映在文化上，就是革命文化与封建文化、半殖民地半封建文化、帝国主义文化之间的斗争。新民主主义革命的目的是，"不但要把一个政治上受压迫、经济上受剥削的中国，变为一个政治上自由和经济上繁荣的中国，而且要把一个被旧文化统治因而愚昧落后的中国，变为一个被新文化统治因而文明先进的中国"③。"现阶段的中国新文化，是无产阶级领导的人民大众的反帝

---

① 《唯心史观的破产》，《毛泽东选集》第4卷，人民出版社1991年版，第1516页。
② 《新民主主义论》，《毛泽东选集》第2卷，人民出版社1991年版，第699页。
③ 同上书，第663页。

反封建的文化。"① 作为新民主主义革命的领导者，中共在深入社会底层发动工人、农民开展经济、政治和军事斗争的同时，也十分重视对革命文化的培育与扶植，运用革命文化教育群众，启发广大工农的政治觉悟，帮助他们树立革命理想信念，巩固革命斗志。一大批革命的文化人和艺术家，响应党的号召，脱去长衫，深入工农群众当中，用通俗易懂的语言，宣传革命道理，创作出大量为工农民众喜闻乐见的文艺作品，塑造了在革命大潮中觉醒和觉悟了的工农兵先锋人物的鲜活形象。革命文化方兴未艾，如火如荼，在与统治阶级反动文化的斗争中成长和发展起来，对腐朽落后的统治阶级文化形成强有力的冲击，并以自己特有的方式，有力地推动新民主主义革命的发展和胜利，促进了中华民族文化上的自我觉醒，为中华优秀文化的复兴打下了坚实的基础。

优秀传统文化是革命文化的民族根基。中华民族是有着强大创造力的民族，中华文化是有着强大生命力的文化。在丰美富饶的神州大地上，勤劳的中国人民创造了光辉灿烂的古老文明，涌现出一个个伟大的思想家、科学家、政治家、军事家、文学家和艺术家，矗立起一座座文化和科学的高峰，为世界文明的发展进步做出卓越的贡献。中华民族在自身发展的过程中，形成了全民族共同的情感和价值，共同的理想和精神。中国人的文化禀赋和独特而悠久的精神世界，让中国人具有很强的民族自信心，也培育了以爱国主义为核心的民族精神。"中华优秀传统文化中很多思想理念和道德规范，不论过去还是现在，都有其永不褪色的价值。"② 中国共产党倡导的革命文化是中华民族的新文化，它反对一切奴化的、封建主义和帝国主义文化，却并非盲目地排斥一切传统文化，而是主张尊重自己的历史和民族特性，对传统文化采取批判地继承的科学态度，剔除其封建性的糟粕，吸收其民主性的精华，发展民族的新文化。革命文化继承了中华优秀传统文化的基因。中华文化在数千年的发展中，积淀和形成了"天行健，君子以自强不息"的民族性格，"大道之行，天下为公"的大同理想，"民胞物与""兼爱非攻"的和平向往，"天下兴亡，匹夫有责"的爱国情怀，"富贵不能淫，贫贱不能移，

---

① 《在延安文艺座谈会上的讲话》，《毛泽东选集》第3卷，人民出版社1991年版，第855页。
② 《在文艺工作座谈会上的讲话》，人民出版社2015年版，第26页。

威武不能屈"的高尚节操,"先天下之忧而忧,后天下之乐而乐"的公仆意识,"我善养吾浩然之气"的道德修为,"虽千万人吾往矣""留取丹心照汗青"的英雄气概,等等。中华优秀传统文化是中华民族的精神命脉,为革命文化提供了无比丰富的滋养。诞生在新民主主义革命不同阶段的五四精神、红船精神、井冈山精神、长征精神、延安精神、西柏坡精神等革命精神,无不是对中华优秀传统文化的传承和升华,实现了民族精神在新的历史条件下的跨越性创新和发展。毛泽东等老一辈革命家那些脍炙人口的著作,更是哲理浓郁,意味隽永,处处闪烁着民族智慧和传统文化的光彩,带有中国作风和中国气派的鲜明印记。

由此可见,革命文化既有鲜明的时代特征,也被刻上了深深的民族印记。它吸取优秀传统文化的有益营养,采用民族文化的形式,但又不限于对传统文化简单的因循承袭。它以独有的革命性和进步性特质,开创了中国文化的一个新的发展阶段。

二 革命文化的永恒价值

作为观念形态的文化是价值观的承载者,文化的生命力和影响力取决于蕴含其内的核心价值。革命文化是中国历史上一种全新的文化形态,它产生于中国共产党带领广大人民群众进行的伟大革命实践之中,充分汲取古今中外优秀文化的养分,浸润了革命先驱和爱国志士的热血,凝聚着中国共产党人的崇高信仰和精神追求。形成于各个革命阶段的革命精神,犹如环环相扣的历史链条,分别代表了中国革命各个阶段的文化精髓。贯通于各个阶段革命文化,并始终在其中起着支配和决定作用的,是中国共产党人的核心价值。

坚定不移的共产主义信念。马克思主义是无产阶级争取自我解放和解放全人类的学说,其根本要义是通过开展阶级斗争,打倒剥削者和压迫者,彻底消灭生产资料私有制,建立一个没有阶级、没有剥削、没有压迫,社会成员共享资源和劳动成果,人民当家做主的共产主义社会。"共产主义是无产阶级的整个思想体系,同时又是一种新的社会制度。这种思想体系和社会制度,是区别于任何别的思想体系和任何别的社会制度的,是自有人类历史以来，最完全最进步最革命最合理的。"① 社会主义和共产主义的理想信念，是共产党人的政治灵魂和精神支柱。中国共产党甫告成立，即宣布把实现共产主义作为自己的最高理想和奋斗目标。共产党人在与中外反动派的斗争中，不管环境如何恶劣，条件如何艰苦，从不隐瞒自己的政治主张，不改初心，前仆后继，矢志奋斗。曾经追随毛泽东在韶山搞农民运动的钟志申，1928年3月在长沙就义，亲人收殓遗体时发现血浸的遗书中写道："当我入党之时，就抱定视死如归的意志。我认定，共产党一定会胜利，革命一定会成功。我牺牲生命，把一切贡献于革命，是为了寻找自由，为了全国人民求得解放。我知道我的牺牲，不会白牺牲，我的血不会白流。因为血债须用血来还。党会给我报仇。要记住：共产党是杀不绝的啊！"② 朱也赤被捕之后，在国民党的监狱里写下了绝命诗："为主义牺牲，为工农死节。不负天地生，无污父母血！"③ 面对反动派的屠刀，面不改色，慷慨赴死。主力红军长征后，陈毅率部坚持赣南游击战争，饥寒交迫，随时做好牺牲的准备。"投身革命即为家，血雨腥风应有涯。取义成仁今日事，人间遍种自由花。"这便是陈毅当时的心声。在战斗中受伤被俘的刘伯坚，押送时途经大余县城大街，朝向沿途群众高歌一曲："带镣长街行，志气愈轩昂，拚作阶下囚，工农齐解放。"④ 牺牲在重庆解放前夜的渣滓洞烈士何敬平，面对敌人的酷刑和幽暗的牢房，写下铮铮誓言："今天，我们坐牢了，坐牢又有什么稀罕？为了免除下一代的苦难，我们愿——愿把这牢底坐穿！"⑤ 任何力量都无法摧毁真正共产党人的钢铁意志，因为在他们心中有着坚强的信念支撑和对党的无限忠诚。为了心中燃烧的理想之火，为了劳苦大众的解放，他们可以舍弃个人的一切直至生命。李大钊、施洋、周文雍、萧楚女、张太雷、彭湃、蔡和森、吉鸿昌、赵一曼、彭雪枫、罗炳辉、许晓轩、江竹筠……中国革命史上这一串串闪光的名字，还有那么多连名字都没留下的先烈，召唤着亿万人民群众在党的领导下前仆后继，赴汤蹈火，英勇战斗。最终，理想的种子

---

① 《新民主主义论》，《毛泽东选集》第2卷，人民出版社1991年版，第686页。
② 中国青年出版社编：《革命烈士书信》（汇编本），中国青年出版社2015年版，第16页。
③ 萧三主编：《革命烈士诗抄续编》，中国青年出版社1982年版，第25页。
④ 萧三主编：《革命烈士诗抄》，中国青年出版社1989年版，第86页。
⑤ 同上书，第178页。

在中国大地上生根发芽,开花结果,迎来一个人民当作家主的中华人民共和国的诞生。共产主义的理想信念是激励一代又一代共产党人砥砺前进的力量源泉,也是革命文化书写的华彩乐章和时代强音。

强烈炽热的爱国主义情怀。爱国主义是人们与生俱来的对于祖国的一种最深厚最质朴最圣洁的情感。中华民族拥有悠久的历史和灿烂的古代文明,更有爱国主义的文化传统。"为什么中华民族能够在几千年的历史长河中顽强生存和不断发展呢?很重要的一个原因,是我们民族有一脉相承的精神追求、精神特质、精神脉络。"① 近代以来,外国侵略者对中国的凌辱践踏,不但不能摧毁中国人民的反抗斗志,反而使得全民族的爱国主义情感变得如火山岩浆一般炽烈。中国共产党是爱国主义精神最坚定的弘扬者和实践者,始终屹立于爱国主义潮流的最前头,担当起领导中华民族伟大复兴的历史使命。革命先驱李大钊对祖国遭受列强欺侮,发出悲愤的呼喊:"圆明两度昆明劫,鹤化千年未忍归。一曲悲筇吹不尽,残灰犹共晚烟飞。"② 热切期盼"何当痛饮黄龙府,高筑神州风雨楼"③。方志敏在《可爱的中国》中所抒发的祖国之爱、民族之爱,是感天动地的人间大爱,文章充溢着对祖国美好前景的向往。"朋友,我相信,到那时,到处都是活跃跃的创造,到处都是日新月异的进步,欢歌将代替了悲叹,笑脸将代替了哭脸,富裕将代替了贫穷,康健将代替了疾苦,智慧将代替了愚昧,友爱将代替了仇杀,生之快乐将代替了死之悲哀,明媚的花园,将代替了凄凉的荒地!这时,我们民族就可以无愧色地立在人类的面前,而生育我们的母亲,也会最美丽地装饰起来,与世界上各位母亲平等地携手了。这么光荣的一天,决不在辽远的将来,而在很近的将来,我们可以这样相信的,朋友!"④ 深受鲁迅器重的青年作家柔石写道:"剜心也不变!砍首也不变,只愿锦绣的山河,还我锦绣的面!"⑤ 日本帝国主义发动的侵华战争,再次把中华民族推向亡国灭种、

---

① 《从小积极培育和践行社会主义核心价值观》,《习近平谈治国理政》,外文出版社2014年版,第181页。
② 《吊圆明园故址》,《李大钊全集》第1卷,河北教育出版社1999年版,第665页。
③ 《神州风雨楼》,《李大钊全集》第2卷,河北教育出版社1999年版,第633页。
④ 《可爱的中国》,《方志敏全集》,人民出版社2012年版,第138页。
⑤ 萧三主编:《革命烈士诗抄》,中国青年出版社1989年版,第40页。

万劫不复的深渊。中国共产党挺身而出，率先提出抗日救国纲领，发起建立抗日民族统一战线，成为全民族抗战的中流砥柱。正如毛泽东所说："中国共产党人是国际主义者，他们主张世界大同运动；但同时又是保卫祖国的爱国主义者，为了保卫祖国，愿意抵抗日本到最后一滴血。"① 东北抗联的战士们这样唱道："朔风怒号，大雪飞扬，征马踟蹰，冷气侵人夜难眠。火烤胸前暖，风吹背后寒。壮士们！精诚奋发横扫嫩江原。伟志兮！何能消灭。全民族，各阶级，团结起，夺回我河山！"② 狼牙山五壮士的奋力一跃，谱写了中华热血男儿的英雄壮歌，令侵略者心惊肉跳，不寒而栗。在革命文化中，爱国主义被注入新的时代内涵，化作巨大的精神力量，争取国家独立民族解放也不再只是豪言壮语，而是变成了不争的事实。

始终如一的人民至上原则。中国共产党坚信人民群众是历史活动的主体和历史的真正创造者，坚持把人民置于至高无上的地位，以全心全意为人民服务作为建党宗旨。党所领导的新民主主义革命，目的就是把广大人民群众从三座大山的压迫下解放出来。"共产党是为民族、为人民谋利益的政党，它本身决无私利可图。它应该受人民的监督，而决不应该违背人民的意旨。"③ "共产党人的一切言论行动，必须以合乎最广大人民群众的最大利益，为最广大人民群众所拥护为最高标准。"④ 一切为了人民，一切服务于人民，始终是中国共产党人的行为准则和高扬的旗帜。建党以来的全部历史，都是为了人民群众根本利益的奋斗史。党深深植根于人民之中，建立起与人民群众的血肉联系，根据广大人民群众的利益和要求提出不同历史阶段的任务，制定正确的路线和纲领、政策，并依靠人民群众完成这些任务。革命的文化建设和文化工作也不例外。革命文化是为占人口绝大多数的工农群众服务，而不是为少数人服务的。它是团结人民、教育人民的有力武器，对于提高广大人民群众的文化水平和思想觉悟，动员人民积极投身革命斗争具有极其重要的作用。苏区时，中国共产党就非常重视通过识字班、夜校等形式提高工农的文化水平，用歌谣、地方戏、贴标语、开群众大会等对群众进

---

① 《中日问题与西安事变》，《毛泽东文集》第 1 卷，人民出版社 1993 年版，第 484 页。
② 萧三主编：《革命烈士诗抄》，中国青年出版社 1989 年版，第 144 页。
③ 《在陕甘宁边区参议会的演说》，《毛泽东选集》第 3 卷，人民出版社 1991 年版，第 809 页。
④ 《论联合政府》，《毛泽东选集》第 3 卷，人民出版社 1991 年版，第 1096 页。

行宣传。抗战时期,毛泽东在《在延安文艺座谈会上的讲话》中,严肃提出文艺为什么人的根本问题,指明了革命文艺工作要为工农兵服务的方向。他还指出:"我们的文化是人民的文化,文化工作者必须有为人民服务的高度的热忱,必须联系群众,而不要脱离群众。"① 革命根据地的广大文艺工作者响应毛泽东的号召,走向民间,深入工农和士兵群众中,深入实际斗争和社会生活中,创作出了《兄妹开荒》《李有才板话》《小二黑结婚》《白毛女》《王贵与李香香》等一大批脍炙人口的文艺精品。人民群众距离文化不再遥远,甚至成为文艺舞台上的主人公,革命文化迎来空前的繁荣。

无私奉献的艰苦奋斗作风。在中华民族的文明发展史上,我们的先人用辛勤的劳动创造出了光辉灿烂的物质财富和精神财富,也培育出自强不息、吃苦耐劳、勤劳节俭、甘于奉献的艰苦奋斗精神。"我们从古以来,就有埋头苦干的人,有拼命硬干的人,有为民请命的人,有舍身求法的人……虽是等于为帝王将相作家谱的所谓'正史',也往往掩不住他们的光耀,这就是中国的脊梁。"② 艰苦奋斗,从人生观上看,代表了一种积极向上、奋发有为的人生态度。从价值观上看,代表了一种克己奉公、乐于奉献的崇高人生境界。中国共产党人正是鲁迅所称道的民族脊梁,在与国内外敌人和各种艰难困苦的斗争成长壮大,并使艰苦奋斗的精神得到发扬光大。毛泽东曾说:"共产党也有他的作风,就是:艰苦奋斗!这是每一个共产党员,每一个革命家的作风。"③ 共产党人的艰苦奋斗,从根本上有别于为了争取少数人自身利益的剥削阶级的"个人奋斗",它是基于对社会发展客观规律的科学认识,是为了最广大劳动人民的根本利益和长远利益而无私奉献的崇高精神境界,是为了共产主义的美好未来而进行的艰苦卓绝的英勇斗争,充分体现了为了人民群众的价值理念。因此,它是高度自觉的。就像袁国平烈士在写给亲人的信中所说的:"此刻我身无分文无法帮助家里,因为我们都是以殉道者的精神为国家、民族服务的,或许有人会说我们是太不聪明了,然而世界

---

① 《文化工作中的统一战线》,《毛泽东选集》第3卷,人民出版社1991年版,第1012页。
② 《中国人失掉自信力了吗》,《鲁迅全集》第6卷,人民文学出版社1981年版,第118页。
③ 《在陕北公学第二期开学典礼上的讲话》,载中共中央文献研究室编《毛泽东著作专题摘编》下册,中央文献出版社2003年版,第2132—2133页。

上应该有一些像我们这种不聪明的人。"① 他是严于律己的。就像时任八路军总司令的朱德在给亲属的信中所写的："那些望升官发财之人决不宜来我处，如欲爱国牺牲一切能吃苦耐劳之人不妨多来。我们的军队是一律平等待遇，我与战士同甘苦已十几年，快愉非常。因此，无论什么事都好办。"② 它是自甘清贫的。就像方志敏所说的："清贫，洁白朴素的生活，正是我们革命者能够战胜许多困难的地方！"③ 许多革命先烈和老革命家，为革命事业奋斗一生，两袖清风，身无长物。以自己的高风亮节在群众中树立起共产党人的高大形象。中国共产党是一支特别能吃苦、特别能战斗的队伍，她是靠艰苦奋斗起家的，也是靠艰苦奋斗凝聚群众、激励群众的，艰苦奋斗永远是保持党同人民群众血肉联系的精神纽带。

英勇无畏的自我牺牲精神。共产党人的自我牺牲精神是共产主义道德和高尚人格的表现，而革命英雄主义则一向是革命文化的主旋律。共产党人有自己独特的生死观。李大钊这样看待生命的价值："人生的目的，在发展自己的生命，可是也有为发展生命必须牺牲生命的时候。因为平凡的发展，有时不如壮烈的牺牲足以延长生命的音响和光华。绝美的风景，多在奇险的山川。绝壮的音乐，都多是悲凉的韵调。高尚的生活，常在壮烈的牺牲中。"④ 毛泽东也说："要奋斗就会有牺牲，死人的事是经常发生的。但是我们想到人民的利益，想到大多数人民的痛苦，我们为人民而死，就是死得其所。"⑤ 他还对即将走上抗日战场的抗大学员们说："你们要为中华民族的解放，为建设新中国而永不退缩，勇往直前，要坚决地为全国四万万五千万同胞奋斗到底！不是为了自己，而是为了全国四万万五千万同胞，不是为了自己的家，而是为了四万万五千万同胞的家，牺牲一切。所以第一个决心是要牺牲升官，第二个决心是要牺牲发财，第三更要下一个牺牲自己生命的最后的决心！"⑥ 中国共产党人为了国家，为了民族，为了人民，可以放弃荣华富贵

---

① 中国青年出版社编：《革命烈士书信》（汇编本），中国青年出版社2015年版，第287页。
② 中共中央文献研究室编：《老一代革命家家书选》，中央文献出版社、生活·读书·新知三联书店1990年版，第83页。
③ 《清贫》，《方志敏全集》，人民出版社2012年版，第164页。
④ 《牺牲》，《李大钊全集》第3卷，河北教育出版社1999年版，第365页。
⑤ 《为人民服务》，《毛泽东选集》第3卷，人民出版社1991年版，第1005页。
⑥ 《在抗大应当学习什么？》，《毛泽东文集》第2卷，人民出版社1993年版，第119页。

的生活，放弃个人的亲情、友情、爱情，承受种种艰难困苦的考验，直到献出自己的生命。领导二七大罢工的共产党员林祥谦，高喊"头可断，血可流，工不可复"，毅然走向敌人的刑场。杨超烈士临刑前留下《就义诗》："满天风雨满天愁，革命何须怕断头？留得子胥豪气在，三年归报楚王仇！"① 被蒋介石亲自下令处决的卢志英烈士，曾在诗中引吭高歌："弟兄们死了，被人割了头；被敌人穿透了胸！活着的弟兄，要纪念他们，他们作了斗争的牺牲！世界上唯有解脱奴隶的命运，才是伟大的斗争。唯有作了自己弟兄们的先锋，才是铁的英雄！才是伟大的牺牲！"② 刘胡兰，一个十五岁的女共产党员，面对敌人的铡刀拒绝出卖同志，说一句"怕死不当共产党"后慷慨就义。解放军战士董存瑞在敌人暗堡阻挡部队前进道路时，手擎炸药包轰掉暗堡，哪怕个人粉身碎骨。那声"为了新中国，冲啊"的高喊，荡气回肠，令鬼神变色。共产党人不怕牺牲、视死如归的精神，建立在坚定信仰的基础之上。千千万万革命先烈为了革命胜利抛头颅洒热血，他们何尝不知道生命的宝贵，何尝不知道亲情、友情、爱情的美好。只是，从入党那天起，他们就抱定了为共产主义事业牺牲个人一切的信念。革命英烈视死如归的壮举，可歌可泣的事迹，无比高尚的精神境界，不但为文学艺术创作提供了绝好的素材，也成为革命文化最为崇高绚丽的华彩乐章。

如同任何具体的文化形态一样，革命文化的形式和内容既带有其赖以发生的社会条件赋予的时代特点，也积淀了对民族文化具有重大意义的核心价值。这些核心价值达到了中华文化前所未有的道德高度，超越了历史时空的局限，为中华民族持续发展进步提供了源源不断的精神动力。

三 革命文化与社会主义先进文化一脉相承

在新时代的条件下，全面推进实现中华民族伟大复兴的事业，离不开先进文化的引领和伟大民族精神的支撑。"当今世界，要说哪个政党、哪个国

---

① 萧三主编：《革命烈士诗抄》，中国青年出版社1989年版，第8页。
② 南京雨花台烈士陵园管理处史料室编：《雨花台革命烈士诗抄》，花山文艺出版社1982年版，第97页。

家、哪个民族能够自信的话，那中国共产党、中华人民共和国、中华民族是最有理由自信的。"① 当代中国人的文化自信，既是对 5000 多年延绵不断的文明历史的自信，也是对革命文化所创造的巨大精神财富的自信。革命文化所蕴含的无产阶级政党的政治信仰、先进理念、核心价值和崇高精神，与社会主义先进文化血脉相通、神髓相交、魂魄相契，有着无法割裂的联系。

首先，革命文化和社会主义先进文化在实现中华民族伟大复兴的事业中具有同等重要的地位，发挥着相同的作用。革命文化和社会主义先进文化是中国共产党担负起中华民族伟大复兴事业的领导责任后，带领全国人民创建的两种文化形态。尽管所处的历史环境、面临的具体任务有所不同，但都是中华民族伟大复兴事业的重要组成部分。近代中国的落后，既有经济、政治上的落后，也有文化上的落后。所以毛泽东才说："我们共产党人，多年以来，不但为中国的政治革命和经济革命而奋斗，而且为中国的文化革命而奋斗；一切这些的目的，在于建设一个中华民族的新社会和新国家。在这个新社会和新国家中，不但有新政治、新经济，而且有新文化。"② 革命文化的兴起，极大地冲击和摧毁了曾经占据统治地位的封建文化和殖民地文化，开辟了中国文化发展的新阶段。进入建设中国特色社会主义的新时代后，我们已经比历史上任何时期都更接近中华民族伟大复兴的目标，比历史上任何时期都更有信心、有能力实现这个目标。牢固树立文化自信，大力发展社会主义先进文化，已经成为实现中华民族伟大复兴进程中更加艰巨和紧迫的任务。正如习近平所指出的，"文化是一个国家、一个民族的灵魂。文化兴国运兴，文化强民族强。没有高度的文化自信，没有文化的繁荣兴盛，就没有中华民族伟大复兴。要坚持中国特色社会主义文化发展道路，激发全民族文化创新创造活力，建设社会主义文化强国"③。

其次，革命文化和社会主义先进文化的产生和发展都是在中国共产党领导下进行的，都要坚持以马克思主义为指导。革命文化是由无产阶级的文化思想领导的文化，毛泽东对这一点说得毫不含糊：新民主主义文化，"只能

---

① 《不忘初心，继续前进》，《习近平谈治国理政》第 2 卷，外文出版社 2017 年版，第 36 页。
② 《新民主主义论》，《毛泽东选集》第 2 卷，人民出版社 1991 年版，第 663 页。
③ 习近平：《决胜全面建成小康社会 夺取新时代中国特色社会主义伟大胜利——在中国共产党第十九次全国代表大会上的报告》，人民出版社 2017 年版，第 40—41 页。

由无产阶级的文化思想即共产主义思想去领导，任何别的阶级的文化思想都是不能领导了的"。"由于现时中国革命不能离开中国无产阶级的领导，因而现时的中国新文化也不能离开中国无产阶级文化思想的领导，即不能离开共产主义思想的领导。"① 这是因为，革命文化是人民大众的反帝反封建的文化，而真正人民大众的东西，一定是无产阶级领导的。资产阶级领导的东西，不可能属于人民大众。革命文化是无产阶级领导的新民主主义文化，因而具有社会主义的因素，并且不是普通的因素，而是起决定作用的因素。中国共产党不但是新民主主义革命的领导者，更是社会主义革命和建设和改革开放事业的领导者，代表了社会主义先进文化的前进方向。在当代中国，共产主义远大理想与中华民族的民族复兴奋斗目标具有一致性。邓小平说："我们多年奋斗就是为了共产主义，我们的信念理想就是要搞共产主义。"② 习近平也指出："我们不能因为实现共产主义理想是一个漫长的过程，就认为那是虚无缥缈的海市蜃楼，就不去做一个忠诚的共产党员。革命理想高于天。实现共产主义是我们共产党人的最高理想，而这个最高理想是需要一代又一代人接力奋斗的。"③ 革命文化的形成发展，离不开马克思主义的指导。社会主义先进文化的形成发展，同样离不开马克思主义的指导。中国共产党人勇于理论创新，立足于中国革命、建设和改革的丰富实践，随着时代前进的脚步，不断推进马克思主义中国化的进程，形成了毛泽东思想、邓小平理论、"三个代表"重要思想、科学发展观、习近平新时代中国特色社会主义思想等重大理论成果。这些重大理论成果是发展了的马克思主义，既是党的指导思想，也是社会主义先进文化必须坚持的指导思想。

最后，革命文化和社会主义先进文化是近代以来中国文化的主流，代表了文明进步创新的发展方向，具有民族性、科学性、大众性的共同特质。新民主主义革命文化是民族的科学的大众的文化，是中国革命孕育和创造出来的新的文化形态。它的民族性，在于它反对帝国主义压迫，主张中华民族的尊严和独立，带有中华民族的特性，有着鲜明的中国作风和中国气派。它的

---

① 《新民主主义论》，《毛泽东选集》第 2 卷，人民出版社 1991 年版，第 698、705 页。
② 《改革是中国发展生产力的必由之路》，《邓小平文选》第 3 卷，人民出版社 1993 年版，第 137 页。
③ 《做焦裕禄式的县委书记》，中央文献出版社 2015 年版，第 5 页。

科学性，在于它反对一切封建思想和迷信思想，主张实事求是，主张客观真理，主张理论和实践一致。它的大众性，在于它是民主的，是为全民族中百分之九十以上的工农劳苦民众服务的，而非"少数人所得而私"的文化。革命文化在推翻帝国主义、封建主义、官僚资本主义反动统治斗争中，在召唤、鼓动、激励人民群众方面所起的巨大作用有目共睹，已被生动地记录在中国革命的史册上。中国特色社会主义文化是在新的历史条件下对革命文化的继承与发展，是"面向现代化、面向世界、面向未来的，民族的科学的大众的社会主义文化"。"中国特色社会主义文化，源自于中华民族五千多年文明历史所孕育的中华优秀传统文化，熔铸于党领导人民在革命、建设、改革中创造的革命文化和社会主义先进文化，植根于中国特色社会主义伟大实践。"[①] 它保持和赓续了革命文化民族性、科学性、大众性的鲜明特色。中华民族的伟大复兴需要强大的物质力量，也需要强大的精神力量。只有经济实力的增强，没有先进文化的积极引领与民族精神力量的不断增强，中华民族的伟大复兴是难以完全实现的。

虽然革命年代已经成为历史，革命文化却并未过时。中国革命的伟大实践为革命文化的产生提供了肥沃土壤和丰厚滋养。在这个红色土壤里培育出来的坚韧不拔、勇往直前的奋斗精神，自力更生、艰苦奋斗的创业精神，不畏牺牲、乐于奉献的奉献精神，使中华民族精神得到新的升华。它已经汇入历史的长河，成为中华文化中闪烁着璀璨光芒的不朽瑰宝。革命文化的浸润熏陶，造就出一大批中华民族的脊梁，淬炼了一代又一代共产党人和革命志士的特殊品格。他们有着坚定不移的理想信念，崇高纯净的道德情操，至淳至美的心灵世界，坚韧不拔的钢铁意志，百折不弯的铮铮铁骨，为了革命胜利和人民解放不惜牺牲自己的生命。他们永远是值得后人景仰和学习的楷模。今天的事业与昨天的革命，有着不容割裂也无法割裂的必然联系。文化的根本功能在于以文化人培育新人，所谓教化是也。我们当下的建设和发展任务更加艰巨，需要更加强大的文化自觉和文化自信。新时代文化建设的历史使命，是传承和弘扬中华优秀传统文化，继承革命文化，发展社会主义先

---

① 习近平：《决胜全面建成小康社会 夺取新时代中国特色社会主义伟大胜利——在中国共产党第十九次全国代表大会上的报告》，人民出版社 2017 年版，第 41 页。

进文化，弘扬民族精神和时代精神，培育和践行社会主义核心价值观。革命文化是文化资源的浩瀚海洋和巨大宝藏，社会主义先进文化的直接源头，共产党人永久的精神家园。我们身处历史与现实的交汇点上，应当以更高的政治站位，更宏阔的历史视野，重新审视和发掘革命文化的内涵和价值。革命文化蕴含的核心价值已化为流淌在共产党人血液里的红色基因，它不仅不会消亡，而且将会像浴火凤凰一样获得重生，与新的历史条件和新的实践结合融汇，为实现中华民族的伟大复兴，提供永不枯竭的精神力量。

毛泽东与中华民族文化复兴

刘 仓

(中国社会科学院当代中国研究所)

摘要：毛泽东是马克思主义中国化的伟大开拓者。有人诬蔑毛泽东是"中华文明最凶恶的破坏者"，有人歪曲毛泽东搞所谓"闭关自守"，离开所谓"人类文明发展的大道"。这些观点都无视中国社会变革与文化变革、民族复兴与文化复兴的关系，实际上是否定党领导的革命和建设事业。以毛泽东同志为主要代表的中国共产党人领导中国革命开辟民族复兴和文化复兴之路，领导人民创造了独特的革命文化形态，指明"古今中外"文化发展路径，为社会主义文化事业奠定了坚实的物质基础、政治前提和文化条件。毛泽东是中国文化走向世界的名片。毛泽东研究是中国的也是世界性学问。毛泽东是中华优秀传统文化的继承者、倡导者和弘扬者，是中华民族伟大复兴和文化复兴的开拓者、领路者和奠基者。

关键词：毛泽东 中华文化 民族复兴 文化复兴 毛泽东研究

习近平指出："毛泽东同志是伟大的马克思主义者，伟大的无产阶级革命家、战略家、理论家，是马克思主义中国化的伟大开拓者，是近代以来中国伟大的爱国者和民族英雄，是党的第一代中央领导集体的核心，是领导中国人民彻底改变自己命运和国家面貌的一代伟人。"[1] 有人却诬蔑毛泽东是

---

[1] 习近平：《在纪念毛泽东同志诞辰120周年座谈会上的讲话》，《人民日报》2013年12月27日第2版。

"五千年文明的最大最凶恶最疯狂最卑鄙最龌龊的亵渎者、破坏者、毁灭者"。这种观点，明指毛泽东，却暗骂中国共产党。"破"和"立"是统一的，真理是在同谬误的比较和斗争中发展的。毛泽东作为中国革命和建设事业的主要领导者，是中华文明的继承者、倡导者和弘扬者，是中华文化复兴的领路者、开拓者和奠基者。

一 以毛泽东同志为主要代表的中国共产党人领导中国革命开辟民族复兴和文化复兴之路

持有所谓"毛泽东是中华文明破坏者"观点的人，是责难中国革命没有沿着传统文化指引的方向前进，从而否定中国革命的正当性和合理性。探讨毛泽东与中华文明的关系，不能就文化来谈文化，而应把文化问题纳入中国社会历史进程中，从社会问题、历史使命来探讨历史人物在文化史上的作用。

中华文明的盛衰，以综合国力的强弱为中心轴线。中华民族创造了灿烂的古代文明，在相当长的时间内，中华文明是东方文明的中心，领先于西方文明。华夏中心主义自豪感延续数百年。随着资本—帝国主义以坚船利炮打开国门，丧权辱国的条约纷至沓来，封建王朝分崩离析，国家疆域被鲸吞蚕食，物质资源被人掠夺，中国人民任人宰割。以《辛丑条约》为例，清政府赔款4.5亿两白银，以关税、盐税等作为担保，分39年还清，本息共计白银9.8亿两。在北京设立使馆区，各国可以驻兵。从北京到山海关铁路的12个战略要地，准许各国派兵驻守。清朝统治者还表示，"量中华之物力，结与国之欢心"，清政府成为洋人的朝廷。长此以往，民族受辱、国将不国、百姓罹难，何谈民族和文化的自尊、自信和自强？中华传统农业文明被西方工业文明撞得头破血流，遭遇"数千年未有之变局"。康有为曾说："吾中国四万万人，无贵无贱，当今日在覆屋之下，漏舟之中，薪火之上，如笼中之鸟，釜底之鱼，牢中之囚，为奴隶，为牛马，为犬羊，听人驱使，听人宰割，此四千年中二十朝未有之奇变。""长夜难明赤县天，百年魔怪舞翩跹。"没有国家富强，何来文化自信？没有民族振兴，何来文化复兴？救国救民，求富求强，振兴中华，是必须首先解决的问题。民族复兴成为文化复兴的先导。"振兴中华"与文化复兴的双重任务，在求富求强、求真求知中统一。毛泽东与中国社会、中华文化的关系，就在这样的历史背景下展开。

为拯救国家与民族于危难，中国有识之士提出君主立宪、民主共和国等方案，倡导教育救国、科学救国、实业救国等口号，试验过民族主义、新村主义、无政府主义等主张，结果都没有取得国家富强和民族解放。在传统封建专制被抛弃、先生总是欺负学生的情况下，先进分子仿效苏俄革命，选择了马克思主义，作为山穷水尽诸路皆走不通的变计。

中国共产党成立以后，中国社会主要有三种阶级势力、三种社会发展道路和三种文化选择。大地主大资产阶级主张走半殖民地半封建的旧路和复古主义的文化方向，这种方案被中国人民所抛弃；民族资产阶级主张走西方资本主义道路和民主主义的文化方向，这种方案在中国行不通；只有中国共产党主张的马克思主义道路和新民主主义文化——社会主义文化方向，才指导中国走上了胜利的轨道。

中国革命胜利的道路，也指明了中华民族伟大复兴之路和中华文化复兴之路。毛泽东指出："伟大的胜利的中国人民解放战争和人民大革命，已经复兴了并正在复兴着伟大的中国人民的文化。这种中国人民的文化，就其精神方面来说，已经超过了整个资本主义的世界。"① 文化复兴之路以民族复兴之路为载体，民族复兴之路以文化复兴之路为内容。以毛泽东同志为代表的中国共产党人，领导中国人民开辟中国革命和建设道路，中华民族才走向复兴之路。"中国共产党在领导人民进行革命、建设、改革伟大实践中，自觉肩负起传承发展中华优秀传统文化的历史责任，是中华优秀传统文化的忠实继承者、弘扬者和建设者。"② 但是，中国文化的复兴，是在中国共产党领导的革命和建设道路上的复兴，是马克思主义指导的中华民族新文化的复兴，而不是复古主义的"文化复兴"，也不是资本主义道路上的文化复兴。

从1921年中国共产党的成立到1956年社会主义制度基本确立，中国文化发展道路发生两次质的飞跃。第一次是在民主革命过程中，以毛泽东同志

---

① 《毛泽东选集》第4卷，人民出版社1991年版，第1516页。
② 《中共中央办公厅、国务院办公厅印发关于实施中华优秀传统文化传承发展工程的意见》，《人民日报》2017年1月26日第6版。

为主要代表的中国共产党人带领人民,选择了以马克思主义为指导的新民主主义文化,解决了近代以来中国文化发展方向问题。第二次是在中华人民共和国成立后,党在领导人民建立社会主义制度的同时,基本实现了文化性质从新民主主义向社会主义的转变,解决了中国文化举什么旗、走什么路的问题,这为以后中国特色社会主义文化发展奠定了物质基础、制度安排和政治前提。作为中国共产党和中华人民共和国的主要缔造者,毛泽东对中国文化发展道路的选择和开拓做出杰出贡献。

有人通过比较20世纪世界的法西斯主义、北欧的民主社会主义、资本主义和苏联社会主义,提出中国"文化焦虑"的症结,认为中国"走上了这么一条路:两千年皇权政治的传统,苏联的政治经济制度,两种东西加在一起,就形成了毛主席说的'马克思加秦始皇'"[1]。这种观点无视中国革命道路开辟的文化复兴之路。中国社会的变革也带来文化的变革。曾主张未来世界都要走孔家路的梁漱溟说:拿中国文化与西洋文化、印度文化做一认真而科学的比较研究,才能在这个基础上,吸收、融取近世以来欧美苏俄崛起的新文化,来创造我们自己的新文化,进一步为世界行将开出的社会主义、共产主义之先导。中国的近百年历史证明,"全盘西化"不合中国的国情,其实质是一笔勾销中国传统文化之特征作用于中华民族昨天和今天的事实,自然是行不通的。即便是建设社会主义,也得标出"中国特色",才能在中国生根开花,这主张是很英明,很合中国文化传统的。[2] 毛泽东是中国革命的主要领导者,是中华民族复兴之路的开拓者,也是中国文化复兴之路的开辟者。

当代中国,讲究道路自信、理论自信、制度自信和文化自信。其中,前三个自信为文化自信创造依据、开辟道路,文化自信是前三个自信的思想基础和历史根据。"四个自信"的关键,集中在对党的领导能力和执政能力的自信,集中在对中华民族的自信。而这四个自信,来源于中国共产党是中华民族复兴的中流砥柱,来源于以毛泽东同志为核心的第一代中央领导集体创建的社会主义基石,怎能说"毛泽东是中华文明的最大破坏者"?

---

[1] 朱厚泽:《当今文化焦虑问题——对文化问题的几点非学术思考》,《炎黄春秋》2010年第6期。
[2] 《世事评忆——梁漱溟有关谈话和文章摘登》,《党的文献》2007年第4期。

二 以毛泽东同志为主要代表的中国共产党人领导人民创造了独特的革命文化

所谓"毛泽东是中华文明的亵渎者、毁灭者"的观点，没有看到中国革命和建设，破坏了哪些腐朽因素，又继承了哪些优秀成分。

以毛泽东同志为代表的中国共产党人，把批判的武器和武器的批判相结合，扫除农村封建腐朽思想文化，批判蒋介石政权鼓吹的封建法西斯主义文化，弘扬民族自信和自尊，广泛开展国民精神总动员，投入抗日战争，发扬以爱国主义为核心的民族精神。以毛泽东同志为主要代表的中国共产党人领导人民破坏了阶级统治和阶级压迫制度，建立了社会主义制度，第一次为实现大同社会理想提供了现实路径；破坏了地主—资产阶级的私有制，建立了社会主义公有制，为劳动人民创造文化、拥有文化、享受文化奠定了经济基础；破坏了封建等级制度和世袭制度，使人与人之间的平等、自由、友善、互助的新型社会关系成为可能；破坏了三纲五常等封建思想的核心，破坏了愚忠愚孝等封建伦理道德，确立了新型家庭伦理、社会公德、职业道德和革命道德的基础；扫荡了中国共产党自身陈旧腐朽的思想、习惯、风俗和价值观念，在革命洗礼中确立了无产阶级的世界观、人生观和价值观。马克思、恩格斯指出："革命之所以必需，不仅是因为没有任何其他的办法能够推翻统治阶级，而且还因为推翻统治阶级的那个阶级，只有在革命中才能抛掉自己身上的一切陈旧的肮脏东西，才能胜任重建社会的工作。"①

革命是除旧布新的统一。以毛泽东同志为代表的中国共产党人，继承了以爱国主义为核心的民族精神，创造了具有时代特征的革命精神。以毛泽东同志为主要代表的中国共产党人继承了御侮爱国的精神，创造了民主团结抗战的精神；继承了中和位育的精神，创造了和而不同、融合创新的精神；继承了自强不息的精神，张扬"敢教日月换新天"的创新精神；继承了厚德载物的品格，创造了革命道德和社会主义道德；继承了经世致用的精神，创造了实事求是的精神；继承"究天人之际，通古今之变"的精神，张扬了

---

① 《马克思恩格斯选集》第1卷，人民出版社2012年版，第171页。

人在改造自然与社会中同时改造自己的精神。

在领导革命过程中，以毛泽东同志为主要代表的中国共产党人把马克思主义基本原理同中国革命、中国历史和中国文化结合起来，创造了毛泽东思想。毛泽东思想是马克思主义与中华优秀传统文化相结合的集大成者，用中国语言、中国风格、中国文化，指明中国社会主义方向和道路，体现了博大精深的传统文化底蕴。根据时代主题，毛泽东对传统文化做出新的阐释，如用"愚公移山"表示革命的任务；用"正名"思想阐述革命道理；用"实事求是"解释党的思想路线；用"过犹不及"考量统一战线政策；用"智仁勇"三达德表示共产党人的品格；用"礼仪廉耻"警示党员干部的道德修养；等等，这些都是弘扬中华优秀传统文化的经典案例。

毛泽东思想还是构建中国制度的理论指南。以毛泽东同志为主要代表的中国共产党人运用马克思主义指导中华人民共和国的社会建构，结合中国革命实际，继承和超越民本传统，建立人民民主专政的国体和人民代表大会制度的政体。遵照中国历史传统，在单一制国家中，创设民族区域自治制度。延续中华文化血脉，强调中国的新文化是民族的科学的大众的文化。承续睦邻亲亲的传统，构建平等、团结、友善的社会关系。围绕建立独立、自由、民主、统一、富强的国家，新文化建设承载的文明程度，超越了传统文化的历史局限。毛泽东思想是承载中国社会形态整体建设工程的指导思想，是中华优秀传统文化在革命和建设时期的延续和集中体现，是中华文明在新实践中的创造性发展。马克思主义使古老的中华文明成功实现凤凰涅槃，中华文明也为社会主义文明找到生长土壤，二者在中国革命和建设中融合创新。这是以毛泽东同志为主要代表的中国共产党人对人类文明的伟大创造和伟大贡献。

以毛泽东同志为主要代表的中国共产党人领导人民创造了独特的革命文化。理论指导社会实践，社会实践凝结思想理念；思想理念承载价值观念，历史过程积淀文化传统，文化传统张扬革命精神。以毛泽东同志为主要代表的中国共产党人领导的革命根据地的经济、政治建设，党的建设，军队建设，社会政策等优秀思想、精神和价值观念等，都是革命文化传统的内容。革命文化是指党领导人民在革命和建设时期创造的物质文明成果、精神文明成果和制度文明成果的总称，是反映革命实践的历史文化及其衍生的精神成果的总和；是历史文化和当代价值的统一；是革命理论和实践的统一；是经济、政治、军事、社会和思想文化的统一。习近平指出："在5000多年文明发展中孕育的中华优秀传统文化，在党和人民伟大斗争中孕育的革命文化和社会主义先进文化，积淀着中华民族最深层的精神追求，代表着中华民族独特的精神标识。"①

中国共产党领导人民创造的革命文化和先进文化，都属于世界无产阶级社会主义文化的范畴。中国革命道路，与中国建设道路具有前后承接的关系。中华人民共和国成立后，在革命文化的基础上，创造了先进文化。先进文化，是指以马克思主义为指导，面向现代化、面向世界、面向未来的，民族的科学的大众的社会主义文化。革命文化中坚守马克思主义与中国实际相结合的发展道路，仍是先进文化的根本方向。革命文化中的指导思想和核心思想，包括马列主义、毛泽东思想，仍然是先进文化的指导思想。革命文化中包含关于政权建设、经济建设和科学文化中的独特思想，是当代中国治国理政和先进文化的思想资源。革命文化中的理想目标，反帝反封建的时代精神，独立、自由、民主、统一、富强的价值观念，集体主义、爱国主义、社会主义价值观念，是核心价值观的历史来源。中国共产党关于革命和建设的路线方针政策，关于经济、政治、军事、文化等方面的基本经验等，都成为先进文化的基本因素。当代中国共产党人的理想、信念、宗旨、纪律、价值观、道德观和权力观等品质，都继承了革命文化中的优秀品质。革命文化的创造发展规律，为先进文化建设提供历史借鉴。当代中国，建设先进文化，巩固马克思主义在意识形态领域的指导地位，巩固中国特色社会主义共同理想，弘扬社会主义核心价值观，弘扬中华优秀传统文化，打造学习型、创新型、服务型政党，都离不开弘扬革命文化。革命文化是先进文化的历史根据，先进文化是革命文化在新时代的发展。当代中国的文化自信自觉自强，都积淀了革命文化的优秀基因和精神追求。坚定文化自信，实现民族复兴和文化复兴，必须弘扬革命文化的当代价值。否定了革命文化，也就堵塞了民族复兴和文化复兴之路。

中国共产党既是中华民族优秀传统文化的继承者和弘扬者，又是先进文

---

① 习近平：《在庆祝中国共产党成立95周年大会上的讲话》，《人民日报》2016年7月2日第2版。

化的创造者和倡导者。毛泽东是伟大的民族英雄；民族英雄是时代精神的代表。毛泽东精神是代表着革命和建设时代的中华民族精神。以毛泽东同志为主要代表的中国共产党人领导人民创造的革命文化，是中华民族复兴和文化复兴的里程碑。

三 以毛泽东同志为主要代表的中国共产党人指明文化发展路径与文化复兴的内在逻辑

如何创新发展中国文化，如何实现文化复兴，不仅要结合中国社会发展道路，而且要探索文化自身发展路径。近代以来，围绕中国文化向何处去的问题，发生诸多争论。其代表性观点，主要有"中体西用"论、东方文化论、"全盘西化"论。洋务派坚持"中学为体，西学为用"，试图延续封建专制文化的旧路。历史证明，这种文化路径是死路一条。辜鸿铭、梁漱溟等人持"东方文化"论，主张用中国文明改造世界。在西强我弱的形势下，这种观点无异于孤芳自赏。陈序经、胡适等人鼓吹"全盘西化"论，试图走欧美资本主义道路。这种观点否定传统文化的价值，何谈中国文化的复兴。这些文化主张，由于缺乏先进阶级的领导和先进科学理论的指导，无法找到中国社会的正确道路，也无法指明中国文化发展道路。当代中国，如果仍以这些观点为依据，诋毁毛泽东对于中华文化的贡献，未免缺乏历史常识。

中华人民共和国成立后，以毛泽东同志为代表的中国共产党人，在领导中国革命和建设过程中，既反对复古主义，也反对全盘西化；既反对民族虚无主义，也反对盲目排外；提出中国文化创新发展的三条主要路径：一是根据新的生产斗争、阶级斗争和科学实验，创造中华民族新文化。二是继承和发扬传统文化，根据社会需要和时代特征进行创造性转化和发展。三是立足本国实践，吸收外来文化，结合本国文化，综合创造新文化。这里的新文化，是反映社会主义经济和政治，为人民服务、为社会主义服务的社会主义文化。

批判地继承中国优秀传统文化，是发展中国社会主义文化的基本途径。这包括为什么批判地继承中国传统文化、如何批判地继承中国传统文化、批判地继承中国传统文化的哪些成分等问题。毛泽东在《中国共产党在民族战争中的地位》《新民主主义论》《在延安文艺座谈会上的讲话》《论联合政府》《论十大关系》《同音乐工作者的谈话》《应当充分地批判地利用文化遗产》等论著和谈话中,对批判地继承传统文化的原因、依据、方法、目的等问题,做出了系统的理论阐释,形成了毛泽东传统文化观的基本框架,为后来党的传统文化思想发展奠定基础,为当代中国继承和弘扬中华优秀传统文化提供了理论指导。

毛泽东是批判地继承中国传统文化的探索者、倡导者、实践者。他重视保护中华民族传统文化,保护历史文化和文物古迹,支持考古发掘和整理工作。他重视继承和改造传统教育、哲学等各方面的思想,为哲学社会科学发展指明方向。他重视弘扬中华医药文化,强调"中国医药学是一个伟大的宝库,应当努力发掘,加以提高",支持青蒿素的研制工作等。他重视收集和整理古典文学,弘扬古典诗词章句。他支持出版点校本"二十四史"和《清史稿》的整理,并亲自多次审读《资治通鉴》等史学著作。在当代中国,谈到哲学、政治学、经济学、伦理学、文学、史学等学科的发展,都会讲到毛泽东的地位和作用。

毛泽东在领导国家建设过程中,在经济、政治、文化、军事、国防、外交、社会、党建等领域,都曾运用传统文化来解释或者警示现代问题。比如,他引用《礼记·礼运》、陶潜的《桃花源记》、康有为的《大同书》,解释中国社会的理想;运用《三国志》中《张鲁传》记述的五斗米道,警示"大跃进"和人民公社化运动的教训;编辑《不怕鬼的故事》,表现反帝的大无畏精神;借用闻鸡起舞、霸王别姬等故事,加强执政党建设;等等。这些弘扬传统文化的案例,至今为世人津津乐道。

有人诬蔑"毛泽东是中华文明的破坏者",大多是根据"文革"对传统文化的破坏。应当承认,"文革"前夕,毛泽东批判"才子佳人""帝王将相",主要是为扫除腐朽落后封建主义、资本主义文化,出发点是创造为工农兵服务的社会主义文化,并不是全盘否定传统文化。"文革"初期的"破四旧",是中国文化的一场灾难。"文革"后期,"四人帮"歪曲毛泽东的本意,搞"批林批孔"、评《水浒》运动,存在否定孔子学说的错误。

据此,有人认为,中国文化史有"尊孔"与"批孔"之争。尊之而易导向美化;批之则易趋于丑化。美化"孔子"其被视为"圣人""完人";丑化

"孔老二"其便成"巧伪人""丧家狗"。"五四"以来尊孔与批孔反映这种趋向两极的文化现象。郭沫若与毛泽东在评价孔子和儒学问题上,在较大程度上,代表了"美化"与"丑化"这种分立而又交叉的文化倾向。[①]

毛泽东曾经讲过,孔子代表奴隶主贵族,是唯心主义,鄙视生产劳动,有"孔学名高实秕糠"的评价。这是从阶级分析角度评价孔子及其文化。毛泽东也从历史进步角度,赞成孔夫子是圣人,是革命党,肯定孔子是教育家,也是音乐家;强调不能简单地"打倒孔家店";要求从孔夫子到孙中山,都给予批判的继承。毛泽东从社会发展和历史进步的角度,讲秦始皇比孔子贡献大。这是毛泽东对待孔子的基本的完整的观点。毛泽东支持"批林批孔"和"评法批儒"运动,其基本出发点,是坚持"古为今用""推陈出新"的方针,批判儒家厚古薄今,张扬法家厚今薄古,目的是引导人民向前看,坚持社会主义制度,创造社会主义文化。毋庸置疑,对"文革"中对传统文化的破坏,毛泽东负有领导责任和指导责任。但说"毛泽东全盘否定儒家学说",则是一种误解。"文革"的一些做法,违背文化发展规律,不符合毛泽东对待传统文化的基本思想;对传统文化的破坏,也违背了毛泽东对待传统文化的出发点。对"文革"的评价,不能作为毛泽东对待传统文化态度的终极判断。从毛泽东本意来说,对传统文化的破坏,是探索创造新文化建设尝试过程中的错误,而不是根本抛弃传统文化。在"文革"时期,毛泽东还主张点校和编辑诸多古代政治文献,作为党和国家的借鉴。不能把探索扬弃传统文化过程中的失误,完全归咎于毛泽东个人;就像革命和建设成就不能归功于毛泽东个人一样。纵观毛泽东一生,对传统文化的保护和弘扬占主流。

批判地吸收外国优秀文化,与中国实际和中国文化相结合,来创造中国自己的文化。这是毛泽东的基本观点。有人却宣称,1956年毛泽东吸取西方近代文化的"新的取向刚刚露出一点苗头就被彻底冷藏起来";"在对资产阶级思想文化越来越浓烈的批判中,毛泽东的文化思想日益走向封闭,直到'文革'同时向'封'(中国传统文化)、'资'(西方近代文化)、'修'

---

① 李继凯:《略论郭沫若、毛泽东与孔子》,《延安大学学报》1994年第2期。

（苏联革命文化）宣战"。① 这里，且不论把"修正主义等同于苏联革命文化"的含糊概念，且不论把"资"等同于西方近代文化的错误看法，即所谓"毛泽东的文化思想日益走向封闭"的观点，也是站不住的。

关于吸收外来优秀文化成果，毛泽东发表过诸多论述。毛泽东坚持自力更生为主，争取外援为辅的方针，同一切国家发展经济文化往来，作为发展中国经济文化的途径。1964年四、五月间，国家计划委员会确定从日本、荷兰、英国、意大利、法国、西德、瑞典、瑞士、奥地利、比利时、加拿大等西方国家进口石油化工、冶金、精密机械、仪器仪表、电子工业等基础工业方面的技术设备共183项，加上周总理已经批准的14项，共197项，金额4.77亿美元。1966年中国的对外贸易总额达到46.1亿美元，比1959年增长5.3%。

在"文革"时期，毛泽东还批准从国外进口13套大型化肥设备、4套大型化纤设备、3套石油化工设备、一个烷基苯工厂设备、43套综合采煤机组、3个大电站、武钢1.7米轧机以及透平压缩机、斯贝发动机等，总计43亿美元成套设备和单机。"43方案"促使中国外贸有了突破性的发展。1973年对外贸易总额是1970年的2.4倍，1974年更达到1970年的3.2倍。② 陈云在评述"43方案"时说："过去我们的对外贸易是百分之七十五面向苏联和东欧国家，百分之二十五对资本主义国家。现在改变为百分之七十五对资本主义国家，百分之二十五对苏联、东欧。""这个趋势是不是定了？我看是定了。"③

有人批评毛泽东拒绝学习西方文明成果，其指向是所谓"闭关锁国"政策。对于此，邓小平说：毛泽东同志在世的时候，我们也想扩大中外经济技术交流，包括同一些资本主义国家发展经济贸易关系，甚至引进外资、合资经营，等等。但是那时候没有条件，人家封锁我们。后来"四人帮"搞得什么都是"崇洋媚外""卖国主义"，把我们同世界隔绝了。④

---

① 单世联：《1956年与毛泽东的文化思想结构》，《博览群书》2004年第6期。
② 陈东林：《156—43—78：中国改革开放前的三次对外经济引进高潮》，《当代中国与它的外部世界》，当代中国出版社2006年版，第260页。
③ 《陈云文选》第3卷，人民出版社1995年版，第217—218页。
④ 《邓小平文选》第2卷，人民出版社1994年版，第127页。

"古为今用,洋为中用",是毛泽东确立的关于社会主义文化建设的重要指导方针,是毛泽东思考如何对待中国传统文化和西方文化的历史经验的总结。它科学地解决了中国传统文化与现代文化、中国文化与外国文化的关系问题,为中国社会主义文化的创新发展和文化复兴指出可行路径。

四 以毛泽东同志为主要代表的中国共产党人领导人民奠定社会主义文化事业的基础

从中华人民共和国成立到1976年,作为党和国家的主要领导者,毛泽东也是中国社会主义文化建设的倡导者、开拓者、实践者和组织者。围绕什么是社会主义、怎样建设社会主义这个中心问题,党和毛泽东也在探索什么是社会主义文化、怎样建设社会主义文化这一基本课题。在革命时期创立的文化思想基础上,毛泽东把马克思主义基本原理同中国文化建设实践相结合,开创了党的社会主义文化理论,为中国特色社会主义文化理论发展奠定基础。

在文化发展的根本方向问题上,他强调马列主义与中国实际进行"第二次"结合的根本原则。在民族复兴和文化复兴的战略目标上,提出四个现代化、赶超世界先进水平和"中国应当对于人类有较大的贡献"的目标。在文化基本内涵问题上,提出正确处理文化的共性和个性、内容和形式、传统与现代、民族性和世界性、阶级性和人民性的关系。在文化发展的基本原则问题上,提出"百花齐放、百家争鸣",古为今用、洋为中用、推陈出新,自力更生为主、争取外援为辅等方针。在思想道德建设方面,强调发扬爱国主义、集体主义、社会主义价值观念,树立正确的世界观、人生观和价值观。在科学文化问题上,强调党和国家工作重点要转移到技术革命和文化革命上来;科学技术这一仗,一定要打好。在文化的香花和毒草的判断标准问题上,提出政治标准和艺术标准的统一。在文化建设的领导力量和依靠力量问题上,强调中国共产党是社会主义事业的领导核心,培养一支宏大的又红又专的工人阶级知识分子队伍。

在这种思想指导下,在以毛泽东为核心的党的第一代中央领导集体领导下,中国的科技、教育、文学、公共文化等领域的建设,都取得旧社会无法企及的成就。

第一，国防科学技术和工业从无到有初步建立起来。国防工业科学技术的发展，是衡量中国文化发展程度的突出标志。在毛泽东时代，中国国防工业从无到有逐步建立起来。人民军队改变了依靠缴获敌人的武器来装备自己的状况，逐步建立起门类比较齐全、具有一定规模的国防工业。不仅能够成批生产飞机、坦克、导弹、舰艇等常规武器，还掌握了国防尖端技术。1964年10月16日，中国成功爆炸第一颗原子弹。1966年5月9日，成功进行含有热核材料的核试验。1967年6月17日，成功爆炸第一颗氢弹。这对于中国这样一个科学技术和工业基础都非常薄弱的国家来说，至今仍是世界奇迹。1966年10月27日，中国成功进行导弹核武器发射试验，并精确命中预定目标。1970年4月24日，中国成功发射第一颗人造地球卫星。1971年3月3日，成功发射一颗科学实验人造地球卫星。1975年11月26日，成功发射一颗返回式卫星。这些尖端科学技术成就及其带来的国防技术的革命，标志着中国从落后挨打的局面，逐渐转变为自主拥有捍卫国家领土主权和安全的力量。丘吉尔评价斯大林说："他接手的是一个使用木犁的国度，撒手人寰时却是一个拥有原子弹的国家。"毛泽东接手的是一穷二白、满目疮痍的国度；当他"拜见"马克思时，却是拥有"两弹一星"的国家。邓小平说："如果六十年代以来中国没有原子弹、氢弹，没有发射卫星，中国就不能叫有重要影响的大国，就没有现在这样的国际地位。这些东西反映一个民族的能力，也是一个民族、一个国家兴旺发达的标志。"[①]

第二，中国教育事业取得显著成就。在毛泽东时代，中国高等教育事业和基础教育事业都取得了不起的成就。仅举1949年、1965年、1976年三个年份数据，中国高等学校数目分别是205所、434所、392所，在校学生数目分别为11.7万人、67.4万人、56.5万人。普通中学数目分别为4045所、18102所、192152所，在校学生数目分别为103.9万人、933.8万人、5836.5万人。普通小学数目分别为346769所、1681939所、1044274所，在校学生数分别为2439.1万人、11620.9万人、15005.5万人。幼儿园数目分别为1799（1950年数据）所、19226所、442650所，在校学生数，1965年

[①] 《邓小平文选》第3卷，人民出版社1993年版，第279页。

为171.3万人、1976年为1395.5万人。① 毛泽东时代，中国教育发展取得突飞猛进的成就，为现代化建设打开科学的大门。

第三，文学艺术创作取得大批优秀成果。在毛泽东文艺思想的指导下，以反映党领导的革命斗争和人民群众建设新社会为主题，中国的文学艺术涌现一大批题材多样、内容丰富、风格各异的优秀作品。从1949年到"文化大革命"前，创作和出版各类文艺书籍6.5万多种，生产故事片600多部，美术片270多本。比如，长篇小说有《创业史》《红岩》《青春之歌》《林海雪原》等；中、短篇小说《三千里江山》《黎明的河边》《党费》《百合花》《李双双小传》等。著名戏曲有《将相和》《梁山伯与祝英台》《白蛇传》《芙奴传》《十五贯》等。著名故事片有《中华儿女》《钢铁战士》《白毛女》《红色娘子军》等。这些优秀作品，对教育人民、引领社会风尚、服务社会、推动发展具有积极作用。

第四，公共文化服务事业建设具备一定的基础。公共文化服务事业是保障保证人民群众的基本文化权益、提高人民群众文化生活的基本建设。1949年、1965年、1976年三个年份中，艺术表演团体的数目分别为，1000个、3458个、2906个；艺术表演场馆的数目分别为891座、2943座、1458座；文化馆（站）和群众文化馆的数目分别为896个、4785个、5575个；公共图书馆的数字分别为55座、577座、768座；博物馆的数目分别为21座、214座、263座；广播电台的数目分别为49个、87个、89个。② 这些文化传播场所，为满足人民文化生活的需要、普及文化知识，扫除文盲，具有积极意义。

毛泽东是中华文化史上的标志性人物，是孔子以来影响最大的思想家。毛泽东思想是中华新文化发展的创新性成果，是革命和建设时代精华的凝结。以毛泽东为核心的党的第一代中央领导集体领导人民，开辟的中国社会发展道路与文化发展道路，总结的文化发展理论，创造的文化建设成就，为新时期文化改革发展繁荣，奠定了正确的方向道路、政治前提、制度基础、指导思想和物质基础，为开创中国特色社会主义文化发展道路，凝练中国特

---

① 国家统计局：《新中国六十年统计资料汇编》，中国统计出版社2010年版，第69、72页。
② 同上书，第78页。

色社会主义文化发展理念，规范中国特色社会主义文化制度准备了条件。当代中华文化的伟大复兴，得益于毛泽东时代奠定的物质基础。

五 毛泽东是中国文化走向世界的标志性伟人

中华人民共和国的成立，极大地改变了国际格局，瓦解了帝国主义在东方的殖民体系，改变了近代以来中华民族任人宰割的挨打局面。为了捍卫国家主权和领土完整，毛泽东敢于做出抗美援朝、保家卫国的艰难决策。抗美援朝的胜利，"雄辩地证明：西方侵略者几百年来只要在东方一个海岸上架起几尊大炮就可霸占一个国家的时代是一去不复返了"。抗美援朝战争极大地增强了民族自尊心、自信心和自豪感，为增强道路自信、文化自信建造了里程碑。1969年3月，为了保卫黑龙江上只有0.74平方公里的珍宝岛，毛泽东顶住苏联的核讹诈和战争威胁，毫不妥协地捍卫国家领土完整。综合国力的强盛，是文化自信和文化复兴的后盾。毛泽东是民族利益和国家主权的捍卫者，也是文化自信的塑造者和文化自强的支撑者。

作为一位世界性的伟人，毛泽东不仅属于中国，而且属于世界。中华民族屹立于世界民族之林，使爱好和平与发展的阵营大大增强，帝国主义的战争政策和侵略政策受到打击。毛泽东倡导社会主义国家加强团结，支持被压迫民族和被压迫人民的解放斗争，积极发展同第三世界国家的友好合作，提出"两个中间地带"和"三个世界划分"的战略，主张建立国际反对霸权主义和帝国主义的统一战线。敢于持正、行义，敢于反抗、担责。把敢于斗争和善于斗争结合起来，把战略和策略结合起来，把目标和途径结合起来，把志向与智慧结合起来，是毛泽东的精神品格。毛泽东是中国乃至世界反对霸权主义和强权政治的旗帜和标志，也是被压迫民族和被压迫人民解放运动的推动者和精神领袖。毛泽东逝世后，许多亚非拉国家领导人认为，毛泽东主席是世界被压迫人民和被压迫民族的导师，"他的思想已经成为被压迫人民的指路明星"，表示要学习毛泽东的著作。2011年美国"占领华尔街"运动，竟有人打出毛泽东像。印度北部有的印度教徒，却供奉毛泽东像，并顶礼膜拜。这不是毛泽东影响世界的标志吗？

1971年，中国恢复了在联合国的合法席位。毛泽东讲，是第三世界的朋友把我们抬进联合国。非洲朋友却说，毛泽东敢于战略上藐视美国，敢于支持非洲搞民族独立。美国势力很大，敢于投票和美国唱反调，力量来源于毛泽东思想。此后，中国突破西方国家的封锁、禁运政策，开创了中日关系和中美关系的新阶段，大大改善了周边环境和国际环境，提高了中国的国际威望。

外交关系的开创，拓宽了对外文化交流的渠道。中国在新的外交起点上，积极与各友好国家和人民发展文化交流与合作，内容涉及文学、艺术、卫生、体育、新闻、出版、图书、广播、文物、考古、园林等各个方面。到1966年，中国同30多个国家签订了41个文化合作协定和155个文化交流执行计划，年均文化交流达100余项近2000人次。在表演艺术方面，派出艺术团和艺术家达168起10133人次；接待外国艺术团255起21524人次。① 这些活动对学习世界各国文化之长，提升民族文化创作水平，宣传中国革命和建设成就，传播中国人民的新风貌，发展国家间的友谊起到积极作用。中国文化走向世界，不能忘记中国外交的指挥者、决策者和领导者毛泽东。

随着中外交流扩大，研究毛泽东生平和毛泽东思想成为相对独立的学问。在中国，有相对独立的研究毛泽东生平和思想的机构、资料、队伍、期刊、成果等。在世界上，毛泽东研究也是热门话题。20世纪30年代，美国记者埃德加·斯诺的《红星照耀中国》(《西行漫记》)，向西方介绍了中国共产党和毛泽东。西方有组织地研究毛泽东，起步于50年代、60年代至70年代末期，形成"国外毛泽东热"。到80年代中后期，国外就毛泽东研究发生五次论战。② 美国、日本、澳大利亚等国家都有毛泽东研究中心。最负盛名的，是哈佛大学费正清研究中心。美国学者有关毛泽东的著作，主要有费正清的《美国与中国》、史华慈的《"毛主义传说"的传说》、施拉姆的《毛泽东》和《毛泽东的思想》、特里尔的《毛泽东传》、斯塔尔的《继续革命：毛的政治思想》、迈斯纳的《毛泽东的中国及后毛泽东的中国》和《马克思主义、毛主义和乌托邦主义》、麦克法夸尔的《文化大革命的起

---

① 文化部对外文化联络局：《中国对外文化交流概览（1949—1991）》，光明日报出版社1993年版，第61页。
② 张明：《国外毛泽东研究的"第五次论战"及其方法论效应》，《中共党史研究》2014年第12期。

源》、沃马克的《毛泽东的政治思想基础》、弗兰西斯·苏的《毛泽东的辩证法理论》等。21世纪以来,国外关于毛泽东的综合性研究成果,主要有班国瑞(Gregor Benton)的《毛泽东与中国革命》(4卷本)、齐慕实(Timothy Cheek)的《毛泽东和中国革命:文献简史》和《毛泽东评介》、尼克·奈特(Nick Knight)的《毛再思考:毛泽东思想考察》[①]等。毛泽东成为世界研究热点。

毛泽东是世界公认的伟大革命家、政治家、理论家、战略家和诗人,是人类政治文化的象征。非洲统一组织副秘书长努尔丁·朱迪曾说:"最普通的人们正在沿着毛泽东开辟的广阔道路走下去。已故毛泽东主席无疑使我们的历史和人类的进程具有政治和文化的标记,这种标记是时间和任何人都磨灭不了的。"[②] 世界了解中国文化,不能不了解毛泽东。世界阅读毛泽东,也是阅读中国文化。德国前总理施密特称,毛泽东是第一位超过孔子的世界伟人。毛泽东是中华文化的名片,是中华优秀文化的代表。中华文化的复兴不是孤芳自赏。中国文化在世界上影响力与日俱增,应该牢记毛泽东的开拓性贡献。

[①] 梁怡、刘晓云:《新世纪以来国外毛泽东研究述评》,《毛泽东研究》2014年第3期。
[②] 《英国、冰岛朋友和一些国家代表等举行活动悼念毛主席》,《人民日报》1976年11月10日第5版。

编后记

"中华思想史高峰论坛"是中国社会科学院《中华思想通史》项目着力打造的高端前沿性品牌学术论坛，旨在为推动中华思想史研究的繁荣与发展、推动创建中华思想史当代中国马克思主义学派提供平台。以历届高峰论坛论文为基础，精选编成的《中华思想史研究集刊》已连续推出两集。

2018年1月，第三届中华思想史高峰论坛在广东中山成功召开。与会专家学者围绕"中华思想史的核心基因与发展脉络"的主题进行了深入研讨，产生了新的交流成果。会后，《中华思想通史》编委会办公室组织遴选出26篇论文，结集出版，以全国政协民族和宗教委员会主任、《中华思想通史》编委会主任王伟光教授在本届高峰论坛开幕式上的讲话为"序"。

我们要感谢孙中山研究院及中山市社科联、孙中山故居纪念馆对本届论坛的大力支持；感谢《集刊》编委和各位作者在文稿选编过程中的辛勤付出；感谢中国社会科学出版社社长赵剑英先生对《集刊》出版工作的大力支持，感谢出版社总编辑助理、重大项目出版中心主任王茵女士的周全组织，感谢责编孙萍女士精细的编辑工作；感谢《中华思想通史》编委会办公室周群、窦兆锐、刘宇、郭飞、李政君诸位年轻同志在《集刊》出版过程中的辛勤工作。

编者

2019年2月